MENTE
SAUDÁVEL

Copyright © 2016 by Daniel J. Sigel Licença exclusiva para publicação em português brasileiro cedida à nVersos Editora. Todos os direitos reservados. Publicado originalmente na língua inglesa sob o título: *Mind: A Journey to the Heart of Being Human (Norton Series on Interpersonal Neurobiology)*.

Diretor Editorial e de Arte:
Julio César Batista

Capa e Produção Editorial:
Carlos Renato

Preparação:
Elisete Capellossa

Revisão:
Studio Lizu

Editoração Eletrônica:
Equipe nVersos

Dados Internacionais de Catalogação na Publicação (CIP)
(Câmara Brasileira do Livro, SP, Brasil)

Siegel, Daniel J.

Mente saudável: Conexão e equilíbrio do corpo e da mente / Daniel J. Siegel ; tradução Leonardo Castilhone. - São Paulo :

nVersos, 2018.

Título original: *Mind: a journey to the heart of being human.*

Bibliografia.

ISBN 978-85-54862-02-2

1. Cérebro 2. Consciência 3. Intelecto 4. Mente - Corpo 5. Psicologia I. Título.

1ª edição – 2018
Esta obra contempla o Acordo Ortográfico da Língua Portuguesa
Impresso no Brasil - *Printed in Brazil*
nVersos Editora: Rua Cabo Eduardo Alegre, 36 - cep: 01257060 - São Paulo – SP
Tel.: 11 3382-3000
www.nversos.com.br
nversos@nversos.com.br

MENTE SAUDÁVEL

Conexão e Equilíbrio do
Corpo e da Mente

DANIEL J. SIEGEL

tradução: Leonardo Castilhone

nVersos

SUMÁRIO

AGRADECIMENTOS   7

1. BEM-VINDO, 9
    Curiosidade sobre a mente, **12**
    Uma visão comum: a mente é o que o cérebro faz **14**
    Nossa identidade e a origem interna e relacional da mente **18**
    Qual o intuito deste livro?, **20**
    Um convite, **22**
    A abordagem de nossa jornada, **24**
    Palavras refletindo sobre palavras reflexivas, **26**

2. O QUE É A MENTE?, 31
    Trabalhando numa definição funcional da mente (1990-1995), **31**
    O sistema da mente: sistemas complexos, afloramento e causalidade, **44**
    Reflexões e convites: auto-organização do fluxo de energia e informação, **51**
    Este fluxo surge tanto de dentro de nós como entre nós, **53**

3. COMO A MENTE FUNCIONA EM QUIETUDE E INQUIETUDE?, 61
    Auto-organização, perdida e reencontrada (1995-2000), **61**
    Diferenciação e interligação: a integração de mentes saudáveis, **72**
    Reflexões e convites: integração e bem-estar, **80**

4. A REALIDADE SUBJETIVA DA MENTE É REAL?, 93
    Adaptando-se a um mundo médico que perdeu a cabeça (1980-1985), **94**
    Mindsight para saúde e cura, **102**
    Reflexões e convites: a centralidade da subjetividade, **106**

5. QUEM SOMOS NÓS?, 113
    Explorando as camadas da experiência por trás da identidade (1975-1980), **113**
    De cima para baixo e de baixo para cima, **117**
    Reflexões e convites: identidade, Eu e mente, **127**

6. ONDE FICA A MENTE?, 131
    A mente poderia ser distribuída além do indivíduo? (1985-1990), **131**

Neuroplasticidade e sistemas culturais, **158**
Reflexões e convites: internalidade e intermedialidade, **162**

7. O PORQUÊ DA MENTE?, 167
Significado e mente, ciência e espiritualidade (2000-2005), **167**
Integração como o "Propósito da Vida"?, **176**
Reflexões e convites: propósito e significado, **181**

8. QUANDO É A MENTE?, 187
Explorando a presença na mente e no momento (2005-2010), **187**
O quando da mente é essa propriedade emergente do agora, **199**
Sintonia, integração e tempo, **200**
Reflexões e convites: conscientização e tempo, **206**

9. UM *CONTINUUM* INTERLIGANDO CONSCIÊNCIA, COGNIÇÃO E COMUNIDADE?, 225
Integrando a consciência, iluminando a mente (2010-2015), **225**
Consciência, não consciência e presença, **242**
Reflexões e convites: cultivando a presença, **250**

10. HUMANIDADE: PODEMOS SER HUMANOS E BONDOSOS?, 261
Ser, fazer e integrar a mente (2015-presente eterno), **261**
Os sistemas de um Eu plural e integração da identidade, **273**
Reflexões e convites: EuNós, um Eu integrativo e uma mente bondosa, **279**

BIBLIOGRAFIA, 283

AGRADECIMENTOS

Imagine tentar expressar em palavras um sentimento profundo de gratidão pelo presente de estar aqui, por ser humano, por estar vivo. Essas palavras não chegam aos pés da sensação de apreço, de amor, de reverência que sinto pelos diversos indivíduos com quem tive o privilégio de dividir a jornada da vida. Em muitos aspectos, esse também é um sentimento de conexão com cada um de nós aqui e agora, que habita este planeta, nosso lar coletivo, este lugar que chamamos de Terra. Enquanto escrevo essas palavras, o sol está se pondo e o planeta fazendo um belo trabalho em seu giro diário. Obrigado Terra por sua colagem carmim que enfeita o céu acima desta baía em forma de meia-lua, onde, desde sempre, aprendi a amar o mar e a areia. Embora agora já esteja bem longe daqueles dias da minha mocidade, ainda sinto a vida vibrante e jovial. E este sentimento, também, é de profundo respeito por aqueles que viveram nos anos, décadas, séculos e milênios, em um tempo que chamamos de "passado" e aos que vierem em nosso "futuro". Somos todos parte de uma corrente inabalável, uma vida plena interconectada, uma família humana em comum.

Nesta experiência, aqui e agora, houve muitos indivíduos que trilharam a jornada de descoberta que foi o caminho para o nascimento deste livro. Um grupo maravilhoso de estagiários trabalhou duro para explorar a literatura científica, filosófica, clínica, contemplativa, espiritual e popular para ver como a noção da "mente" foi apresentada em uma ampla gama de tendências. Entre essas pessoas solícitas e atenciosas estão Megan Gaumond, Carly Goldblatt, Rachel Kiekhofer, Deena Margolin, Darrell Walters e Amanda Weise. Obrigado pelo espírito aventureiro de vocês para dar esse mergulho profundo.

O livro também teve a felicidade de contar com leitores do manuscrito inicial que contribuíram com opiniões e percepções muito úteis, as quais foram integradas em revisões subsequentes. Entre eles estão Diane Ackerman, Ed Bacon, Aldrich Chan, Adriana Copeland, M. Lee Freedman, Lisa Freinkel, Don Hebert, Nathaniel Hinerman, Lynn Kutler, Maria LeRose, Jenny Lorant, Sally Maslansky, Ronald Rabin e Caroline Welch. Obrigado a todos por seu tempo e energia focada na leitura e reflexão do livro *Mente Saudável*.

Todos os anos, temos nossa conferência de Neurobiologia Interpessoal na UCLA, organizada pelos meus queridos amigos e colegas, Marion e Matt Solomon e Bonnie Goldstein. Lou Cozolino, nosso atual editor da Norton Series, e Allan Schore, o editor anterior da série, também foram incríveis colaboradores deste esforço de levar nosso campo interdisciplinar direto para o mundo. Foi uma honra trabalhar ao lado deles e de tantos outros autores, cientistas e profissionais, os quais bravamente juntaram forças para construir as pontes que ligassem fontes independentes de conhecimento.

Eu também gostaria de agradecer a formidável equipe da Norton, incluindo Kevin Olson, por seu comprometimento de se conectar com nossa base de leitores, e Elizabeth Baird, por seu cuidado na hora de editar o manuscrito. Deborah Malmud, a vice-presidente da Norton, foi uma colaboradora fabulosa ao criar a Série Profissional Norton sobre Neurobiologia Interpessoal. Agradeço do fundo do coração por ela ter se arriscado neste novo campo de estudo. Certo dia, após almoçarmos juntos, a Deborah me ligou e perguntou se eu gostaria de escrever outro livro. Eu lhe contei sobre a ideia do *Mente Saudável*, e ela me incentivou a seguir adiante e criá-lo. Obrigado por todo o apoio e pela diversão ao longo dessa trajetória.

Essa jornada me fez rodar o mundo para me envolver em programas educacionais com pessoas de várias classes sociais. Sinto-me grato por todo o aprendizado que obtive em palestras e com participantes das conferências, enquanto estruturávamos as ideias sobre mente, cérebro e relacionamentos – e a vital importância da bondade e da compaixão em nosso mundo interconectado. Em uma dessas viagens, meu anfitrião na Noruega, um incrível psicólogo e pintor, Lars Ohlickers, levou-me para um passeio, que durou o dia todo, pelos fiordes da Noruega. Quando eu estava chegando ao platô de uma encosta, Lars tirou uma foto com sua câmera que ele, mais tarde, compartilhou comigo durante minha palestra na conferência que ele havia organizado. Assim que vi a imagem, senti imediatamente que aquela deveria ser a capa deste livro. Agradeço ao Lars pela sensibilidade de captar aquele momento, e pelo convite para estar com ele naquele dia em meio à magia da natureza. Também gostaria de agradecer às pessoas maravilhosas que, carinhosamente, ofereceram suas fotografias para fazerem parte da história dessa jornada, entre eles Lee Freedman, Alexander Siegel, Madeleine Siegel, Kenji Suzaki e Caroline Welch. Agradeço imensamente a essas pessoas e aos sentimentos que suas imagens ajudaram a criar.

Hoje em dia, sou, principalmente, um educador, proporcionando diversas formas de aprender a respeito da mente e como desenvolver bem-estar em nossas vidas em uma miríade de grupos, profissões e disciplinas científicas. Minhas viagens interiores e ao redor do mundo só foram possíveis graças à nossa maravilhosa equipe do Mindsight Institute, o centro para Neurobiologia Interpessoal. Jessica Dreyer, Diana Berberian e Deena Margolin, junto com Eric Bergemann, Adriana Copeland, Liezel Manalo, Mark Seradarian, Andrew Shulman, Ashish Soni e Priscilla Vega formam um fabuloso time que torna o trabalho um prazer.

Essas décadas de exploração da natureza da mente a partir de uma vasta gama de disciplinas não teria sido possível sem o apoio da minha família. Minha mãe, Sue Siegel, tem sido a inspiração de uma vida inteira sobre como pensar de maneira mais profunda a respeito do mundo. Meu filho e minha filha, Alexander e Madeleine Siegel, empenharam-se com parceiros de conversa para explorar a natureza da realidade e de nossas experiências interpessoais. E minha parceira da vida toda, e mais recentemente parceira educacional e guia para tudo o que me é caro, Caroline Welch, diretora do Mindsight Institute, tem sido uma contínua fonte de inspiração, apoio e aprendizado para uma vida inteira. Minha vida não seria o que se tornou sem ela. Agradeço a todos vocês por essa jornada em conjunto ao centro do ser humano.

CAPÍTULO I
BEM-VINDO

Olá.
Uma simples comunicação que ofereço a você.
Mas quem é que sabe que eu cumprimentei você com um "olá"?
E como você sabe?
E o que realmente significa "saber"?

Neste livro, vamos explorar a natureza do quem, como, o que, por que, onde e quando da mente, de sua mente, de seu Eu, a experiência que você tem e que sabe que eu estou lhe dando as boas vindas com um *olá*.

Alguns usam o termo *mente* para se referir ao intelecto e à lógica, pensamento e razão, confrontando mente e coração, ou mente e emoções. Não é assim que costumo usar o termo genérico mente aqui ou em outros escritos. Por *mente*, eu me refiro a tudo que se relaciona com a nossa experiência subjetiva de estar vivo, desde sentimentos a pensamentos, de ideias intelectuais a imersões sensoriais interiores diante e por trás das palavras, e até mesmo para as conexões sentidas pelas pessoas e por nosso planeta. E mente também se refere à nossa consciência, à experiência que temos de estar alertas quanto a esse sentimento de vida, a experiência de saber com consciência.

Mente é a essência de nossa natureza fundamental, nossa sensação mais profunda de estarmos vivos, aqui, agora, neste instante.

Além da consciência e de seu saber consciente da nossa sensação subjetiva de estarmos vivos, mente também pode envolver um processo mais amplo, que nos conecta uns com os outros e com o nosso mundo. Este processo importante é uma faceta da mente que pode ser difícil de ser medida, e na realidade é, não obstante, ser um aspecto crucial de nossas vidas que vamos explorar em grande profundidade na jornada que temos à frente.

Embora, talvez, não possamos quantificar em termos numéricos essas facetas da mente no cerne da experiência de estar aqui nesta vida, este fenômeno subjetivo sentido internamente de viver, e as maneiras que podemos sentir nossas conexões uns com os outros e com o mundo, são fenômenos subjetivos reais. Essas facetas não mensuráveis da realidade da mente possuem muitos nomes. Alguns chamam isso de nossa essência. Outros chamam de nosso íntimo, alma, espírito ou natureza real.

Eu, simplesmente, chamo isso de *mente*.

Mente é apenas um sinônimo para subjetividade – o sentimento de nossas emoções e pensamentos, memórias e sonhos, consciência interior e interconectividade? Se mente também incluir nossa maneira de estarmos atentos a esse sentido interior de viver momento a momento, então mente poderia também envolver a experiência chamada de consciência, nossa maneira de estarmos lúcidos, de sabermos o que são esses aspectos da nossa vida subjetiva conforme eles vão acontecendo. Portanto, no mínimo, mente é um termo que inclui consciência e a maneira com que estamos atentos às nossas experiências, nossas vidas subjetivas.

Mas algo acontece por trás dessa conscientização que envolve o que, normalmente, chamamos de *mente* também. São eles nossos processos mentais não conscientes, como pensamentos, memória, emoções, crenças, esperanças, sonhos, anseios, atitudes e intenções. Às vezes, estamos atentos a eles, às vezes, não. Embora, por vezes, não estejamos atentos a eles, talvez até na maior parte do tempo, tais atividades mentais ocorrendo sem consciência são reais e influenciam nossos comportamentos. Essas atividades podem ser vistas como parte de nossos pensamentos e argumentações, como um tipo de processo que permite que a "informação" flua e transforme. E sem atenção, pode ser que esses fluxos de informação não evoquem sentimentos subjetivos, já que não fazem parte de nossa experiência consciente. Assim, podemos observar que além de consciência e sua conscientização na experiência subjetiva, o termo *mente* também inclui o processo fundamental de processar informações que não depende de atenção.

Mas o que realmente significa a "mente como processador de informações"? O que é informação? Se as informações conduzem a maneira com que tomamos decisões e iniciamos comportamentos, como a mente, consciente ou não, elas nos permitem fazer escolhas intencionais sobre o que fazer? Temos mesmo livre-arbítrio? Se o termo *mente* inclui aspectos de subjetividade, consciência e processamento de informações, inclusive resolução de problemas e controle comportamental, o que constitui a essência do que é mente? O que é essa "tal mente", que é parte deste espectro de processos mentais, desde sensações até controle executivo?

Com essas descrições comuns da mente, que implicam consciência, experiência subjetiva e processamento de informações, e como elas são manifestadas de forma inteligível, como memória e percepção, pensamento e emoção, raciocínio e crença, tomada de decisão e comportamento, o que podemos dizer que une cada uma dessas tão bem conhecidas atividades mentais? Se mente é a fonte de tudo, desde sensações e sentimentos até pensamentos e o início de ações, por que tudo isso é concebido com a palavra *mente*? O que podemos dizer que é mente?

Mente como termo, e mente como uma entidade ou processo, pode ser vista como um substantivo ou um verbo. Como substantivo, mente tem o sentido de ser um objeto, algo estável, algo que você pode segurar nas mãos, que você possui. Você tem uma mente, e ela é sua. Mas do que esse substantivo mente, de fato, é feito? Como verbo, mente é um processo dinâmico e em constante evolução. A mente é cheia de atividade, desvendando-se com incessantes modificações. E se o verbo mente é, em realidade, um processo, o que é essa "coisa dinâmica", essa atividade de nossas vidas mentais? Do que se trata, na verdade, essa mente, seja verbo ou substantivo?

De tempos em tempos, ouvimos uma descrição da mente como uma "processadora de informações" (Gazzaniga, 2004). Isso geralmente indica a maneira com que temos representações de ideias ou coisas e, em seguida, as transformamos, lembramo-nos de eventos ao codificar, armazenar e resgatar memórias, e passamos percepção a raciocínio para ativar comportamentos. Cada uma dessas formas de atividade mental é parte do processamento de informações da mente. Como cientista, educador e médico trabalhando com a mente há mais de trinta e cinco anos, o que sempre me intrigou é como essas descrições são comuns e, ainda assim, como está faltando uma definição do que é, de fato, mente. Falta uma visão clara da essência da mente para além da lista de suas funções, mesmo com a grande diversidade de áreas que lidam com a mente, desde a prática e a educação clínica, até as pesquisas científicas e a filosofia.

Na posição de profissional da saúde mental (psiquiatra e psicoterapeuta), também me perguntava até que ponto essa falta de, pelo menos, uma definição funcional do que poderia ser a mente estaria limitando nossa eficácia como médicos. Uma definição funcional significaria que poderíamos trabalhar com ela e modificá-la, quando necessário, para tornar funcionais os dados e nossa experiência pessoal. Uma *definição* significaria que poderíamos esclarecer o que quer dizer a essência da mente. Frequentemente ouvimos a palavra *mente*, mas raríssimas vezes nos damos conta de que falta a ela uma definição clara. Sem sequer uma definição funcional da mente nos mundos científico, educacional e médico, e sem uma definição em nossas vidas pessoais e familiares, algo parece estar faltando, pelo menos na minha própria mente, a partir de nossas perspectivas e conversas sobre a mente.

Com apenas descrições e nenhuma tentativa de sequer criar uma definição funcional do que é mente, poderíamos ao menos definir o que é uma mente saudável?

Se permanecermos no nível da descrição da mente como sendo feita de pensamentos, sentimentos e memórias, de consciência e experiência subjetiva, vejamos aonde isso nos leva. Por exemplo, se você refletir por um instante sobre seus pensamentos, de que o pensamento é realmente feito? O que é um pensamento? Você poderá dizer: "Bem, Dan, eu sei que estou pensando quando percebo palavras na minha cabeça". E eu poderia então perguntar: o que significa dizer "eu sei" e "perceber as palavras"? Se esses são processos, uma dinâmica, aspecto verbal de processamento de informações, o que é ser processado? Talvez você diga: "Bem, sabemos que isso é simplesmente atividade cerebral". E pode ser que você fique surpreso ao descobrir que ninguém sabe se essa visão cerebral é de fato verdadeira, e como o sentido subjetivo de seu próprio pensamento, de algum jeito, surge nos neurônios em sua cabeça. Processos tão familiares e básicos, como o pensamento, ainda não são claramente compreendidos pela nossa, bem, nossas mentes.

Quando considerarmos a mente como um processo verbal, emergente, em desenvolvimento, sem ser, ou pelo menos sem apenas ser, uma coisa substantiva, uma estática, entidade imóvel, talvez nos aproximemos mais da compreensão do que podem ser seus pensamentos, e, de fato, o que a própria mente poderia ser. É isso o que queremos dizer quanto à descrição da mente como uma processadora de informações, um processo verbal. Mas em ambos os casos, mente como substantivo, indicando o processador, ou mente como verbo, indicando o processamento, ainda estaremos no escuro a respeito do que está envolvido na transformação das informações. Se pudéssemos propor uma definição de mente, além desses elementos descritivos importantes, precisos e comumente utilizados, talvez fosse melhor esclarecer não só o que é a mente, mas também o que poderia ser o bem-estar mental.

Essas são as questões que têm ocupado minha mente nas últimas quatro décadas. Eu as senti, elas preencheram minha consciência, elas influenciaram meu processamento de informações não consciente em sonhos e desenhos, e elas têm inspirado a maneira com que me relaciono com outras pessoas. Meus amigos e familiares, professores e alunos, colegas e pacientes, todos veem de perto o quanto sou obcecado com essas questões básicas a respeito da mente e da saúde mental. E agora você também é. Mas, como eles, talvez você também venha a notar o quanto tentar responder a essas questões não é apenas um processo fascinante por si só, mas também o quanto ele gera perspectivas úteis, que podem nos oferecer novas maneiras de viver bem e criar uma mente mais forte e resiliente.

Este livro trata de uma jornada para definir a mente além de suas descrições comuns. E, se conseguirmos, poderemos alcançar uma posição mais habilitada para verificar a base científica de como podemos cultivar mentes saudáveis de forma mais eficaz.

Curiosidade sobre a mente

Esse interesse pela mente tem acompanhado os seres humanos desde que temos registros históricos de nossos pensamentos. Se você também tem curiosidade do que pode ser a mente, você não está sozinho. Há milhares de anos, filósofos, líderes religiosos, poetas e contadores de histórias, têm debatido a respeito de descrições de nossas vidas mentais. A mente parecer ser um tanto curiosa a respeito de si mesma. Talvez seja esse o motivo pelo qual nós até demos um nome para nossa própria espécie, *homo sapiens sapiens*: aqueles que sabem, e sabem que nós sabemos.

Mas o que nós sabemos? E como sabemos? Podemos explorar nossas vidas mentais subjetivas com reflexão e práticas contemplativas, e podemos realizar estudos científicos para explorar a natureza da própria mente. Mas o que realmente podemos saber sobre a mente usando nossas mentes?

Nos últimos séculos até os dias atuais, o estudo empírico da natureza da realidade, nossa atividade mental humana que chamamos de ciência, vem tentado estudar sistematicamente as características da mente (Mesquita, Barrett & Smith, 2010; Erneling & Johnson, 2005). Porém, como veremos, mesmo as diversas disciplinas científicas interessadas na natureza da mente não estabeleceram uma definição comum do que é a mente. Há muitas descrições das atividades mentais, incluindo emoção, memória e percepção, mas nenhuma definição. Estranho, você pode pensar, mas é verdade. Você pode se perguntar por que o termo *mente* é utilizado, se ele sequer é definido. Como um importante "substituto acadêmico para o desconhecido", a palavra *mente* é um termo de referência sem uma definição. E alguns dizem que a mente *não deveria* sequer ser definida, como já ouvi pessoalmente de diversos colegas da filosofia e da psicologia, porque isso "limitará nossa compreensão", se usarmos palavras para delinear uma definição. Por isso, na academia, espantosamente, a mente é estudada e discutida com assombrosa minúcia, mas não é definida.

Em áreas práticas focadas em auxiliar o desenvolvimento da mente, como educação e saúde mental, ela raramente é definida. Em palestras nos últimos 15 anos, repetidamente perguntei a profissionais de saúde mental ou educadores se eles já tinham ouvido uma definição da mente. Os resultados são chocantes, e surpreendentemente consistentes. De mais de 100.000 psicoterapeutas, de todas as linhas de trabalho e de todos os cantos do planeta, apenas 2 a 5 por cento já ouviram uma palestra que definisse a mente. Não só 95 por cento dos profissionais da saúde mental estão sem uma definição do *mental*, mas também sem uma definição de *saúde*. A mesma ínfima porcentagem de mais de 19.000 educadores que inquiri, de professores do jardim de infância ao Ensino Médio, tinham ouvido uma definição da mente.

Então, por que tentar definir algo que parece ser tão impreciso em tantas áreas do conhecimento? Por que tentar colocar palavras em algo que pode, simplesmente, estar além das palavras, além de definições? Por que não se ater a um substituto para o desconhecido, abraçar o mistério? Por que limitar nossa compreensão com palavras?

Eis aqui minha sugestão a você sobre por que pode ser importante tentar definir a mente.

Caso pudéssemos oferecer uma resposta específica à pergunta "qual é a essência da mente?", e fornecer uma definição de mente que nos levasse para além das descrições de suas características, como consciência, pensamento e emoções, poderíamos ser capazes de dar um suporte mais produtivo ao desenvolvimento de uma mente saudável em nossas vidas pessoais, assim como poderíamos cultivar saúde mental em famílias, escolas, locais de trabalho e na sociedade em geral. Se conseguíssemos encontrar uma definição funcional útil para a mente, nós nos tornaríamos qualificados para trazer luz aos elementos centrais de uma mente saudável. E se assim o fosse, quem sabe teríamos maior embasamento para estear a maneira com que conduzimos nossas atividades humanas, não só em nossas vidas pessoais, mas uns com os outros, e com nossas formas de viver neste planeta que compartilhamos com todos os outros seres vivos.

Outros animais também possuem mentes, com sentimentos e processamento de informações, como percepção e memória. Porém nossa mente humana chegou ao ponto de moldar o planeta de tal maneira que nós – sim, nós com linguagem que pode nomear coisas – passamos a chamar esta época de "Era Humana" (Ackerman, 2014). Conseguir definir a mente nesta nova Era Humana pode vir a nos permitir encontrar uma maneira mais construtiva e colaborativa de vivermos juntos, com outras pessoas e todos os seres vivos, neste precário e precioso planeta.

Sendo assim, do pessoal ao planetário, definir a mente poder ser uma coisa importante a ser feita.

A mente é a fonte de nossa capacidade de escolha e mudança. Se quisermos mudar o curso da situação global do planeta, podemos propor que precisaremos transformar a mente humana. Em um nível mais pessoal, se nós, de alguma forma, comprometemos nossas funções cerebrais, por experiências ou genes, saber o que é a mente poderia nos permitir mudar o cérebro de maneira mais eficaz, como muitos estudos agora revelam que a mente pode mudar o cérebro de forma positiva. Isso mesmo: sua mente pode transformar seu cérebro. Por conseguinte, a mente pode influenciar nossa psicologia básica e nossa mais ampla ecologia. Como sua mente pode fazer isso? É isso o que vamos explorar neste livro.

Achar uma definição precisa de mente é mais do que um mero exercício acadêmico; defini-la pode nos tornar capazes de criar mais saúde em nossas vidas individuais e coletivas, e um maior bem-estar em nosso mundo. Para responder a essas questões angustiantes, este livro tentará abordar a simples mas desafiadora pergunta: o que é a mente?

Uma visão comum: a mente é o que o cérebro faz

Uma visão normalmente exposta por muitos cientistas contemporâneos advindos de diversas disciplinas acadêmicas, como biologia, psicologia e medicina, é que a mente é somente um resultado da atividade dos neurônios no cérebro. Essa crença frequentemente apresentada, na verdade, não é nova, porquanto tem sido sustentada há centenas, ou até milhares, de anos. Esta perspectiva, repetidamente falada em círculos acadêmicos, é assim expressa de forma concreta: "A mente é o que o cérebro faz".

Se tantos acadêmicos de prestígio atêm-se a esta visão, e a defendem com plena convicção, seria natural pensar que, talvez, essa ideia seja a verdade, pura e simples. Se, de fato, for este o caso, então sua experiência mental, subjetiva, interior do meu "olá" para você é simplesmente um disparo neuronal do cérebro. Como isso acontece – passar de um disparo neuronal para uma experiência subjetiva consciente – ninguém no planeta compreende. Mas a premissa nas discussões acadêmicas é que um dia iremos descobrir como a matéria se transforma em mente. Nós só não sabemos agora.

Muito na ciência e na medicina, como aprendi na faculdade de medicina e em minha formação em pesquisa, aponta para o papel central do cérebro em moldar nossa experiência de pensamentos, sentimentos e memórias, o que são frequentemente denominados como os conteúdos – ou atividades – da mente. A afirmação de estar atento, a experiência da consciência em si, é considerada por muitos cientistas uma derivação do processamento neural. Por conseguinte, se *mente=atividade cerebral* for a equação simples e completa para sua origem, então a pesquisa científica para a sua base neural, para a maneira como o cérebro cria nossos pensamentos e sentimentos, e o que são chamados de "correlatos neurais da consciência", podem ser buscas longas e árduas, mas que estão no caminho certo.

William James, um médico que muitos consideram como sendo o pai da psicologia moderna, em seu livro, *Os Princípios da Psicologia**, publicado em 1890, afirmou que "o fato de o cérebro ser a única condição corporal imediata das operações mentais é, sem dúvida, tão universalmente admitido hoje em dia que não preciso mais gastar tempo para ilustrar isso, mas, simplesmente, postular e seguir adiante. O restante do livro será, mais ou menos, uma prova de que o postulado estava correto" (p. 2). Claramente, James considerava o cérebro crucial para a compreensão da mente.

James também afirmou que a introspecção era uma fonte de informação "difícil e imperfeita" sobre a mente (p. 131). Esta visão, bem como a dificuldade que os pesquisadores encararam ao quantificar a experiência mental subjetiva, um importante processo de medição nos quais diversos cientistas se basearam para aplicar em suas análises estatísticas cruciais, tornou o estudo de processos neurais e comportamentais visíveis externamente mais atraente e útil, conforme os campos acadêmicos da psicologia e da psiquiatria evoluíam.

Mas será que essa coisa na sua cabeça, o cérebro, é verdadeiramente a *única* fonte da mente? E quanto ao corpo como um todo? James disse: "por conseguinte, as experiências corporais, e mais precisamente as experiências cerebrais, devem ocorrer juntamente com aquelas condições da vida mental que a Psicologia precisa levar em consideração" (p. 9). James, em conjunto com psicólogos de seu tempo, sabia que o cérebro mora num corpo. Para enfatizar isso, às vezes, uso o termo "cérebro corporificado", que minha filha adolescente, enfaticamente, declara ser algo ridículo. "Por quê?", eu pergunto. Eis a resposta dela para mim: "Pai, você já viu algum cérebro não viver em um corpo?". Minha filha tem um jeito incrível de me fazer pensar em todo o tipo de coisa que eu, do contrário, jamais consideraria. Embora ela esteja certa, é claro, nos tempos modernos, frequentemente esquecemos que o cérebro na cabeça faz parte não apenas do sistema nervoso, mas também de todo o sistema corporal. James disse: "Os estados mentais ensejam também mudanças no calibre (sic) dos vasos sanguíneos, ou alterações dos batimentos cardíacos, ou em processos ainda mais sutis, em glândulas e vísceras. Se isso for levado em consideração, assim como atos que ocorrem em algum período remoto por conta do estado mental que já esteve presente, é seguro estabelecer a lei geral de que nenhuma modificação mental jamais acontece se não estiver acompanhada de ou for seguida por uma mudança corporal" (p. 3).

Aqui podemos dizer que James sabia que a mente não estava simplesmente encapsulada no crânio, mas abrangia o corpo inteiro. Entretanto, a ênfase dele estava em estados corporais associados à mente, ou mesmo seguidos por estados mentais, mas sem causar ou criar atividades mentais. O cérebro era visto, desde muito tempo, como a fonte da vida mental. Mente, nos círculos acadêmicos, é sinônimo de *atividade cerebral* – eventos na cabeça e não no corpo inteiro. Um exemplo ilustrativo, e quase sempre indicado, é o de um livro de psicologia moderna que apresenta a seguinte visão como a mais completa definição em um glossário sobre a mente: "o cérebro e suas atividades, incluindo pensamentos, emoções e comportamento" (Cacioppo & Freberg, 2013).

Essas visões de mente advinda do cérebro têm, no mínimo, 2500 anos. Como afirma o neurocientista Michael Graziano: "O primeiro relato científico relacionando a consciência ao cérebro data de Hipócrates, no quinto século a.C... Ele percebeu que a mente é algo criado pelo cérebro e que ela morre pouco a pouco conforme o cérebro vai morrendo". Então ele cita Hipócrates: "'Os homens deveriam saber que do cérebro, e só do cérebro, surgem nossos prazeres, alegrias, risadas e gracejos, assim como nossos sofrimentos, dores, tristezas e lágrimas'... A importância da intuição de Hipócrates de que o cérebro é a fonte da mente não pode ser ignorada". (Graziano, 2014, p. 4).

O foco no cérebro dentro da cabeça como fonte da mente mostrou-se extremamente importante em nossas vidas para compreender os desafios da saúde mental. Por exemplo, encarar os indivíduos com esquizofrenia ou transtorno bipolar, assim como àqueles com outras graves doenças psiquiátricas, como o autismo, enquanto pessoas que sofrem de algum funcionamento atípico inato decorrente de um cérebro com diferenças estruturais, em vez de algo causado pelo que os pais lhes fizeram, ou por conta de uma fraqueza no caráter, foi uma mudança crucial no campo da saúde mental, no sentido de buscar meios mais eficazes para ajudar pessoas e famílias em apuros.

Voltarmos nossos olhos para o cérebro nos permitiu diminuir a vergonha e a culpa de indivíduos e suas famílias, um aspecto triste mas, infelizmente, comum até demais em encontros passados com médicos há não muitos anos. Muitas pessoas, também, foram ajudadas com medicamentos psiquiátricos, moléculas que se consideram atuar no nível das atividades cerebrais. Digo "consideram", porque descobriu-se que a crença mental que uma pessoa possui pode ser um fator igualmente poderoso em alguns casos, conhecido como efeito placebo, para uma porcentagem de indivíduos com determinadas doenças em que suas crenças levaram a melhoras mensuráveis no comportamento externo, assim como no funcionamento do cérebro. E quando lembramos que a mente pode às vezes mudar o cérebro, mesmo esta visão deveria ser associada com uma compreensão de que o treinamento da mente pode ser de grande valia para alguns indivíduos, mesmo diante das diferenças cerebrais.

Corroborações para esta visão de mente centrada no cérebro vêm de estudos de indivíduos com lesões em áreas específicas do cérebro. A neurologia, há séculos, sabe que lesões específicas em áreas específicas levam a mudanças previsíveis nos processos mentais, como nos pensamentos, emoções, memória, linguagem e comportamento. Ver a mente relacionada ao cérebro tem sido de extremo valor, chegando a salvar a vida de muita gente no último século. Focarmo-nos no cérebro e seu impacto sobre a mente tem sido uma parte importante no avanço de nossa compreensão e de intervenções.

Ainda assim, essas descobertas não significam lógica ou cientificamente que o cérebro cria a mente, como frequentemente se afirma. Cérebro e mente podem, na verdade, não serem a mesma coisa. Cada um pode influenciar mutuamente o outro, como a ciência está começando a revelar quantitativamente, por exemplo, em estudos do impacto de treinamento mental na função e estrutura cerebrais (Davidson & Begley, 2012). Em outras palavras, só porque o cérebro molda a mente, isso não significa que a mente não pode moldar o cérebro. Para entender isso, é conveniente darmos um passo atrás na visão predominante de que "mente é atividade cerebral" e abrir nossas mentes para um quadro mais amplo.

Embora entender o cérebro seja importante para entender a mente, por que o que quer que crie, cause ou constitua a mente estaria limitado ao que acontece acima de nossos ombros? Essa perspectiva dominante de *atividade cerebral=mente*, o que o filósofo Andy Clark chama de um modelo "voltado ao cérebro" (2011, pina XXV), também pode ser chamada de visão de mente de um "único crânio" ou "encapsulada no crânio", uma visão que, apesar de comum, não considera uma porção de elementos de nossa vida mental. Um deles é que nossas atividades mentais, como emoções, pensamentos e memórias, são diretamente moldadas, se não totalmente criadas, pelo estado corporal como um todo. Portanto, a mente pode ser vista como corporificada, não apenas encapsulada no crânio. Outra questão fundamental é que nossos relacionamentos com os outros, o ambiente social no qual vivemos, influencia diretamente nossa vida mental. E aqui, também, talvez nossas relações criem nossa vida mental, não apenas influenciando-a, mas também sendo uma das fontes de suas próprias origens; não só o que a molda, mas o que a traz à vida. Assim, a mente, sob esta égide, pode também ser vista como relacional, assim como corporificada.

A professora de linguística Christina Erneling (Erneling & Johnson, 2005) oferece a seguinte perspectiva:

> "Para aprender a expressar algo significativo – ou seja, para adquirir habilidades semanticamente comunicativas – não basta só adquirir a configuração específica de processos cerebrais específicos. Isso também implica que outros considerem

o que foi dito como parte da comunicação linguística. Se eu lhe prometo algo verbalmente, não importa qual é o estado do meu cérebro. O importante aqui é que minha promessa é vista, como tal, por outras pessoas. Não depende apenas da minha mente, com seus comportamentos e processos cerebrais, mas, igualmente, de uma rede social com significado e regras. Explicar os fenômenos mentais tipicamente humanos e somente em termos de cérebro, é como tentar explicar o esporte tênis referindo-se à física das trajetórias balísticas... Além de analisar as capacidades mentais em termos de performances individuais ou estrutura cerebral, ou arquitetura computacional, deve-se levar em conta a rede social que as torna possíveis" (p. 250).

Portanto, no mínimo, podemos ver que além da cabeça, o corpo e nosso mundo relacional podem ser mais do que fatores contextuais influenciando a mente – eles, talvez, podem ser fundamentais para o que é a mente. Em outras palavras, o que quer que seja a mente pode estar se originando em nosso corpo inteiro e em nossas relações, e não se limitando ao que se passa entre nossas orelhas. Não seria, portanto, cientificamente válido considerar a possibilidade de que a mente é mais do que mera atividade cerebral? Não poderíamos incluir o cérebro como parte de algo maior, parte de um processo maior, que envolva o corpo todo e nossos relacionamentos, de onde emerge a mente? Poderia ser essa uma visão mais completa do que simplesmente afirmar que a mente é limitada à atividade na cabeça?

Embora a mente certamente esteja ligada aos fundamentos da atividade cerebral, nossa vida mental pode não estar limitada (ou unicamente ter sua origem) ao que acontece dentro de nossos crânios. Poderia ser a mente algo mais que simplesmente um resultado do disparo de neurônios no cérebro? E se esse quadro mais amplo for verdadeiro, o que seria, de fato, esse *algo a mais*?

Nossa identidade e a origem interna e relacional da mente

Se quem nós somos – tanto em nossa identidade pessoal quanto na experiência da vida – surge como um processo mental, um produto mental, uma função da mente, então quem somos nós é quem nossa mente é. Na jornada a seguir, exploraremos tudo sobre a mente – não apenas o quem, mas também o que, onde, quando, por que e como da mente.

Podemos começar com o seguinte entendimento como ponto de partida: a mente é moldada pelo cérebro, e talvez até seja completamente dependente dele, na função e estrutura da cabeça. Nenhuma polêmica até aí. Portanto, aceitamos plenamente o que a maioria dos pesquisadores de mente/cérebro afirmam – e, em seguida, proponho estender a noção de mente para além do crânio. O conceito de cérebro na cabeça é apenas o início e pode não ser o ponto final da nossa jornada de exploração. Podemos, em última instância, preferir abandonar essa tentativa a partir de uma perspectiva mais ampla conforme formos avançando, e talvez cheguemos à conclusão comumente difundida de que "a mente é apenas o que o cérebro faz", mas por ora vamos aceitar a importância do cérebro na vida mental e abrir nossas mentes para a possibilidade de que a mente pode ser algo mais do que simplesmente o que passa na cabeça. O que estou sugerindo a você é que considere que o cérebro é um componente importante de uma história ainda mais completa, uma história mais vasta e intricada, que vale a pena ser explorada para o benefício de todos. É nessa história mais completa que vamos nos aprofundar ao longo dessa exploração. Encontrar uma definição mais completa de mente é do que se trata nossa jornada.

Alguns acadêmicos veem a mente independentemente do cérebro. Filósofos, educadores e antropólogos há muito descrevem a mente como um processo construído socialmente. Escritos antes da maior parte de nossa compreensão moderna de cérebro como o conhecemos hoje, esses estudos acadêmicos voltados ao social veem nossa identidade, a partir do nosso senso interno do Eu, na linguagem atual, como sendo feita do tecido das interações sociais incorporadas nas famílias e na cultura em que vivemos. Linguagem, pensamento, sentimentos e nosso senso de identidade estão interligados a partir das interação que temos com outras pessoas. Por exemplo, o psicólogo russo Lev Vygotsky considerava o pensamento como sendo um diálogo internalizado que tivemos com outros (Vygotsky, 1986). O antropólogo Gregory Bateson via a mente como um processo emergente da sociedade (Bateson, 1972). E meu próprio professor de narrativa, o psicólogo cognitivo Jerry Bruner, considerava que as histórias surgem dentro das relações que as pessoas têm umas com as outras (Bruner, 2003). Quem nós somos, sob essas perspectivas, é o resultado de nossas vivências sociais.

Então, temos duas maneiras de ver a mente que raramente chegam a um consenso: mente como uma função social e mente como uma função neuronal (Erneling & Johnson, 2005). Cada uma dessas perspectivas oferece uma importante janela para a natureza da mente. Mas mantê-las separadas, embora talvez seja útil para conduzir pesquisas, e talvez um resultado compreensível e, frequentemente, inevitável da natureza dos interesses e propensões particulares de um cientista na busca por maneiras de conceber a realidade, pode não ser útil para enxergar a verdadeira natureza da mente, uma que seja *igualmente* corporificada e relacional.

Mas como a mente pode ser tanto corporificada quanto relacional? Como uma coisa pode estar em dois lugares aparentemente distintos ao mesmo tempo?

Como podemos conciliar essas duas orientações descritivas da mente, que têm origem em reflexões e estudos ponderados feitos por dedicados acadêmicos durante muitos anos, de que a mente, por um lado, é um produto social, e, por outra visão distinta, é um produto neuronal? O que está acontecendo aqui? Essas duas visões representam o que normalmente é considerado como visões separadas da vida mental. Poderiam elas, na verdade, serem parte da mesma essência? Será que há alguma maneira de identificar um sistema do qual a mente pode surgir, um sistema que possa ser corporificado e relacional, uma visão que abranja o internamente neuronal e o interpessoalmente social?

Qual o intuito deste livro?

Em suma, parece estar faltando alguma coisa na noção de que a afirmação "mente é o que o cérebro faz", como se fosse uma verdade derradeira. Precisamos manter a mente bem aberta a respeito do seu significado, em toda sua rica complexidade. Subjetividade não é sinônimo de atividade cerebral. Consciência não é sinônimo de atividade cerebral. Nossas vidas mentais profundamente relacionais não são sinônimos de atividade cerebral. A realidade da consciência e sua textura subjetiva interior e a natureza interpessoal e social da mente, no mínimo, nos convida a refletir além do fluxo intenso de atividade neuronal dentro do cérebro como a totalidade da história sobre o que é a mente.

Compreendo que esta abordagem de mente pode ser diferente das visões dominantes expressadas por uma maioria de acadêmicos modernos de psicologia, psiquiatria e neurociência, e sustentada por muitos clínicos contemporâneos de várias áreas da medicina e da saúde mental. Minha própria mente cética me deixa preocupado com essas propostas.

A prática científica, no entanto, me obriga a manter a mente aberta a respeito dessas questões e a não fechar as portas prematuramente. Como médico e psiquiatra, e experiência como psicoterapeuta por mais de 30 anos, a prática me mostrou que as mentes daqueles com quem trabalho ultrapassam o crânio, ultrapassam a pele.

A mente está dentro de nós – dentro do corpo inteiro – e entre nós. Está dentro de nossas conexões uns com os outros, e mesmo com o ambiente à nossa volta, nosso planeta. A questão relativa a qual pode ser de fato a essência de nossas vidas mentais está aberta para ser explorada. A natureza da mente permanece, de um ponto de vista científico, um assunto ainda bastante pendente.

A proposta deste livro, *Mente Saudável*, é ampliar essa pesquisa sobre o que é a mente de maneira mais direta e imersiva.

Meu convite a você é que tente manter a mente aberta quanto a essas questões, conforme formos avançando. Esta jornada para dentro da natureza da mente pode exigir que reexaminemos nossas próprias crenças sobre a mente enquanto mergulhamos cada vez mais fundo nessas ideias. Será que traremos novas visões que terão mérito em sua própria vida? Espero que sim, mas você verá o que tende a aflorar à medida que seguirmos adiante em nossa jornada. Conforme formos seguindo em nossa viagem exploratória juntos, podemos obter mais perguntas do que respostas. Mas, com sorte, a experiência de questionar a natureza da mente será reveladora, mesmo que discordemos ou não, chegaremos a respostas definitivas.

Por esses e muitos outros motivos que iremos explorar, desejamos que mantenha a mente aberta – o que quer que a mente seja ou onde quer que ela revele estar – sobre essa questão do seu significado. Este sentido de que pode haver algo mais na mente do que simplesmente atividade cerebral encapsulada não é no sentido de negar o cérebro, mas de que esteja trabalhando junto com ele. Não estamos descartando as conquistas da ciência moderna; queremos explorá-la profundamente, respeitá-la completamente e, possivelmente, expandi-la para revelar uma verdade maior sobre o que é mente. Estamos abrindo o diálogo de maneira científica, atraindo questionamentos de todos com relação à mente, inclusive acadêmicos, médicos, educadores, estudantes, pais e qualquer um que se interesse pela mente e pela saúde mental. A proposta desta jornada é, se tudo correr bem, ampliar discussões, aprofundar *insights* e aumentar o conhecimento.

Ao abrir a discussão sobre a mente e a saúde mental espera-se que ela nos permita, de forma mais eficaz, prosseguir com pesquisas, conceituar e conduzir a prática clínica, organizar programas educacionais, prover informações para os familiares, aprofundar como entendemos e vivemos nossos caminhos individuais de vida e, até mesmo, moldarmos a sociedade. Essa exploração tem o potencial de conferir maiores competências em nossas vidas pessoais, iluminar a natureza de nossas mentes e orientar a forma pela qual podemos cultivar maior bem-estar em nosso mundo cotidiano.

Nossa vida moderna, frequentemente, nos inunda com informações, bombardeando-nos digitalmente enquanto nos conecta com o mundo inteiro, embora, ao mesmo tempo, nós, como espécie humana moderna, estejamos mais e mais isolados e desesperados, sobrecarregados e solitários. Quem somos nós? E em que nos tornaremos, se não levarmos em conta, conscientemente, as consequências de tanta energia e informação que está inundando nossas vidas? Agora, mais do que nunca, é fundamental que identifiquemos claramente qual é o cerne da vida humana, o que é a mente e aprender como cultivar a essência da saúde mental – saber o que é essencial para criar uma mente saudável.

Uma estratégia possível seria, simplesmente, criar uma nova palavra no lugar de *mente*, e, em seguida, usar o novo termo para esclarecer de onde e como nossas conexões interpessoais e vidas corporificadas, experiência subjetiva, essência interior, senso de propósito e significado de consciência têm sua gênese. Como você chamaria essas características essenciais da vida se não fosse com o termo *mente*?

Encontrar um termo diferente que simbolize um processo distinto de "mente equivalente a atividade cerebral" é uma possibilidade. E, talvez, seja uma solução mais justa. Mas esta exploração é mais do que uma mera discussão semântica a respeito de termos, definições e interpretações. Se mente é um termo para a centralidade de nossa essência, para o cerne de quem nós somos, vejamos se será possível preservar tais significados do termo "mente" e ver o que esta mente, este centro do ser humano, tem de fato a nos oferecer. Que tal a seguinte sugestão: usaremos o termo "atividade cerebral" para fazer referência aos disparos neuronais. Desta maneira, estaremos afirmando o que é isso, ou seja, as ativações neuronais acontecendo dentro do crânio, dentro do cérebro que habita a cabeça. Então, poderemos explorar livremente a realidade da mente em sua plenitude, sem suscitar os argumentos comuns que já ouvi, entre eles o de que esta tentativa de explorar uma visão mais ampla "é uma regressão da ciência", como alguns disseram para mim, já que ela diz que mente é mais do que atividade cerebral. Mesmo que a mente dependa completamente da atividade cerebral, isso não faz com que a mente seja o mesmo que atividade cerebral.

Por ora, para iniciarmos nossa jornada, vamos nos ater a *mente* como nosso termo e ver aonde isso vai dar. Podemos nos voltar a novas representações linguísticas mais tarde, se assim preferirmos. Em nossa linguagem cotidiana, entre mim e você, juntos nessa senda que iremos trilhar, vamos apenas concordar, por agora, que *mente* terá o significado genérico de algo que, às vezes, possui uma conscientização com qualidade subjetiva, e que ela é repleta de fluxos de informação, com e sem atenção.

Por ora, não precisamos de outro termo, entretanto, vamos manter a mente aberta para isso. E vamos explorar como poderemos desvendar a natureza da mente, para assim conhecê-la profundamente e dar suporte ao seu funcionamento e desenvolvimento em prol de sua saúde.

Um convite

Após examinar extensivamente uma infinidade de textos acadêmicos, médicos e populares, ficou claro que esta associação da natureza *interna* e *externa* da mente é algo raramente discutido nos círculos científicos, profissionais ou públicos. Algumas vezes, o interno é o foco, outras vezes, o externo, mas raramente os dois em conjunto. Mas será que a mente não poderia ser tanto *intra* quanto *inter*? Se pudéssemos definir claramente a essência da mente, conseguiríamos ajudar de forma mais robusta uns aos outros, individualmente, nas famílias, escolas e em nossas comunidades e sociedades humanas mais abrangentes. Por esses motivos, parece que estamos no momento ideal para oferecer algo que pode vir a ajudar a avançarmos em conversas sobre uma visão ampliada da mente.

Apesar de eu ter escrito extensivamente sobre a mente no meio acadêmico (em *The Developing Mind, The Mindful Brain* e *Pocket Guide to Interpersonal Neurobiology*), discutido suas aplicações na prática médica (*Mindsight* e *The Mindful Therapist*) e explorado suas aplicações cotidianas em vários livros para o público em geral, inclusive para adolescentes e pais (*Cérebro adolescente, Parenting from the Inside Out* [com Mary Hartzell], *O cérebro da criança* e *Disciplina sem Drama* [ambos com Tina Payne Bryson]), um livro focado profundamente nesta proposta específica sobre o que pode ser de fato a mente parece necessário, um que o faça de maneira mais direta e integrada.

Por integrada, eu quero dizer o seguinte: como a mente, no mínimo, inclui nossa experiência subjetiva interior de estar vivo, sentimento este incorporado dentro de nossa consciência, então, quem sabe, um livro focado sobre a questão do que a mente realmente é, possa ajudar de forma mais estruturada o leitor e o escritor, você e eu, a estarem plenamente presentes, sentindo e refletindo sobre nossas próprias experiências mentais subjetivas, conforme avançamos na discussão de conceitos fundamentais.

Precisamos estar atentos às nossas experiências interiores além da mera discussão de fatos, conceitos e ideias, desprovidos de atenção interior e texturas subjetivas. Esta é uma maneira de convidar sua mente consciente a explorar sua experiência pessoal conforme avançamos nessa jornada. Ideias são capazes de ter seu maior impacto quando são combinadas com uma plena experiência sensorial. Essa é uma escolha que posso oferecer, como autor, a você na forma de um convite, um no qual você pode participar, se quiser, como leitor. Dessa maneira, este livro pode ser uma conversa entre mim e você. Eu oferecerei ideias, ciência e experiências, e você pode capacitar sua própria mente para receber e responder a essas comunicações. À medida que as páginas e os capítulos desta jornada forem se desdobrando, sua própria mente irá se tornar parte fundamental da exploração sobre o que é a mente.

Se a mente é verdadeiramente relacional, então este livro precisa ser o mais relacional possível, assim como um encorajador de suas reflexões em sua experiência interior. Em vez de apenas estar lendo as palavras que por mim foram digitadas, minha intenção é que esta seja uma jornada colaborativa de descoberta, uma que convide sua mente e minha mente para estarem o mais presentes possível.

Em outras palavras, o processo de leitura de *Mente Saudável* deveria refletir o conteúdo do próprio livro, a jornada para explorar o que pode ser a mente.

Se deixarmos de lado tanto o lado corporificado quanto o relacional de nossas vidas mentais, o interno e o externo, podemos perder de vista o centro do que é verdadeiramente a mente durante nossas explorações. Como podemos fazer isso? Eis uma ideia. Se eu, como escritor, posso estar presente tanto pessoal como intelectualmente, talvez você, como leitor, também o possa. É assim que poderemos misturar o científico com o pessoal, conforme eles forem se tornando profundamente entrelaçados para ver claramente a mente.

Para ser científico quanto à mente, é necessário que não apenas respeitemos descobertas empíricas, mas também honremos o subjetivo e o interpessoal. Talvez não seja uma abordagem típica, mas ela parece crucial para verdadeiramente explorarmos o que é a mente.

É o que eu espero conseguir demonstrar neste livro: que seja uma jornada, para você e para mim, para explorarmos abertamente a natureza da mente humana.

A abordagem de nossa jornada

Vivemos nossa vida a cada momento. Seja sentindo nossas sensações corporais agora, refletindo sobre o presente com um filtro de nossas experiências do passado ou perdido nas memórias, tudo isso está acontecendo agora. Prevenimo-nos e planejamos o futuro neste instante também. Em muitos aspectos – principalmente se o tempo não for, de fato, uma coisa unitária fluindo –, tudo o que temos é este momento, tudo o que temos é o agora. A mente aflora dentro da memória, assim como nas experiências de momento a momento que se revelam no presente na figura de imersões sensoriais, junto com as imagens mentais que temos de experiências futuras – como prevemos e imaginamos o que virá a seguir. É assim que conectamos passado, presente e futuro, tudo no momento atual. Ainda assim, mesmo que o tempo não seja realmente o que imaginamos ser, como alguns físicos propõem, a forma como iremos explorar o assunto a fundo na jornada à seguir, nos dá indicação de que as mudanças são, de fato, reais – e essa relação através do tempo, que é a própria estrutura da nossa mente, é uma forma de interligar experiência através da mudança. A mente é repleta de uma experiência fluída de mudança. A leitura de *Mente Sudável* irá, portanto, envolver essas experiências mentais de mudança, o que na terminologia temporal chamamos de futuro, presente e passado. O pesquisar de memória, Endel Tulving (2005), chama isso de "viagem no tempo mental", quando interligamos passado, presente e futuro. Se o tempo é uma construção mental, viagem no tempo mental é o que faz nossa mente – é como organizamos nossa experiência mental de vida, nossas representações de mudança.

Escolhi organizar este livro em estruturas de viagem mental no tempo, em respeito a essa fonte mental central de mudança, ou seja, a maneira com que nossas mentes constroem nossos "Eus" através do tempo. Exploraremos as ideias de mente que demonstrarão esta orientação de passado-presente-futuro da mente. Para alcançar isso, utilizarei uma estrutura cronológica, que se desenvolve como uma narrativa, refletindo nos tempos passado e presente à medida que formos abrindo nossas mentes para o futuro.

Os itens do livro possuem tanto discussões conceituais quanto narrativas não fictícias que ajudam a transmitir o material e, quem sabe, torná-los mais recordáveis durante a leitura. Histórias são a melhor maneira que nossas mentes têm para relembrar alguma informação, e as formas com que nos sentimos, conforme mergulhamos nelas, é o que parece impactar a maneira como uma experiência fica retida em nossa memória. Também irei convidá-lo a considerar aspectos de suas próprias experiências relacionados a discussões particulares de mente conforme avançarmos. Neste sentido, você lerá alguns dos meus relatos e, talvez, refletirá sobre eles e escreverá algumas das suas próprias histórias.

Para abarcar essa integração do passado-presente-futuro, e do pessoal e conceitual, dividi essas narrativas em períodos de cinco anos, ou períodos de meia década, chamados simplesmente de "itens temporais", que ajudam a estruturar temporalmente e organizar conceitualmente nosso mergulho na exploração da mente. Por favor, memorize que esses itens nem sempre estarão em ordem cronológica. Exploraremos reflexões autobiográficas, a experiência subjetiva da mente e experiências cotidianas e imersões reflexivas de momento a momento, junto com visões conceituais relevantes inspiradas pela ciência. Essas são as descobertas empíricas baseadas em estudos das mais variadas disciplinas que serão comparadas e contrastadas, suas perspectivas confluentes sintetizadas e permeadas com fundamentações científicas. Essas serão posteriormente entrelaçadas com aplicações práticas e reflexões mentais.

Conforme esses itens se desdobrarem, convido você a explorar suas próprias reflexões no aqui e agora de sua realidade subjetiva. Você pode descobrir que as reflexões autobiográficas de como sua mente se desenvolveu através das épocas em sua vida começarão a emergir e se tornarão um foco de atenção. Até mesmo seu senso de possibilidades futuras podem se aflorar de novas maneiras. Este é um convite para que abra a mente para sua orientação mental inata de viagem no tempo. Refletir sobre essas experiências de passado-presente-futuro conforme elas forem desabrochando, e talvez até escrever suas reflexões se assim tiver vontade, podem aprofundar a experiência. Vivemos como seres sensoriais e autobiográficos conforme nossas mentes emergem a cada momento, em meio a reflexões sobre o passado e projeções do futuro. Impulsos sensoriais, reflexões sobre memórias e imaginação são partes fundamentais da viagem no tempo mental que podem ser divertidas de se explorar.

Entre o item temporal inicial e a seção para o convite reflexivo ao final, você encontrará uma seção central em cada capítulo focada primordialmente em conceitos científicos que estendem e aprofundam a discussão. Nessas seções intermediárias, faremos uma pausa nas reflexões narrativas mais autobiográficas e focaremos especificamente em alguns conceitos ou questões basilares relacionados às noções narrativas de mente apresentados previamente, porém desta vez o discurso irá, essencialmente, explorar uma estrutura conceitual e intelectual. Você pode se sentir introspectivo, quando for ler essas seções predominantemente científicas; que essa forma de me comunicar com você evocará uma experiência mental diferente, talvez uma mais abstrata, com uma sensação de distanciamento, e pode até parecer menos envolvente. Se isso, ou qualquer outra coisa, despertar em você, é isso o que irá despertar em você. Peço desculpas agora por essa mudança, mas deixe que a mudança em si ofereça uma experiência que pode vir a ensinar algo de novo. Cada momento é importante, e o que quer que seja despertado pode oferecer uma experiência nova. Deixe que cada experiência seja uma oportunidade que nos convida a aprender. Ansel Adams é frequentemente citado quando afirma: "com a sabedoria adquirida através do tempo, descobri que cada experiência é uma forma de exploração".

Se essas seções intermediárias mais conceituais, inicialmente, não tiverem um bom efeito sobre você, não há problema se as desconsiderar. Esta é a nossa jornada.

Mas insisto que tente, pelo menos no início, a simplesmente deixar que a experiência da leitura seja uma fonte de aprendizado sobre a mente, sobre sua mente, e sobre a natureza de como nos conectamos uns com os outros por meio de fatos e histórias. Portanto, vejamos como você se sente, examinando sua própria mente no processo: verificando suas sensações, imagens, sentimentos e pensamentos. Deixe que cada experiência seja um convite para refletir e uma oportunidade para aprofundar nosso aprendizado sobre nós mesmos e a mente. Essa é nossa jornada exploratória.

Caso esteja buscando mais desse tipo de discussão conceitual, procurando uma discussão sobre a mente puramente baseada na teoria e subjetivamente distante, você precisará explorar outros livros mais básicos em vez deste aqui. A estratégia e a estrutura deste livro, *Mente Saudável*, são focadas em definir o que pode ser a mente, abrangendo a realidade da subjetividade e o convidando para explorar a natureza de sua própria experiência, procurando iluminar a natureza da mente, tanto com discussões científicas quanto com reflexões baseadas em experiências. Esta abordagem interdisciplinar para explorar a natureza de nossas mentes é, acredito, fiel à ciência, mesmo não sendo um típico livro de ciência. Este livro pode ser benéfico a qualquer pessoa que seja curiosa a respeito da mente e interessado em criar uma mente mais saudável. Para explorá-la profundamente, é preciso mais que um simples foco em discussões conceituais fascinantes ou descobertas científicas; significa combinar isso com a vida experimentada de maneira subjetiva.

Palavras refletindo sobre palavras reflexivas

Mesmo com essas palavras que usamos para criar vínculos, eu com você, você consigo mesmo em seus pensamentos íntimos, você compartilhando com outra pessoa conversas reflexivas ou na forma de palavras escritas num diário de autorreflexões, nós, na verdade, começamos a moldar, e até limitar, nossa compreensão de mente. Assim que uma palavra fica "à disposição" para ser compartilhada, e mesmo quando ela está "aqui dentro", dentro de nós mesmos, moldando nossos pensamentos, ideias e noções, ela limita nossa compreensão. Deve ser por isso que alguns eruditos, como mencionei anteriormente, pediram-me para não definir a mente, já que isso irá limitar nosso entendimento. Só por essa razão, eles provavelmente não ficarão muito felizes com este livro. Mesmo que sem palavras, sem linguagem dentro de nós ou entre nós, é desafiador, se não impossível, compartilhar ideias, quanto mais explorá-las, seja conceitualmente em nossa comunicação, seja empiricamente na ciência. Como médico, educador e pai, vale a pena o esforço de tentar encontrar uma definição baseada na verdade usando palavras, sem contar o resultado potencialmente útil que possa vir a criar, contanto que reconheçamos terminantemente as limitações das palavras.

Porém, façamos uma pausa para respirar e analisar as palavras e suas limitações – desta forma eu e você iremos nos conectar inicialmente neste livro, conforme prosseguirmos. Não importa o que cada um faça, desde que possa falar ou escrever, pois mesmo que as palavras cuidadosamente escolhidas sejam precisas, elas são naturalmente limitantes e limitadas. Este é um grande desafio para qualquer projeto que seja baseado em palavras, e talvez mesmo para viver uma vida falante, não só quando nosso foco é a mente. Se eu fosse um músico ou pintor, possivelmente, eu comporia uma peça sem palavras ou pintaria uma tela apenas com cores e contrastes. Se eu fosse um dançarino ou coreógrafo, talvez eu criasse um movimento que, mais diretamente, revelasse a natureza da mente. Mas eu sou uma pessoa que lida com palavras, e este é um formato baseado em palavras, portanto, por agora, é só o que tenho para me conectar com você. Estou tão determinado a explorar esta noção de mente que nos conecta uns com os outros que palavras é o que vou usar aqui, por mais limitantes e limitadas que elas sejam. Sejamos pacientes um com o outro, e com nós mesmos, conforme formos compartilhando essas palavras entre nós. Precisamos nos lembrar que palavras tanto criam quanto restringem. Ter isto em mente irá nos ajudar a aprofundar nossa compreensão do processo de exploração, e as noções conceituais que surgirão. Vamos fazer um pouco de música, pintar um quadro e partilhar uma dança da mente da melhor forma que pudermos com essas palavras que nos conectam.

Se levarmos em conta o significado de símbolos linguísticos como forma de informação que compartilhamos, então a própria natureza das palavras poderá ser usada para revelar aspectos da natureza da mente.

Por exemplo, se eu dissesse que a noção de mente estivesse "ao nosso alcance", veríamos também como nossas visões estariam corporificadas, palavras baseadas na linguística corporificada que escolhemos: nós estendemos nossas mãos para tê-las ao nosso alcance; nós estendemos nossas mentes para compreender alguma coisa. Nós compreendemos, trazendo "ao nosso alcance". Nós até compreendemos um ao outro quando nós, em inglês, "*stand-under*"[1]. Essa é a natureza linguística corporificada da mente. Palavras são informações, assim como também são símbolos para algo que não o padrão energético que as criaram. Mas mesmo como representações, como símbolos de som ou luz, os termos, como *estar ao alcance*, não captam plenamente a essência de profunda compreensão, de encarar com verdade, de ver claramente, e talvez sejam nada menos que a sensação interior de busca pela clareza.

E ao usar o termo *compartilhar*, mesmo com palavras dentro você, há um senso de *intermedialidade*, um lado relacional que vem à mente, refletido na nossa linguagem, nossa vontade de expressar com palavras, a natureza íntima da própria mente. Como a cega e surda Helen Keller citou em sua autobiografia, ela sentiu como se sua mente tivesse nascido no momento em que ela compartilhou uma palavra para pedir água à professora, Anne Sullivan (Keller, 1903). Por que compartilhar deu luz

---

1 - N.T.: trocadilho intraduzível. O autor utiliza a inversão da palavra "understand" (compreender, entender), chegando ao "stand-under", que literalmente significa "ficar sob" ou "estar de pé diante de", fazendo referência à etimologia desta palavra, que descreve uma pessoa "ficando de pé" (stand).

à mente? E será por isso que conversamos com nós mesmos em nossa intimidade, com nossa voz interior? Essas palavras que compartilhamos mentalmente se tornam as palavras que temos em mente, quando aprendemos sobre nós mesmos e refletimos sobre nossas vidas. Com efeito, temos uma relação com nós mesmos, da mesma forma que com os outros. Precisamos nos lembrar no percurso desta jornada que a linguagem que usamos, e a linguagem que nos rodeia, interliga, ilumina e aprisiona, tudo ao mesmo tempo, e precisamos estar e permanecer atentos, da melhor forma possível, desta ligação, liberação e limitação que as palavras criam em nossas vidas.

No entanto, uma vez que o trem da palavra começar a ir embora de sua estação da realidade sem-palavras, podemos nos desligar de nosso esforço original de revelar verdade e profundo significado, e nos afastarmos da maneira que as coisas, de fato, são. Esta é apenas uma parte, por mais importante que seja, da jornada para dentro da mente que temos que levar em consideração. A partir desta estrutura e trajetória, compartilhando linguagens que nos ajudarão a entender e compartilhando a natureza da mente, é que vamos atravessar da melhor maneira o caminho que se mostra diante de nós. Embora façamos referência a ciência e conceitos, também iremos nos comunicar diretamente sobre a experiência que estiver acontecendo dentro de nós. Palavras começarão a surgir como uma parte desta experiência, mas elas não serão o bastante, não exatamente o que queremos dizer.

É preciso salientar que sempre acabamos por dizer algo tipo: "bem, é mais complicado que isso" ou "não é exatamente deste jeito". Essas afirmações, certamente, são verdadeiras, independentemente do que colocarmos em palavras, portanto, sim, não é exatamente assim. E sim, é mais complicado que isso. Absolutamente. Às vezes, a melhor maneira de ser preciso é não falar. Apenas ficar calado. E isso é algo realmente muito importante para se fazer, regularmente. Porém, talvez vejamos que além dessas limitações linguísticas inerentes, podemos acabar encontrando palavras, as ideias e experiências que elas tentam descrever, que se aproximem de algo que simplesmente chamamos de *verdade*. Algo que seja real. Algo que tenha valor profético, algo que nos ajude a viver nossas vidas de forma mais plena, mais honesta. O silêncio é um bom lugar para começarmos. E palavras podem ser uma maneira poderosa para continuarmos nessa jornada de esclarecer a natureza da realidade mental. Talvez as palavras até ajudem a nos conectarmos de forma mais profunda, não apenas com outros que recebam essas frases cheias de palavras, mas com nós mesmos, à medida que ouvirmos o que nossas mentes estão articulando, mesmo que sem palavras, com a verdade iluminada pelo silêncio.

Para cada trem de palavras que compartilharmos, você terá também sua própria vida mental sem-palavras que surgirá. Às vezes, nós nos conectamos melhor com esse mundo sem-palavras, em silêncio, quando tiramos um "tempinho" para atender a esse mar dentro de nós. Haverá sensações, imagens, sentimentos e pensamentos com e sem palavras, portanto eu o convido a silenciosamente examinar sua mente, pois essas palavras evocarão diferentes elementos de sua vida mental.

Também incluí algumas fotografias para tentar acessar algumas maneiras não escritas em que imagens visuais podem despertar sensações mais próximas do que tenho em mente, mesmo que o que aconteça lá no fundo da sua mente e no fundo da minha mente possam não ser a mesma coisa ao visualizar a mesma foto. Na verdade, a preocupação que tenho ao usar essas imagens fotográficas é que elas possam despertar em você algo que pode ser bem diferente do que despertaram em mim quando escolhi a figura. Bom, não dá para saber. Sendo assim, aproveite as imagens, e se elas o fizerem se perguntar o que estava passando pela minha mente quando escolhi essa ou aquela figura, ótimo. Talvez eu nem saiba por quê; pode ter sido, simplesmente, uma sensação corporal dentro de mim que teve uma reação "isso", quando vi a imagem e pensei em incluí-la. Ou, quem sabe, foi a sequência de imagens que despertaram em mim algo que parecia certo. Ou, talvez, as emoções que senti com a imagem combinadas com a maneira como me senti ao escrever alguma coisa. E, talvez, até os pensamentos despertados em mim com a foto foram exatamente os que eu esperava brotarem em você. Você pode examinar minha mente imaginada na sua mente, e você pode examinar sua própria mente e ver o que as figuras inspiram-no a desabrochar. Você terá sua própria experiência, e estar aberto para o que quer que desabroche é uma postura que podemos assumir nessa jornada. Não há certo ou errado, apenas sua experiência. Apenas o convido para estar atento à plenitude da sua mente além das meras afirmações linguísticas literais feitas com as palavras neste livro.

Podemos apenas dar o nosso melhor para nos comunicarmos, permanecendo abertos durante a jornada e sem nos preocuparmos demais quanto aos pontos finais. Um transitar por diversos momentos enquanto eles se desdobram é continuamente aflorado, assim como a mente o faz. É por isso também que vamos explorar a própria natureza do tempo, do que realmente significa estar presente na vida.

Essas questões têm a pretensão de não apenas trazer à tona algumas respostas, mas também de repousar na epifania que surge do questionamento. Como meu antigo mentor, Robert Stoller, MD, certa vez escreveu: "Mesmo assim, ansiar a clareza contém um prazer do qual só agora tenho plena consciência. Por vezes, ao reduzir uma oração até sua forma mais simplificada, descubro que ela se transforma em uma pergunta, paradoxo ou piada (sendo as três diferentes afirmações sobre a mesma coisa, como gelo, água e vapor). Isso é um alívio: a clareza pergunta, não responde" (Stoller, 1985, p. X).

Você verá aqui um foco em questões fundamentais – investigações com as quais possa se divertir – relacionadas a vários elementos da mente que pretendem estar entrelaçados em uma só trama. Navegaremos juntos examinando aspectos do quem, o quê, onde, quando, como e por que da mente. Esse será nosso ponto em comum, uma bússola de seis direções que usaremos para navegar em nossa jornada de duas lentes. A primeira será a lente da experiência pessoal e sentida: minhas, nas descrições; suas, nas reflexões de experiências à medida que forem se manifestando. A outra lente é a da racionalização científica e conceitual, explorações de resultados de pesquisas e suas implicações.

Um dos motivos pelo qual escolhi esta maneira particular de criar a jornada de *Mente Saudável* foi para convidá-lo, assim como eu, a misturar a experiência pessoal de sua mente com sua compreensão emergente das ideias científicas que sustentam esta exploração. Espero que esta seja uma "leitura ativa", envolvendo sua curiosidade e imaginação, assim como suas reflexões pessoais sobre a vida mental, combinadas com a construção de um alicerce científico para a mente. Este é um livro de questionamento que podemos criar juntos ao explorar a natureza fundamental da mente. As palavras são apenas um ponto de partida; quem sabe, apenas um local de encontro inicial para que nos conectemos. A jornada a seguir está por detrás, antes e além das próprias palavras.

Não sou muito bom em contar piadas, como meus filhos sempre me lembram disso, mas acho que encontraremos muitos paradoxos e uma quantidade suficiente de perguntas que surgirão durante nossa expedição. Por vezes, refletir sobre a profunda natureza da mente é incompreensível, e alucinante. Outras vezes, é absolutamente hilariante. Há uma porção de livros que oferecem respostas propostas por sérias reflexões científicas ou pessoais. Este livro oferece a você tanto reflexões pessoais quanto conhecimento científico, de forma integrada, cheio de questionamentos que direcionam nossa jornada adiante, de maneira que, espero, seja envolvente e esclarecedor.

Um dos desafios de discutir a mente é que precisamos considerá-la tanto como uma experiência pessoal quanto como um processo, entidade, objeto ou coisa cientificamente compreensível. Essa tensão entre o pessoalmente previsível, não externamente observável e não quantificável e o objetivamente previsível, externamente observável e quantificável é um conflito inerente que baseou as maiores investigações acadêmicas do século passado para se afastarem de intuições e reflexões e se voltarem às experiências subjetivas em estudos formais da mente. Ainda assim, quem quer que sejamos, o que quer que sejamos e onde quer que estejamos, onde a mente está, como ela funciona e por que estamos aqui, são todos aspectos de nossa vida mental que, acredito, podem ser melhor compreendidos quando honramos tanto a natureza subjetiva quanto a objetiva da mente, no cerne de cada uma dessas facetas de nossas vidas.

Espero do fundo do coração me juntar a você para elucidar a natureza de nossas mentes, iluminar nossas crenças e revelar nossas descrenças, demonstrar a importância central da mente em nossas vidas e oferecer algumas maneiras básicas para definir a mente, assim poderemos explorar o como pode ser, de fato, uma mente saudável. O próximo passo natural após termos explorado essas questões é sugerir as várias maneiras que podemos escolher para nos habilitar a cultivar uma mente saudável, em nós mesmos e nos outros.

Portanto, para descobrir, explorar, reivindicar e cultivar nossas mentes, convido você a se juntar a mim nessa jornada para as profundezas do ser humano.

Pronto para dar um mergulho? Vamos começar – e espero que aproveite nossa aventura.

CAPÍTULO 2
O QUE É A MENTE?

Neste item, mergulharemos numa possível definição funcional de um aspecto da mente como sendo a função de um sistema composto por energia e fluxo de informação. Este sistema está tanto dentro do corpo quanto entre nós mesmos e outras entidades – outras pessoas e o ambiente mais amplo no qual vivemos. Esse é um bom ponto de partida para nossa jornada pela natureza do *o que é* a mente.

Trabalhando numa definição funcional da mente (1990-1995)

Os anos 1990 foram chamados de "A Década do Cérebro".

Eu me sentia como uma criança em uma loja de doces, amando tecer o que estava experimentando com meus pacientes, na posição de psiquiatra, com as explorações sobre memória e narrativa que iam se desenvolvendo com sujeitos de pesquisa, continuamente fazendo esforços para ligar estes com o que agora estávamos aprendendo com a ciência neurológica. Eu tinha concluído meu ciclo clínico em meu ano de internato em pediatria, seguido por uma residência em psiquiatria, primeiramente com adultos, depois com crianças e adolescentes. Depois de uma bolsa de pesquisa no National Institute of Mental Health na Universidade da Califórnia – Los Angeles, estudando como as relações entre pais e filhos formatam o desenvolvimento da mente, fui convidado para dirigir o programa de ciclo clínico de psiquiatria para crianças e adolescentes na universidade. Assumi aquela função educacional com muita seriedade, pensando em como a visão abrangente do desenvolvimento da mente, as novas compreensões sobre o cérebro e a ciência de relacionamentos que eu havia aprendido poderiam se fundir para formar um tipo de currículo essencial para a nova geração de médicos por lá. Ao mesmo tempo, comecei um grupo de estudos com meus antigos professores e colegas do campus para abordar a importante questão: Qual é a relação entre a mente e o cérebro?

Quarenta pessoas juntaram-se ao nosso grupo, sendo a maioria pesquisadores acadêmicos e alguns médicos. Muitas áreas estavam lá representadas, inclusive o pessoal de física, filosofia, ciências da computação, biologia, psicologia, sociologia, linguística e antropologia. A pergunta que inicialmente nos uniu foi: qual é a conexão entre a mente e o cérebro? O grupo podia definir o cérebro – um conjunto de neurônios e outras células interligados na cabeça que interagem com o corpo todo e o ambiente. Mas não havia nenhuma definição da mente, além da já familiar "atividade cerebral", que os neurocientistas presentes mencionavam, o que não era uma visão aceitável para os antropólogos ou linguistas, que se focavam na natureza social dos processos mentais, como cultura e linguagem.

Meu próprio professor de narrativa que mencionei anteriormente, Jerome Bruner, havia dito durante minha pós-graduação com ele como pesquisador bolsista, que a narrativa não acontece dentro de uma pessoa, ela acontece entre pessoas. Mesmo no meu trabalho de conclusão do curso, no qual me perguntei como as narrativas eram mediadas no cérebro de indivíduos traumatizados, ele insistiu para que eu não cometesse tal "erro" e percebesse a natureza social da narrativa. Essas histórias que contamos – as narrativas de nossas vidas, que revelam nossas memórias e significados da vida – são fundamentais para os processos mentais. Eu estava estudando, na ocasião, como as descobertas na pesquisa sobre a teoria do apego revelavam que a narrativa do pai de uma criança era o melhor indicador do apego da criança àquele pai. Sabíamos, a partir de estudos empíricos rigorosos, que o que parecia um ato solitário da sua própria história de vida é, de alguma maneira, relacionado às interações interpessoais entre pais e filhos que estão propiciando o crescimento e desenvolvimento da criança, um processo que chamamos de "apego seguro".

Aprendi que a narrativa era um processo social, algo entre as pessoas. Essas histórias são o que nos conecta nas relações a dois, famílias e comunidades. Eu me indaguei os outros elementos da mente, além das narrativas – nossos sentimentos, pensamentos, intenções, esperanças, sonhos e memórias –, também eram profundamente relacionais.

Na época, eu me reunia com pessoas com quem eu tinha conversas e conexões que moldariam a pessoa que eu estava me tornando. Os psicólogos Louis Cozolino, Bonnie Goldstein, Allan Schore e Marion Solomon se tornaram colegas e amigos próximos, e mal eu sabia que nossas vidas continuariam interligadas até hoje de um jeito profundamente estimulante e recompensador, mesmo um quarto de século mais tarde. Minhas relações com eles, e com muitas outras pessoas ao longo desta jornada, tornaram-se parte da narrativa de quem eu era. Mal também eu sabia que nessa década chegaria ao fim da vida três dos meus principais professores, que delinearam meu desenvolvimento profissional: Robert Stoller, Tom Whitfield e Dennis Cantwell. Com professores e colegas, amigos e familiares, encontramos conexões que nos transformam intimamente. Relações são o crisol em que nossas vidas desabrocham conforme formam nossas histórias, moldam nossa identidade e dão luz à experiência de quem nós somos, liberando – ou restringindo – quem podemos nos tornar.

Apesar de eu ter aprendido na faculdade de medicina, uma década antes, que o corpo de uma pessoa era a fonte da doença e alvo de nossas intervenções, de alguma forma a mente humana parecia ser mais vasta do que o corpo. As profundas lições sobre a primazia e a natureza social das narrativas garantiam que algumas importantíssimas fontes de sentido em nossas vidas – as histórias que unem uns aos outros, ajudam-nos a compreender experiências e nos permitem aprender uns com os outros – estavam profundamente localizadas em um domínio *no meio* de nossas vidas relacionais.

Certamente, esses elementos da mente, provavelmente, também seriam associados à função cerebral – esse relacionamento era algo que conhecíamos em neurologia há mais de um século, mas, graças aos recentes avanços na tecnologia de tomografia cerebral, agora estava ficando mais claro e refinado. Ainda assim, ser dependente do cérebro não significa estar limitado apenas ao cérebro, nem significa que a mente é a mesma coisa que atividade cerebral, como já vimos.

Portanto, respondi ao professor Bruner, durante minha apresentação final do curso, que eu estava interessado em saber como os processos neuronais nos cérebros de ambas as pessoas em um relacionamento contribuem para a natureza social da narrativa. Ele apenas abanou as mãos para mim, com um olhar de frustração e, talvez, confusão. Compreendi, na época, que a ponte entre as disciplinas – neuronal e social – não era tão fácil de ser criada.

Mais tarde, aprendi que o termo *consiliência* poderia ser usado para identificar um processo em que verificamos resultados universais entre disciplinas geralmente independentes (Wilson, 1998). Parecia que eu, sem qualquer conhecimento do termo, estava numa aventura para encontrar consiliência na compreensão da mente.

Mas ainda que as disciplinas e seus defensores humanos não pudessem encontrar pontos de convergência, talvez a própria realidade estivesse cheia dessa tal consiliência. Talvez o neuronal e o social fossem partes de um processo fundamental – não apenas estímulos sociais influenciando o cérebro, como estímulos luminosos influenciando o nervo ótico, mas o fluxo fundamental de alguma coisa. Mas o que esse algo realmente poderia ser, algo que facilitasse, por exemplo, uma conversa colaborativa, conectiva, entre um neurocientista e um antropólogo?

Em nossa associação recém-formada de 40 pessoas, não havia consenso. Sem uma definição do que *mente* era de verdade, exceto por dizerem que era apenas "atividade cerebral", estava difícil chegarmos a um entendimento comum da ligação entre o cérebro e a mente, quanto mais algum jeito de se comunicarem de maneira eficaz e respeitosa.

O grupo parecia à beira da dissolução.

Como todo o foco nos modelos de doença dos transtornos psiquiátricos, naqueles tempos do *Manual Diagnóstico e Estatístico de Transtornos Mentais* (*Diagnostic and Statistical Manual of Mental Disorders*), o *DSM*, junto com a crescente relevância das intervenções farmacêuticas e as declarações científicas de que mente era um mero produto do cérebro, discutir o assunto em nosso grupo de estudos se tornou algo bastante intenso: Mente era apenas atividade cerebral ou algo mais?

O grupo estava num impasse devido à falta de uma visão comum da mente. Na posição de facilitador do grupo, tendo amizade com cada um dos ali presentes que convidei pessoalmente, senti uma necessidade premente de fazer alguma coisa que permitisse que essas pessoas cheias de ideias se comunicassem melhor e cooperassem. Se era para o grupo continuar a se encontrar, algo deveria ser feito.

Como universitário 15 anos antes, trabalhei num laboratório de bioquímica, procurando pela enzima que permitisse um salmão transitar de água doce para salgada. À noite, trabalhei numa linha de assistência para prevenção de suicídios. Aprendi, como aluno de biologia, que enzimas eram necessárias para a sobrevivência, e como voluntário de saúde mental, aprendi que a natureza da comunicação emocional entre duas pessoas durante uma crise poderia fazer a diferença entre a vida e a morte.

Pensei que se as enzimas e as emoções tinham um ponto em comum, um mecanismo comum para a sobrevivência ou suicídio do salmão, o cérebro e as relações também não poderiam ter algum elemento em comum? Em outras palavras, se os processos moleculares de ativação energética que as enzimas acionavam permitiam que os peixes sobrevivessem, e se a comunicação emocional entre duas pessoas poderiam manter a esperança viva, será que a própria vida não poderia depender de algumas transformações fundamentais que eram partilhadas pelos processos energéticos enzimáticos e pela energia de conexões emocionais? Não poderiam o cérebro e as relações serem consilientes em essência? Será que eles não poderiam ser dois aspectos de um só sistema? E poderia essa essência, que está ligada ao cérebro e às relações, revelar a natureza da mente? Poderia haver algo nessa essência que todos os membros do grupo pudessem adotar para evitar que o grupo implodisse por tensão e falta de compreensão e respeito mútuos?

Fui dar uma longa caminhada pela praia naquela semana após o primeiro encontro do grupo, focando nas ondas do litoral onde cresci, vagando e pensando na Baía de Santa Mônica. Refletir sobre aquele lugar onde o mar encontrava a terra, e sobre a vida que tive naquele lugar, encheu-me com um senso de continuidade, algo que ligava o antes e o agora, água e terra. Pareceu para mim que o elemento em comum entre o cérebro e as relações eram ondas de energia. Ondas estão em constantes mudanças, surgindo a cada momento de uma maneira nova e surpreendente, criando padrões dinâmicos – ou seja, elas sobem e descem, mudam e desabrocham, influenciando um ao outro.

Ondas de energia surgem como padrões, como mudanças de fluxo energético surgindo de momento a momento. A energia se manifesta de várias formas, como luz ou som, como uma gama de frequências e uma distribuição de amplitudes. Até o tempo pode ser relacionado com o surgimento de padrões energéticos, como os físicos modernos agora estão explorando em suas visões modernas da natureza da energia e da realidade. Nessas novas perspectivas, as ondas fixas de energia do passado influenciam a manifestação de ondas no presente e moldam o desdobrar das ondas potenciais que estão por vir. Fixo, emergente e aberto, o tempo pode implicar na mudança de energia ao longo de um espectro entre possibilidade e realidade.

Energia, dizem os físicos, é melhor descrita como um potencial para fazer alguma coisa. Este potencial é medido como o movimento entre possibilidade e realidade ao longo de um espectro de probabilidades, o que às vezes é chamado de uma função de onda ou curva de distribuição de probabilidades. Nós experimentamos esse fluxo de energia não como algo mágico, misterioso ou não científico, mas como essência do mundo em que vivemos. Podemos não ver os campos energéticos que nos rodeiam, como o famoso cientista Michael Faraday descreveu dois séculos atrás, em sua descoberta da eletrólise e do eletromagnetismo, mas eles são reais. Pode ser também que não sintamos com frequência as origens da energia como um mar de potencial, mas experimentamos em nossa consciência a manifestação do possível em real. Esse é o fluxo energético, a mudança desta função de probabilidade. A luz está apagada, agora a luz está acesa. O quarto está em silêncio, agora você fala. Você vê alguém vindo em sua direção, um amigo querido, e você recebe um caloroso abraço de boas vindas. Essa é a transformação da possibilidade em realidade. É o fluxo energético que vivenciamos a cada instante em nossas vidas.

Parte deste fluxo energético prestes a se manifestar tem valor ou significado simbólico além do padrão de energia em si. Eu sabia por conta do campo da ciência cognitiva que tal significado simbólico poderia ser chamado de "informação". Se eu escrever ou falar coisas sem sentido, então poderá não haver qualquer significado. Mas se eu escrevo ou digo "Ponte Golden Gate", *voilà*, a energia tem informação – representa alguma coisa diferente da forma pura de energia que se manifestou de um mar de possibilidades nessa realidade. Agora eu digo: "Torre Eiffel", e surgindo daquele vasto mar de potencial quase infinito surge um padrão de energia, a informação se manifestando como o símbolo linguístico daquela estrutura arquitetônica de Paris.

Mesmo assim, nem todos os padrões de energia possuem informação. Portanto, o elemento comum compartilhado pelo cérebro e pelos relacionamentos pode ser a própria energia; ou, para ser mais preciso, aquele elemento em comum pode ser, simplesmente, chamado de "energia e informação". Quando questionados, muitos cientistas afirmam que toda informação é conduzida por ondas de energia, ou padrões de energia. Outros cientistas veem o universo como composto, fundamentalmente, de informação, e os padrões energéticos surgem daquela base de realidade, um universo construído de informações. Assim, em cada visão, a informação se expressa no mundo por meio de transformações energéticas, o desdobrar do potencial de se fazer algo para algo de fato. De forma sucinta, isso é energia. Com as duas perspectivas, os dois termos, energia e informação, pode ser que tenhamos uma base útil para considerar, principalmente quando dispostos como um conceito, uma só unidade.

Esses padrões ou ondas surgem conforme a energia se transforma através do tempo, conforme ela flui, cada momento desabrochando no presente. Pela nossa experiência de vida mental, continuamente se manifestando e transformando, a noção de fluxo parece se encaixar bem. Mesmo que a sugestão de alguns físicos seja verdade, de que o tempo não é um processo unitário como imaginamos ser, que o tempo não é sua própria entidade distintiva no mundo fluido, mas, ao contrário, seja uma construção mental de nossa percepção de transformação, todos os cientistas concordam que a realidade é cheia de transformações, se não através do tempo, então através do espaço ou da curva de probabilidade. Transformação pela curva de probabilidade significa o movimento de energia ao longo do espectro entre o potencial em aberto para a constatação como realidade. Desta forma, podemos usar o termo *fluxo* para nos referirmos à transformação pelo tempo, espaço ou probabilidade, ou talvez por alguma outra dimensão ou realidade. Fluxo significa transformação. Podemos usar a frase "pelo tempo", como em "fluxo pelo tempo", para simplesmente nos referirmos a maneiras de rastrear este fluxo, as várias dimensões de transformação em nossa realidade vivida. Assim, a frase fundamental para o elemento central proposto de mente pode ser chamado de "fluxo de energia e informação".

Parecia para mim na época, como o parece agora, possível propor que *fluxo de energia e informação* é o elemento central de um sistema que é a origem da mente.

Mas qual é este sistema de onde a mente brota? O que é ele, quais são suas fronteiras e quais são suas características? O elemento básico deste sistema pode ser fluxo de energia e informação – mas onde isso ocorre?

Ao caminhar pela praia, observar as ondas, parecia que a orla era criada tanto pela areia quanto pelo mar. A linha costeira que se via surgia da areia e do mar, não de um ou outro separados. O litoral era tanto a orla quanto o mar.

Poderia a mente, de alguma maneira, estar *tanto dentro quanto* no meio?

Energia e informação fluem dentro do corpo inteiro, não apenas no cérebro.

Energia e informação também fluem entre uma pessoa e outra em padrões de comunicação, e nas conexões com o ambiente ao redor no qual a pessoa vive – como as palavras levadas de mim a você através deste livro. Podemos dizer que o fluxo de energia e informação ocorre entre os componentes corporais e não corporais do mundo – o mundo dos "outros" e nosso ambiente – assim como dentro de nós – dentro do nosso corpo, inclusive do cérebro. Coloquei aspas na palavra *outros* para nos lembrar que esta é apenas uma palavra – a noção de Eu *versus* outro precisa ser mantida na dianteira de nossas mentes conforme formos avançando nessa exploração.

Mas se o fluxo de energia e informação, dentro e entre nós, for o sistema que dá origem à mente, o que a mente, de fato, poderia ser? Sentimentos, pensamentos e memórias, você poderá dizer. Sim, está perfeito, descrições precisas dos conteúdos ou atividades da mente. É assim que descrevemos a realidade subjetiva da vida mental. Muitas áreas de estudo apresentam essas importantes descrições dos processos mentais. Mas o que eles são de verdade? Incrivelmente, ninguém sabe direito. No nível da neurociência, como mencionamos, ninguém compreende como o disparo neuronal pode criar a experiência subjetivamente sentida de um pensamento, memória ou emoção. Nós simplesmente não sabemos.

Anos mais tarde, o filósofo e físico Michel Bitbol e eu saímos para uma longa caminhada durante um encontro de fim de semana com cerca de 150 físicos, e concordamos que a subjetividade pode ser apenas um "auge" da mente – um auge não redutível a mais nada. Consegui ver, na ocasião, que talvez a experiência subjetiva como auge podia surgir do fluxo de energia e informação. Como isso ocorre, nós não sabemos. Mas como auge, ela simplesmente não pode ser reduzida a nada, ou possivelmente reduzida a apenas uma localização, como o disparo do cérebro. Mas, ao menos, identificar uma possível ligação entre a experiência subjetiva e o fluxo de energia e informação nos dá um ponto de partida para aprofundar nossa compreensão de mente. Ver o fluxo de energia e informação como parte fundamental de um sistema que dá origem à mente, inclusive às suas texturas subjetivas da vida, parece ser um ponto de partida honesto para aprofundar nosso entendimento.

Embora ainda não entendamos como estar atento à experiência subjetiva pode surgir de disparos neuronais, poderia esta textura sentida de consciência também ser um auge do fluxo de energia e informação? Em outras palavras, para se ter uma experiência subjetiva precisamos estar atentos, portanto, que talvez, tanto a conscientização quanto as experiências subjetivas que a conscientização proporciona sejam auges do fluxo de energia e informação. Em verdade, isso não explica de maneira alguma como esses importantes aspectos da mente surgem, mas, pelo menos, isso pode nos apontar a direção correta da nossa jornada.

Podemos, igualmente, ir além deste auge da subjetividade e, quem sabe, da própria consciência e indagar sobre o processamento de informação de pensamentos, memórias ou emoções. De que são feitas essas atividades mentais?

Se eu pedir que você diga o que é um pensamento, por exemplo, você pode achar difícil articular exatamente de que consiste essa atividade mental tão comum.

O mesmo pode acontecer se você considerar um sentimento e tentar dizer explicá-lo em detalhes. O que é verdadeiramente uma emoção, ninguém sabe dizer. Há muitas descrições de que se passa num pensamento ou sentimento publicadas em uma imensidão de livros e artigos, mas mesmo quando você leva em conta essas sofisticadas perspectivas científicas, filosóficas e contemplativas, ou discute sobre isso diretamente com seus autores, a essência dos pensamentos e sentimentos permanece, ao meu ver, bastante imprecisa.

Poderíamos dizer alguma coisa, pelo menos, um pouco mais específica sobre a mente como sendo padrões de fluxo de energia experimentados subjetivamente que às vezes contêm informações. Esse é um bom começo, pois assim podemos começar a monitorar o fluxo de energia e informação como a origem da mente, e sua localização como estando dentro do cérebro e em outros lugares.

Temos um cérebro no corpo, um cérebro corporificado. Também temos relações com outras pessoas e com o planeta, nossa realidade relacional. Energia e informação fluem dentro de nós (por meio de mecanismos do corpo, inclusive seu cérebro) e entre nós (em nossa comunicação dentro das relações).

Ótimo. Então estamos esclarecendo o elemento básico (fluxo de energia e informação) e a localização (dentro e entre nós) de um possível sistema da mente. Estamos começando a elucidar mais plenamente aspectos do *o que* e do *onde* da mente.

Essa não é a maneira que as pessoas frequentemente escrevem ou falam sobre nossas vidas, eu sei. A noção de que algo está dentro de nós e entre nós, dois lugares ao mesmo tempo, pode parecer estranha, contraintuitiva e até completamente equivocada. Quando me preparei para apresentar esta visão para o grupo de 40 pessoas no outono de 1992, fiquei nervoso que tal visão pudesse parecer estranha e infundada. Mas vamos explorar algumas das implicações dessas ideias e ver aonde elas nos levam.

Se este sistema corporificado e relacional de fluxo de energia e informação é a fonte da mente, o que exatamente a mente pode ser dentro deste sistema? Sim, estamos sugerindo que o sistema é feito de energia e informação, e elas se transformam com o passar do tempo, do espaço, da distribuição da probabilidade ou de alguma outra forma fundamental. Essa transformação é chamada de fluxo. E estamos sugerindo que este fluxo está tanto dentro quanto no meio.

Portanto, chegamos mais perto de prestar esclarecimentos sobre o possível básico do *o que* e do *onde* da mente.

Mas o que a mente pode ser, de fato, dentro desse sistema? Talvez nossas atividades mentais sejam simplesmente os auges do fluxo de energia e informação conforme desabrocham dentro e entre nós. Deste modo, o sistema é a fonte da mente em si. Mas além das atividades da mente, tais como sentimentos, pensamentos e comportamentos, além do processamento de informação e além da consciência e seu auge de texturas subjetivas, poderia a mente também incluir algo mais? Poderia uma definição de mente ser formulada como tendo algo a ver com o fluxo de energia e informação além dessas descrições comuns?

Para abordar essas questões fundamentais, precisamos examinar a natureza deste sistema que estamos propondo que pode dar origem à mente.

O sistema de fluxo de energia e informação dentro e entre nós possui três características: 1) Está aberto a influências externas; 2) É capaz de ser caótico, ou seja, em termos superficiais, ele pode se tornar aleatório em seu desabrochar; e 3) É não linear, o que significa que pequenos detalhes levam a resultados mais amplos e não tão previsíveis. Esses três critérios para os matemáticos, principalmente o terceiro para alguns, permitem-lhe definir um sistema com tamanha complexidade: aberto, capaz de caos e não linear.

Algumas pessoas ouvem o termo *complexo* e já ficam nervosas. Elas, compreensivelmente, querem mais simplicidade em suas vidas. Mas ser complicado não é o mesmo que complexo: complexidade é elegantemente simples de várias maneiras.

Se você pensar em sua própria vida, suas experiências interiores e mundos relacionais, você percebe que essas três características estão presentes? Naquela caminhada pela praia, refleti sobre minha vida, sobre a experiência da mente, e imaginei como ela esteve aberta, capaz de caos e não linear. Se você se sente assim também, então você pode entender o raciocínio em desenvolvimento, e pode até sentir a empolgação, ser capaz de dizer que a mente é um aspecto de um sistema complexo.

Grande coisa. O que eu tenho a ver com isso?

Bem, a importância desta visão baseia-se nas implicações que surgem com os fatos seguintes e o raciocínio indutivo. Um sistema é composto de elementos fundamentais de interação. Uma característica dos sistemas complexos é que eles têm propriedades emergentes – aspectos do sistema que surgem, simplesmente, da interação de elementos do sistema. No caso do sistema da mente, os elementos que estamos propondo serem as características centrais, a essência deste sistema, são energia e informação. As formas que esses elementos interagem são reveladas no fluxo de energia e informação. Em parte, este é o *o que* da mente. E o *onde*? Dentro de nós – dentro do corpo como um todo, não apenas na cabeça – e entre nós – em nossos relacionamentos com outras pessoas e com o ambiente, com o mundo.

Muito bem, esse é o *onde*, e o parcial *o que* – algo que brota naturalmente do fluxo de energia e informação dentro e entre nós.

Maravilha. Veremos a seguir que uma propriedade emergente dos sistemas complexos tem um nome intrigante: *auto-organização*. Vindo direto da matemática, o processo de auto-organização é a maneira com que um sistema complexo regula sua própria transformação. Em outras palavras, decorrer do sistema (o aspecto emergente) é um processo que, de maneira recursiva e que se reforça a si própria, organiza seu próprio desabrochar (auto-organização).

Se isso parece contraintuitivo, não se sinta só. O que isso significa é que alguma coisa surge, volta atrás e regula isso do ponto em que surgiu. Esse é o aspecto emergente e auto-organizador de um sistema complexo.

Fico me perguntando, e se a mente fosse a propriedade auto-organizadora do fluxo de energia e informação conforme ele desabrocha dentro e entre nós? Outras descreveram o cérebro como um sistema auto-organizativo, mas e se a mente estivesse meramente limitada ao cérebro? Alguns pensadores descreveram a mente como sendo corporificada (Varela, Thompson & Rosch, 1991). Mas e se a mente não fosse completamente corporificada, mas também completamente relacional? E se o sistema completo não estivesse limitado pelo crânio, nem mesmo pela pele? Não poderia esse sistema ter completude nele mesmo, ser um sistema de fluxo de energia e informação aberto, capaz de caos e não linear que está tanto dentro quanto entre nós? E se fosse assim, não haveria uma noção matematicamente embasada de um processo auto-organizador emergente que surgiu tanto dentro quanto entre nós? Em vez de estar em dois lugares ao mesmo tempo, o sistema de fluxo de energia e informação é um sistema, um lugar, que não está limitado pelo cérebro ou pelos corpos.

Crânio e pele não são barreiras limitadores de fluxo de energia e informação.

Abordar tanto a internalidade quanto a intermedialidade neste processo de mente não era, e ainda não é, de certa forma, como os acadêmicos ou médicos falariam sobre a vida mental. Um processo distribuído dentro de nós e entre nós? Aparentemente, isso não faz sentido. Mas essa era a ideia principal borbulhando dentro de mim no meio do mar de noções da mente como apenas atividade cerebral nesta Década do Cérebro.

Além da importante qualidade subjetiva da mente, além até mesmo de nossa percepção desta subjetividade, e talvez até distinta do processamento de informação, a ideia era assim: Poderia um aspecto da mente ser visto como uma propriedade auto-organizadora emergente deste complexo sistema de fluxo de energia e informação corporificado e relacional?

Retornei da caminhada pela praia e li mais sobre isso para me preparar para o encontro da semana seguinte, e isso me deixou boquiaberto. Não pude encontrar nada na literatura para embasar a união entre o corporificado e o relacional, mas parecia ser uma inferência lógica dos sistemas matemáticos complexos e da reflexão sobre a mente como parte de um sistema aberto, capaz de caos e não linear de nossas vidas. Se vissem o elemento fundamental como sendo o fluxo de energia e informação, então talvez uma ponte entre o trabalho da vida de neurocientistas e antropólogos, e de todos naquela sala, poderia ser estabelecido de forma colaborativa. Naquela semana seguinte, propus aos 40 acadêmicos reunidos que poderíamos considerar uma definição funcional de um aspecto da mente assim: *um processo auto-organizador emergente, corporificado e relacional, que regula o fluxo de energia e informação, tanto dentro como entre as pessoas.*

Em termos simplificados, este aspecto auto-organizador da mente pode ser brevemente definido como *um processo corporificado e relacional que regula o fluxo de energia e informação.*

Onde isso ocorre? Dentro de você e entre você. *O que* é isso? Pelo menos, um aspecto da mente – não a totalidade dela, mas uma característica importante – pode ser visto como um processo auto-organizador que surge (e é regulado pelo) do fluxo de energia e informação dentro de nós e entre nós.

Esta proposta de um aspecto da mente como um processo auto-organizador emergente corporificado e relacional de fluxo de energia e informação não explica o auge da experiência subjetiva, mas pode vir a ser relacionado a ele, de forma que ainda não entendemos. Ou ele pode ser a experiência subjetiva da vida vivenciada, embora talvez uma propriedade emergente do fluxo energético seja algo distinto da auto-organização. Vamos seguir os rastros desta questão prosseguindo em nossa jornada.

Essa visão não explica a consciência, nossa habilidade de estarmos atentos e termos um senso de conhecimento. Dentro da consciência, também, temos uma percepção do conhecido, e até mesmo um senso do conhecedor. Mas esses aspectos da consciência, como a experiência subjetiva que sentimos na conscientização, pode também surgir do fluxo de energia, mas, em última instância, ser distinto do aspecto auto-organizador da mente.

O processamento de informação, de igual maneira, pode ou não ser parte da auto-organização, apesar de que a noção de regular o fluxo de energia e informação pareça, de cada uma das facetas da mente, a mais provável de estar relacionada com a auto-organização. Vamos manter a mente aberta quanto às interrelações dessas quatro facetas mencionadas da mente: subjetividade, consciência, processamento de informação e auto-organização. Cada uma delas pode ser corporificada e relacional, mas as exatas inter-relações dessas facetas manteremos como foco ativo de nosso questionamento ao longo da jornada.

É, também, importante notar que embora a realidade subjetiva, a consciência e mesmo o processamento de informação possam, por fim, estarem localizados dentro do nosso corpo, talvez até dominantes no cérebro, este aspecto auto-organizador da mente pode estar distribuído tanto no corpo quanto nas relações. No entanto, quanto mais vemos a computação na nuvem e as formas que os computadores interconectados podem contribuir colaborativamente no processamento de informações, processamento que, porém é conduzido ao menos em parte pelas intenções dos seres humanos, é provável que dentro e entre nós seja uma parte fundamental da faceta do processamento de informação da mente. Exploraremos essas questões, inclusive a consciência e sua textura sentida de subjetividade, muito mais a fundo conforme avançarmos em nossa jornada.

É essa diferenciação entre as facetas da mente que podem nos ajudar a mergulhar mais livre e plenamente em nosso intento exploratório para definir o que é a mente. Essas distinções cautelosas também podem ajudar a reduzir algumas tensões entre os pesquisadores da mente, que podem estar estudando diferentes facetas da experiência mental sem perceber que elas podem ser aspectos diferenciados de uma só realidade, da realidade da mente. A linguagem e a reflexão cuidadosa podem cultivar a clareza capaz de promover conexões colaborativas.

Para ser bem claro: essa definição funcional da mente como um processo auto--organizador corporificado e relacional não tem qualquer presunção de explicar as origens da realidade subjetiva, da consciência ou do processamento de informação.

Mas o que ela oferece é um claro local de trabalho no qual poderemos mergulhar mais profundamente em outros aspectos importantes da mente. Ela sugere que essa faceta auto-organizadora da mente surge naturalmente, assim como regula, o fluxo de energia e informação – dentro e entre nós. Essa visão esclarece não apenas o *o que*, mas também o *onde* deste aspecto da mente.

Relações são como nós compartilhamos energia e informação. Os termos *cérebro*, ou *cérebro corporificado* referem-se ao mecanismo corporificado do fluxo de energia e informação. Esta proposta sugere que pelo menos uma faceta da mente seja o processo auto-organizador emergente, corporificado e relacional, que surge a partir desse processo e que regula o fluxo de energia e informação. Em outros termos, o fluxo de energia e informação é corporificado (o cérebro corporificado ou, simplesmente, cérebro), compartilhado (relações) e regulado (mente).

Alguns acadêmicos, depois de ouvirem essa definição, ficaram angustiados, e como um professor me disse pessoalmente: "energia não é um conceito científico e jamais deveria ser usado para descrever a mente". Mas se física é ciência, energia me parece válido para uma proposta científica. Outro pesquisador disse que esta visão "separa a mente do cérebro" e "nos faz regredir na ciência". Mas embora possamos reconhecer o valor dessas preocupações, a proposta, ao meu ver, na verdade faz exatamente o oposto. Ela une os vários campos científicos em vez de dividi-los, como ocorre frequentemente nas abordagens contemporâneas (ver Mesquita, Barrett & Smith, 2010). Esta proposta, na verdade, não separa o cérebro da mente; ela sugere sua profunda interdependência. Com efeito, ela evidencia um importante e fundamental elemento das vidas humana e mental, mas que é quase sempre desconsiderado cientificamente – nossas relações com os outros e com o mundo em que vivemos.

Cérebro, relações e mente são três aspectos de uma só realidade: fluxo de energia e informação. Esta perspectiva pode ser vista como um triângulo da experiência humana.

Essa visão não divide a realidade em pedaços separados e independentes; ela reconhece sua natureza interligada.

Relações, cérebro corporificado e mente são três aspectos de uma realidade, como os dois lados e a borda de uma moeda. A mente é parte de um sistema complexo com o elemento fundamental do fluxo de energia e informação. A realidade deste sistema é o fluxo de energia e informação – compartilhada, corporificada e regulada.

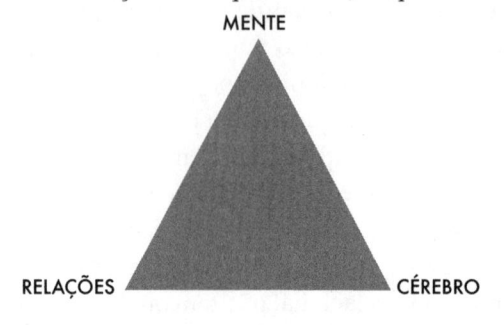

Figura 2.1 O triângulo do bem-estar

Esta definição também lança luz sobre algumas das noções fundamentais do *quem, onde, como* e *por que* da mente. Quem nós somos é moldado pelo fluxo de energia e informação. O que nós somos é o compartilhamento, a personificação e a regulação daquele fluxo. Onde nós estamos está tanto dentro do corpo em que nascemos quanto nas relações que conectam esse corpo com outras pessoas e outros lugares, outras entidades além do próprio corpo. Como isso tudo se desdobra, exploraremos no próximo item em maiores detalhes – mas a partir deste ponto de vista podemos ver que a mente é uma propriedade emergente de nossa internalidade e intermedialidade. O por que é uma questão filosófica mais ampla, mas a partir de uma visão de sistemas complexos; o *por que* pode ser simplesmente o resultado do afloramento da complexidade, a propriedade da auto-organização.

E quanto ao *quando* da mente? Nosso senso de *quando* se desdobra conforme a energia aflora, momento a momento – mesmo quando refletimos sobre o passado ou imaginamos o futuro. O afloramento acontece agora, e agora, e agora. Num primeiro nível da experiência, o fluxo é o desenrolar atual do aberto ao emergente, ao fixo, como vimos enquanto uma maneira de retratar a noção de futuro, presente e passado. Se o tempo não existe como entidade que por si só é fluida, como já mencionamos, o termo *fluxo* em nossa definição pode ser visto simplesmente como significado de transformação. Sim, algo pode mudar com o passar do tempo, mas a transformação acontece no espaço, e pode até desabrochar diante de outros aspectos da energia e da informação como movimento da posição ao longo da curva de distribuição de probabilidade. Transformações em padrões, mudanças nas distribuições de probabilidade e alterações em muitos aspectos de energia, tais como densidade, amplitude, frequência e, até mesmo, forma, são o que o fluxo de energia provoca.

Portanto agora é agora. E a mudança é praticamente inevitável. Essa mudança pode surgir por meio daquilo que chamamos tempo, se ele existe, e pode acontecer por intermédio do espaço ou no conjunto de características da própria energia. A mudança também pode acontecer na natureza da informação sendo simbolizada. Por exemplo, na ciência cognitiva quase sempre se diz que a informação em si implica em maior processamento de informações. O termo *representação mental* é em si mais como um verbo do que um substantivo – a representação de, digamos, uma memória, sua *reapresentação*, implica a mais reapresentações, mais recordações, e o afloramento de mais memórias, reflexões, pensamentos e sentimentos. Somos um processo contínuo de fluxo de energia e informação conforme os eventos se desenrolam. Probabilidades mudam conforme as potencialidades se transformam em realidades.

Nós nos dedicaremos mais ao mistério e à mágica do *quando* da mente mais à frente. Por ora, podemos considerar que o *quando* da mente, manifestando-se momento a momento, possui um senso de iminência no afloramento da vida mental advindo do fluxo de energia e informação em todas as miríades de manifestações em potencial – todas as mudanças continuamente acontecendo neste momento. Esse afloramento está se desvelando conforme falamos e refletimos, mesmo quando refletimos sobre o passado de momentos fixos em recordações do agora, imaginamos o futuro de momentos em aberto e experimentamos a vida como um afloramento do agora, e agora, e agora. Transições e transformações estão em eterna evolução, agora mesmo.

Lá atrás, no início da Década do Cérebro, o afloramento de uma mente relacional naquele conjunto de indivíduos de mentalidade independente em nosso grupo estava entusiasmadíssimo. Dava para sentir na sala a empolgação, o desabrochar do conhecimento.

Jamais me esquecerei, nos incessantes "agoras" da minha mente mesmo em reflexão, do que aconteceu naquele dia quando cheguei ao grupo.

O grupo era unânime na aceitação desta definição funcional – todos os 40 profissionais desta vasta amostragem de disciplinas. Continuamos a nos reunir regularmente e discutir maravilhosamente ideias em evolução sobre a mente e o cérebro por quatro anos e meio.

O sistema da mente: sistemas complexos, afloramento e causalidade

Se considerarmos que nossas mentes são parte de um sistema interativo e interconectado que envolve nossos corpos e cérebros, assim como o ambiente em que vivemos, inclusive nossas relações sociais, poderíamos ser capazes de conciliar como a mente é parte de um sistema que parece estar em dois lugares ao mesmo tempo. Para entender esse possível sistema da mente, vamos explorar a ciência dos sistemas.

Vamos começar com os sistemas em geral. Um sistema é composto por elementos básicos. Esses elementos mudam e transformam, interagem com eles mesmos e, se forem sistemas abertos, com o mundo ao redor deles. Um exemplo de sistema aberto é uma nuvem. Os elementos básicos das nuvens são a água e as moléculas de ar. Essas moléculas interagem umas com as outras e mudam, alterando suas formas, movendo-se pelo espaço. As nuvens são chamadas de sistemas abertos, porque são influenciadas por coisas alheias a elas, como água evaporada de rios, lagos, oceanos, vento e luz do sol. As formas das nuvens, influenciadas por esses fatores externos, ar interno e moléculas de água, estão constantemente em mutação ao surgirem nos céus.

Existem sistemas de vários tipos e tamanhos – alguns são fechados e imensos, como o universo, outros são abertos e mais limitados em tamanho, como as nuvens no céu. No corpo temos muitos sistemas, tais como sistemas cardiovascular, respiratório, imunológico e digestório. Há também o sistema nervoso do corpo, outro exemplo de sistema aberto influenciado por elementos do corpo como um todo e, até mesmo, de fora dele – como essas palavras que você está lendo agora. Na verdade, as células do sistema nervoso são derivadas da ectoderme do feto – a camada mais externa – e, assim, nossos neurônios compartilham os aspectos fundamentais de como age nossa pele, como uma interface entre os mundos interno e externo. Enquanto parte do corpo em si, o sistema nervoso existe dentro de um sistema mais amplo, o corpo inteiro. Enquanto um sistema aberto, o corpo, igualmente, interage com o mundo ao redor. Os termos *interno* e *externo* apenas se referem às designações espaciais de aspectos de nosso único sistema aberto que, continuamente, se desdobra em nossas vidas cotidianas.

Podemos abrir nossas mentes para a noção de que o sistema da mente não é apenas o aspecto interior do sistema nervoso dentro de nossas cabeças. Este sistema da mente pode ser algo mais, algo que vamos explorar, algo raramente discutido, e, ainda, algo que podemos esclarecer e, quem sabe, até definir.

O sistema nervoso tem um aspecto que se encontra dentro do crânio – o qual simplesmente chamamos de *cérebro*. A distribuição da atividade neuronal dentro do crânio é interligada por meio de conexões entre áreas bastante distantes entre si dentro do cérebro. As células individuais, os neurônios e as células da glia, são microssistemas revestidos por membranas. Mas mesmo esses sistemas celulares são abertos, interligados e interdependentes com as outras células do corpo, próximas ou distantes. Grupos de células chamados de núcleos unem-se para formar centros, e centros podem fazer parte de regiões mais amplas. Alguns neurônios servem para unir diferentes núcleos, centros e regiões uns aos outros, formando circuitos. E esses grupos de neurônios de tamanhos variados podem estar interligados dentro das duas distintas metades do cérebro, formando os hemisférios.

Sucessivamente, de micro a macro, o sistema nervoso é composto por camadas de componentes interativos que são, por si só, subsistemas abertos que incorporam suas estruturas e funções num sistema aberto maior. Tal interconectividade, agora denominada *conectoma*, revela como o cérebro na cabeça é em si um sistema composto por diversas partes interligadas e como elas funcionam umas com as outras. Este cérebro-cabeça é conectado com o restante do sistema nervoso e do corpo como um todo. Estamos até aprendendo como as células bacterianas em nossos intestinos, nosso bioma, impactam diretamente na forma como os neurônios na cabeça, no nosso cérebro, funcionam em nossas vidas cotidianas.

Mas, independentemente das tantas coisas que moldam o funcionamento neuronal, em verdade, do que se trata a atividade cerebral? Quando chegamos ao nível celular, o que está acontecendo quando os neurônios disparam – a base do que alguns acreditam ser a única origem da mente? O que esse subgrupo celular do sistema nervoso, um subgrupo independente do sistema fisiológico do corpo, do *sistema corpo*, está realmente fazendo? Atividade neuronal, você pode dizer. Ótimo. Mas o que realmente significa ter *disparos neuronais*?

O que entendemos no momento como sendo a natureza essencial da atividade neuronal é que as células básicas, os neurônios, são ativas e se unem umas às outras por meio do fluxo de energia na forma de transformações de energia eletroquímica. Seja em nível membranário, com algo chamado de potencial de ação, ou algum processo energético dentro de microtúbulos lá dentro dos próprios neurônios, alguma alteração energética acontece nos níveis celular e subcelular. Um potencial de ação é o movimento de partículas carregadas, chamadas de íons, entrando e saindo da membrana do neurônio. Quando esse fluxo, o equivalente a uma carga elétrica, alcança a porção final do axônio, uma substância chamada de neurotransmissor é liberada na sinapse, que é o espaço entre dois neurônios conectados. Essa molécula age como uma chave e é recebida pela fechadura de um receptor na membrana neuronal seguinte, no dendrito ou no corpo celular, para ativar ou inibir o início de um potencial de ação deste neurônio receptor e pós-sináptico. Há, provavelmente, muitos e muitos outros processos a serem estudados, seja no nível membranário, seja na constituição dos neurônios, seja em outras células. Mas neste momento, num sentido geral, temos que a atividade cerebral é uma forma do fluxo de alguma coisa que, simplesmente, chamamos de energia eletroquímica. Podemos medir esta atividade cerebral com dispositivos magnéticos e elétricos; e podemos influenciar esta atividade com estimulação magnética e elétrica. Esse fluxo energético é real e mensurável.

No mínimo, podemos dizer que a atividade cerebral está relacionada com o fluxo de energia.

Quando esses padrões de fluxo de energia simbolizam alguma coisa, damos a isso o nome de *informação*. Em termos cerebrais, os cientistas usam o termo *representação neuronal* para indicar um padrão de disparo neuronal que represente alguma coisa que não ele mesmo. Como já vimos, esta é uma "reapresentação" de alguma coisa que não foi o que apresentamos originalmente. Para a mente, usamos o termo *representação mental*. A maneira mais simples para definir de que é feita a atividade cerebral é a seguinte: um fluxo de energia e informação.

Como esta atividade cerebral, este disparo neuronal, torna-se sua experiência mental subjetiva, ninguém sabe. Conforme mencionamos, esta é a grande incógnita para nós humanos, uma incógnita raramente discutida. Imagina-se que um dia poderemos compreender como a atividade cerebral dá origem à mente, mas, por ora, isso deverá continuar sendo apenas uma suposição. Ainda assim, a evidência é forte de que alguma coisa no disparo cerebral esteja ligada, de alguma forma, à consciência e nossas experiências subjetivas de emoções e pensamentos, ao processamento de informações inconscientes abaixo do nível de alerta e, até mesmo, às nossas realizações objetivas de linguagem e outros comportamentos externamente visíveis.

Considerando que a atividade cerebral seja realmente fluxo de energia, como acabamos de descrever, vejamos se podemos começar com esta descoberta científica e justificar logicamente nossa proposta para essa visão mais ampla da mente. Suponhamos que haja alguma coisa nesse fluxo de energia que dê origem, cause, permita ou facilite o afloramento da vida mental. Essa é uma suposição e tanto, mas ainda uma crença comum, porém vamos experimentar isso por um instante e ver o que acontece. Essa é a posição da ciência moderna. Disparos neuronais levam à mente. Sejamos claros, mesmo com o risco de parecermos redundantes: ninguém jamais provou como a ação física do fluxo de energia e a experiência subjetiva mental de uma vida vivida estão relacionadas uma com a outra. Ninguém. Muitos pesquisadores acreditam estar no caminho certo, e isso pode até ser verdade, mas ninguém sabe com certeza como isso acontece. O que a ciência moderna parece estar fazendo é limitar aquele processo de que a atividade--neuronal-dá-origem-à-mente para o que está acontecendo na cabeça. Vamos dar uma olhada naquele pressuposto de que a cabeça tem o monopólio para dar origem à mente.

Como parte do todo do sistema nervoso, energia e informação fluem não só na cabeça, mas também pelo corpo inteiro. O sistema de processamento distribuído em paralelo (PDP) de um conjunto de circuitos neuronais interligados como uma teia de aranha existente no cérebro pode, na verdade, ter redes similares distribuídas pelo corpo, dentro do complexo sistema nervoso autônomo e suas ramificações simpática e parassimpática, do intrínseco sistema nervoso do coração e, quem sabe até, do complexo sistema neural dos intestinos (Mayer, 2011). Por exemplo, estudos têm revelado como nossos intestinos possuem neurotransmissores, como a serotonina, que, junto com o bioma dos organismos que habitam este nosso tubo digestivo, influenciam diretamente a saúde e nossos estados mentais – pensamentos, sentimentos, intenções e até comportamentos –, como o que escolhemos para comer (Bauer et al., 2015; Bharwani et al., 2016; Dinan et al., 2015; Moloney et al., 2015; Perlmutter, 2015).

Uma questão que, naturalmente, podemos considerar é: se o sistema que dá origem à mente, como proposto por muitos cientistas modernos, está (de certa forma) relacionado a esse fluxo distribuído de energia da atividade neuronal no cérebro, por que um processo mais amplo e fundamental de fluxo-de-energia-dando-origem-à-mente não poderia estar envolvido com todo o sistema nervoso? Se a mente é, de maneira ainda não determinada, um produto, propriedade ou aspecto do fluxo de energia, por que o processo da mente decorrente deste fluxo estaria limitado ao crânio, ou mesmo ao sistema nervoso, se esse fluxo acontece em lugares alheios à cabeça ou às conexões neurais? O que faria da cabeça a única fonte da mente? Não poderia esse fluxo-de-energia-para-a-mente incluir o sistema nervoso inteiro? E esse fluxo também não poderia envolver (ou não estaria envolvido em) várias outras regiões do corpo? Por que esse sistema de energia e fluxo de informação estaria restrito – ou como poderia estar restrito – ao interior do crânio?

Em outras palavras, se a mente, de alguma maneira, decorre do fluxo de energia, certamente ela poderia surgir, e surgiria, do cérebro na cabeça. Absolutamente. Mas como poderia estar e por que estaria limitada ao interior do crânio? Se o fluxo de energia e informação, de certa forma, é a fonte da mente, tal fluxo não está limitado ao crânio.

Com esta perspectiva mais ampla, diríamos agora que a mente é completamente corporificada, não apenas encapsulada no crânio.

Portanto, no mínimo, estamos propondo que o sistema que dá origem à mente, o sistema que tem a mente como um aspecto de si mesmo, tem como elemento básico o fluxo de energia. Ocasionalmente, essa energia faz as vezes de ou simboliza algo diferente de si mesma. Neste caso, dizemos que a energia possui informação. Por conseguinte, há algo no fluxo de energia, ou seja, a informação que pode ser fundamental para a mente.

Embora normalmente não seja visto desta maneira, podemos considerar a perspectiva de que a mente pode estar intimamente relacionada com o fluxo de energia e informação. Como já visto, se imaginarmos que este sistema da mente ultrapasse as fronteiras da pele, do crânio ou até do corpo, e até a um tipo de processo distribuído, no qual a mente também surge de nossas conexões sociais de fluxo de energia e informação compartilhada entre nós, chegamos a um sentido muito mais amplo do que pode ser a essência da mente. Não poderia a mente ser considerada integrante de nossas conexões com outros e com o ambiente, uma mente que não só é corporificada, mas também relacional? Esta abordagem vê a mente como um processo tanto plenamente corporificado como incorporado às relações. Não é que o cérebro esteja simplesmente respondendo aos sinais sociais alheios; estamos sugerindo que a mente surja dentro dessas conexões, assim como das conexões dentro do próprio corpo. São essas conexões sociais e neurais que são tanto a fonte quanto as modeladoras do fluxo de energia e informação.

Em termos de sistemas, o fluxo de energia não está limitado pelo crânio ou pela pele. O fluxo de energia e informação corporificado e incorporado – não meramente encapsulado pelo crânio – revela o sistema maior que estamos propondo como origem da mente. Se esta visão for precisa, poderíamos, então, simplesmente afirmar que a mente é tanto corporificada quanto relacional.

Ver a mente como relacional não é nada novo, como poderão atestar sociólogos, antropólogos, linguistas e filósofos. Mesmo assim, como podemos combinar a visão social com a visão neuronal da mente? Hoje em dia, os neurocientistas sociais modernos também gostam do poder das relações. Contudo, até na neurobiologia, um ramo da biologia, a mente é frequentemente vista como atividade cerebral, e o cérebro social está simplesmente respondendo a estímulos sociais – assim como o cérebro responde à luz ou ao som do mundo físico, permitindo-nos ver ou ouvir. Segundo esta visão comumente divulgada, o cérebro está apenas reagindo a estímulos exteriores, seja de origem física ou social. A partir desta perspectiva da neurociência contemporânea, a atividade cerebral continua como a origem da mente.

Eis a proposta que sugiro, no mínimo, considerarmos: a mente não é apenas o que o cérebro faz, nem mesmo o cérebro social. A mente pode ser algo proveniente de um nível superior de sistemas em funcionamento em vez de simplesmente o que acontece dentro do crânio. Os elementos básicos deste sistema são o fluxo de energia e informação – e tal fluxo acontece dentro de nós, entre nós e os outros e entre nós e o mundo.

Assim, chegamos a uma noção de que a localização do sistema da mente, que molda nossa identidade, parece não estar limitado ao crânio nem às fronteiras da pele. Mente, de acordo com essa visão, é tanto plenamente corporificada quanto integrada às relações.

O sistema da mente é composto de fluxo de energia dentro de um sistema complexo. Mas como tal afloramento de sistemas complexos está relacionado a um senso de causalidade e às noções de livre-arbítrio, escolha e mudança?

Estudar relações de causa e efeito nos permite criar um novo entendimento e abre as portas para novas maneiras de interagir com o mundo, inclusive voar ao redor da Terra, como estou fazendo agora mesmo neste avião, ou ir embora de nosso planeta para outros destinos. O ramo da física que lida diretamente com a propriedade da energia, o campo da mecânica quântica, revela como a realidade é composta por uma gama de probabilidades em vez de certezas absolutas, como na física clássica ou newtoniana. Mesmo essas descobertas da física quântica, estudos de um processo denominado não localidade, ou emaranhamento, revelam maneiras em que podemos girar elétrons de forma diferente aqui e fazer com que eles se alterem quase que instantaneamente a grandes distâncias. Isso é causal? Alguns diriam que sim, outros simplesmente diriam que essa descoberta, agora confirmada até mesmo pela massas, revela o quanto as coisas são profundamente interligadas embora não possamos ver suas conexões. As coisas podem ser vistas como tendo influências causais, se todas elas forem interligadas. Influencie um elemento aqui e um elemento lá, e ele também será influenciado.

A mente pode ser vista como a causa para que o cérebro produza disparos de determinadas maneiras. Também podemos ver que o cérebro pode ser a causa de a mente se revelar em um padrão específico. Mente e cérebro podem estar interligados, e podem influenciar um ao outro. No mínimo, podemos ver que manter a mente aberta a respeito da direção da causalidade, e o fato de que a direção da influência pode mudar, é de vital importância. Coisas interligadas influenciam umas às outras.

No exemplo do voo, podemos ver que a gravidade – ela mesma ainda não compreendida totalmente – é a causa das forças que criam um deslocamento de objetos menores na direção de corpos maiores, como a Terra. Estou aqui neste avião por causa de forças e características estruturais da forma das asas, que permitem que as turbinas impulsionem o avião para frente, enquanto, ao mesmo tempo, faz com que ele suba ao gerar maior pressão abaixo das asas do que acima delas, felizmente para nós. É assim que velocidades diferentes do ar, acima e abaixo das asas, têm influências causais neste avião em movimento. Incrivelmente, foi a mente humana que criou isso tudo.

As mentes humanas descobriram até que a gravidade, como a velocidade, muda processos relacionais chamados de tempo. Não estou brincando. Tanto a velocidade quanto as forças da gravidade alteram a natureza relativa do tempo. O que por si só já é impressionante. O fato de que a curiosidade e o pensamento criativo da mente humana são capazes de tais descobertas não intuitivas é de tirar o fôlego. Que mentes incríveis nós temos.

O mesmo se aplica a quanto nossos intelectos curiosos criaram nosso entendimento dos sistemas complexos. Mas no caso dos sistemas complexos, usar causalidade de maneira linear, como com a gravidade e a velocidade, pode não se aplicar direito. Por exemplo, uma nuvem no céu é um sistema complexo composto por seus elementos básicos, ar e moléculas de água. Uma nuvem é complexa, porque ela satisfaz os três critérios de estar aberto à influências externas, suscetível ao caos e não linear. Nuvens são moldadas de maneira aberta por intermédio do vento, sol e água evaporada; as moléculas de água poderiam se distribuir aleatoriamente; pequenos acréscimos levam a resultados mais amplos e imprevisíveis.

As formas magníficas e em constante mutação de uma nuvem são o resultado da propriedade emergente e de auto-organização deste sistema complexo de moléculas de ar e água. Não há uma programação, como um *cloud-creator*, não há uma força única, como a gravidade, provocando formas em especial num tempo especial. O desabrochar das nuvens é uma propriedade emergente, manifestando-se continuamente. As moléculas de água não são totalmente aleatórias, nem são organizadas em uma linha de montagem.

A complexidade das nuvens, que está desabrochando, é resultado de uma das propriedades do sistema complexo: auto-organização que não depende de uma programação ou um programa. Em outras palavras, não é causada por algo específico; ela simplesmente se manifesta. A auto-organização é uma propriedade emergente de sistemas complexos que simplesmente se manifesta como uma função de complexidade. Como um processo de auto-organização, ela está frequentemente se ajustando a partir do seu manifesto.

Agora, se você tem uma atração pela noção linear de causalidade, você pode dar um passo atrás e dizer: "Bem, Dan, o afloramento não está *causando* a auto-organização?". Se você conceituar afloramento como apenas manifestando-se a partir da realidade de que um sistema é complexo, então é necessário usar a noção de estar causando, ou nexo de causalidade. Afloramento é simplesmente o que naturalmente surge deste tipo de sistema. O sistema não está causando o afloramento; o afloramento está simplesmente se manifestando a partir do sistema.

A auto-organização é o processo natural dos sistemas complexos, que tende a maximizar a complexidade, criar derivações cada vez mais intrincadas do sistema conforme ele surge com o passar do tempo, recorrentemente moldando a si mesmo, como instantes em aberto que afloram e depois se estabilizam.

Naturalmente, se você prefere pensar de forma linear, como em *A causou B*, você pode até vir a dizer: "Bem, a complexidade do sistema fez com que sua propriedade emergente de auto-organização moldasse aquelas nuvens desta forma". Mas se estiver aberto ao pensamento não linear, então você não estaria realmente falando ou pensando assim, mas, ao invés disso, abraçaria o senso de que a auto-organização nasce do sistema. Ela não é, de fato, causada pelo sistema numa noção linear de *A causou B*. É simplesmente uma propriedade da realidade da complexidade.

Com a propriedade emergente de auto-organização, a característica recorrente não intuitiva resolve para nós a questão de não usar a noção pela qual você deve estar ansiando, a noção de causalidade. Por quê? Pelo fato de a energia e a informação fluírem, a mente pode surgir daquele fluxo como um auge, depois como um processo de auto-organização, voltar e regular-se de onde ela surgiu. Então ela volta a surgir, volta a se auto-organizar, e assim por diante. O que está causando o quê? A auto-organização é configurada pelo próprio processo que a configurou. Esta é uma característica recorrente do ser, conforme surgimos e configuramos a própria experiência do afloramento.

É assim que a mente pode ter uma mente própria. Você pode experimentar e direcionar a mente, mas nem sempre controlá-la. Estamos propondo que a mente é uma propriedade emergente auto-organizada de fluxo de energia e informação ocorrendo dentro de você e entre você, em seu corpo, e em suas conexões com os outros e com o mundo onde vive.

Como iremos explorar, há um conjunto fascinante de implicações com relação à auto-organização. Mas o primeiro estágio para assimilar essas ideias, e para tanto convido-o a levar em consideração, é deixar um pouco de lado a busca pela causalidade. Auto-organização simplesmente surge. Podemos prejudicá-la ou facilitá-la, mas ela é um processo natural que advém de sistemas complexos conforme eles fluem.

Ao perseguirmos esse aspecto único da mente, a faceta da auto-organização, tenha em mente que às vezes precisamos sair do nosso próprio caminho para não lhe gerar empecilhos. Neste sentido, quando deixamos as coisas fluírem, como dizem, há uma manifestação natural desta auto-organização que não precisa de condutor, programador ou chefe para dirigir o *show*. Não há por que evocar um agente causal, alguém no comando, o diretor. Não há necessidade de fazer com que a auto-organização aconteça – se sairmos do caminho, o sistema irá naturalmente, evolutivamente, se auto-organizará. Por isso, pode ser útil refletirmos sobre nosso anseio em identificar relações causais e deixá-las de lado, pelo menos de vez em quando, e permitir que a essência natural da auto-organização desabroche.

Reflexões e convites: auto-organização do fluxo de energia e informação

Com essa definição funcional de um aspecto da mente multifacetada, podíamos não só cooperar vivamente como grupo, mas, como médico, pude experienciar e olhar para as vidas dos meus pacientes por uma nova lente. Essa visão não pretende substituir a importância central da experiência subjetiva e como a compartilhamos em relações próximas, mas simplesmente oferece um aspecto adicional à mente que pode ou não estar ligado à subjetividade. Embora sintamos nossas texturas subjetivas da vida vivida dentro da consciência, a plenitude da experiência de estar alerta, como veremos, é maior do que o próprio sentir. A mente inclui experiência subjetiva, a totalidade da consciência que nos permite conhecer sensações subjetivas e um processamento de informação, um fluxo de informação que pode estar dentro ou por detrás da consciência.

A auto-organização pode ou não estar relacionada com a consciência e sua experiência subjetiva. Como já vimos, a forma como pensamos e nos lembramos, conceituamos o mundo e resolvemos problemas, entre outros, fazem parte do processamento de informação. Será que o processamento de informação faz parte da auto-organização ou de outra coisa diferente? A auto-organização, pelo menos na superfície, parece mais alinhada com a faceta da mente relacionada a este fluxo de informação.

Convido você a refletir sobre esse lugar fundamental ao qual chegamos. A mente pode ser uma propriedade emergente do fluxo de energia e informação. O que você acha disso? Você consegue sentir as texturas subjetivas que surgem dentro de sua experiência vivida? Quando a energia flui dentro do seu corpo, você consegue sentir seu movimento, como ela muda momento a momento? Essa sensação subjetiva de estar vivo pode ser um aspecto emergente do fluxo de energia. Quando tal fluxo simboliza alguma coisa, quando ele se torna informação, você consegue sentir como esse padrão energético está reapresentando alguma outra coisa à sua experiência subjetiva? Energia, e energia-como-informação, pode ser sentida em sua experiência mental conforme ela emerge, momento a momento.

Propriedades emergentes de fluxo energético podem abranger experiência subjetiva – que é simplesmente nossa proposta –, mas também envolvem o processo matematicamente estabelecido da auto-organização. Se considerar sua própria vida, você consegue sentir como algo parece organizar o fluxo de energia e informação enquanto você se mexe durante o dia? "Você" não precisa estar no comando o tempo todo, mesmo que sinta o contrário. Se uma faceta da sua mente está se auto-organizando, então ela irá naturalmente manifestar-se em sua vida. A auto-organização não precisa de um condutor. Às vezes, as coisas se desenrolam melhor quando saímos do caminho.

Portanto, num nível básico, estamos identificando a essência desse sistema, fluxo de energia e informação, como a possível fonte da mente. Essa é uma proposta que fizemos, e vamos agora retirar algumas das camadas fundamentais dessa proposta.

A subjetividade pode manifestar-se como o auge deste fluxo de energia e informação. Talvez a consciência tenha algo a ver com esse fluxo também, como logo iremos explorar em profundidade. O processamento de informação é inato à noção de fluxo de energia e informação. Portanto essas três facetas da mente – fluxo de informação, consciência e vida sentida subjetivamente – podem, cada uma delas, derivar do fluxo de energia e informação.

Ver essas muitas facetas da mente como propriedades emergentes do fluxo de energia e informação ajuda a conjugar os aspectos intra e inter da mente de maneira harmoniosa. Energia e informação estão dentro e entre nós, assim como os processos emergentes que surgem delas também estariam dentro e entre. Esta visão da mente, como processo tanto corporificado quanto relacional, permitiu-nos transcender essas visões, talvez, deveras simplistas e restritivas de mente-como-atividade-cerebral e possibilitou que antropólogos estudando cultura, sociólogos estudando grupos e até psicólogos, e um psiquiatra como eu, estudando interações familiares e como elas afetam o desenvolvimento de uma criança, todos tivessem uma visão em comum de como a mente surge tanto nas relações como a partir de processos corporificados, fisiológicos, inclusive da atividade cerebral. Em outras palavras, a mente vista desta forma poderia estar, ao que parece, em dois lugares ao mesmo tempo, já que intra e inter são parte de um mesmo sistema interligado, indivisível. Em verdade, não são dois lugares, mas um sistema de energia e seu fluxo.

Isso nos leva a considerar que os limites entre sinapse e soma, Eu e sociedade, não precisam ser tão artificiais quanto pareciam em modelos anteriores, como as visões "biopsicossociais" que aprendi na faculdade. Mente como emergente era um modelo poderoso; e o aspecto da mente como o processo emergente e auto-organizador que regulava aquele fluxo era extremamente útil para permitir que houvesse cooperação em um grupo com participantes de áreas tão distintas. Essa visão de auto-organização emergente não era de três diferentes realidades interativas, como normalmente é apresentado nesses modelos, mas uma realidade de fluxo de energia e informação.

Este fluxo surge tanto de dentro de nós como entre nós

O fluxo de energia e informação acontece nas relações, quando energia e informação são compartilhadas; acontece dentro de nós, quando os processos fisiológicos, principalmente do sistema nervoso, inclusive do cérebro, intermedeiam o mecanismo corporificado de fluxo de energia e informação dentro de nós; e a mente é aquele processo emergente corporificado e relacional de auto-organização que regula tal fluxo.

Como discutido anteriormente, essa definição funcional de um aspecto da mente como auto-organização não explicava as experiências mentais, como a consciência e sua textura sentida na subjetividade da vida, ou a experiência de pensamento ou memória como parte do processamento de informação. Talvez, um dia, esses aspectos da vida mental serão vistos como parte da auto-organização, talvez não. Mas por enquanto, o fato de que 40 cientistas de uma ampla gama de disciplinas puderam se reunir em torno daquela declaração única, definindo pelo menos este aspecto da mente, foi uma convergência poderosa. A colaboração que se manifestou por termos uma declaração em comum do que a mente podia ser, deve ter ajudado para que houvesse uma cooperação tão frutífera por vários anos.

Visualizar a mente como um aspecto emergente da fisiologia interna do seu corpo, inclusive do seu cérebro, e as interconexões que você tem com o mundo, principalmente no mundo social de outras pessoas, encaixa-se nas reflexões sobre sua experiência? A noção de afloramento, ou emergência, pode parecer para alguns não intuitiva, quase sem sentido, talvez até bizarra. A ideia que algo simplesmente surge da interação de elementos em um sistema – como padrões surgindo, ao exemplo das moléculas de água que se movem numa nuvem – pode parecer estranha, ou nem ser capaz de se aplicar a sistemas vivos, principalmente na sua própria vida. Você pode se perguntar: "quem está no comando aqui?". Estamos apenas evoluindo sem um senso de livre-arbítrio? Não podemos gerar intenção que impulsione o sistema de nosso Eu, em vez de apenas emergir dele?

Essas e muitas outras questões provavelmente irão preencher nossas mentes conforme formos avançando. Por ora, se estiver focado em nossa exploração do aspecto emergente, evolutivo, da mente – inclusive suas experiências conscientes e seus elementos não conscientes do fluxo de informação, do qual você pode apenas ver suas sombras; dos pensamentos, memória e emoções que, mais tarde, entram na conscientização –, você consegue perceber uma qualidade de afloramento, de algo se manifestando sem você, ou talvez coisa nenhuma, estando "no comando"?

Convido-o a imaginar momentos em que sua mente parece ter "uma mente própria". Por exemplo, se atividades mentais de processamento de informação, como pensamentos ou emoções, são revelados na verdade para serem parte do aspecto auto-organizador da mente, então, como processos emergentes, eles podem parecer como se estivessem apenas manifestando-se por conta própria, sem um diretor ou alguém, como seu "Eu" no comando. Parece familiar? É essa a sensação de um processo emergente – ele simplesmente acontece, sem um condutor no controle. Em outras palavras, não há causação linear. A faceta de auto-organização da mente manifesta-se a partir dela mesma e depois se regula sozinha também. Este é o aspecto auto-organizacional da mente. Você pode sentir isso enquanto a experiência de observar a vida desabrocha, dentro de você e nas suas relações, sem ter que ser o maestro da sinfonia ou o programador do computador. É assim que funciona a auto-organização. É possível que você sinta que a está observando, percebendo e reconhecendo, mesmo que às vezes você não esteja tentando controlá-la. Você apenas sai do próprio caminho e as coisas naturalmente se organizam.

Mas em outros momentos, você percebe que as coisas ficam tão perturbadas que você precisa reivindicar algum tipo de controle volitivo? É possível que provenha daí nossa intenção consciente, quando trazemos a consciência e a intenção para influenciar nossa própria experiência, como exploraremos em itens futuros.

Intenção e livre-arbítrio podem influenciar nossas vidas mentais, mas talvez não as controle completamente. Para mim, essa mistura de participação ativa como um influenciador junto com o afloramento inato se encaixa bem com o senso subjetivo da minha própria vida mental. Mas como isso se encaixa com sua experiência?

O aspecto auto-organizacional do afloramento significa que sua mente, além de estar surgindo do fluxo de energia e informação, está voltando e regulando tal fluxo. Agora você pode estar se perguntando: o que isso significa de verdade? Essa é alguma proposta metafísica de padrões energéticos difíceis de compreender? Bem, não exatamente. Energia é um conceito científico, um processo que existe no mundo físico, não além dele – não é metafísico.

Para abordar esse importante tópico aqui, convido você a explorar, tanto na estrutura conceitual quanto nas suas próprias reflexões pessoais, como sua mente se desdobra. Convido você a considerar algumas visões fascinantes de energia oferecidas pela ciência da Física. Ao explorarmos esses pontos de vista, você pode tentar elaborar os conceitos científicos com sua experiência subjetiva de vida, e mesmo como ler essas ideias faz você se sentir no momento. Isso pode soar um pouco maluco para algumas pessoas, então talvez queira apertar seu cinto de segurança e se preparar para esse segmento da nossa jornada juntos.

Vamos ver, com maiores detalhes, e tornar mais pessoal o que alguns físicos dizem a respeito deste processo do fluxo energético. A propriedade física da energia, como mencionado anteriormente, pode ser resumido, de acordo com muitos físicos, como o potencial para fazer alguma coisa (Arthur Zajonc & Menas Kefatos, comunicação pessoal). A energia pode assumir diversas formas, desde luz a som, eletricidade a transformações químicas. Ela se manifesta em diversas frequências, como a variação das ondas sonoras em agudas ou graves, ou o espectro de cores encontradas na luz visível. A luz que vemos como vermelha ou amarela estão ambas na forma de luz, apenas com diferentes frequências. A energia pode ter uma variedade de amplitudes, desde sons baixos e luz sutil até explosões e luz intensa. Amplitude e até densidade são maneiras de nomear a noção de quantidade e qualidade da intensidade. E a energia, como luz ou som, tem uma forma e textura próprias, como pulsos, cores e contrastes, o que podemos simplesmente chamar de contorno.

Portanto, em um nível, podemos ver que a energia tem uma variedade de características: frequência, modo, amplitude, densidade, forma ou contorno, e até mesmo localização. Podemos ter energia fluindo pelo nosso cérebro, certas partes do nosso corpo e entre nossos corpos; e podemos fazer com que esse fluxo aconteça entre nossos corpos e entre nós e o mundo a nossa volta.

A energia muda com o tempo e em suas várias dimensões – intensidade e contornos, por exemplo – à medida que influencia o mundo. Enquanto escrevia este livro, a energia estava sendo transformada em meu sistema nervoso, ativada por meio dessas palavras que escrevi, colocadas num documento e, por último, enviada a você como palavras numa página de papel, tela digital ou como sons no ar, dependendo de como você está recebendo a minha energia até você. Isso é fluxo. Envolve mudanças – mudanças de localização, de mim para você, e até mudanças nas várias características, como modo ou frequência.

Uma visão da informação, como vimos, é que ela envolve padrões energéticos com valor simbólico. Em muitos aspectos, a faceta da mente processadora de informações extrai do perfil de mudança da energia, seus padrões de fluxo, algo que simboliza alguma coisa diferente daquele perfil. Chamamos isso de informação. Mas a informação, a partir de uma perspectiva energia-como-algo-fundamental, parece estar, ela mesma, aflorando da vida mental.

A energia tem um perfil, um conjunto de características, com ou sem valor informativo.

Padrões de fluxo de energia podem envolver mudanças em contorno, localização, intensidade, frequência e forma. Eis um acrônimo para nos ajudar a lembrar disso: CLIFF. Assim, quando dissermos que podemos regular o fluxo de energia e informação, estamos dizendo que podemos monitorar e modular o CLIFF da energia, sentindo e moldando contorno, localização, intensidade, frequência e forma dela.

Você pode regular a energia dentro de você, entre você e outras pessoas e entre você e o mundo ao redor. Regulação envolve o processo de sentir e o processo de moldar, como quando você anda de bicicleta ou dirige um carro. Você observa aonde está indo e muda a velocidade e direção do veículo. Isso é regular seu movimento através do espaço. Quando regula o fluxo de energia e informação, você está monitorando e modificando a energia, dentro do seu corpo e entre você e o mundo. Regulação de energia – uma faceta fundamental da função de auto-organização da mente – acontece dentro e entre nós.

Esse conjunto de variáveis CLIFF é uma maneira acessível de conceituar como sua mente pode sentir e moldar o fluxo de energia em cada momento da sua vida.

Todavia, há outro aspecto da energia que é um pouco mais abstrato, mas igualmente relevante para considerar como sua mente pode surgir do fluxo de energia e regulá-lo.

Energia, como comentamos, pode também ser vista como uma distribuição de potenciais. Essas potencialidades são o que alguns físicos quânticos veem como a natureza fundamental do universo. Esses potenciais podem ser descritos como abrangendo uma gama de potencial infinito até a específica realização de uma dessas potencialidades. Desta maneira, podemos propor que a realidade do fluxo energético – como a energia muda –, como antes mencionado rapidamente, seja o movimento de energia da possibilidade para a realidade, o movimento do potencial para a realização de uma daquelas possibilidades dentre tantas. A energia pode continuar a fluir enquanto se transforma novamente em potencialidade. Abstrato e estranho, eu sei, (para isso que talvez precisemos de cintos de segurança), mas é isso o que muitos físicos veem como a verdadeira natureza de nosso universo. Quando explorarmos a experiência da consciência em detalhes mais adiante, retornaremos a essa visão para discutirmos empolgantes novas possibilidades do que a própria consciência pode revelar a respeito dessa visão de um mar de potencial e o afloramento de realidades.

Frequentemente vivemos no nível de análise clássico, newtoniano, vendo objetos grandes e como forças aparentes, como um carro seguindo por uma rodovia ou um avião voando pelo céu, moldam nosso mundo. Mas em outro nível, a mecânica quântica nos permite ver o mundo não como cheio de verdades absolutas, mas possibilidades e probabilidades. Na verdade, muito do nosso mundo financeiro moderno e da computação avançada é baseado na teoria quântica. Estou abordando tudo isso, porque se vamos adotar plenamente a proposta de que a mente é algum tipo de processo que surge do fluxo energético e o regula, precisamos considerar o que realmente significa essa proposta de fluxo energético.

Os elementos básicos da mente, energia e informação, podem ser vistos como menores que um avião ou caminhão, menores até que um cérebro, menores até que um neurônio. Entretanto, embora eu tenha certeza de que este avião em que estou viajando agora habite num conjunto de leis da física clássica newtoniana dominante e possamos confiar, com razoável certeza, nas propriedades da gravidade e dos fluidos para nos manter flutuando, a mente não funciona bem assim. Por exemplo, enquanto preparava o avião para a partida mais cedo nesta tarde, um mecânico pressionou o botão errado e o escorregador de evacuação foi liberado. Além do pânico gerado com o estrondo causado, o atraso do voo se tornou mais uma fonte de aflição. O grande tamanho do avião fez com que as estruturas externas e os mecanismos internos gerassem elevados níveis de certeza. Estamos agora no ar e podemos confiar que aquele botão não será pressionado espontaneamente e ejetará a porta ou o escorregador no meio do trajeto.

Mas a mente do mecânico não é a mesma da estrutura do avião. A mente do funcionário poderia ter se distraído, talvez pensando numa discussão que teve com o colega, uma preocupação com um de seus filhos ou qualquer outro pensamento ou emoção dentre uma infinidade que, com alguns instantes de distração, pode ter levado ao prejuízo da atenção. Atenção – aquele processo que direciona o fluxo de energia e informação – é fundamental para a mente.

Portanto o senso de saber do mecânico, contido em sua atenção, de que o que ele estava fazendo naquele momento pode não estar mais sendo preenchido pela tarefa de verificar apropriadamente o *status* do avião. A atenção dele foi desviada, sua percepção foi preenchida por alguma outra energia e informação, a mão dele mexe automaticamente em um botão, sem pensar, e inadvertidamente o escorregador é liberado, tomamos um susto, e agora, horas depois, estamos em um avião diferente. Essa é a noção quântica de uma gama de possibilidades. A mente pode ter probabilidades quânticas como modo dominante em vez de algumas normas de pressão newtonianas. A aplicação da física clássica à mente suscitaria a noção de uma parte da mente sobrepujando a outra, e de resultados previsíveis que oferecem a certeza que esperamos de que este avião continue aqui a onze mil metros de altitude. Queremos que o avião seja uma máquina newtoniana – confiável e previsível no cumprimento das conhecidas leis da ação e reação. Mas a mente pode não funcionar de acordo com tais noções da física clássica.

A natureza quântica ou de probabilidade da realidade se torna mais aparente quanto menor o objeto, embora estejamos começando a descobrir aspectos quânticos em objetos maiores, ou seja, aqueles maiores que um átomo. Os elementos da mente do mecânico são menores que a fuselagem do avião, por isso o improvável se torna possível, e lá se foi o escorregador. Acho que agora poderíamos apelidá-lo de "Mecânico Quântico".

A energia é pequena, embora seus efeitos sejam grandes. Em vez de vermos a energia como uma força que apenas cria uma pressão, na visão clássica newtoniana, como o ar levantando este avião, a energia pode também funcionar como decorrente de um avião de potencial a um conjunto de platôs de elevada probabilidade e picos de certeza, e, em seguida, derretendo-se novamente a platôs, e depois em um avião de possibilidades infinitas – o que é um avião de baixíssimas, ou quase nulas, probabilidades. Em outras palavras, quando um trilhão de coisas podem acontecer, a probabilidade de uma em particular se desenrolar é baixa. Isso é um mar de potencial, um avião aberto de possibilidades.

No nosso nono capítulo exploraremos como essa visão pode ser usada para compreender a consciência. Quando penetrarmos mais profundamente na maneira que experimentamos uma "Roda da Conscientização", seremos capazes de explorar em primeira mão como a visão de probabilidade quântica da energia pode nos ajudar a compreender melhor a natureza da mente. Esta prática também pode aprofundar nossa discussão a respeito das sobreposições em potencial na auto-organização e da experiência da consciência. Nesse momento, também, vamos explorar como a experiência da mente, representada na metade superior da figura do Plano, e dos processos neuronais do cérebro, representados na metade inferior da figura, podem se relacionar um com o outro. Por agora, vamos examinar o lado mental desta proposta, a metade superior do gráfico, e deixar isso nos guiar a simplesmente considerar a noção de que a mente não funciona como caminhões na estrada ou aviões no céu. Forças newtonianas pode não ser a visão mais útil de energia quando falamos de processos mentais. A mente pode ser mais como uma coisa pequena, algo que, quando visualizamos nosso mundo em larga escala, simplesmente não conseguimos ver diante dos olhos, nem sequer imaginar com nossa mente conceitual. O sentido da visão nos ajuda a ver o mundo objeto. Mas ver a mente pode exigir um tipo completamente diferente de visão.

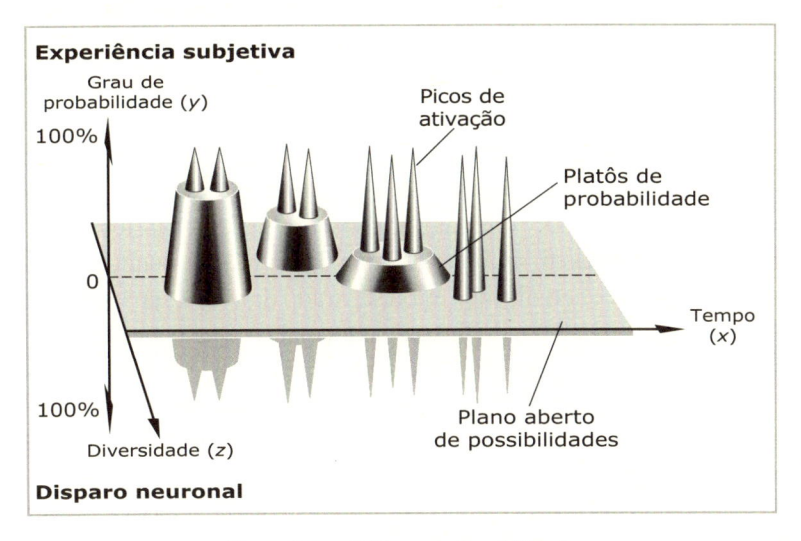

[Figura: Experiência subjetiva / Disparo neuronal — Grau de probabilidade (y) 100%, Picos de ativação, Platôs de probabilidade, Tempo (x), Diversidade (z) 100%, Plano aberto de possibilidades]

Figura 2.2 – O Plano da Possibilidade

Neste item temos explorado a noção de mente como decorrente do fluxo de energia e informação. Vimos que nem o crânio, nem a pele, limitam tal fluxo, portanto a mente é tanto corporificada quanto relacional. Pelo menos, o aspecto de auto-organização da mente teria essa propriedade emergente corporificada e relacional. Como já vimos, processamento de informação pode ser fundamental para aquele fluxo, sendo a atenção o processo que detecta e direciona seu movimento dentro e entre nós. A consciência e seu senso subjetivo, da mesma forma, pode ou não ser uma propriedade emergente, talvez relacionada com a auto-organização. Deixaremos essa questão em aberto por agora.

Mas se o fluxo de energia e informação é a fonte da mente, a fonte do Eu, e esse fluxo está tanto dentro quanto entre nós, então como sabemos onde o "Eu" começa e termina? Mais cedo nesta jornada refleti sobre esse tema das fronteiras do Eu.

Quando caminhei hoje de manhã, com o sol nascendo, percorri uma praia gélida de frente para o Atlântico neste dia de inverno e senti o vendo soprar no meu rosto. Percebi que a sensação do vento moldou minha experiência de estar vivo, e comecei a ouvir perguntas na minha mente sobre onde pararia este fluxo de energia... Será que o vendo era parte da minha mente? Se eu permitisse que o fluxo de sensações do vento apenas me preenchesse, não poderia ele ser visto como a experiência sensorial do meu "Eu"? Será que esse era um aspecto do fluxo de energia da minha mente, permitindo que as sensações manifestadas no meu corpo fluíssem por mim, por minha mente? Sendo o caso, então talvez o qualificador "minha" de "minha mente" precisa ser mais claramente definido, mais claramente delineado, com uma ou outra fronteira, ou então estaremos dizendo que "minha mente" pode abranger tudo? Onde termina o "Eu"? Quais são os limites deste sistema aberto?

Será possível que meus conceitos apreendidos, o resultado do aspecto de processamento de informação da minha mente que constrói ideias e filtra energia em informação, ou que este senso de quem acredito ser, o construtor de quem eu sou, limitam a experiência da minha identidade? De certa forma, isso deve se tornar meu próprio senso de autorrealização e autodefinição do senso do Eu. Agora esse é um processo auto-organizador recorrente. Este aprendizado auto-organiza recorrentemente meu fluxo sensorial em percepções e crenças geradas sobre o "Eu", transformando a informação do fluxo de energia em símbolos de "mim mesmo" e de quem eu sou, fazendo com que "Eu" perceba e acredite que estou separado do vento, separado do mundo?

Posso examinar meus filtros de fluxo de informação, que conceituam e limitam de tal forma a ponto de ampliar meu senso de quem sou eu, expandir minha mente, literalmente, e abrir meu afloramento auto-organizacional para abranger um maior senso de pertencimento neste mundo?

Em nossa jornada, esse assunto de energia e suas fronteiras tem profundas implicações para compreender a mente e sobre o que pode ser a saúde mental. Assim, muitas dessas limitações permanecem ocultas da reflexão consciente, filtros automáticos que influenciam quem pensamos ser. Mas podemos não ser o que nossos pensamentos nos dizem quem somos. Limitamos nosso bem-estar se limitarmos nosso senso de Eu a uma identidade completamente separada dos outros e do mundo à nossa volta. Precisamos nos conectar a alguma coisa "maior que o Eu", como muitos estudos e tradições antigas já revelaram (Vieten & Scammell, 2015). Em um encontro recente de representantes de mais de vinte e quatro nações, houve uma profunda discussão sobre a natureza do Eu e a necessidade de expandir nosso senso de Eu para além do corpo, para o bem do nosso planeta e de nós mesmos.

Talvez o Eu na verdade seja maior, e que nós – o senso interno, pessoal e particular de nossas mentes – o tornamos menor. Vamos explorar como incluir tempo em nossas questões do *quem* e do *quando* da mente expande ainda mais essa discussão, quando consideramos que o tempo em si pode não ser de fato o que parece ser para as nossas mentes. A criação das ilusões do Eu gerada pela mente, como sendo limitado ao corpo e ao conceito de tempo como algo que flui, permite-nos ficarmos preocupados com o passado pessoal e nos irritarmos com o futuro pessoal incerto. São essas ilusões do Eu e do tempo que podem, igualmente, limitar nossa liberdade no presente. Compreender isso faz com que nos concentremos profundamente no momento presente e no que podemos fazer para aceitar a abundância de seu potencial.

Conscientizar-se desse potencial, promover o movimento do possível para o real, pode ser o verdadeiro motivo da mente como emergente do fluxo energético. Mas como contribuir para uma mente saudável? Se um aspecto da mente é de fato a auto-organização, tanto dentro quanto entre nós, o que otimiza a auto-organização?

— CAPÍTULO 3 —

COMO A MENTE FUNCIONA EM QUIETUDE E INQUIETUDE?

Neste item, exploraremos mais a fundo como a mente funciona com base na noção de que a mente surge do fluxo de energia e informação, entre e dentro de nós. Penetraremos profundamente nas implicações de nossa definição funcional de um aspecto da mente multifacetada, como um processo auto-organizador emergente, corporificado e relacional, que regula o fluxo de energia e informação. Poderia a regulação funcionar bem e criar bem-estar, e não funcionar tão bem e criar desregulação? Vamos examinar ideias sobre mentes saudáveis e como podemos cultivá-las ao fazer a pergunta óbvia: como a auto-organização é otimizada para criar saúde?

Auto-organização, perdida e reencontrada (1995-2000)

Estamos no meio da Década do Cérebro.

Nosso grupo de 40 acadêmicos reúne-se regularmente, discutindo as conexões entre mente, cérebro, relações e vida. Há colaboração mútua e conflitos respeitosos, conexão e conversa, tudo focado no esforço de esclarecer essas várias incógnitas do ser humano. No meio de tal busca acadêmica, também estou trabalhando como psicoterapeuta, acompanhando pessoas de todas as idades e históricos, com amplo leque de questões que trazem sofrimento às suas vidas, inclusive transtornos psiquiátricos graves, como transtorno bipolar e obsessivo compulsivo, conflitos relacionais e consequências de trauma e perda. Eu e minha esposa agora temos dois filhos pequenos, e a vida não para nem um segundo.

Certa noite, recebi um telefonema de Tom Whitfield, um mentor que se tornou uma pessoa importante na minha vida desde o primeiro ano de medicina. Tom parece fraco ao telefone. Ele me diz que foi diagnosticado com câncer. Ele está morrendo.

Desliguei o telefone e fiquei olhando pela janela.

Tom tinha sido como um pai para mim, servindo como um refúgio longe de Boston, já que trabalhei com ele naquele primeiro verão após a faculdade, em seu programa comunitário de cuidados pediátricos, em Berkshires, oeste de Massachusetts. Tom me aceitou como aluno, mas me tornei quase um filho. Eu o tomei não só como professor e guia, mas também como pai.

Com o passar dos meses de aula durante meu segundo ano, eu encontrei diversas vezes vários membros da faculdade que pareciam os pacientes, e alunos, como se não tivéssemos mentes. O que quero dizer com isso é que não se prestava atenção aos sentimentos ou pensamentos, memórias ou significados. Esses aspectos internos da mente pareciam nem passar pelas cabeças dos médicos assistentes. Mais tarde, vim a entender que esses acadêmicos dedicados, estavam apenas cuidando do aspecto físico de seus pacientes, não do lado subjetivo da mente no cerne das vidas de seus pacientes.

Embora eu fosse um pesquisador bioquímico treinado na faculdade e soubesse como avaliar e medir as moléculas e suas interações, nunca achei que um ser humano devesse ser tratado como um saco de produtos químicos. Como discutiremos mais à frente, durante um período anterior daquela época, no fim dos anos 1970 e início dos anos 1980, quando eu estava na faculdade de medicina, a abordagem do processo de socialização da prática médica parecia nos forçar a ver pessoas como objetos em vez de centros de experiência subjetiva interior – seres com mentes.

Após inúmeros confrontos durante meus primeiros dois anos, quando me disseram enfaticamente que perguntar a pacientes sobre seus sentimentos ou o que a doença significava em suas vidas "não era o que médicos faziam", tomei a dura decisão de parar de fazer parte daquele processo educacional. Larguei a faculdade.

Após ir embora, achei que eu havia decepcionado Tom. Na minha cabeça, eu tinha a noção de que ele esperava que eu me tornasse um pediatra, como ele; talvez me mudar para a cidade pequena onde ele morava com sua esposa, Peg, que me estabelecesse lá e me juntasse a ele na prática clínica. Grandes ideias da minha própria imaginação quanto às expectativas deles aprisionaram minha mente, tornando nossa relação mais distante naquele ano. Quando mais tarde retornei para a faculdade e acabei escolhendo pediatria após completar minha prática clínica em

Boston, ele e Peg pareciam satisfeitos. Mas quando eu me mudei para a Califórnia e escolhi ser transferido para a psiquiatria um ano depois, novamente achei que seria visto como um fracasso aos olhos deles – desistindo de "medicina de verdade", como as pessoas costumavam dizer na faculdade, por uma fraca especialidade médica da mente, ou o que quer que fosse isso. Como ouvi de colegas de faculdade na época, "só os piores alunos escolhem psiquiatria".

Depois de desligar o telefone com Tom naquela manhã, tudo isso passou como um *flash* na minha cabeça, imagens invadindo minha consciência. A história transbordava dos recônditos da minha mente para o teatro da minha consciência, uma narrativa conduzida pelo choque da notícia de Tom.

Após aquele primeiro ano de pediatria no início dos anos 1980, vendo-me atraído por trabalhar diretamente com a mente, eu me transferi para a residência em psiquiatria. No segundo mês da residência, Tom e Peg vieram ficar comigo durante a viagem deles para assistir aos Jogos Olímpicos de Los Angeles, em 1984. Eu estava nervoso com a visita deles, projetando todos os tipos de preocupações com relação à desaprovação iminente por eu ter abandonado a pediatria de Tom e encontrado meu próprio caminho. Mas em nosso primeiro jantar, fiquei surpreso e aliviado ao descobrir que Tom tinha "abandonado" a pediatria após 30 anos de prática para se tornar terapeuta, usando hipnose para ajudar pessoas com desafios médicos, como obesidade e vicio. Estava claro que minha mente tinha imaginado todos os tipos de cenários que eu havia projetado na minha visão do que parecia real e preciso a respeito de Tom, mas na verdade eram projeções infundadas dos meus medos. Eu mergulhei num pânico com a visita deles.

Minha mente pensante estava fabricando todos os tipos de preocupações, desde memórias e imaginações, que eram entrelaçadas com preocupações, apontadas diretamente a narrativas. A história do pânico me parecia real.

Aquele reencontro permitiu que eu me livrasse daquela loucura. Essa experiência revela também o quanto nosso sentido de Eu pode ser profundamente moldado pelas histórias criadas pela mente, que se foca na preocupação sobre o que os outros pensam. Descobrimos, anos mais tarde, que um circuito de "modo padrão" da linha mediana ativa no cérebro, uma que discutiremos em profundidade mais adiante, parece agir como nexo neuronal daquele incessante falatório sobre o Eu e o outro. Chamo isso de circuito OATS[2], já que direciona nossa atenção para os "outros e para si mesmo". Meu circuito OATS estava no ápice da preocupação sobre como eu estava desapontando Tom e como ele provavelmente me rejeitaria.

Depois daquele tempo de reconexão e ajuste da minha loucura OATS, eu e Tom começamos a ir a congressos de terapia juntos, e eu me senti muito próximo a ele e Peg. Nossa conexão foi restabelecida, e durante aqueles anos da minha residência em psiquiatria nós nos mantivemos em contato com um sentimento de quietude e conforto.

---

2 - N.T.: o autor utiliza diversos acrônimos, alguns traduzíveis, outros não. Este advém das palavras *"others and the self"*, cuja tradução encontra-se no fim da frase.

Agora, mais de dez anos desde aqueles Jogos Olímpicos e meu circuito narrativo OATS se redefinindo, eu me sentei olhando para o nada após a ligação de Tom, sentindo-me pesado e esgotado, uma profunda tristeza subindo dentro do meu corpo, mantendo-me na cadeira pelo que pareceu uma eternidade.

Robert Stoller, outro mentor que eu citei anteriormente sobre a clareza do "perguntar e não responder", havia morrido poucos anos antes em um terrível acidente de carro. O Tom era o próximo. Eu tinha os meus trinta e poucos anos, mas eu sentia que essas importantes relações de afeto, essas figuras paternas na minha vida, ainda tinham um aspecto que definia quem eu era. O afeto não acaba quando saímos de casa; precisamos de importantes figuras próximas em nossas vidas a quem recorremos em busca de orientação e conforto. Ao perder essas figuras afetuosas senti como se tivesse perdido uma parte de mim mesmo. Assim como com a morte súbita do Bob e o luto que se seguiu, com o diagnóstico de Tom, comecei a perceber uma sensação de desespero e impotência, como se eu estivesse pesado, afundando.

Na época que soube da doença de Tom, eu já tinha tomado a decisão de deixar a academia. Eu participava do corpo docente da Universidade da Califórnia em Los Angeles (UCLA), dirigindo o programa de treinamento em psiquiatria para crianças e adolescentes. Após explorar minhas ideias com conselheiros acadêmicos e perceber, ou, neste caso, mais como um sentir, que alguma coisa precisava mudar na minha vida profissional, que alguma coisa não estava certa no meu corpo, eu decidi sair.

Eu sempre achei que me tornaria um professor com dedicação exclusiva, trabalharia e viveria uma vida acadêmica, mas as coisas mudaram. Meus interesses em amplas conceitualizações interdisciplinares não se encaixavam direito com a linha de uma instituição moderna de pesquisa, cujas investigações empíricas altamente focadas e estritamente definidas eram a meta principal de um docente com dedicação exclusiva. Eu estava fascinado com ideias, amava descobertas científicas e era apaixonado por integrar conhecimento empírico com aplicações práticas, mas não queria me focar em apenas uma área, tópico ou projeto de pesquisa. Portanto decidi ir embora.

Desde o fim dos anos 1980, quando eu estava no meu ciclo clínico e me afastando da pesquisa sobre cérebro e memória, até minha bolsa de pesquisa para estudar a mente, sua narrativa e seu desenvolvimento, eu ficava fascinado como a mente se aproximava gradualmente ao saudável ou não saudável com a influência de uma variedade de experiências interpessoais. Eu havia proposto que algum aspecto da forma com que o cérebro funcionava podia estar na raiz de traumas não resolvidos, impactando negativamente a vida subjetiva de uma pessoa e suas relações com os outros. Durante o meu tempo na academia após minha bolsa, concordei em escrever artigos acadêmicos, capítulos e um manual baseado em algumas dessas ideias sobre memória, trauma e o cérebro, que eram a base do ensinamento que eu promovia fora da universidade. Mas por que eu escreveria um texto acadêmico se eu estava abandonando esta carreira? Por que não apenas seguir uma vida num consultório particular, já que eu amava cuidar de pacientes e achava o trabalho clínico tão fascinante e gratificante? Por que perder tempo escrevendo um livro? Essas questões vinham rondando minha cabeça antes de eu saber sobre o estado de saúde de Tom e organizar minha viagem de volta para a Costa Leste para visitá-lo.

Assim que embarquei no avião para cruzar o país, minha mente estava repleta de imagens e sensações, memórias e pensamentos, de vida e perda. Com um novo caderno nas mãos, um diário verde sem pautas que trouxe para a viagem, comecei a escrever. Senti que havia tantas coisas a serem ditas sobre esse trauma pessoal de perder Tom como figura paterna na minha vida, e tantas outras coisas que aprendi como psicoterapeuta a respeito de luto e cura, coisas aprendidas nas minhas práticas clínicas e de pesquisa sobre apego, trauma e cérebro, sobre a mente e relacionamentos.

Durante a jornada de seis dias no Leste, a escrita simplesmente transbordava de mim. Eu quase escrevi "transpirava de mim", pois era isso mesmo que parecia: saindo de cada poro, surgia uma história que misturava a realidade subjetiva que eu estava vivenciando com a pesquisa científica que tanto amava. Escrevi o primeiro rascunho de um livro inteiro naquele diário verde, chamado *Terça-feira a Domingo*, no qual cada dia daquela viagem foi um capítulo sobre a luta da mente diante de uma perda traumática. Escrevi sobre o cérebro, relacionamentos e a dor pessoal de perder Tom – sobre vê-lo no hospital, memórias de nossa relação, a narrativa de nossas vidas – inclusive a projeção da minha ficção gerada internamente que havia distorcido os fatos reais. Estava tudo ali, e eu dividi parte do que escrevi com Tom enquanto ele descansava na cama do hospital. Ele parecia contente com o que tinha ouvido, e ofereceu a mim, com sua típica elegância reconfortante, seu apoio de costume, que eu havia reconquistado em todas as nossas jornadas juntos: "É isso aí, Dan'l!".

Tom morreu alguns meses depois. Terminei de traduzir o fluxo da experiência em palavras no diário verde, um que agregava reflexões pessoais com discussões científicas, e o transformei num manuscrito completo. O livro foi mandado para a editora no prazo limite original. Após algumas semanas, recebi a resposta do editor: mas que diabos eu havia escrito? Aquele não era o manual solicitado no meu contrato – era um livro de memórias. Eu devia um manual a eles.

Uma tristeza profunda rapidamente se apoderou de mim, aprofundando meu senso de desespero com a dor da perda de Tom, agravando-se com um senso de desconexão, impotente e desgastado. Tom havia ido embora. Bob havia ido embora. Minha filiação a uma comunidade acadêmica havia ido embora. Meu impulso de longa data de conectar o interno com o externo, subjetivo e objetivo, estava dando de cara com uma parede aparentemente intransponível. Senti que nunca mais seria capaz de encontrar uma maneira de conectar o pessoal e o profissional, e os dois, o subjetivo e o científico, precisariam, pelo menos no meu íntimo, continuar separados. Aquele desespero removeu qualquer possibilidade para que eu pudesse expressar meu luto, ou sentir qualquer esperança, ou ver alguma saída. Eu me sentia sufocado e paralisado.

Eu estava numa nuvem escura e saía para dar longas caminhadas, perguntando-me o que faria. Aquela praia que havia sido tão inspiradora durante minha infância e ao refletir sobre a natureza da mente não me ajudava em nada naquele estado, mas era apenas um lugar para vagar sem esperança. Eu me sentia perdido. Decidi que o que eu precisava fazer era separar minha vida pessoal das incumbências profissionais. De alguma forma, eu me dividiria, manteria o mundo de forma fraturada, mente distinta da matéria, experiência subjetiva separada da ciência objetiva.

Mas meu trabalho constante com pacientes naquela época me forçava a voltar para a realidade de que o subjetivo era real. Eu não poderia tratá-los bem a menos que eu trabalhasse diretamente com suas realidades subjetivas. Meu treinamento científico me mantinha convencido de que havia alguma maneira de conectar percepções empíricas com conhecimento emocional. O científico e o subjetivo precisavam encontrar algum ponto em comum. O profissional e o pessoal não precisavam ficar perpetuamente divididos. Ainda assim, eu não conseguia ver uma saída, nenhum caminho para aproximar os dois mundos a um tipo de cooperação mútua.

Ao mesmo tempo, um grande número de livros estava sendo publicado afirmando enfaticamente, com fundamentação científica seletiva, que os pais tinham pouca influência no nosso desenvolvimento, além dos genes que herdávamos deles. Como uma pessoa que tinha uma relação com Tom e Bob, um filho, um cientista treinado em apego, médico, pai na linha de frente e cidadão preocupado, eu ficava indignado com a imprecisão dessas propostas, mesmo diante da convicção de seus proponentes permeada de afirmações inequívocas desses cientistas.

Meu próprio treinamento como cientista, meu conhecimento da literatura científica, sugeriam fortemente que esses autores estavam equivocados quando diziam que a criação dos filhos pouco importava. Na mesma época, verbas vinham sendo retiradas de programas comunitários para famílias de alto risco com a justificativa de que não deveriam gastar o dinheiro público já que nada podia ser feito para ajudar as crianças ao apoiar os pais – estava tudo em seus genes. Aquela frustração acelerou minha recuperação, e aquelas declarações de que "criação não importa" tornaram-se os mais poderosos motivadores que eu podia desejar. A névoa de confusão se dissipou e eu resolvi tentar oferecer um contraponto àquela convicção.

Tirei do armário aquele velho caderno verde, liguei o computador e abri o manuscrito original de *Terça-feira a Domingo*. Nos vários anos seguintes, comecei a extrair o que eu havia aprendido por meio de reflexões sobre o que eu tinha aprendido por intermédio de dados empíricos sólidos e fundamentações científicas rigorosas. Juntei todas aquelas peças e formei um novo manuscrito; este com o propósito de oferecer o que eu esperava ser um documento irrefutável cientificamente elucidativo sobre como nossas relações têm relevância – inclusive aquelas que temos com nossos pais. O livro veio a se chamar *A Mente em Desenvolvimento*. Fico feliz em dizer que ele se tornou um instrumento de defesa contra a remoção da verba dos programas comunitários, inclusive aqueles focados em ajudar crianças com alto risco e suas famílias.

Conto essa história, porque foi uma parte crucial da minha jornada para entender a mente. O mundo editorial acadêmico normalmente considerava uma reflexão interior e pessoal "inapropriada" para um livro profissional ou científico. Em artigos revisados por colegas, da mesma maneira, oferecer uma visão interior de vida mental parecia fora de questão. Um editor disse certa vez que era "falta de profissionalismo" revelar minha vida mental íntima, sendo eu um terapeuta – e que eu deveria guardar isso para meus diários pessoais.

A posição deles é compreensível, se considerarmos que a inserção de conhecimentos no mundo não deveria se basear em opiniões pessoais, mas em rigorosa observação de fenômenos. Na verdade, a área da psicologia acadêmica, como vimos, assumiu uma posição semelhante há cerca de cem anos. A subjetividade, aparentemente, deixou o reino dos dados "legítimos" para estudar a mente no mundo acadêmico.

Mas e se a mente for o fenômeno sendo estudado cientificamente? E se a realidade subjetiva for uma verdadeira faceta da mente? Como fazemos para explorar a mente sem mergulhar na experiência subjetiva e tentar articular os fenômenos que vivenciamos? Não estaria faltando alguma coisa essencial para a mente numa abordagem desprovida de subjetividade? Um posicionamento de afastar a subjetividade, tão crucial para a mente, não deixaria a mente "fora do contexto"? Exploraremos isso em maiores detalhes no nosso próximo item.

Depois de *A Mente em Desenvolvimento* ser publicado, fui convidado a ministrar palestras para pais de como entender toda a pesquisa sobre apego e aplicar essas ideias na criação dos filhos. O guia prático daquele livro, *Parenting from the Inside Out*, que escrevi com a diretora da pré-escola da minha filha, Mary Hartzell, após começarmos a ministrar juntos palestras sobre parentalidade, foi rejeitado diversas vezes por editoras. Quando indagávamos sobre o motivo da recusa, disseram-nos repetidas vezes que o público não quer que você diga a eles como é preciso "olhar para dentro" para obter uma autocompreensão mais profunda a fim de serem pais melhores; eles querem que você lhes diga o que está de errado com seus filhos e como agir para mudar o comportamento das crianças.

Eu e Mary sabíamos que a pesquisa, ao contrário, corroborava uma abordagem de dentro para fora, então imagine você como eram frustrantes o conflito e as rejeições. A ciência é clara: o que pode melhor prever o apego de uma criança – que não é o único fator, mas é um previsor sólido e documentado do desenvolvimento saudável da resiliência e do bem-estar da criança – é a autocompreensão dos pais de como as experiências da infância deles influenciaram seu próprio desenvolvimento. Escolhemos a ciência, e felizmente encontramos uma editora.

A ciência da mente requer que incluamos reflexões interiores sobre a realidade vivenciada de forma pessoal e subjetiva. Interpretar, criar significado, refletir sobre a memória, autoconsciência, regular emoções, ter uma forte presença de espírito, todas essas são experiências mentais subjetivas do pai ou da mãe que apoia o desenvolvimento da resiliência na criança. A partir de uma perspectiva prática, essas são capacidades ensináveis que podem moldar como um filho se desenvolve. A ciência da mente, como podemos ver, mostra como nossas relações, tanto quanto nosso corpo e seu cérebro, moldam quem nós somos e quem podemos nos tornar. Podemos ver isto como o aspecto de auto-organização da mente que é plenamente corporificado e relacional. Nossas relações uns com os outros moldam a direção e a natureza do fluxo de energia e informação – entre e dentro de nós. Essas relações nos moldam durante nossas vidas.

A rejeição recorrente do manuscrito de parentalidade naquela época foi uma mensagem clara e familiar para mim: "Somente os fatos, sem sentimentos". Mas como nós realmente poderíamos falar uns com os outros sobre a mente sem os sentimentos subjetivos da vida mental incluídos na nossa discussão? Eu tinha a tarefa de escrever sobre a mente no trauma e na cura para o contrato do manual original, e o esforço para incluir fatos e sentimentos e ainda criar um livro que alguém estivesse interessado em publicar havia falhado. Aquela tentativa fracassada parecia intensificar a sensação de dor por perder não apenas o Tom, mas também o que nossa relação significou por todos aqueles anos. Mais tarde, a rejeição recorrente da sequência do livro sobre a abordagem da parentalidade de dentro para fora me fez lembrar aquela sensação de desespero. Senti aquela sensação de estagnação e impotência.

Perder Tom foi uma parte dolorida da minha vida conforme ela se desdobra, momento a momento. Mas em nossa relação, eu havia ganho muito não apenas em nossa conexão, mas também em força interior. A vida é cheia de perdas e ganhos, e agora eu estava cheio de dor. Figuras de apego moldam quem nós somos. Mas o que fazemos quando perdemos um aspecto tão importante da nossa vida, da nossa mente?

A vida flui enquanto energia e informação se transformam a cada momento do agora pelo espaço e pela grande variedade de possibilidades emergentes. Desabrochamos conforme nós – fluxo de energia e informação – continuamente emergimos, do potencial para o real e de volta para aquele mar de possibilidades. Será essa uma intelectualização, mantendo-me distante, mesmo agora enquanto escrevo isso, da dor da realidade da perda na época? Perder alguém que se ama, e alguém que o moldou, é horrível.

Mesmo assim, é verdade que nunca podemos parar o fluxo desses momentos, um após o outro. Podemos viver como uma pedra, sentindo nada, sem nos conectar com ninguém. Esses corpos que habitamos não têm momentos infinitos, é verdade – podemos perder nossas vidas, mesmo como pedras. Porém essa tensão de ansiar a perenidade, o agarrar-se àqueles que amamos e à nossas próprias vidas diante da transitoriedade inevitável da existência, parece uma batalha eminentemente humana. A natureza disso foi belamente articulada por um querido amigo da família, o saudoso poeta e filósofo John O'Donohue. Pouco antes de sua morte, quando questionado durante uma entrevista na rádio se alguma coisa ainda o incomodava, ele disse que "o tempo era como areia fina em sua mão", e independentemente do que ele fizesse, ele não poderia se agarrar a ele.

Ao escrever a você agora sobre Tom, consigo me lembrar daquela mesma sensação de vazio que senti na ocasião. A lembrança dele me traz desespero, que se expande quando falo sobre Bob e John, pois eles todos faziam parte do mesmo conjunto de perdas, de pessoas que significavam, e ainda significam, muito para mim. Dizem que a dor do luto leva tempo para amenizar. Mas já que talvez o tempo não seja real, o que é que o luto leva? O luto fez com que eu me sentisse travado, e às vezes era tomado por súbita tristeza e imagens do passado. Não havia mais momentos em aberto para planejar um encontro com Tom, não havia mais opções para conexões. Havia uma forma na qual o luto ativo era repleto por uma falta de quietude que simplesmente era ruim. Eu não chamaria isso de aflição, mas estava repleto de "inquietude". Eu não estava em ordem, mas em "des-ordem". Às vezes, eu não era capaz de funcionar, cheio de "dis-função". Eu estava fora dos eixos, não tinha bem-estar.

O que isso significava : ter uma mente que não estava bem?

Afinal, de que é feito o bem-estar, podemos perguntar agora. O que significa "não estar bem"?

Você pode dizer que isso era natural, em virtude da morte de Tom, e eu concordaria com você. "Dan, não seja tão duro consigo mesmo, você perdeu uma pessoa que era como um pai para você". Sim, você está certo, e agradeço. Mas o que pode ser aprendido com essa experiência, eu me pergunto. Poderia o luto ser uma janela para uma forma temporária de desafio ao bem-estar? Seria possível aprender alguma coisa com a experiência subjetiva do luto que poderia oferecer uma visão objetiva do que pode ser uma mente saudável?

Todas aquelas coisas acontecendo ao mesmo tempo abalaram meu senso de equilíbrio. Conforme os meses passavam, fui sentindo algum alívio quando passei a aceitar que a realidade da perda estava em resignar-se e que esses momentos do passado, minha conexão com Tom no tempo real, estavam agora fixas e não podiam ser modificadas, independente do que qualquer um fizesse. Esse era o tipo de verdade que estava me preenchendo. Luto e perdão, vêm para que você aceite que não pode mudar o passado. Para atravessar aquele processo, foi necessário que eu me desapegasse de algum tipo de Eu pessoal que fora moldado por Tom, para permitir a emergência de um novo "Eu" que pudesse valorizar Tom e nossa conexão, mesmo que eu não pudesse ligar para ele ou planejar uma viagem para vê-lo.

O trabalho no primeiro livro durante aqueles anos era também algum tipo de verdade, era um projeto maior do que esse Eu pessoal. Do diário verde estava surgindo um novo conjunto de escritos, coisas que aprendi ao refletir sobre a perda de Tom. Havia alguma coisa na lógica da minha relação com ele e com nossa visão científica e societária sobre quem nós somos e o que nos molda, que tudo parecia estar imbuído da mesma coisa.

Mas o que estava acontecendo? O que esse luto poderia nos dizer a respeito da mente?

Interpretar as nossa vidas, relações e experiência interiores pareciam trazer à tona vários aspectos da realidade. Parecia pegar o passado, entrelaçá-lo com o presente e ajudar a moldar o futuro. Essas representações do tempo construídas mentalmente simplesmente moldam como estou expressando essa ideia, da minha mente para a sua, com nossa concepção em comum de tempo como algo que flui. Mas se há apenas o agora, então estar totalmente presente no momento inclui não apenas sentir a plenitude sensorial do agora, mas também estar aberto a quaisquer reflexões que surjam dos "agoras" passados, os momentos fixos que vivenciamos e chamamos de "passado", e os momentos que conseguimos antecipar e nos aguardam quando o próximo se torna agora, os quais chamamos de "futuro".

A sensação de desespero e perda, de impotência e desânimo, fechou meu senso do futuro, meu senso de abertura. Eu parecia estar preso no sentimento de que não havia saída ou de estar repleto de memórias inoportunas do passado. Eu estava nessa estranha oscilação entre rigidez e caos que preenchia o luto com uma sensação de inquietude e ausência de estresse.

Enquanto essa questão fundamental sobre o que faz uma mente ser saudável me atormentava, refleti sobre todos os pacientes que eu via e o que eu estava vivenciando. Qual era a dificuldade de não ser capaz de combinar o pessoal e o profissional, o subjetivo e o objetivo, o interior e o relacional? O que poderia estar acontecendo dentro e entre nós, na saúde e na ausência de saúde, na quietude e na inquietude? Voltei-me à visão da mente de nosso grupo de estudos de 40 acadêmicos para tentar me aprofundar na lógica desse processo de interpretação.

Intuições extremamente úteis vieram da complexidade da matemática, a disciplina que deu origem a uma exploração mais profunda da emergência e da auto-organização, como já introduzimos no item anterior e exploraremos mais abaixo. Uma das maneiras de se vivenciar auto-organização é com histórias que surgem dentro e entre nós, narrativas que nos ajudam a interpretar as nossas vidas. O luto é uma imersão sensorial profunda para interpretar o ser, e interpretação é a motivação de nossas mentes narrativas.

Bruner, meu antigo professor de narrativa, dizia que as histórias de nossas vidas surgem quando há uma "violação canônica" – isso quer dizer quando temos uma violação de nossas expectativas (Bruner, 2003). A perda é uma dessas violações daquilo que esperamos. O luto é a batalha da mente para tentar lidar com aquelas alterações daquilo que esperamos. Bruner também descrevia como as narrativas possuem uma paisagem de ação e consciência. Em nosso seminário, discutíamos como isso significava que nossas histórias se focavam no aspecto físico dos eventos e na vida mental interior dos personagens daqueles eventos. Toda essa narrativa, essa contação de histórias, é um esforço para interpretarmos as nossas vidas de dentro para fora.

Conforme a experiência subjetiva da perda de Tom preenchia minha conscientização, eu sentia um impulso narrativo tomando conta de mim. Estava além do meu controle, expressar externamente o que estava acontecendo internamente. Às vezes, parecia que a história estava sendo escrita através de mim, não exatamente por mim. Os escritos naquele diário verde se tornaram um repositório desse impulso narrativo para interpretar o que estava acontecendo na minha mente, dentro e entre nós.

Depois que Tom morreu, e após o manuscrito *Terça-feira a Domingo* ter sido rejeitado e o projeto virar de pessoal para mais universal no processo da escrita, à medida que a necessidade surgiu para contribuir com alguma coisa profissionalmente, que poderia expressar as descobertas científicas de que os pais tinham importância, de que nossas relações influenciam não só como nos desenvolvemos na infância mas também nossa saúde durante a vida, eu continuava a sentir como se a história estivesse usando essas mãos para se escrever sozinha. Eu nunca tinha experimentado tamanha sensação de ser dominado por um projeto, consumido por uma paixão, como com a emergência da narrativa. Parecia que a narrativa estava me usando para se expressar, usando essa experiência pessoal interior para contar uma história maior, algo maior que minha simples jornada particular, algo que pertencia a uma realidade ampliada.

Isso, imagino eu hoje, é o que Bruner queria dizer por narrativa como sendo um processo social. Não sei direito como articular isso, mas era como se minha própria vida mental fizesse parte de um processo maior do que o que estava se manifestando neste corpo. Amigos me perguntavam, diante de todas aquelas rejeições, por que eu continuava. Eu só conseguia dizer que não estava mais escrevendo o livro, o livro parecia estar me escrevendo. Sim, a narrativa e a própria história eram uma função da minha experiência pessoal e interior. Mas eu sentia esse forte impulso para entender uma violação à expectativa, talvez uma violação a uma verdade crucial diante de todas aquelas declarações públicas de que os pais não importavam, resultando na retirada de verbas para crianças necessitadas, uma violação a um senso de responsabilidade. Era impossível parar de escrever. Não sei qual outra maneira para descrever a sensação que tinha com a história sendo escrita através de mim, não exatamente por mim. Era como se eu fosse um servo para algo além do meu Eu privado, pessoal. O cientista biológico em mim sabe que isso soa bizarro, mas essa era a minha sensação subjetiva. Parece, refletindo agora sobre o assunto, que na posição de profissional imerso na psicoterapia, como um psiquiatra treinado, definir o processo do que acontece quando há uma violação de uma expectativa razoável era muito importante. Havia uma necessidade para a comunidade científica e profissional, para pais e o público em geral, reconhecer a importância das relações. Essas verdades podem ter criado a sensação neste corpo, em mim, de que o campo da saúde mental precisava compreender a mente tanto quanto eu precisava compreender a perda de Tom.

Eu não estava separado em uma versão pessoal e outra profissional de mim mesmo que o mundo editorial me forçasse a estar dividido.

Ainda assim, escolhi dividir esses dois mundos, do pessoal e do profissional. Uma condução narrativa serviria para descrever cientificamente a importância da experiência subjetiva nas relações de apego; a outra seriam reflexões pessoais que eu guardava comigo. Dividir e conquistar o conflito.

Essa época de perdas e ganhos era cheia de dores e paixões. Eu sentia profundamente como pessoa, e podia imaginar vividamente, os conceitos principais como cientista e médico. Depois de respirar fundo, removi todas as referências à minha jornada pessoal e escrevi aquele manual profissional, *A Mente em Desenvolvimento*, de maneira científica e conforme as expectativas dos editores, e talvez do público acadêmico, alvo da publicação.

Mas como podia a ciência ser misturada com o igualmente, se não mais, real aspecto da vida que chamamos de realidade subjetiva? Como seria tal integração?

Imagino que essa seja a condução narrativa que emergiu dentro de mim após o livro inicial.

Para mim, estava tudo bem sentir-me triste já que a tristeza estava presente. Por que não ser capaz de apenas expressar isso, estar aberto e comunicar-me com as facetas da realidade humana que todos nós partilhamos – como pessoa e profissional? Não poderíamos ser totalmente humanos, totalmente presentes uns com os outros, na vida, na comunicação ou mesmo na escrita? E também não estaria tudo bem aproveitar-me da energia e da empolgação quando a claridade chamava, mesmo que na forma de perguntas, piadas ou paradoxos? Parecia bom assumir um risco e estar conectado honestamente com aquilo; aproximar-me e me conectar com os outros da mesma maneira. Será que a escrita científica não poderia aceitar, principalmente por estar lidando com a mente, a inclusão da subjetividade?

Em muitos aspectos, vejo agora que a jornada durante aqueles anos foi uma maneira de viver a batalha da auto-organização. Interpretar a mente – o que ela é, como ela se desenvolve, como podemos dar apoio um ao outro para encontrar saúde e vigor mentais – era o combustível de um fogo que me impulsionava à frente.

Diferenciação e interligação: a integração de mentes saudáveis

Embora a mente seja multifacetada, com processos que incluem a consciência e suas texturas subjetivas junto com processamento de informação, definir um aspecto adicional da mente como um processo de auto-organização pode não só oferecer um ambiente profissional para podermos aprofundar nossas discussões, como também pode nos permitir declarar o que faz uma mente ser saudável.

Se apenas nos ativéssemos ao nível descritivo comum da mente, delineando suas atividades, como sentimentos e pensamentos, poderíamos de fato dizer o que é uma mente saudável? O que seria uma consciência saudável? O que, em geral, poderíamos dizer sobre uma vida subjetiva saudável? Sem saber o que realmente são os pensamentos e as emoções, como poderíamos sequer dizer o que seriam formas saudáveis de pensar e sentir?

Como sugerimos no princípio de nossa jornada, talvez a auto-organização se relacione com consciência, pensamento, sentimento e comportamento. Talvez ela até seja encontrada para orientar a natureza de nossas sensações subjetivas. Mas talvez venhamos a descobrir que essas coisas não têm qualquer relação entre si. Mesmo que, em última instância, esses elementos da mente tão frequentemente encontrados nas descrições de vida mental sejam, ou não, compreendidos para serem, por fim, aspectos de auto-organização, podemos ao menos explorar essa faceta regulatória da mente, agora que ela está definida. A mente não é unitária; a respeito disso, parece haver um consenso universal. Auto-organização, estamos propondo, é nada mais que um aspecto da mente multifacetada, embora tenhamos visto que ela liga perfeitamente o interior e o exterior, no sentido de localização da mente.

Definir pelo menos esse aspecto da mente como *o processo auto-organizador emergente do sistema complexo de fluxo de energia e informação corporificado e relacional* pode nos ajudar a não só oferecer uma definição funcional da mente para discutirmos e debatermos, mas também para nos ajudar a dar um passo à frente e definir o que pode ser uma mente saudável. Se a mente é um processo auto-organizacional, o que possibilita otimizar a auto-organização? Fazer essa pergunta e explorar esta visão de mente permitiu que novas ideias fossem inferidas sobre a vida mental e a saúde mental.

Um padrão ficou claro, mas que me intrigou por anos como médico durante meu treinamento e depois, antes mesmo que eu ouvisse falar sobre a teoria da complexidade ou tivesse a experiência de perder Tom. Eis o que vim observando: os pacientes pareciam vir em busca de ajuda tanto com uma experiência de rigidez em suas vidas – muitas coisas sendo previsíveis, entediantes, sem vitalidade – ou *caos* – vida sendo explosiva, imprevisível e cheia de incursões inquietantes de emoções, memórias ou pensamentos. Conquanto fosse parte de consequências traumáticas ou perturbações inerentes, rigidez e caos eram os padrões comuns de incômodo que pareciam "organizar" as vidas dos meus pacientes e preenchê-las com sofrimento.

De onde poderiam estar surgindo esse caos ou rigidez, eu me perguntava.

Já que os anos de ciclo clínico se fundiram com a bolsa de pesquisa, essas questões possuíram minha mente. O que era a mente? O que poderia ser uma mente saudável? Por que pessoas em inquietude, desconforto, fatalidades e disfunção, todas pareciam dividir o padrão de caos, rigidez ou ambos?

Quando convidei aqueles 40 cientistas para se reunirem no início da Década do Cérebro, eu não sabia que tentar promover aquela discussão em grupo do que a mente poderia ser, seria decisivo para ajudar a definir o que poderia ser uma mente saudável. Com a proposta aceita naquele grupo, de mente como um processo auto--organizador emergente, corporificado e relacional, que regula o fluxo de energia e informação, a questão para mim como médico, e cientista, era essa: o que é otimizar a auto-organização, e poderiam o caos e a rigidez serem parte da auto-organização?

Ao ler mais profunda e amplamente a literatura científica, e discutir teoria da complexidade e ciência dos sistemas com matemáticos e físicos, acabei aprendendo que quando um sistema complexo não tem uma auto-organização otimizada, ele tende a assumir um dos dois estados: caos ou rigidez.

Incrível!

Fui até a bíblia dos transtornos psiquiátricos, o *DSM, Manual Diagnóstico e Estatístico de Transtornos Mentais* (American Psychiatric Association, *DSM III*, 1980; *DSM III-R*, 1987; e *DSM-IV*, 1994, foram as edições que revisei naquela época; agora existem edições atualizadas, *DSM-IV-TR*, em 2000, e *DSM-5*, em 2013, nos quais os mesmos padrões que estou prestes a descrever ainda, são observados). Lá eu vi que cada sintoma de cada síndrome poderia ser reformulado como um exemplo de caos ou rigidez. Chocante. Pacientes com transtorno bipolar, por exemplo, tinham o caos da mania e a rigidez da depressão. Aqueles com esquizofrenia tinham a intrusão caótica de alucinações e a rigidez paralisante de falsas crenças fixas chamadas de delírios, e o embotamento do que eram considerados sintomas negativos de isolamento e retraimento social. Indivíduos que vivenciaram traumas que permaneceram sem solução, aqueles com transtorno de estresse pós-traumático (TEPT), podiam ser vistos repletos de caos (sensações corporais invasivas, imagens, emoções, memórias) e rigidez (comportamentos de fuga, embotamento e amnésia).

Fosse inato em sua origem ou causado por uma experiência avassaladora chamada de trauma, ter algum sofrimento psiquiátrico parecia ser manifestado como caos, rigidez ou ambos.

O que aconteceria, eu me perguntei, se fôssemos capazes de olhar dentro do cérebro de um indivíduo e procurar sinais de prejuízo à auto-organização? Poderíamos ver isso em termos funcionais? Ao ler artigos científicos, conversar com vários cientistas e refletir sobre todas essas experiências, parecia para mim que a teoria da complexidade poderia ser traduzida para a linguagem comum ao revelar uma verdade indiscutível: a auto-organização otimizada surgia quando o sistema fazia dois processos interativos ocorrerem. Um estava *diferenciando* elementos do sistema, permitindo que eles se tornassem únicos e tivessem sua própria integridade; o outro estava *interligando* esses elementos diferenciados do sistema. O termo comum que pudemos usar para essa interligação de partes diferenciadas era a *integração*.

A integração proporcionava a otimização da auto-organização, assim um sistema funcionava com flexibilidade, adaptabilidade, coerência (um termo que significa permanecer junto como um todo, ter resiliência), energia e estabilidade. Expressar esse fluxo integrado poderia ser incorporado em um novo acrônimo, *FACES*[3]. Um fluxo de integração de FACES cria harmonia, como um coral cantando e diferenciando suas vozes, mas interligando-se com intervalos harmônicos. Você deve conhecer a sensação de ouvir ou cantar uma música em harmonia – é revigorante e cheio de vida.

Uma metáfora veio à minha cabeça, de um rio de integração que teria harmonia como fluxo central, cercado, de um lado, por uma margem de caos e, do outro, uma de rigidez.

Será que o bem-estar emergia da integração?

Poderiam os indivíduos com sofrimentos mentais apresentarem integração prejudicada em seus cérebros e corpos, na internalidade, e em suas relações, na intermedialidade? Poderíamos ajudar pessoas, independentemente se a origem de seu sofrimento fosse inato ou experiencial, a alterarem a integração de seus cérebros, assim poderiam aprender a otimizar a auto-organização rumo ao fluxo de FACES? Nada estava disponível na época para responder essas indagações, mas elas se tornaram perguntas assíduas na minha mente.

Por meio de uma longa linha de raciocínio e de reflexão científica, com a qual debati ao escrever *A Mente em Desenvolvimento* e explorei na prática clínica durante aqueles anos, ficou claro, para mim, que a auto-organização avança na direção de algo chamado complexidade máxima, por meio desses dois mecanismos interconectados de diferenciação e interligação. É essa *interligação de partes diferenciadas* que maximiza a complexidade do sistema, o estado do fluxo de FACES. Auto-organização o impulso natural de um sistema complexo para maximizar a complexidade.

Complexidade máxima é um termo pouco familiar para a maioria, e pode até parecer mau agouro. Quero que minha vida seja mais simples, não mais complexa, você deve estar pensando. Mas a realidade é que frequentemente nós, na verdade, queremos que nossas vidas sejam menos complicadas – o que não é o mesmo que ser menos complexa. Como mencionei antes, a realidade é que a complexidade é de fato bastante simples em sua elegância. Otimizar a complexidade nos dá a sensação e a realidade física da harmonia. Ela atravessa o tempo, o espaço ou as potencialidades – o fluxo de momentos – com um fluxo de FACES, que é literalmente a sensação de um coral em harmonia quando os membros diferenciam suas vozes em intervalos harmônicos e, em seguida, interliga-las ao cantarem juntos. A integridade é conectada, aberta, harmoniosa, emergente, receptiva, comprometida, noética (um senso de conhecer), compassiva e empática. Claramente, eu tenho um vício em acrônimos. Esse aqui é onde o termo COHERENCE (coerência) apresenta as próprias características de um fluxo coerente de FACES. (Peço perdão àqueles que não gostam dessas ferramentas mnemônicas).

---

3 - N.T.: acrônimo para as palavras em inglês: *flexibility*, *adaptability*, *coherence*, *energy* e *stability*.

CAOS

INTEGRAÇÃO →

RIGIDEZ

A complexidade máxima é alcançada por intermédio da interligação de partes diferenciadas. Embora os matemáticos nunca usem o termo da linguagem comum dessa forma, nós podemos, e esta é a palavra: *integração*. Integração é a maneira com que a auto-organização cria um fluxo harmônico de FACES através do tempo.

A propósito, o motivo pelo qual este termo não é usado em matemática é que para os matemáticos, *integração* quer dizer adição – a soma das partes em um todo adicionado. Mas aqui, *integração*, como estamos usando o termo, sugere que as partes mantenham sua natureza diferenciada e se tornem funcionalmente interligadas umas com as outras. Dessa maneira bem específica, *integração*, como estamos definindo o termo para esse uso, significa que o todo é maior que a soma de suas partes. Em matemática, a palavra *integração* significa apenas a soma. Um processo parecido mas menos específico é a *sinergia*, como esses elementos se conectam uns com os outros e consolidam suas contribuições individuais por alguma coisa que é maior na junção. Como a integração emerge naturalmente com a irrestrita auto-organização, poderíamos chamar isso de uma "sinergia emergente", já que a mente se desdobra e auto-organiza o fluxo de energia e informação.

Integração pode ser apenas a base da saúde.

Se integração era a maneira com que a auto-organização criava um fluxo FACES (flexível, adaptável, coerente, energizado e estável), poderia essa ser uma definição funcional de uma mente saudável? Poderia integração ser vista em nossas vidas relacionais? Poderíamos ver integração no cérebro e no corpo como um todo – um todo com partes diferenciadas funcionando bem juntas?

Pesquisas posteriores surgiriam, com avanços da tecnologia no novo milênio, que apoiariam essa hipótese de integração como base da saúde. Por exemplo, Marcus Raichle e colegas, da Universidade de Washington em Saint Louis (Zhang & Raichle, 2010), revelariam anos depois que em pacientes com doenças psiquiátricas não causadas por experiência, mas inatas em seus desenvolvimentos, como esquizofrenia, transtorno bipolar ou autismo, regiões do cérebro que conectam áreas separadas entre si, na verdade, não eram bem integradas. Isso poderia significar que a diferenciação ou a interligação, ou ambas, não estavam estabelecidas anatomicamente ou funcionalmente. Mesmo em doenças não inerentes à formação do indivíduo, mas alguma coisa adquirida pela experiência, como abuso e negligência na infância, estudos de Martin Teicher, da Universidade de Harvard (Teicher, 2002), também revelariam mais tarde que as áreas mais afetadas por esse trauma desenvolvido são as regiões que interligam áreas diferenciadas umas com as outras: o hipocampo, que conecta áreas da memória completamente separadas umas das outras; o corpo caloso, interligando os hemisférios diferenciados esquerdo e direito do cérebro; e as regiões pré-frontais, que interligam adequadamente as áreas superior e inferior com o corpo e o mundo social.

Todas essas são descobertas que, mais tarde, sustentariam a hipótese básica de que a integração era a base da saúde. A questão fundamental na época, antes que a tecnologia nos permitisse ver dentro do cérebro como conseguimos agora, era a seguinte: seria possível que todas essas doenças, fossem adquiridas por experiências dolorosas ou por alguma constituição inata, comprometiam a auto-organização? Se a otimização da auto-organização que permite *COHERENCE* e para que surja um fluxo FACES depende de integração, poderia então a integração ser a base da saúde mental?

Eis a ideia: integração é bem-estar.

Uma mente saudável cria integração dentro e entre nós.

Até agora, pesquisas, que surgiram nos vinte e quatro anos desde essa ideia ter sido apresentada pela primeira vez, têm sustentado essa proposta. Sustentar é o termo, não *provar*, já que tudo o que podemos dizer neste momento é que a hipótese continua a ser sustentada por novas descobertas de um enorme leque de estudos, variando desde aqueles que examinam o cérebro àqueles que estudam relacionamentos.

Veja agora alguns fatores divertidos sobre a integração. Integração é tanto um processo como uma característica estrutural: podemos ver o fluxo de energia e informação a partir de regiões diferenciadas se tornando interligadas (um processo verbal), e ver as interligações estruturais de partes diferenciadas (uma estrutura substantiva). No cérebro, por exemplo, agora podemos ver a interligação funcional de partes diferenciadas em estudos com eletroencefalograma computadorizado ou em escaneamentos funcionais do fluxo sanguíneo, tal como a RMf (ressonância magnética funcional). Podemos também ver a integração estrutural no cérebro, agora mais do que antes, com uma gama de novas técnicas que revelam o que é chamado de conectoma. Um estudo que acaba de sair do projeto conectoma humano revela, de fato, que um conectoma mais integrado é associado com traços positivos da vida, enquanto um conectoma menos interligado é associado com traços negativos da vida (Smith et al., 2015). Mas, na época, algumas dessas técnicas mais avançadas eram apenas ideias na imaginação de neurocientistas criativos, e não tínhamos esse incrível suporte empírico para a proposta de que integração é a base da saúde.

Integração num relacionamento também pode ser estudado. A forma com que respeitamos as diferenças e, então, cultivamos uma comunicação compassiva como uma interligação é uma maneira de revelar uma relação integrada. Apego seguro, por exemplo, pode ser conceituado como uma relação integrada. Relações vibrantes e românticas podem ser vistas como integradas.

Incrivelmente, como reexamino na segunda edição de *A Mente em Desenvolvimento*, os estudos existentes geralmente apontam para a seguinte noção possível, embora muito simples: relações integradas estimulam o crescimento da integração no cérebro. Integração no cérebro é a base, até onde sabemos por conta das investigações existentes, da auto-regulação no cerne do bem-estar e da resiliência. Como regulamos nossas emoções, pensamentos, atenção, comportamento e relacionamentos depende das fibras integradoras do cérebro. A integração no cérebro ativa as várias regiões a serem coordenadas e equilibradas – para que se tornem reguladas. Neste aspecto, a integração neuronal parece ser a base da auto-regulação, e a integração no cérebro pode ser moldada pela integração em nossos relacionamentos.

Por que isso seria verdade? Veremos mais conforme seguirmos adiante, como o fluxo de energia e informação dentro e entre nós, age e faz a integração acontecer onde quer que a mente aconteça, dentro de nós – em nossos corpos – e entre nós – em nossas relações. Integração é a forma de otimizar a auto-organização, dentro e entre nós.

A auto-organização possui um dinamismo natural dentro dos sistemas complexos para interligar aspectos diferenciados do sistema. Isso significa que temos um impulso natural na direção da saúde. Este impulso em direção à integração acontece internamente e em nossas relações. Relembre que o sistema está tanto dentro quanto entre nós. O sistema não está em um ou outro lugar, tampouco está em dois diferentes lugares ao mesmo tempo. O sistema está tanto dentro quanto entre, um sistema, um fluxo. O fluxo de energia e informação não está limitado pelo crânio ou pela pele. Moramos num mar de fluxo de energia e informação que ocorre dentro do corpo e entre nossos corpos e o mundo ao redor, com outras pessoas e nosso meio ambiente.

Enquanto os matemáticos não possuem um nome para o processo de interligação de partes diferenciadas que eles identificaram como o que faz com a auto-organização maximize a complexidade, para otimizar a regulação do sistema complexo. Em linguagem comum, chamamos esse processo de *integração*. Integração é o impulso natural do sistema complexo da mente. É isso o que a auto-organização "faz" ao emergir do sistema complexo e regular a própria conversão. Talvez seja por isso que eu senti que o livro estava me escrevendo – a auto-organização estava pressionando em busca de integração por conta do processo para que a narração fizesse sentido. Meu luto desencadeou um estado de caos e rigidez, sinais de que eu não estava integrado. O impulso narrativo era um esforço para mover minha vida, o sistema no qual o "Eu" emerge, de volta para a harmonia ao integrar-se com a interpretação da minha experiência. Para mim, como pessoa e profissional, a integração estava acontecendo em muitos e muitos níveis ao mesmo tempo. Estava acontecendo *dentro* de mim, e estava acontecendo nas minhas conexões com os outros, *entre* mim e o mundo.

Naquela jornada de ver Tom mais uma vez, minha mente, por conta própria e sem esforço ou decisões intencionais da minha parte, começou um processo para entender o sentido da minha vida, da minha relação com Tom, sua doença e a morte iminente. O entendimento do sentido surge do impulso natural da mente para integrar-se dentro e entre nós, para integrar nosso senso de passado, presente e futuro. Agora podemos ver isso como um impulso natural da auto-organização para me tirar dos estados de rigidez e caos, os dois estados que a teoria da complexidade nos diz que os sistemas entram quando não estão otimizando a auto-organização. Quando eu estava em luto agudo, meus estados de esgotamento rígido ou intrusões caóticas de memória e emoções revelavam esses prejuízos à integração.

Curar-se é integração.

A cura de um luto envolve a transformação de um estado de perda por meio do processo auto-organizador da integração. Ao sentirmo-nos inundados ou travados, não estamos interligando os modos de distribuição da abertura à certeza e de volta à abertura, conforme mudamos, conforme emergimos, conforme fluímos. Retornamos continuamente ao estado original de conexão com a pessoa falecida, mas ele ou ela não está mais lá. Nossa emergência nos move na direção da rigidez e do caos. Conforme o processo de cura desabrocha, seguimos na direção da totalidade na raiz da saúde e da cura. Tornar-se total significa interligar diferentes partes umas com as outras. A cura vem da integração.

Em uma escala mais ampla, a sensação dessa integração possui um sentido de totalidade. Os escritos do físico David Bohm, em sua obra clássica, *Totalidade e a Ordem Implicada*, afirmam: "Agora, a palavra 'implícito' tem sua base no verbo 'implicar'. Isso significa 'dobrar-se para dentro' (já que multiplicação significa 'dobrar muitas vezes'). Portanto, podemos ser levados a explorar a noção de que, em certo sentido, cada região contém uma estrutura total de 'involução' dentro de si" (1980/1995, p. 149). Ele chama isso de involução ou "ordem implicada". Bohm vai mais adiante e postula que "a *ordem implicada total* está presente a qualquer momento, de tal forma que a estrutura inteira, que nasce dessa ordem implicada, pode ser descrita sem dar qualquer protagonismo ao tempo. A lei da estrutura será então uma lei relativa a aspectos com diversos graus de implicação" (p. 155). "O 'o que é' é sempre uma totalidade de conjuntos, todos presentes ao mesmo tempo, em uma série ordenada de estágios de involução e evolução, que entremeia e interpenetra uma à outra em princípios através do espaço como um todo... se o contexto total do processo for mudado, modos de manifestação completamente novos podem se manifestar" (p. 184). Como veremos, essa perspectiva nos oferece um mergulho profundo nas camadas da realidade não vislumbradas pela física clássica, mas esclarecidas no último século pelas visões quânticas. Bohm declara: "a ordem implicada, normalmente, fornece um relato muito mais coerente das propriedades quânticas da matéria do que a ordem mecânica tradicional. O que estamos propondo é que a ordem implicada, por conseguinte, seja tomada como fundamental" (p. 184).

Em muitos aspectos, a noção de totalidade e uma ordem implicada no mundo nos convida a pensar em termos de sistemas – as maneiras com que elementos básicos interagem para criar fenômenos emergentes – em vez de simplesmente uma parte interagindo com outra parte em isolamento. Nem sempre essa visão de sistemas é fácil de entender à primeira vista. Mas a partir de uma perspectiva matemática, essa noção de totalidade nos ajuda a ver como a propriedade emergente da auto-organização apenas pôde ser compreendida sentindo sua natureza implicada ou de involução, um aspecto fundamental do todo da emergência do sistema complexo.

Na época da Década do Cérebro, muitas questões surgiram sobre a auto-organização: será que algum dia seríamos capazes de ver formas de integração verbal e substantiva prejudicadas nos cérebros daqueles com dificuldades em sua saúde mental? Poderíamos cultivar a integração no cérebro e procurar por ela em exames pré e pós-intervenção? Seria possível usarmos nossas relações para inspirar as pessoas a reprogramarem seus cérebros a fim de integrá-lo? Poderíamos usar a mente para promover integração em nossos relacionamentos e cérebro?

Dados preliminares estavam começando a surgir, indicando que essa noção básica, derivada de raciocínio científico, experiência clínica e reflexão pessoal – de que integração era a base da saúde e integração prejudicada a base da inquietude e da desordem – poderia de fato ter mérito em resultados de pesquisas empíricas. Mas aquelas primeiras visões da matemática e de resultados científicos sobre memória e emoções que discutiremos em itens posteriores, que corroboravam a proposta de que a integração prejudicada é associada a desafios ao bem-estar, eram apenas setas nos apontando em uma direção geral. Teríamos que esperar por mais estudos, e principalmente por tecnologias mais avançadas, para ver que essas ideias eram válidas.

Com essa definição específica da mente como um processo auto-organizador que era corporificado e relacional, e com a *definição de saúde como integração*, parecia que estávamos numa posição de estabelecer hipóteses ao mundo que pudessem ser exploradas com experiências pessoais reflexivas, intervenções clínicas ao público e estudos empíricos conduzidos rigorosamente. Aqueles das áreas da saúde mental, neurociência e outras disciplinas poderiam explorar essa noção de uma mente saudável emergindo da integração dentro de nós – em nossos corpos, inclusive em nossos cérebros – e entre nós – em nossas relações com outras pessoas e o planeta. Dessas muitas maneiras, pudemos aprender mais sobre a natureza da realidade humana. Essas definições da mente e da saúde mental criaram uma vasta plataforma, por meio da qual poderíamos continuar a explorar e vivenciar como conseguir cultivar o bem-estar em nossas vidas.

Reflexões e convites: integração e bem-estar

Convido você a considerar momentos em sua vida em que a rigidez e o caos se desenvolvem em sua experiência cotidiana. Talvez você tenha tido um desentendimento com um amigo por sentir que não estava sendo ouvido, e depois emoções intensas se desencadearam e o surpreenderam. Talvez tenha sido quando alguma coisa que você esperava acontecer não aconteceu, e você se sentiu mal-humorado e não conseguia "voltar aos eixos". Ou pode ter havido vezes em que você simplesmente estava magoado e não conseguia pensar direito, uma mudança de ideia sem causa aparente. Esses estados distantes do fluxo FACES de harmonia podem ser transitórios, durando alguns segundos, minutos ou mesmo horas. Você não mais se sente flexível, adaptável, coerente (suportando fluidamente experiências extremas), energizado ou estável. Em nosso dia a dia, alguma coisa pode acontecer que cria tais movimentos transitórios em direção às margens do nosso rio de integração metafórico, mas não ficamos presos lá por muito tempo. Vivenciamos momentos de caos ou rigidez, mas não ficamos encalhados no fluxo do rio por muito tempo, por períodos infindáveis. Eles são transitórios, breves excursões para fora do fluxo do rio de harmonia. Eles são apenas parte do cotidiano.

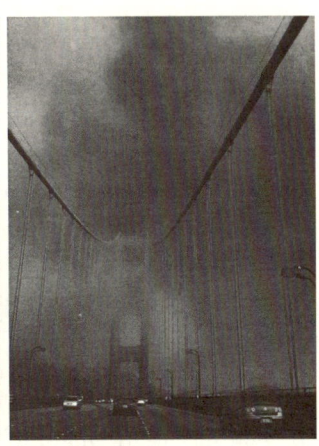

Mas em outros momentos da vida, você pode descobrir, por períodos mais longos, que se viu preso em avalanches caóticas de emoções, memórias ou comportamentos explosivos; e outras vezes, a rigidez tomou conta e você sentiu como se não pudesse fugir de um senso de repetição de pensamentos ou comportamentos, como no vício, ou sentir uma indisposição e perda de vontade de viver, como em desmoralização, desespero ou depressão. Se esses estados prolongados continuam repetidamente e por períodos mais longos, alguma coisa na sua vida pode não estar integrada.

Integração cria um fluxo FACES; integração prejudicada leva ao caos e/ou à rigidez.

Integração é a interligação de elementos diferenciados em um todo coerente. Integração, como mencionado anteriormente, é a fonte da noção de que "o todo é maior que a soma de suas partes". Essa é uma sinergia emergente da função de muitos aspectos de você, dentro do seu corpo, inclusive de muitas regiões do cérebro, e dentro de suas conexões com os outros e com o mundo em que vive. Quando você está se movendo em um fluxo integrado, há um senso de estar total, pleno, em quietude e receptivo. Integração é a fonte da experiência de harmonia. Quando a integração está presente, a natureza única das partes em si não desaparece com a interligação. Assim, é importante frisar que interligação não é o mesmo que adição, fusão ou mistura, e integração não é o mesmo que homogeneização. Integração é mais como uma salada de fruta do que um *smoothie*.

Se nem a diferenciação nem a interligação estiverem presentes, a integração é prejudicada, e é provável que você experimente estados de rigidez ou caos. Por exemplo, se aspectos da sua vida não são respeitados por suas diferenças, então a diferenciação está prejudicada. Se diferentes aspectos da sua vida não estão livremente conectados, então a interligação está prejudicada. Esses impedimentos da integração podem ser transitórios, e nós costumamos ir na direção ou experimentarmos temporariamente estados de caos ou rigidez. Mas esses impedimentos podem também durar mais tempo, então caos e rigidez se tornam uma parte regular de nossas vidas. Eles nos visitam frequentemente e ficam por muito tempo. Detectar essas tolerâncias com a integração é o primeiro passo em direção à saúde. O próximo passo é direcionar a atenção de uma pessoa para aumentar a diferenciação, se esta estiver prejudicada, então promover interligação, se esta estiver debilitada.

Na minha vida, quando esses estados de integração prejudicada ocorrem, acho que fazer a pergunta: "o que na minha vida, neste momento, é fonte desta rigidez ou caos?" é um bom ponto de partida. Com pelo menos nove setores de integração a explorar (os quais discuti em profundidade no livro *Mindsight*, e vou descrevê-los brevemente aqui), posso fazer uma espécie de *checklist* para ver o que pode estar acontecendo na minha vida e, logo então, como sair de estados de integração prejudicada para bem-estar integrado.

Eis aqui um rápido exemplo de uma simples intervenção. Depois que meu querido sogro, Neil Welch, faleceu, senti um profundo luto. À medida em que o processo de compreensão emergiu, eu simplesmente deixei a tristeza e a perda preencherem meu estado vígil. Durante muitos meses, aquele sentimento de esgotamento e peso ia e voltava, e após um ano de sua morte, senti-me mais leve e mais cheio de vitalidade. Mas um dia eu acordei pensando nele, e me senti bastante pesado. O que estava acontecendo? Decidi experimentar uma simples técnica de integração. Pensei em todos os estados emocionais que eu podia estar sentindo, mesmo os não conscientes, e "nomeei-os para domá-los", proferindo as palavras e, em seguida, dando um tapinha nos meus ombros esquerdo e direito com meus braços cruzados, alternadamente. Citei o máximo de emoções que pude imaginar estarem presentes, e, para ser completo, fiz isso em ordem alfabética. Ansiedade antecipatória, apatia e raiva[4] começaram os negativos. Admiração, apreciação e apego foram alguns dos positivos. Assim eu continuei, e embora não me lembrasse de uma emoção com "Z", procurei por elas assim mesmo. Chegando ao fim deste processo de diferenciação de estados emocionais e interligá-los à consciência, agregado com o toque bilateral

---

4 - N.T.: a palavra em questão é "anger", que traduzí como raiva, ira, cólera.

no corpo, me senti bastante aliviado, para falar a verdade. Tive um ótimo dia.

Você pode experimentar isso também. O incrível sobre integração como um conceito é que é muito simples e direto, como uma ideia e sua aplicação prática. Caos ou rigidez revelam desafios à integração. Diferenciação e interligação são suscetíveis ao prejuízo e são necessários para criar integração. Você sentirá que o fluxo FACES de *COHERENCE* surge como a integração voltando à sua vida. Experimente isso e veja como será a sua experiência.

Os setores seguintes de integração começaram a surgir como padrões em minha própria prática clínica nos tempos da Década do Cérebro. Pessoalmente, eu estava lutando com a perda de Tom; cientificamente, eu estava lutando com o grupo de 40 pessoas em nosso grupo de estudos da mente; clinicamente, eu estava lutando para combinar essas ideias emergentes da mente e da saúde mental com meus pacientes; no ponto de vista educacional, como diretor de um programa de treinamento na UCLA, eu estava lutando para saber como eu poderia ensinar os novatos do programa de psiquiatria para crianças e adolescentes, uma nova maneira de considerar como avaliar e tratar seus pacientes. Muitos enfrentamentos, agora eu vejo. Caos ou rigidez pareciam ser o padrão universal com o qual as pessoas vinham até mim em meio a seus sofrimentos. Com a nova visão da mente como um processo auto-organizador corporificado e relacional, eu podia, então, conceber uma mente saudável como sendo uma que otimizasse a auto-organização. Como? Promovendo integração. Onde? Dentro e entre nós.

Como educador ou médico, eu poderia inspirar as pessoas a reprogramarem seus cérebros, corpos e relacionamentos com vistas à integração? Se uma relação de apego entre pai e filho podia estimular o crescimento das fibras integradoras do cérebro, uma relação terapêutica entre um psicoterapeuta e seu cliente ou paciente poderia nutrir esse crescimento integrador, que agora pudemos propor ser o cerne da cura?

Comecei a trabalhar com pessoas vindo buscar psicoterapia com essas ideias em mente, começando por avaliações de caos e rigidez em vez de apenas jogá-las numa possível categoria de diagnóstico restritivo. Então, eu tentava avaliar em quais aspectos ou setores de suas vidas poderiam estar a integração prejudicada. Após começar essa avaliação para esclarecer a natureza da integração debilitada, podíamos, então, nos concentrar em intervenções terapêuticas bem específicas naqueles setores com necessidade de diferenciação e vinculação. O que me impressionou naquela Década do Cérebro, era que parecia que as pessoas que nunca passaram por tratamento tanto comigo quanto com outros médicos que haviam consultado, e que agora estavam em busca de terapia, começaram, a partir de então, a melhorar e a impulsionar suas vidas em direção ao bem-estar, pois tornaram-se mais flexíveis, adaptáveis, coerentes, energizadas e estáveis.

Essa transformação FACES era um foco na vitalidade e no bem-estar. A saúde mental agora podia ser vista como um tipo de COERÊNCIA surgindo da integração: conectada, aberta, harmoniosa, comprometida, receptiva, emergente, noética, compassiva e empática. Em vez de uma terapia voltada apenas para reduzir sintomas, sem nada para o qual quiséssemos mirar, mas mirando para longe de tudo, essa abordagem de integração oferecia, agora, uma definição funcional de saúde para a qual podíamos mirar.

Com os setores emergentes na mente, desenvolver abordagens específicas para cada pessoa baseado em como cada uma dessas áreas de suas vidas eram diferenciadas e interligadas, ou não, tornou-se possível. Com diferenciação diminuída, precisaríamos trabalhar em distinguir e desenvolver as áreas daquele setor que não estava bem formado. Com interligação diminuída, precisaríamos encontrar maneiras criativas para focar nossa atenção em trazer aquelas áreas diferenciadas de um determinado setor para a conexão e a colaboração. A intervenção terapêutica se tornou um cultivo intencional e estratégico da sinergia emergente da integração que promove o bem-estar.

Por meio dessa abordagem integradora como estrutura, eu podia trabalhar de forma colaborativa com um indivíduo, casal ou família para encontrar maneiras de avaliar seu estado atual de caos ou rigidez, identificar o setor, ou outros setores com necessidades mais frequentes, e mergulhar no processo de cultivar a integração. Um aspecto poderoso dessa abordagem era que era baseado na saúde. Estamos todos numa jornada em direção à integração; nunca chegaremos e nunca desistiremos. Desta forma, nós nos unimos numa humanidade em comum no caminho eterno de descoberta e desabrochar. Integração é uma direção, não um destino. Essa visão baseada na saúde também capacitava as pessoas a encontrarem suas próprias direções interiores, e eu procurava ensiná-las as técnicas que durariam para a vida inteira, como uma dança do bem-estar cheia de vida.

Integração é capacitação.

À medida que formos explorando esses setores, convido você a considerar como cada um deles pode se relacionar com sua experiência de vida. Você pode refletir sobre momentos em que o caos ou a rigidez se tornam dominantes na sua vida. Qual aspecto de sua vida intra ou inter mental não estava sendo diferenciado e, então, interligado? Examinando esses momentos agora, você consegue sentir como, na época, podia haver algo que não estava integrado na sua vida? Ao simplesmente conquistar um senso das origens do caos e da rigidez já é um ótimo ponto de partida para explorar como a integração tem um papel em sua vida cotidiana. Às vezes, a intervenção pode ser bem simples, como o exemplo dos estados emocionais integrados conscientes que descrevi acima. Outras intervenções podem ser mais elaboradas, e exigir mais passos e tempo.

Há muitas maneiras de conceituar realidade e dividir um todo em muitas partes. Para mim, esses nove setores capturam a vasta extensão das questões que meus pacientes encararam, ou colegas me descreveram, ou que experienciei pessoalmente. Você pode achar a lista muito longa e, talvez, simplesmente prefira se concentrar na integração como um todo num âmbito geral; ou talvez prefira 28 setores. A escolha é sua. Essa é apenas uma maneira de dividir as coisas que, nos últimos vinte anos, achei úteis e compreensíveis.

Um comentário geral: sempre que perguntamos sobre um setor de integração, pode ser útil primeiramente imaginar o que poderia ser diferenciado dentro daquele aspecto da vida. Depois, uma vez que a diferenciação se torna conceitualmente clara, podemos fazer a pergunta: como esses diferentes aspectos desta parte da vida podem estar conectados uns com os outros? Isso é diferenciação e interligação – isso é integração. Pode ser que nem sempre seja fácil de alcançá-la, mas é simples assim. Interligue partes diferenciadas e a harmonia irá aflorar; bloqueie a integração e o caos e/ou a rigidez se manifestarão.

Portanto, vejamos como você sente esses setores da sua vida ao passo que avançarmos por eles:

Integração da consciência é como diferenciamos o conhecer e o conhecido da consciência, então sistematicamente os diferenciamos e interligamos conforme mudamos o foco de nossa atenção para os vários elementos do conhecido (os primeiros cinco sentidos; nosso sexto sentido corporal interno da interocepção; o "sétimo sentido" das nossas atividades mentais dos pensamentos, sentimentos, imagens e coisas parecidas; e nosso "oitavo" sentido da conectividade com outras pessoas e o planeta). A consciência é difícil de ser descrita, quanto mais defini-la, mas pode ser mais eficaz pensar nela como nosso estado de vigília ou atenção. Há a experiência subjetiva de você saber, e aquela a qual você está atento. Desta forma, a consciência tem um conhecimento, um conhecido e até um senso "conhecedor", os quais iremos explorar em maiores detalhes mais à frente, assim como falaremos sobre uma Roda da Conscientização que ajuda a integrar a consciência como uma prática direta. (A Roda na verdade era uma mesa no meu escritório, uma que eu projetei durante a Década do Cérebro com um eixo central de vidro transparente e um grande aro de madeira com as pernas da mesa que pareciam raios. Os pacientes se sentavam em volta da mesa, que servia como uma metáfora física para a mente. Visite o *site* www.drdansiegel.com para acessar o exercício).

Na sua vida, a integração da consciência pode parecer desequilibrada se você se encontrar "perdido no aro" no qual um sentimento, pensamento ou memória toma conta do seu senso de quem você é e você perde a perspectiva sob uma visão mais ampla que advém do eixo. Quando a integração é desafiada, sentimentos, pensamentos ou memórias caóticos ou rígidos podem dominar sua experiência. Se for esse o caso, você pode descobrir que uma prática de integração da consciência será bastante útil para criar maior bem-estar e quietude em sua vida.

Integração bilateral é como diferenciamos os hemisférios esquerdo e direito do cérebro. Essas diferenças levam a diferentes "lados" de processar, mesmo que no fundo dividam algumas ativações neuronais em processos similares. Exploraremos essas diferenças mais adiante em nossa jornada, mas aqui gostaria de destacar que os processamentos lógico, linguístico, linear e literal do lado esquerdo são bastante distintos dos processamentos mais contextuais, não-verbais, influenciados pelo corpo e direcionados pelas emoções do lado direito. Encontrar uma maneira de respeitar os dois lados e interligá-los leva à integração bilateral. O corpo caloso é uma das maiores estruturas que interliga os hemisférios. Pesquisas revelam que traumas do desenvolvimento prejudicam o crescimento dessa região integradora (Teicher et al., 2004). Interessantemente, a meditação *mindfulness* tem mostrado um aumento nesse crescimento.

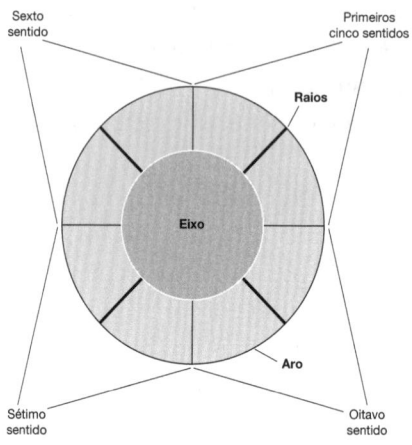

Há muitas maneiras de considerar nosso cérebro de dois lados e modos diferenciados de processamento de informação, mas o jeito mais simples é: o lado direito é repleto de um fluxo de energia e informação que gera uma determinada sensação, cheia de contexto, enraizado em sensações corpóreas, que envia e interpreta os sinais não verbais de contato visual, expressão facial, tom de voz, postura, gestos e a intensidade e *timing* das respostas. Em contraste, a busca lógica por relações de causa e efeito e o uso da linguagem linguística do lado esquerdo irão realçar sua experiência de um jeito bem diferente. Ambos os hemisférios são importantes e compartilham funções neuronais, ainda assim, cada um é único. Você pode achar que um "modo de processamento" pode dominar o outro em sua vida, ou em alguns momentos da sua vida. Algumas pessoas, por exemplo, lidam com o estresse ao voltarem-se ao lado esquerdo dominante para distanciarem-se dos estados emocionais/corpóreos internos com os quais se sentem sobrecarregados. Essa transferência para o lado esquerdo durante o estresse pode ser vivenciada como rigidez. Outros podem fazer exatamente o oposto, reagindo aos desafios ao deixarem-se invadir pelo caos de sensações desreguladas do lado direito dominante. Integrar os dois lados envolve respeitar as diferenças e promover as interligações.

Integração vertical é como nos conectamos com nossos corpos, permitindo que o fluxo interno de sensações se manifeste "de baixo" até nossa conscientização mediada corticalmente "acima". Na ciência, usamos o termo *sexto sentido* para essa habilidade interoceptiva – percepcionar o interior. Terapias baseadas no corpo e práticas de *mindfulness* (atenção plena) utilizam a interocepção, que é uma forma importante de integração vertical.

Pode ser que, se você é como muitas pessoas, as experiências na escola reforçam nossa impressão de "viver olhando para trás" e raramente tiramos um tempo para absorver as sensações do corpo. Contudo, a integração vertical convidaria você a ativar os sinais corporais, do coração e dos intestinos, por exemplo, elevando-os à sua vida mental, à sua consciência e que sejam respeitados pela importante fonte de sabedoria corporal que eles são. É possível que você sinta como os estados caóticos podem estar onde você não pode regular os sinais corporais; estados rígidos estariam onde você se desliga dos sinais corporais. Em contraste, um estado de integração vertical estaria se abrindo para a "sabedoria do corpo" e assimilando aqueles importantes sinais interoceptivos, sem se sentir sobrecarregado por eles.

Integração da memória é como nós pegamos os elementos diferenciados da memória implícita – percepções, emoções, sensações corporais e planos comportamentais, assim como modelos mentais e *priming* – e os interligamos em formas explícitas de memória factual e autobiográfica. A codificação de memória implícita começa no princípio da vida e continua durante toda ela; codificação explícita frequentemente começa após nosso primeiro aniversário e nos possibilita integrar elementos implícitos em peças enigmáticas da memória, assim podemos ver flexivelmente um panorama de nossas experiências vividas. O hipocampo é uma importante região para a integração da memória, o qual tem o crescimento prejudicado com traumas do desenvolvimento. Traumas, em geral, podem prejudicar essa função integradora e deixar intactas as codificações implícitas das sensações corpóreas e das emoções, mas não integradas. O resultado pode ser a intrusão dessas memórias sem o senso de algo sendo recordado do passado, uma forma flutuante de caos que pode ser bastante perturbadora, dando a sensação de que alguma coisa esteja acontecendo naquele instante, embora seja uma memória implícita. A integração em memórias explícitas pode tornar essas lembranças identificáveis como advindas de algo já experienciado no passado e pode ser uma parte fundamental da integração no cerne da solução de traumas.

Você já foi preenchido por emoções ou respostas comportamentais que não conseguia entender facilmente? Algumas vezes, essas ativações de memórias implícitas não-integradas podem ser confusas e até angustiantes. Outras vezes, elas podem simplesmente impedir de nos abrirmos a experiências novas. Identificar esses estados como memórias implícitas não integradas em potencial pode libertá-lo para que foque atenção nas ativações dessas memórias, assim você não será incapacitado por elas novamente. Escrever em um diário pode ser um bom ponto de partida, refletir sobre suas experiências internas com uma mente aberta, independentemente de suas origens.

Integração narrativa é como interpretamos nossas vidas ao entrelaçarmos distintos elementos de memória de vida em conjunto e, em seguida, extrair significado dessas reflexões. Como já vimos, a narrativa pode ser um processo integrador natural e recorre a outros setores da integração – como os relacionados a memória, consciência, integração vertical e até bilateral, interligando o impulso do lado esquerdo de contar uma sequência lógica linear que parece com relações de causa e efeito nas coisas do mundo com a dominância do hemisfério direito em relação a memórias autobiográficas. A narrativa domina muitos aspectos de nós mesmos para integrar um processo de interpretação.

Você pode achar que tem uma história fixa sobre quem você é que lhe parece familiar e reconfortante, embora ao mesmo tempo pareça restringir quem você se tornou. Se parar para pensar sobre sua trajetória desde a infância, verá que sua história de vida não mudou tanto assim. Identificar a estrutura do senso de identidade narrativo também pode ser bem explorado, se você escrever um diário. Você pode se surpreender com o que pode surgir. Abrir sua narrativa a novas contribuições, mesmo que refletindo sobre suas próprias reflexões, pode ser uma maneira poderosa de libertar sua mente. Em muitos aspectos, podemos viver do nosso jeito em novas histórias, se tivermos coragem de romper com o familiar e o previsível.

Integração dos estados envolve os muitos estados da mente que todos temos, aquelas maneiras de ser diferenciadas que podem então ser interligadas umas com as outras para fazer uma interpretação contínua, embora não homogênea, do Eu através do tempo, criando coerência mental dentro de um determinado estado e através de muitos estados da mente. Um estado é uma maneira na qual muitas funções se fundem em uma maneira de ser. Estados podem envolver nossas narrativas, memórias, emoções e padrões comportamentais. Se eles se repetem e moldam nossa identidade, podemos chamá-los de um autoestado.

Por exemplo, você pode ter um aspecto repetitivo de si mesmo que gosta de ser sociável, enquanto outra parte de você delicia-se com a solidão. Os dois estados definem você. Como você resolve os conflitos que surgem da escolha entre tempo com as pessoas e tempo sozinho? Este aspecto da integração de estado revela que podemos tolerar essas diferenças e promover interligações respeitando os dois aspectos de nossas vidas, as muitas partes de um Eu heterogêneo que define quem nós somos. Também podemos aprender a integrar dentro de um determinado estado, como ao manter uma parte divertida de nós viva e bem cultivada mesmo depois de adultos. A integração dos estados capacita você a detectar o que está acontecendo em muitos níveis de sua experiência, respeitar essas diferentes maneiras de ser e, então, cultivar a comunicação interna e uma agenda externa, que promova maneiras compassivas de respeitar necessidades distintas e diferenciadas de cada parte de quem você é.

Integração interpessoal é a forma com que respeitamos e damos apoio às diferenças dos outros dentro das relações e, depois, promovemos interligações por meio da comunicação respeitosa, gentil e compassiva. Temos muitos tipos de relações, desde conexões próximas de um para um, até o pertencimento a grupos maiores, em famílias, escolas, comunidades e culturas. Independentemente das dimensões de nossas conexões, o princípio de que integração cria bem-estar parece se sustentar bem e ser uma maneira útil de não apenas conceber relações saudáveis, mas cultivá-las de forma eficaz.

Quando você reflete sobre suas relações atuais, como você sente esse processo fundamental de integração, de respeitar as diferenças dos outros, enquanto promove conexões compassivas? Como têm sido suas relações no passado, voltando até àquelas que você teve na infância, mantendo um jeito de ser integrado com os outros? Sintonizar-se com o mundo interno do outro e respeitar suas experiências subjetivas nos permite integrar em relações pessoais próximas; ao respeitar as diferenças em religião, etnia, gênero, orientação sexual, estilos de aprendizagem, classe sócio econômica e nível de formação, podemos promover integração e, por conseguinte, bem-estar em nossas comunidades e culturas.

Integração temporal é como abordamos as questões existenciais da vida que nosso senso temporal mentalmente criado e corticalmente mediado cria: o desejo de certeza diante da incerteza; desejo de permanência diante da realidade transitória; e o desejo de imortalidade diante da mortalidade. Nossa experiência de tempo pode surgir de uma consciência de mudança, e quando consolidamos nossa capacidade de representar tal mudança conceitualmente como passado, presente e futuro, podemos vislumbrar como nós humanos somos confrontados com um desafio fundamental: como encontramos paz e propósito diante da consciência da transitoriedade da vida?

Como esses problemas existenciais o influenciam agora, e como eles influenciavam sua vida na adolescência? A maneira com a qual lidamos com essas questões fundamentais de ser um humano desperto e consciente neste planeta frágil e acelerado é parte de como você pode encontrar desafios à integração temporal vindo à tona desde seus tempos de adolescente. Não é fácil ser um humano; encontrar uma maneira de aceitar a tensão dos opostos – desejar certeza mas aceitar incerteza; desejar permanência mas aceitar transitoriedade; desejar viver para sempre mas aceitar a mortalidade – é a essência da integração. Refletir sobre esses desafios pode ajudar a trazer integração ao aprender a aceitar o poder e a importância de suportar e respeitar esses paradoxos da existência humana.

Finalmente, há uma coisa que pode ser chamada de integração transpiracional, ou *integração de identidade*, que surge quando "respiramos através" dos outros oito setores de integração para emergir com um senso mais expandido de quem nós somos em nossas vidas e no mundo. A identidade de integração trata da noção de que temos um interior pessoal, assim como um exterior interpessoal. Isso é o dentro e o entre. Respeitar as distinções de um eu que está, ao mesmo tempo, dentro e entre nós, pessoal e conectado, permite que a integração da identidade desabroche.

Você consegue sentir em sua vida um eu particular, assim como um nós interconectado? Se temos apenas um ou outro desenvolvido em nossas vidas, podemos encontrar caos ou rigidez preenchendo nossos dias. Quando você reflete sobre como sua identidade desabrochou nos últimos tempos, como um *eu* e *nós*, parece haver um espaço na mente para vislumbrar uma nova identidade integrada, brincando com a interligação de um *eu* diferenciado com um *nós* distinto chamado de "EuNós"?

Conforme EuNós avança em nossa discussão, esses nove setores da integração podem servir como uma útil estrutura de referência para considerar as muitas formas com as quais nossas mentes corporificadas e relacionais contribuem para o nosso bem-estar em nossa vida. De várias maneiras, essas divisões práticas também esclarecem como o fluxo de energia e informação pode mover-se de um jeito integrado em um estado de bem-estar, ou de um jeito não integrado em estados de "não-bem-estar".

Ao refletir agora sobre aquela época, tantos momentos atrás, percebo que cada um desses setores de integração foi desafiado em meu estado de luto. Com a perda, nós às vezes ficamos perdidos no aro da roda da conscientização, preenchido com as imagens, emoções e memórias do conhecido do aro, e não somos capazes de acessar o eixo mais flexível e espaçoso do conhecer. Quando nosso lado direito fica repleto de memórias autobiográficas e o lado esquerdo focado no exterior tenta contatar os falecidos em vão, a inabilidade de conciliar esse conflito preenche os dois hemisférios com uma falta de conexão e coordenação. Na integração vertical, a invasão das sensações do corpo, de pressentimentos e sinais do sistema nervoso intrínseco do coração, preenche-nos com aquelas sensações de vazios no estômago e coração partido. figura do apego, nosso sistema límbico que medeia nossas relações íntimas também não encontra descanso na realidade cortical da perda. Cada um dos outros setores, memória e narrativa, estado e relacional, não são mais capazes de aceitar um estado diferenciado que depois se torna interligado. Temos intrusões de memórias, lapsos na integração de passado-presente-futuro ao contarmos nossas histórias da pessoa objeto do luto; nossos estados internos que encontraram um chão numa figura de apego, ou o que alguns chamariam de "objeto de si mesmo" que define quem nós somos, não está mais bem integrado, e até mesmo nossas conexões relacionais estão, literalmente, cortadas. Para nossas questões temporais de vida e morte, impermanência e incerteza, encarar uma perda desafia essas questões existenciais mais profundas de nossa vida. Na integração de identidade, eu descobri que o sentido de quem eu havia sido, quando Tom estava vivo, tinha uma plenitude que, de alguma forma, foi despedaçada com sua doença, provável morte e falecimento. Embora só conversássemos poucas vezes por ano, de alguma forma sua morte mudou meu senso de Eu. Quem eu era agora estava diferente.

Luto agudo é repleto de caos e rigidez.

Encontrar uma maneira de identificar essas áreas com necessidade de integração e cultivar diferenciação e interligação pode ser fundamental para resolver o processo de luto. À medida em que o milênio chegava ao fim, eu tentei superar o luto, aceitar as realidades da publicação acadêmica, encarar o que estava acontecendo nas nossas comunidades e clínicas, e integrar todas essas ideias sobre auto-organização e integração como saúde em algo que pudesse ajudar de alguma maneira. Eu estava tentando, da melhor forma possível, encontrar uma maneira de criar um caminho de integração na minha vida.

Aquela batalha, superando o senso de perda e desconexão, rejeição e desesperança, e tentando encontrar uma maneira de expressar um sentimento de alguma verdade nas interconexões de todas essas coisas, o científico e o subjetivo, o cérebro e nossas relações, foi o que me preencheu durante aqueles anos finais da Década do Cérebro. Encontrar com colegas, trabalhar com pacientes, refletir sobre minha experiência de vida e escrever eram uma imersão, agora todos entrelaçados, em um sentimento que parecia estável, que parecia real. Era como se a vida subjetiva interior que temos não pudesse ser separada dos estudos científicos da mente nem do cuidado com aqueles que estavam vivenciando caos e rigidez por sofrimentos psicológicos.

Não temos que tentar criar integração a menos que algo a esteja bloqueando, prejudicando a diferenciação ou interligação. A chave é deixar o impulso natural em direção à integração não ser prejudicado por bloqueios em diferenciação ou interligação. A integração acontece internamente e nas relações. Às vezes isso significa apenas "sair do nosso próprio caminho" para que a integração aconteça, em vez de "fazê-la acontecer". Mas às vezes um bloqueio precisa ser identificado e, depois, intencionalmente desfeito, relaxado, removido. Às vezes a diferenciação intencional precisa ser iniciada. Então o prosseguimento da integração significa apenas permitir que a vontade natural de auto-organização, literalmente, venha à tona. Integração é a forma de auto-organização emergente pela qual um sistema complexo interliga naturalmente partes diferenciadas. Desta forma, a integração – harmonia, saúde, resiliência – pode ser vista como impulsos naturais de nossas vidas. Esses setores da integração, e a auto-organização da qual eles dependem, revela como a vida mental e o bem-estar podem surgir de dentro e entre nós.

Por mais absurdo que isso tudo possa parecer, por mais presunçoso que isso possa soar a você, como eu imagino que soaria para mim se eu estivesse ouvindo isso pela primeira vez, se considerarmos onde nós estamos agora em nossa jornada, talvez valha a pena apenas descansar por agora com essa estranha proposta de que integração é a base da saúde. Se integração é um processo fundamental de saúde, resiliência e bem-estar, e até de criatividade e conexão interpessoal, como exploraremos em breve, então a integração pode se manifestar em uma miríade de maneiras. Portanto, isso não é uma sugestão de uma maneira específica para viver uma vida feliz. Não é a prescrição exata de passos de como se amar, nem como interagir com os outros. É, no entanto, a oferta de uma postura fundamental de auto-organização e integração que podemos, no mínimo, colocar na frente, atrás e dos lados de nossas mentes, conforme avançamos nessa exploração.

A auto-organização faz isso sem um maestro, sem um programa. É uma característica inata dos sistemas complexos. Se virmos que a proposta de que um aspecto da mente é o processo de auto-organização do fluxo de energia e informação, dentro e entre nós, então o nosso propósito natural é a integração. Podemos nos apoiar mutuamente para liberar esse impulso natural em direção à auto-organização integradora. Isso pode ser um propósito para nossas vidas, uma sugestão preliminar e cautelosa, uma possibilidade, sobre a qual podemos refletir com a mente aberta à medida que avançamos? Essa é uma proposta, não uma conclusão final. Por trás de todos os padrões e interações únicos que se desenvolvem, cultivar mais integração no mundo pode provar ser um motivo importante para simplesmente estar aqui nesta vida.

Quando acrescentamos a essa experiência pessoalmente emancipatória um foco, especificamente em nossas relações com o próprio planeta, com nosso lar em comum, nossa nave-mãe chamada Terra, então podemos vislumbrar como encontrar uma maneira de ver a saúde como motivo principal de estarmos aqui pode, de fato, dar origem não só a um senso de sentido e propósito em nossas vidas individuais, mas também a melhorias no bem-estar para o mundo em que vivemos. Integração gera integração. Integração infunde nossa vida com carinho e gentileza. Bondade e compaixão, para si mesmo, para os outros e para o planeta, são integração em larga escala.

CAPÍTULO 4

A REALIDADE SUBJETIVA DA MENTE É REAL?

A jornada em que eu e você estamos nos trouxe à virada do século, ao novo milênio. Exploramos duas noções fundamentais da vida mental: 1) auto-organização corporificada e relacional; e 2) integração como impulso natural da auto-organização, que otimiza o fluxo de energia e informação, a base fundamental da saúde. Antes de adentrarmos nesse novo milênio e no que surgiu durante essa época, vamos dar um passo para trás, lá para o início dos anos 1980, final dos anos 1970, e ver quais aspectos desta jornada para a mente afloraram naqueles anos. Primeiramente, começamos com uma celebração com a virada da década.

Adaptando-se a um mundo médico que perdeu a cabeça (1980-1985)

Estamos no Ano Novo de 1980. Estou na metade do caminho para meu vigésimo terceiro aniversário, na metade do meu caminho para o segundo ano da faculdade de medicina e na metade do caminho para largar a faculdade. Vinha sendo um ano letárgico, e eu me sinto perdido e desconectado daquilo que eu achava ser uma carreira tão significativa para mim. Mas agora nas férias de inverno, um amigo do ensino médio me convida para uma festa em Los Angeles, então vários de nós, bem no auge da adolescência, estavam festejando com comida caseira, conversas e música. Eu me sinto em casa na cidade em que cresci, para onde me mudei entre a infância e a adolescência e passei meus anos de faculdade. Nesse encontro, conheço uma jovem mulher, Victoria, e eu e ela exploramos as histórias um do outro, comentando o que fazemos, tentando articular quem nós somos. Conversamos sobre o que tem sentido em nossas vidas, os valores que nos movem. A discussão e a conexão provocam um sentimento de estar vivo que parecia ter morrido nos meses frios de inverno em New England daquele ano. Eu me sinto presente naquele momento, de volta a mim mesmo, minha mente completamente desperta. Meu corpo está cheio de energia, e Victoria e eu estamos conversando e caminhando pela manhã nas ruas desta cidade adormecida. Ela ensina balé como aluna de faculdade, e estou intrigado com os estudos de dança dela na UCLA. Lembro que eu amava dançar na época do colégio, tornando-me um membro da equipe de danças de salão na faculdade, e até fazendo a coreografia para a apresentação anual dos alunos de medicina. Tudo aquilo era tão vivo, tão real, tão conectado na faculdade. Mas alguma coisa estava mudando em mim no meu ciclo clínico: parecia que eu estava perdendo contato comigo mesmo – mais que apenas congelado por conta do inverno, algo estava morrendo.

Quando voltei a Boston, após as férias de inverno em 1980, continuei com meu programa acadêmico que agora envolvia mais prática clínica durante o segundo ano de curso, "Introdução à Prática Médica", ou IPM. Durante meu primeiro ano em 1978, as experiências clínicas pelas quais eu ansiava logo que cheguei não iam muito bem. Uma das minhas primeiras pacientes era uma jovem mulher com uma grave doença no pulmão. Sentei-me com ela e pude sentir o quanto ela estava triste, pude sentir o desespero que a preencheu, ao deparar-se com uma vida de martírio médico que estava por vir. Quando apresentei o histórico dela à minha supervisora, descrevi os estados emocionais da paciente e fiquei emocionado ao falar. Minha conselheira clínica, uma cirurgiã pediátrica, disse-me que eu era "muito emotivo" e deveria me focar nos sintomas da paciente, não em sua história. Disse-lhe que tentaria. A médica-chefe me olhou com uma cara de dúvida e desdém. Um telefonema interrompeu a conversa, e eu me perguntei o que deveria dizer em seguida. Quando ela desligou e focou sua atenção de supervisora novamente em mim, comecei a dizer que minha avó havia acabado de morrer e eu imaginei que estava bastante triste com a perda e que isso era... então o telefone tocou de novo, e eu me sentei, pensando, o que eu deveria fazer? Depois que ela voltou, insistiu que eu precisava ser mais profissional, e eu saí de perto.

Na semana seguinte, durante aquele primeiro ano de internato, voltei para minha ronda clínica da tarde e vi um paciente, quase da minha idade, cujo corpo estava se tornando uma esponja, segundo ele, porque seus ossos estavam se dissolvendo por causa de uma rara doença ortopédica. Ele esperava se tornar um médico, mas não conseguia imaginar como ir a uma faculdade de medicina poderia se encaixar em seu futuro, dado o que estava acontecendo com seu corpo. Ele se sentia impotente e amedrontado. Tentei não pensar em ser o aluno de medicina que talvez ele jamais se tornasse. Fiz minhas anotações, verifiquei seus exames, preparei um resumo de seu histórico, li sobre sua doença e resolvi ir até o escritório da minha supervisora mais uma vez. Apresentei o caso do paciente com total desapego – com foco nos fatos, cheio de detalhes clínicos, metódico. Eu me senti completamente morto por dentro, desconectado das sensações em meu íntimo, insensível aos sentimentos no meu coração, e muito longe daquele jovem rapaz. Minha conselheira sorriu e me disse que eu tinha feito um "excelente trabalho". Lembro de olhar para ela sem acreditar naquilo. Ela me ensinou como me adaptar, como me desconectar da minha mente e da mente dos meus pacientes e como perder contato com minha humanidade. Talvez se eu me tornasse como ela, isso significaria que eu havia falhado. Parecia um dilema bizarro e sem solução. Adaptar-me e falhar; encontrar outra maneira e ser reprovado. Eu me senti horrível e nunca mais voltei a vê-la.

No fim do meu primeiro ano de medicina, eu me inscrevi para trabalhar com Tom Whitfield, o pediatra que se tornaria meu mentor, exausto pela confusão emocional, e agora inspirado pelo resumo da preceptoria de verão nos Berkshires, que convidava alunos para fazerem parte de uma equipe que ajudaria famílias carentes a terem acompanhamento médico e social. Eu estava empolgado em passar o verão com Tom e ver se eu poderia recuperar meu desejo original pela medicina. Tom deve ter ficado empolgado também, como descobri mais tarde, tanto que quando ele e sua esposa vieram me buscar de carro no ponto de ônibus da minha casa, ele trancou o carro com as chaves dentro. Trabalhamos lado a lado naquele verão. Eu observava Tom trabalhando em seu escritório e visitando famílias que moravam bem longe, no meio das estradas que no inverno ficavam mais isoladas e solitárias. Ficamos muito mais que próximos, como descrevi anteriormente, desenvolvendo uma conexão mais de pai e filho. Tom se tornou um pai para mim, e eu um filho para ele. Uma se suas lições mais poderosas, vinha do velho ditado: "a melhor maneira para se tratar os pacientes é se importando com eles". Tom tinha um coração imenso, podia recitar poesias que havia memorizado na juventude a qualquer instante e tinha um brilho malandro no olhar e um senso de humor rápido e contagiante. Tom estava sempre no meio de um ou outro projeto, tanto no trabalho quanto em casa, assando tortas ou carregando madeira. Podíamos conversar por horas, ou apenas trabalhando juntos em silêncio no jardim de sua casa.

Mesmo quando acidentalmente "podei" a bougainvíllea, cortando-a pela raiz em vez de remover as ervas daninhas, ele soltou um longo suspiro e apenas me disse que: "acidentes acontecem, Dan'l – apenas tome cuidado da próxima vez". Ele era a gentileza em pessoa. Quando fui embora dos Berkshires e estava a caminho de Boston naquele outono, eu esperava ser capaz de pôr em prática tudo o que Tom havia me ensinado.

De volta a Boston, no meu segundo ano, no outono de 1979, estávamos saindo da sala de aula e indo para o hospital. Com o passar daquele ano e o começo do nosso curso clínico introdutório de IPM, fiquei feliz por finalmente mergulhar em mais trabalhos centrados no paciente. Eu gostava das aulas teóricas também, já que era um amante da ciência, da biologia em particular, e curtia aprender mais e mais sobre o corpo. Mas naquela tenra idade – nos meus vinte e poucos anos, ainda naquele que sabemos agora ser o período intenso da adolescência, com seu então desconhecido cérebro adolescente sendo reconfigurado – comecei a sentir que não tinha nem começado a aprender a viver. A maior parte do que estava aprendendo era como morremos de diversas maneiras, por dentro e por fora – como morremos de doenças médicas, e como morremos aos nos desconectarmos uns dos outros, ou mesmo de nossa vida interior.

Doenças e desconexão estavam por toda parte. Um paciente que vi na primavera de 1980, no fim do meu segundo ano, era um homem afro-americano cujo irmão havia morrido de anemia falciforme alguns anos antes. Descobrimos que a depressão deste paciente, seu desespero e desesperança, veio em parte por causa da crença de que o traço falciforme dele levaria à sua morte. Ele e eu passamos mais de duas horas explorando o significado de sua doença, enquanto eu ouvia o conteúdo de suas histórias, o significado emergindo de suas expressões faciais, tom de voz e gestos. Palavras são importantes, mas elas dizem apenas parte de uma história muito maior, a história de quem é uma pessoa. Havia tanto significado no contexto de sua vida revelado em mensagens não verbalizadas quanto no texto de suas palavras. Tentei ajudá-lo a ver que havia muito mais esperança por causa de novas descobertas médicas, e também reconheci a importante, mas não explicada anteriormente, diferença entre o *status* dele de traço falciforme – o qual não envolvia a morte de ninguém – e a manifestação plena da doença em seu irmão, que acabou falecendo. Aparentemente, ninguém se preocupou em passar um tempo com ele, sentir qual era seu medo e mesclar conhecimento médico com comunicação humana para esclarecer a confusão do rapaz. Ele disse que se sentia muito melhor depois de nosso tempo juntos; senti que havia feito a escolha certa ao ir para a faculdade de medicina, se fosse esse o possível significado de ser um médico.

Agora, no fim do meu segundo ano, em 1980, com toda a esperança e luz do florescer primaveril de New England, era a minha vez de me encontrar com o médico-chefe e outros alunos do secundo ano em nosso grupo. Os outros apresentaram o histórico de seus pacientes, sintomas, descobertas fisiológicas, exames de laboratório e resumo das doenças, assim como nos ensinaram desde o primeiro ano. Cada um, por sua vez, focava-se no órgão adoecido; a maioria parecia conversar sobre medicina moderna como se estivesse num vestiário. Alguns dos meus pares diziam coisas do tipo: "eu vi um fígado bacana hoje" ou "que rim incrível". E eles não estavam brincando. As percepções deles pareciam ter se organizado em torno de doenças e órgãos, não se preocupando com as pessoas e suas vidas. A mente estava desaparecendo rapidamente, substituída por um foco na estrutura física e função do corpo. Embora o corpo físico, observável e objetivo certamente fosse real, a realidade da mente subjetiva, não palpável como tireoides e fígados, incapaz de ser escaneada como corações ou cérebros, estava sendo perdida de vista e se tornando invisível ao crivo do olho médico. Nem mesmo a irradiante luz solar da nova estação não conseguia iluminar a obscuridade daqueles dias sombrios.

Agora, posso ver como se deu o processo de socialização médico para desumanizar o paciente. Era muito mais simples, e emocionalmente mais seguro, medir fluidos corporais do que estar em contato com a dor e o sofrimento contido na experiência mental – dos pacientes e, talvez, até dos médicos e os próprios alunos de medicina. Desumanizar significa remover a mente, neste caso, do foco da medicina. Uma mente humana pode ver o mundo físico e perder a mente de vista. O que realmente está perdido? O cerne do ser humano, tanto para o paciente quanto para o médico, esvai-se diante da claridade do mundo físico – e estávamos apenas em nosso segundo ano.

Quando apresentei o caso do meu paciente com traço falciforme, sendo que era a última apresentação do meu grupo naquela tarde, falei a respeito de seus medos, sentimentos de desespero, relacionamento com seu irmão e o resto da família, onde ele estava durante a infância e o significado da doença em sua vida. O professor pediu-me para ficar, e me perguntei se ele iria me perguntar sobre como eu sabia estar tão focado em entender o significado da doença do paciente, como me conectar com ele. Eis como a medicina poderia ser, mesmo que não estivesse sendo ensinada assim. Finalmente, pensei com os meus botões, trazer sentido e mente para a medicina seria reconhecido e respeitado.

"Daniel", começou o supervisor, "você quer ser psiquiatra?". Não, eu respondi, dizendo-lhe que eu era apenas um aluno do segundo ano e ainda não sabia em que gostaria de me especializar. A única coisa que já tinha pensado em fazer era pediatria. "Daniel", disse ele, inclinando a cabeça para o outro lado, "o seu pai é psiquiatra?". Não, eu disse, pensando no meu pai, engenheiro mecânico com inclinação intelectual. Certamente ele não era psiquiatra, assim como ninguém que eu conhecesse. Na verdade, eu não conhecia outro médico além do meu antigo pediatra. "Bem, essa coisa de perguntar aos pacientes sobre seus sentimentos, sobre suas relações, sobre suas histórias de vida, não é isso o que os médicos fazem. Se quiser fazer isso, vá se tornar um assistente social".

Naquela tarde, eu dei uma pesquisada no programa de assistência social lá perto e num treinamento em psicologia, e fiquei me perguntando se me transferir da faculdade de medicina não seria uma boa ideia. Conforme se aproximavam os meses finais do segundo ano, mesmo diante do calor da primavera que esquentava o inverno gélido, eu me sentia cada vez mais frio. Parei de dançar do outro lado do rio em Cambridge, onde todas as quartas-feiras os alunos locais e membros da comunidade se juntavam para um evento chamado "*Dance Free*", para mergulhar na música, movendo-se espontaneamente, sozinhos, em pares, em grupos, diante de uma incrível variedade de corações pulsantes, corpos girando, pés batendo no chão sons do mundo todo. (Soube anos mais tarde que Morrie – do famoso *As Terças com Morrie*, de Mitch Albom – havia dançado lá, uma foto dele dançando em nosso salão foi colocada na frente daquele livro. Que minhas próprias memórias ao perder Tom foram chamadas de *Terça a Domingo* pareceu, mais tarde, uma estranha e incrível coincidência de pessoas escrevendo sobre seus mentores perante a morte). Perdi o gosto pelas minhas caminhadas pelo parque Fens. Parei de sentir a água no meu corpo durante o banho. Eu estava me tornando insensível.

O corpo é um poço de sabedoria cheio de verdade. Mas meu poço havia secado. Minha agenda estava vazia, ou seja, esgotada, e zerou meu senso de esperança pelo futuro. Mas minha mente lógica pensou: "Está tudo bem". Minhas notas estavam na média e eu estava cursando um bom número de matérias. Mas eu me sentia vazio por dentro. Minha mente reflexiva estava em conflito e confusa. A qual parte de mim eu deveria dar ouvidos, minha mente lógica ou minhas sensações corporais e emoções, o poço de sabedoria intuitivo?

No fim daquele segundo semestre do meu segundo ano, no da primavera de 1980, eu fiz minha "prova final" para o curso IPM. Um senhor mais velho de cabelos grisalhos era meu paciente: "Bom dia, doutor", disse ele, entrando lentamente na sala e sentando-se com cuidado na cadeira. Quando perguntei como ele estava naquele belo dia de primavera, ele disse que havia tentado se matar mais cedo naquela manhã. Toda minha preparação na linha de apoio à prevenção do suicídio na faculdade, aquele treinamento que comentei no nosso segundo item, entrou em ação. Aprendemos no nosso pequeno sótão, ignorando a via principal do campus agitado da USC, que a chave para manter a esperança viva para algumas pessoas em crise era sintonizar com suas experiências internas, focar a atenção em seus sentimentos, pensamentos e histórias de vida. Como já vimos, podemos chamar isso de peneirar a mente – focando nas sensações, imagens, sentimentos e pensamentos que são fundamentais para nossa experiência interna a qualquer momento, o cerne de quem nós somos, o que nos dá sentido, nossa realidade subjetiva interna.

Portanto eu "peneirei" a mente desse homem, explorando com ele o que o levou àquela crise a ponto de tentar tirar a própria vida. Logo, um cutucão do supervisor no meu ombro chamou minha atenção para sua cabeça aproximando-se do meu ouvido – "Faça apenas o exame físico!", ele exigiu com um sussurro irritado, quase como uma lamúria. Então eu fiz o exame físico, e na mesa de exames eu testemunhei, pela primeira vez, alguém tendo um ataque epiléptico. O supervisor parecia inabalável, apenas evitando que o homem caísse no chão até a convulsão diminuir, e então disse a mim, "apenas conclua o exame". Quando eu terminei, perguntei se pelo menos podíamos levá-lo – o paciente (mas talvez isso teria sido igualmente necessário e apropriado para o supervisor) – para a clínica psiquiátrica, e o supervisor concordou.

"Esses bêbados sempre fazem isso – têm convulsões, tentam se matar. Você gastou muito tempo conversando sobre a vida dele, os sentimentos dele. Mas você fez um bom trabalho na parte física, portanto você passou na prova".

Como eu mais tarde exploraria em *Mindsight*, essas experiências foram como um balde de água fria na minha mente jovem em busca de algum tipo de sentido no mundo da medicina, que parecia estar cegado e não ter lógica. Eu me senti horrível, confuso. Meu corpo estava entorpecido. Será que era para eu me tornar como esses médicos-chefes, chefiando o quê? Não havia espaço para focar as atenções no mundo interior de nossas vidas na hora de curar os outros? A medicina precisava ser desprovida de mente? Eu estava desiludido e me sentia completamente perdido.

Minha mente lógica continuava a me dizer que eu estava na faculdade de medicina, eu estava na Universidade de Harvard, e que eu podia descobrir como apenas aprender com esses professores reverenciados, aprender a me encaixar, tornar-me parte do que logicamente deveria ser o caminho certo para tornar-se um médico. Mas a lógica não conseguia entender o torpor experienciado por mim, e o raciocínio lógico não explicava a sensação fisiológica de desconexão que continuava a crescer na minha cabeça, as imagens de querer entrar num trem e fugir, a experiência emocional do desespero ou os pensamentos de que tudo aquilo era totalmente errado. Se eu pudesse peneirar minha mente com um pouco de lucidez, eu perceberia que alguma coisa extremamente preocupante e desconcertante estava aflorando.

Após alguma reflexão intensa e dolorosa, assimilando essas sensações, imagens, sentimentos e pensamentos, e com a insistência delicada de um aluno mais velho, a quem serei eternamente grato, decidi largar a faculdade. Não foi nem um pensamento, na verdade; foi só um tipo de profundo saber que surgiu sem confusão.

À primeira vista, eu estava confuso e perdido; depois de refletir, percebi que tinha que parar aquela loucura. Quando me encontrei com a reitora, ela insistiu para que eu apenas trancasse a matrícula em vez de desistir. Disse-lhe que eu não tinha qualquer intenção de voltar para um lugar que fazia com que eu me sentisse tão desumano. Ela disse: "como você sabe o que vai querer fazer em um ano?". Eu fiz uma pausa, olhei bem para ela, e disse que não tinha intenção de voltar. "Mas", ela repetiu gentilmente, "como você *sabe* o que vai querer fazer mais para frente?" Ela estava certa. Eu estava perdido e não fazia ideia do que faria agora, quanto mais em um ano. Então concordei com ela de que realmente eu não sabia e que, na verdade, parecia não ter ideia de mais nada. Disso eu tinha certeza.

"Muito bem", ela continuou. "Então agora você precisa escrever uma redação sobre o que você fará para sua pesquisa". Pesquisa? Eu perguntei a ela. "Sim, essa é uma instituição de pesquisa, e você só pode tirar uma licença se for fazer uma pesquisa". Fiz uma breve pausa, perplexo. Melhor desistir de uma vez, eu pensei. Olhei para os olhos carinhosos e solidários dela, pedi uma folha em branco e uma caneta, e escrevi minha redação de pesquisa com apenas uma frase. Isso é o que eu chamo de escrever: "Vou tirar uma licença de pesquisa de um ano para descobrir quem eu sou".

Ela olhou para minha anotação, sorriu e disse: "Perfeito".

Durante meu tempo afastado, experimentei muitas coisas. Comecei a fazer aulas de balé, dança moderna e jazz. Estudei sobre treino coreográfico. Parti para o Canadá, entrando num trem e indo contemplar a paisagem das Montanhas Rochosas no outono, depois mais para o oeste, na Ilha de Vancouver. Pela primeira vez na vida, dei-me o direito de não estar organizado pelo plano dos outros, deixar que o sentido viesse de dentro, nem sempre governado pelas expectativas externas do mundo à minha volta. Como já disse antes, estudei bioquímica dos peixes na faculdade, e era fascinado com a maneira pela qual o salmão podia migrar da água doce para a salgada sem morrer. Como eles faziam isso? No laboratório da faculdade, nós descobrimos uma enzima que podia explicar a estratégia de sobrevivência do salmão. Parecia que havia algum tipo de conexão entre as enzimas que permitiam que eles vivessem e se adaptassem com a comunicação emocional empática que aprendemos no serviço de prevenção ao suicídio, que podia fazer a diferença entre a vida e a morte de alguém em crise. Havia alguma semelhança nas enzimas e na empatia. Perguntei-me como nossos mundos fisiológico e mental podiam coexistir, como eles podiam emergir da mesma essência de algo. Mas eu não tinha ideia de como articular essas questões com qualquer clareza. Nessa jornada, eu fugi para encontrar o salmão no Pacífico, mas estava, na verdade, querendo encontrar a mim mesmo.

Uma das muitas descobertas pessoais que emergiram durante aquele tempo começou como uma daquelas coincidências da vida que não podemos prever nem planejar. Voltei para Los Angeles, e minha nova amiga, Victoria, fez um piquenique no jardim da casa dela, onde conheci sua vizinha de porta, que estava começando a dar um curso utilizando um livro recém-publicado de Betty Edwards chamado *Drawing on the Right Side of the Brain*. Era baseado em entrevistas que ela havia conduzido com o psicólogo Roger Sperry, que em breve seria vencedor do Prêmio Nobel. Em seu trabalho sobre "pacientes com separação dos hemisférios cerebrais", a pesquisa revelou os distintos processos nos lados direito e esquerdo de nossos cérebros. Embora a tecnologia hoje nos permita ver mais sobreposições do que nunca, a pesquisa, como um todo, permanece bastante robusta nas distinções entre os dois hemisférios (McGilchrist, 2009). Quaisquer que sejam as controvérsias agora, minhas próprias experiências na época eram bem claras. Com os exercícios de Edwards, pude imergir em uma nova maneira de ver o mundo. Em vez de uma dominância ao analisar e categorizar as coisas, nomear e agrupá-las, comecei a ver as texturas e contrastes no mundo, que antes não faziam parte da minha experiência perceptiva. Em vez de quebrar o mundo em pequenas partes, uma visão do todo me veio à mente com uma nova lucidez e vitalidade. Eu parecia perceber o mundo com novos olhos. O tempo também parecia diferente enquanto fazia esses exercícios; duas horas podiam passar, imerso em ver e desenhar, e sentia como se não havia passado nem um minuto. A percepção dessa maneira fazia mais do que eliminar o senso de tempo; aquilo me deu uma experiência renovada de sentir-me profundamente conectado com o mundo ao meu redor.

Eu me envolvi com as artes performáticas que Victoria e seus colegas estavam filmando na UCLA, já que assumi o papel do cara encarregado dos microfones. Por segurar o som em seu volume mais alto, comecei a ouvir as coisas com mais clareza. É difícil descrever mesmo agora, mas havia, na minha experiência direta e pessoal, algo bastante profundo mudando em mim. Eu me sentia mais vivo, conectado, mais um membro pertencendo de forma completa a um mundo com novos detalhes e complexidades. Fiz novos amigos em muitas áreas, desde dança a poesia, e a vida se tornou plena.

Com essas novas maneiras de experimentar a vida, senti uma certa lucidez emergindo, o bastante para considerar qual poderia ser a próxima fase dos meus estudos. Onde eu poderia focar minha energia, meu tempo, minha vida? Amando a dança e fazendo parte de filmagens de dança e outras performances, passei a entender que eu me fascinava com a experiência interior e não tinha tanto interesse na aparência da dança. Aquela noção me fez entender que eu preferia morrer de fome a escolher a dança como profissão, fosse como dançarino ou coreógrafo. Desta vez, também ajudei minha avó a cuidar do meu avô em Los Angeles durante seus meses finais. Comecei a me sentir impaciente e pronto para começar um novo capítulo da minha vida.

Parecia que tudo o que eu tinha vivenciado, desde as jornadas na faculdade com o serviço de prevenção ao suicídio até meus conflitos no curso de medicina, era por causa da natureza de nossos mundos interiores, nossas mentes. Durante aquele ano longe da faculdade, eu criei uma palavra, *mindsight*, pela forma como vemos o mundo, como percebemos e respeitamos a nossa mente e a dos outros. Eu precisava de algum tipo de continuação daquela lucidez, uma ideia forte, um símbolo linguístico que servisse como peça de informação a qual eu pudesse me agarrar, algo que pudesse me proteger na jornada à frente, onde quer que ela me levasse. Decidi voltar ao curso de medicina, e a noção de *mindsight*[5] poderia me ajudar a sobreviver quando eu, mais uma vez, mergulhasse no meio social do treinamento médico.

Mindsight abrange três competências: a capacidade de cultivar *insight*, empatia e integração. Todos nós podemos ter esses potenciais, mas podemos desenvolver mais ou menos essas habilidades. *Insight* significa estar atento a sua vida mental interior. Empatia é sentir a vida interior de outra pessoa. E, como já vimos, integração significa interligar elementos diferenciados em um todo coerente. Para a mente, integração significa bondade e compaixão. Nós respeitamos as vulnerabilidades uns dos outros e oferecemos ajuda para aliviar o sofrimento das outras pessoas. Como esses três elementos de *mindsight* atuam juntos? Com o *insight*, somos bondosos e compassivos com nós mesmos. Com a empatia, vemos a mente dos outros com respeito e cuidado. É

---

5 - N.T.: termo não traduzido para o português, mas que dá a entender a visão, percepção, alcance da mente.

assim que *mindsight* contém os três elementos: *insight*, empatia e integração. A noção de *mindsight* era uma ideia profunda e sustentável que me deu a coragem de voltar para a faculdade e encarar o sistema de socialização médico, agora, com um novo senso de força e comprometimento.

Eu precisava saber quem nós somos, como acabamos nos tornando isso e que a mente é real. Por intermédio de todas essas jornadas, particularmente esse tempo passado sem uma estrutura moldada externamente, sem os planos e expectativas dos outros, esse tempo que me permitiu entrar em contato com a presença da minha mente que emergia de forma livre, ficou claro para mim que a realidade subjetiva da mente era de fato real. Alcançamos uma visão de nossa própria vida mental com o *insight*; uma visão da vida interior dos outros com empatia; e podemos nos conectar respeitosamente uns com os outros com a compaixão e a bondade, por meio da integração. Mesmo que o mundo das visões ou valores culturais dos professores da medicina moderna agisse como se o mundo interior não fosse real, válido ou existente, a noção de *mindsight*, com sorte, faria com que eu me lembrasse de que podemos ver a mente através de uma lente perceptiva diferente de como nossos olhos veem o mundo físico. Temos sentidos diferentes, visões diferentes, e *mindsight* era uma ideia e uma capacidade que nos ajudava a ver a mente em si – nos outros e em nós mesmos. *Mindsight* podia me ajudar a preservar minha sanidade diante da socialização que me esperava e que fingia que a mente não existia. Mesmo que a medicina tivesse perdido a cabeça, a *mindsight* poderia me ajudar a proteger a realidade da mente nos anos de treinamento à frente.

Mindsight para saúde e cura

Estudos publicados décadas mais tarde revelariam que um médico que cuida da experiência subjetiva interna de um paciente que foi em busca de uma breve consulta, mesmo para um resfriado comum, pode realmente mediar uma interação interpessoal de cura, na qual a resposta imunológica de tal paciente se mostra mais sólida – a duração daquele resfriado seria de um dia a menos. O simples ato de ser empático – o que podemos chamar de mostrar *mindsight* para a experiência subjetiva interior de outra pessoa – molda diretamente nossa psicologia (Rakel et al., 2011).

Outros estudos revelariam que ensinar aos médicos sobre a mente e como equilibrar suas emoções com treinamento de *mindfulness* os ajudaria a manter sua empatia e reduzir riscos de *burnout* (Krasner et al., 2009). Estudos também revelariam que a empatia poderia ser ensinada aos alunos de medicina e que os ajudaria a se prepararem para seu trabalho como médicos (Shapiro, Astin, Bishop & Cordova, 2005).

Mesmo assim, quando eu estava na faculdade, ouvi várias declarações de que empatia – sintonizar com os sentimentos e pensamentos, memórias e significados de outra pessoa – não era apropriado para o trabalho clínico na medicina. O que me ensinaram repetidamente quando aluno não só era errado e insensato para o treinamento médico, mas era uma forma de tratamento inadequado para pacientes. Agora nós conhecemos mais coisas, cientificamente falando, mas o sistema educacional da medicina moderna é lento para se atualizar baseado nessas "novas" descobertas que confirmam antigas sabedorias sobre a boa prática clínica: a melhor maneira de tratar de um paciente é se importando com ele. Nós vivenciamos e expressamos nosso cuidado por meio da *mindsight*.

Uma das implicações dessas descobertas é dar apoio à afirmação de que a realidade subjetiva não só é real, mas é também muito importante.

Mas por quê? Por que o foco da atenção na existência da realidade interior subjetiva, imensurável, não diretamente observável externamente, seria tão vital para o bem-estar? O que precisamos explorar é por que e como o foco de uma pessoa sobre a experiência subjetiva interior de outra é tão fundamental para a saúde e para promover relacionamentos saudáveis.

Por que o foco na realidade subjetiva interior tem tanta importância?

Uma resposta simples a essa pergunta básica é a seguinte: quando sentimos a vida interior de outra pessoa, podemos diferenciar verdadeiramente uma pessoa da outra e, em seguida, na busca de conhecer aquela experiência subjetiva, nós nos conectamos. Eis aqui a proposta: focar-se na subjetividade é o portal para a integração interpessoal. Duas entidades separadas, dois indivíduos, tornam-se ligados como um só sistema conectado, quando a experiência subjetiva é tratada, respeitada e compartilhada.

Conectar-se por sintonia com a subjetividade cria integração.

Integração é a maneira com que otimizamos a auto-organização.

Por isso nós nos sentimos melhor, pensamos mais claramente e nossos corpos funcionam melhor quando a subjetividade é respeitada no foco de nossa atenção compartilhada.

Em termos matemáticos, quando duas pessoas compartilham seus estados subjetivos internos, o nível de complexidade é mais elevado em comparação com duas pessoas apenas conversando sobre o clima ou uma pessoa ignorando o estado interno da outra. Maximizar a complexidade é a maneira matemática de descrever o impulso de auto-organização em um sistema complexo. Em termos talvez mais acessíveis, é assim que a sintonia com outra pessoa estabelece a integração interpessoal que gera um estado de harmonia. Por isso que *insight*, empatia, bondade e compaixão são tão poderosos; eles afloram com a integração e são parte da auto-organização ideal.

A experiência subjetiva é real e é a porta de entrada para a conexão interpessoal, para integrar-se com outra pessoa. É por isso que sugiro a você: empatia numa relação promove uma melhoria no sistema imunológico e um profundo senso de bem-estar. Quando sua experiência subjetiva é vista e respeitada, e você recebe comunicação daquela sintonia, então você e a outra pessoa se tornam conectados como dois indivíduos diferenciados tornando-se interligados. Essa integração interpessoal aumenta o estado de integração de todo indivíduo, o que dá uma sensação boa e é bom para você. Você alcança, em termos científicos de complexidade, um maior estado de integração do que qualquer pessoa sozinha poderia alcançar. Essa é a noção do todo sendo maior do que a soma de todas as partes. É por essa razão que a subjetividade é tão profundamente importante. Tratar as vidas subjetivas uns dos outros aumenta a integração e, por conseguinte, aumenta a harmonia e a saúde.

À medida que avançarmos em nossa jornada, manteremos uma lente de *mindsight* sobre os mecanismos da mente em funcionamento em nossas relações sintonizadas. Como exploraremos em breve, quando a *mindsight* permite ao estado interno de uma pessoa estar alinhado com o estado interno de outra, essa junção pode ter um profundo impacto no sistema dos dois indivíduos, agora interligados. Sintonia empática permite dois indivíduos diferenciados tornarem-se interligados. Essas conexões empáticas são uma forma de integração.

Para compreender o efeito positivo de tal junção, é cientificamente útil considerar a mente, como temos feito durante nossa jornada, como parte de um sistema amplo, um que se estenda não só além das fronteiras do crânio, mas também da pele. Conectar mentes transforma corpos – nós crescemos e nos curamos ao nos conectarmos uns com os outros. Mas, claramente, a junção interpessoal não é só quando damos as mãos fisicamente. Isso acontece quando nos conectamos ao alinhar nossas experiências subjetivas interiores – algo que você não pode ver com os olhos, mas com a *mindsight*. *Mindsight* é o mecanismo por trás da inteligência social e emocional. Conhecer a mente do outro é a base para o bem-estar interno e interpessoal. Nós nos unimos pela comunicação que é sintonizada e empática.

Mas qual é exatamente a substância sendo interligada nessa junção? Se uma enzima age na estrutura de uma molécula para mudar sua forma e função, o que a comunicação emocional de fato conecta?

Uma resposta para essas questões é energia e informação. Se considerarmos como o fluxo delas se manifesta dentro e entre nós, podemos olhar para a integração para entender o bem-estar que surge da interligação de elementos diferenciados dentro e entre nós. E quando olharmos para a experiência subjetiva, podemos ver que essa também pode ser uma propriedade emergente do fluxo de energia e informação, como descrevemos anteriormente.

Desde uma perspectiva filosófica e científica, estamos vendo isso como um sistema, parte de uma visão "monista", em vez de um sistema que divide a mente do corpo, chamado "dualismo". Roger Sperry descreveu isso nos anos 1980 em um artigo chamado "Mentalismo, Sim; Dualismo, Não.":

> De acordo com nossa atual teoria mente-cérebro, o monismo tem que incluir as propriedades mentais subjetivas como realidades causais. Esse não é o caso no fisicalismo ou no materialismo, os quais são as antíteses do mentalismo, e têm tradicionalmente excluído os fenômenos mentais como "constructos" causais. Ao chamar-me de "mentalista", considero os fenômenos mentais subjetivos como sendo, essencialmente, realidades causalmente potentes, porquanto são vivenciadas subjetivamente, diferente de, mas que é não redutível a seus elementos físico-químicos. Ao mesmo tempo, defino essa posição e a teoria mente-cérebro, na qual ela se baseia, como monista e a vejo como um grande obstáculo ao dualismo (p. 196).

Sperry continua a explorar como essa visão da importância da subjetividade tem boa base numa perspectiva biológica sólida, uma que a área da medicina pode ser capaz de adotar completamente:

> Uma vez gerados por eventos neuronais, os padrões e programas mentais de ordem superior têm suas próprias qualidades e seu progresso subjetivos, operam e interagem por suas próprias leis e princípios causais, que são diferentes de e não podem ser reduzidos àqueles da neurofisiologia... As entidades mentais transcendem as fisiológicas, assim como as fisiológicas transcendem as [celulares], as moleculares, as atômicas e subatômicas, etc (p. 201).

Podemos relacionar essa noção de que a vida mental subjetiva manifesta-se de e pode influenciar o comportamento neuronal com nossa visão de que a subjetividade está essencialmente tanto em nossa vida interna como no mundo interpessoal. Quando, então, aplicamos a proposta de que tanto a experiência subjetiva quanto a auto-organização são propriedades emergentes do fluxo de energia, então podemos relacionar a subjetividade – uma experiência essencial da mente – com a integração – o fluxo da mente essencialmente auto-organizacional. Vamos nos voltar a um campo existente da ciência, um ramo da psicologia, que pode nos oferecer alguns resultados empíricos relevantes.

Quando examinamos o campo da psicologia positiva pela lente da integração, chegamos à seguinte noção: emoções positivas, como alegria, amor, admiração e felicidade, podem ser vistas como aumentos no nível de integração. É por isso que nos sentimos bem com elas. Emoções negativas, como raiva, tristeza, medo, repulsa e vergonha, podem ser vistas como diminuições na integração. Elas são ruins. Quando as emoções negativas são prolongadas e intensas, tornamo-nos propensos a estados de rigidez ou caos, pois a integração é diminuída por longos períodos.

Essa visão é alicerçada sobre o posicionamento fundamental que emergiu nos anos 1990 sobre as emoções, que descrevi em *A Mente em Desenvolvimento*. As emoções podem ser vistas como uma transição na integração. Quando os níveis de integração mudam, nós nos sentimos emotivos. Se a integração está aumentando, nós nos sentimos bem, positivos. Emoções positivas são construtivas, porque elas alicerçam nosso estado de integração. Se a integração está em queda, sentimo-nos mal, negativos. Essas emoções negativas podem ser destrutivas e, frequentemente, são decorrentes de ameaças; por isso nós nos fechamos em nossas conexões com os outros e com nós mesmos. Fico me perguntando, hoje em dia, sobre o processo educacional na medicina que pode fazer com que aqueles jovens alunos, e mesmo seus supervisores, sintam a dor dos outros e, quem sabe, até suas próprias fragilidades. Sem o treinamento e apoio adequados, podemos compreender como deve ter havido uma adaptação para sobrevivência, simplesmente fechando-se para se protegerem da experiência atenta de seu sentimento interno de desespero. Embora não seja bom para ninguém, esse fechamento é uma tentativa compreensível mas desesperada e, quase sempre, não consciente para que possa sobreviver e evitar vivenciar sentimentos negativos avassaladores. Felizmente, com o desenvolvimento das habilidades de *mindsight*, como compaixão e empatia, com educação na comunicação social, técnicas de atenção plena e auto-compreensão, jovens médicos podem se preparar para cultivar as conexões gentis e compassivas que beneficiam a todos os pacientes e médicos na mesma medida.

O que iremos explorar, à medida que avançarmos, é como a comunicação, o compartilhamento de energia e informação, permite que dois seres diferenciados tornem-se interligados como um todo integrado. Deve ser por isso que sintonizar-se com a experiência subjetiva de outra pessoa, usando *mindsight* para perceber a vida interior do outro, seja o motivo pelo qual a saúde se desenvolve. Se integração é o mecanismo do bem-estar, então respeitar a experiência subjetiva um do outro cria integração interpessoal e cultiva a saúde. *Mindsight* promove integração. *Mindsight* na medicina, e talvez em nossas vidas cotidianas, pode ser visto como uma ferramenta essencial para promover saúde e cura.

Reflexões e convites: a centralidade da subjetividade

Lembra-se do salmão, que pode transitar da água doce para a salgada? Na sua vida, como o mundo em que você vive rodeia, molda ou, talvez, cria você, e o envia numa direção por um caminho em especial das possibilidades infinitas que se colocam diante de você? Essa imersão no que às vezes é chamado de "campo social" (Scharmer, 2009) pode influenciar como sua mente funciona, mesmo sem atenção.

Alguns chamariam isso de parte do contexto em que a mente emerge. Outros poderiam dizer que são os arredores que criam quem você é. Podemos dizer que é o mar externo que molda o mar interno. A *mindsight* nos deixa ver esse mar mental, ver o mar interno e o mar ao redor, os mares que moldam quem nós somos.

Despertar para a realidade de que somos criaturas profundamente sociais pode ser um choque, se nunca nos demos conta do impacto que o ambiente externo tem tido sobre nossas experiências interiores desde nossos primeiros dias de vida. O mar mental dos arredores molda o mar mental interior. É assim que o campo social pode ser visto não só para moldar nossa vida mental; é uma fonte fundamental do que é a mente.

Despertar para essa realidade de sermos criados tanto por fatores internos como externos pode, às vezes, ser impactante, se nunca estivemos cientes de tais fontes da nossa vida mental. No entanto, poderemos sentir, de forma frequente e com naturalidade, que possuímos nossas mentes, ou pelo menos queremos possuí-las, que estamos no controle, que somos os capitães de nossos próprios navios. Se colocarmos a mente apenas dentro do cérebro no corpo, ou mesmo se estendermos a mente para nossos Eus definidos pelo corpo, podemos captar aquela ânsia por controle e propriedade. Sob esta visão, a mente emana de algum lugar no meu corpo, do meu cérebro, do meu corpo coberto de pele que chamo de "eu". Mas essa pode ser a realidade completa, um fato frustrante e amedrontador para alguns, pelo menos à primeira vista, de que nossa mente e seu senso de Eu, na verdade, emerge não só de nossa vida interior, mas também de nossa intervida.

Se os fatores externos de nossas vidas mentais, o fluxo de energia e informação entre nossos Eus corporificados e o mundo físico e social mais amplo à nossa volta, criam condições que impedem integração, então encontrar um caminho que nos liberte de tais restrições externas pode ser essencial para preservar nosso senso de Eu, e até mesmo nossa sanidade. Para mim, essas eram as condições que vivenciei no mundo do treinamento médico. Dentro daquele mundo sem perspectiva, eu simplesmente tentava me encaixar o melhor que podia. Mas com certa distância, com o espaço mental e o símbolo linguístico do termo *mindsight* para reforçar minha experiência de que a mente era real, eu pude reentrar naquele mundo e me apegar aos valores interiores que não eram compartilhados pelo campo social mais amplo.

O que é que pode ajudar a nos desvencilharmos dos fatores intermediários que nos criam, e agora podem estar nos sufocando? A habilidade de se adaptar bem a um mundo conturbado não é sinal de bem-estar mental, um pôster numa parede na Romênia, onde estive dando aulas recentemente, declarava, com uma opinião semelhante a uma quase sempre atribuída a Jiddu Krishnamurti: "Não se mede a saúde por estar bem adaptado a uma sociedade profundamente doente". Sim, eu pensei, é verdade. Então, como podemos saber qual é o momento de nos afastarmos dessas forças externas não saudáveis, quando elas estão moldando quem nós somos naquele exato momento?

Quando o caos ou a rigidez começam a dominar nossas experiências, a partir da estrutura que agora construímos podemos ver que esse é um sinal de que a integração está bloqueada. Com a noção de que integração é saúde, e que cada ser vivo tem direito ao bem-estar, então integração é um verdadeiro norte para nos guiar, mesmo quando nossa bússola exterior governada pelo nosso mundo social estiver apontando para uma direção diferente. Você já esteve envolvido em um mundo de interações sociais e ações grupais que começaram a parecer doentias? Caos ou rigidez faziam parte do que você pode ver agora como um mar circundante não integrado? Como você reagiu a tamanha falta de harmonia em sua vida profissional ou pessoal? Se os esforços de mudar o sistema não forem eficazes, e se a mudança talvez não seja possível, ter uma bússola interna pode vir a calhar em meio a tempestades caóticas ou desertos rígidos. Se a mudança não for possível, às vezes precisamos deixar esse mundo e, em seguida, voltar com um novo senso de lucidez, para levar tal mundo a uma maneira de ser mais integrada.

Você já teve que encarar um conflito entre sua sensibilidade interior e a realidade exterior? Como você lidou, ou lida, com tamanho conflito? Como você cria valores em sua bússola interna, algum guia interior que o ajude a avaliar o que tem significado e o que é insignificante?

Na posição de sistemas complexos, nós temos restrições internas e externas que funcionam como os muitos fatores que moldam nossa emergência. Nós propomos que a mente, pelo menos em parte, é uma propriedade emergente de fluxo de energia e informação. Certamente, o processo de informação que surge do fluxo de energia de forma simbólica seria parte desse fluxo, por conta de sua própria definição. Quando nos alicerçamos na proposta de que a mente é, também, o aspecto auto-organizador deste fluxo interior e intermediário, corporificado e relacional, então podemos ver como a auto-organização otimizada surgiria: nós unimos partes diferenciadas para criar a flexibilidade e a harmonia da integração em FACES.

Mindsight nos permite refletir sobre aquelas características internas e externas da vida, que nos propicia diferenciar e interligar. *Mindsight* é o *insight*, a empatia e a integração que nos ajuda a tomar decisões sobre como progredirmos na vida, mesmo diante de fatores internos ou externos dos mares dentro de nós e à nossa volta, para que assim criemos intencionalmente estados mais elevados de integração e bem-estar. Com tais reflexões de *mindsight*, podemos então alterar nosso curso de maneira intencional, em vez de simplesmente sermos o recipiente passivo de como o mundo está nos moldando.

Na faculdade de medicina, arranjar tempo para me afastar daquilo que outros me mandavam executar não era algo que eu sempre podia fazer por períodos muito longos, pelo menos não até eu encarar a experiência dolorosa de que as coisas não estavam bem, e era essa a minha sensação; então, fiquei entorpecido.

Eu não sabia na época o que sei agora ; que isso era um estado de rigidez por causa da falta de respeito pelo mundo subjetivo – de pacientes, alunos e minha própria experiência. A medicina tinha perdido a cabeça, e eu tinha desviado do meu caminho.

Podem não haver pensamentos lógicos revelando como o mudo externo está nos moldando, só um senso interior de desconexão ou descontentamento que se revela em sonhos, imagens e desejos de se ver livre de tudo aquilo que simplesmente tentamos ignorar ou reprimir, até que elas desaparecem sem nenhum esforço e nos deixam em paz. Mas o desaparecimento delas de nossa mente consciente não significa que essas inquietações interiores foram embora; elas só pararam, talvez temporariamente, de incomodar nossas horas em vigília, de invadir nossa conscientização vigilante. No entanto, elas permanecem na mente inconsciente, esperando por um momento para se revelarem. O processamento de informação não requer consciência para impactar nossas vidas. A mente é mais do que aquilo que a consciência torna disponível para nós.

O que traz à tona uma importante questão: apesar de a experiência subjetiva ser parte do que é a mente, sendo essa a textura sentida da vida vivida que podemos vivenciar no contexto de estarmos atentos, a mente é também alheia à atenção – e, por conseguinte, não tem textura sentida. Ou tem? Se assumirmos que a definição de subjetividade, de experiência subjetiva, é a textura sentida da vida vivida ou algo parecido, não precisamos estar atentos para sentirmos uma textura? Podemos ter subjetividade fora da consciência? Se a resposta for não, isso naturalmente significa que o processamento de informação alheio à atenção, o que sabemos que ocorre segundo diversos estudos empíricos, não é a mesma coisa que experiência subjetiva. Isso significa que uma experiência como significado acontece mesmo se não estivermos atentos ao seu acontecimento.

Para alguns, assim como é quando percebemos a mente aflorando, em parte, a partir de um campo social fora do controle da pessoa, o conhecimento do poderoso impacto de coisas alheias à nossa experiência consciente é aterrorizante, já que isso significa estar fora de controle. E por isso sejam as influências não conscientes vindas de dentro ou sociais vindas de fora, para alguns interessados em estar no comando, aceitar a mente não consciente e a mente social pode ser ameaçador. Essas realidades mentais internas e externas significam que não somos os chefes de nós mesmos, não estamos em pleno comando. A mente pode ter uma mente própria. Às vezes, a primeira vez que nos damos conta disso é durante o despertar da adolescência.

Nessa fase, frequentemente temos a chance de refletir sobre como a vida tem se desenrolado. Começamos a ver que o mundo que nos é oferecido não é necessariamente aquele no qual gostaríamos de viver. Ainda assim, para muitos de nós, quando saímos da busca por novidades e exploração criativa do período adolescente, entre a infância e a idade adulta, e adquirimos a responsabilidade de nossos anos vindouros, deixamos essa agitação para trás, atribuindo a ela uma imaturidade ou rebeldia adolescente que não tem lugar em nossas vidas. No livro *Cérebro adolescente*, ofereço ao adolescente, ou a qualquer adulto que já foi adolescente (que somos todos nós), uma maneira de explorar desafios e oportunidades cruciais desse importante período da vida. Uma coisa que foi muito recompensadora nas experiências de ensinar essas ideias a adolescentes é quão abertos eles geralmente são na hora de considerar essas questões profundas de que e quem nós somos.

Pode ser útil, quando adulto, perceber que essa centelha emocional emergente, essa paixão pela vida, não precisa ser esmagada pelas responsabilidades da vida ao encontrarmos nosso cantinho no mundo, ao nos adaptarmos ao que os outros esperam. A essência da adolescência inclui: centelha emocional, engajamento social, busca por novidades e exploração criativa. Essa essência de nosso período adolescente no crescimento e remodelamento do cérebro acaba por também ser a essência de como nós, como adultos, podemos manter nossos cérebros se desenvolvendo bem durante nossas vidas. Esse remodelamento continua até os vinte e poucos anos.

Encontrar espaço em sua vida, nos minutos e horas de solidão que você pode criar num dia, um tempo maior num fim de semana ou tirar uma folga da rotina por períodos mais longos, pode oferecer oportunidades para refletir sobre onde você está agora e como sua mente pode ansiar por um novo tipo de lucidez, um novo tipo de vida. Embora eu tenha feito isso quando adolescente, na faculdade de medicina, com meus vinte e poucos anos, tirar um tempo desses para reconsiderar o trajeto de sua vida pode ser importante em qualquer idade. É poderosíssimo refletirmos interiormente sobre nossas vidas, assimilar um pouco as coisas enquanto damos um tempo na rotina diária de expectativas dos outros – e aquelas que impomos a nós mesmos – e encontramos um novo jeito de ser no caminho da nossa vida.

Como vimos nesse breve conjunto de histórias da faculdade de medicina, às vezes o despertar não é baseado no raciocínio lógico. Às vezes, o chamado por lucidez em meio à confusão brota da sabedoria do nosso corpo, das sensações em nosso coração ou nossas entranhas, das imagens e sentimentos que afloram e dos pensamentos que podem parecer irracionais e são simplesmente ignorados. Mas sintonizar-se com esses sinais irracionais e explorar o que eles podem querer dizer pode ser a atitude mais racional e importante que você já tomou na vida.

Não se trata de se tornar egocêntrico, mas de abrir-se a uma jornada de questionamento pessoal e autodescoberta.

Talvez tal questionamento seja uma parte fundamental da jornada que você teve na adolescência. Aquele período pode ser preenchido pela tensão entre querer pertencer a algo e encontrar seu próprio caminho. Como você pode se adaptar e aderir a alguma coisa ainda sendo um indivíduo autêntico? Você quer se misturar e se destacar. À medida que encontramos nosso caminho no mundo, além da família e dos amigos, recebemos a oportunidade de esclarecer quem nós somos além das expectativas alheias. Para conhecermos a nós mesmos, nós nos voltamos, com atenção, àquilo que sentimos, à nossa vida subjetiva interior. Sem ter aceso a tal mundo interior, àquele mar interno, não seríamos capazes de desenvolver uma bússola interna com a qual encontramos nosso caminho.

Respeitar nossa experiência subjetiva é vital para ter uma vida integrada.

Essas sensações subjetivas são reais, mesmo que alguém de fora não as detecte. Neste sentido, a experiência subjetiva não é objetivamente observável por outra pessoa; é por isso que usamos a palavra *subjetiva* para descrever essas experiências, dado que elas só são verdadeiramente conhecidas pelo sujeito. A visão clássica é a seguinte: mesmo que você veja vermelho e eu veja vermelho, jamais poderemos saber se a maneira que você experimenta aquela cor e a maneira que eu a experimento – consequentemente, a percepção (junto com o restante de nossas atividades mentais) é, em última instância, subjetivo.

Podemos chamar esse item inteiro de um convite para despertar para a escolha que você tem para criar um espaço mental em sua vida que respeite a subjetividade, cultive liberdade em seu crescimento e expressão e respeite os mundos interno e relacional que criam quem você é. Podemos despertar para a realidade central de nossa vida mental subjetiva.

Como o poeta místico do século XIII, Rumi, insiste em seu poema, *"A Brisa ao Amanhecer"*: Você está acordado agora, não volte a dormir.

"A brisa ao amanhecer possui segredos para lhe contar/ Não volte a dormir!/ Você deve pedir o que realmente quer./ Não volte a dormir!/ As pessoas vão para frente e para trás/ atravessando a divisa da porta onde os dois mundos se tocam/ A porta é redonda e está aberta/ Não volte a dormir!" (Barks, 1995, p. 36).

Talvez esses dois mundos sejam o mundo objetivo, percebido pela visão física, e o mundo subjetivo, percebido pela *mindsight*.

A única forma que temos para desenvolver esse despertar é prestando atenção à nossa realidade subjetiva. Ainda assim, uma vida ou um mundo, como a faculdade de medicina era para mim, focado apenas na realidade externa, fisicamente observável, pode apenas ser estruturado pela lógica e pelas expectativas alheias que deixam a mente de lado. Podemos usar somente a visão física para ver os objetos diante de nossos olhos. O processo educacional em alguns mundos culturais nos puxam para usarmos a visão física para nos adaptarmos, para aprendermos as regras externas que governam os comportamentos visíveis. Concentrar-se neste mundo exterior observável é bastante diferente de concentrar-se nos mundos interno e relacional da realidade subjetiva da mente.

Podemos ir além da importante, mas não suficiente ou completa, visão física que às vezes domina nossas vidas. Também podemos desenvolver o hábito *mindsight* de focarmos na realidade subjetiva de nossas vidas, no mínimo, começando com o processo de peneirar a mente. Convide-se a se tornar atento à riqueza das *sensações* de dentro do seu corpo. Essas sensações atuaram para ajudá-lo a conquistar maior *insight* naquilo que estava acontecendo na sua vida? Quando *imagens* surgem, você consegue ouvir uma voz interior e sentir os significados de sua mensagem, visualizar coisas com detalhes vívidos em seus olhos mentais? Imagens podem vir de diversas maneiras, e sintonizar-se com esses mundos, por vezes privado de palavras, pode oferecer uma janela importante para sua própria mente. Quando as emoções afloram, você consegue *sentir* a variedade delas subindo e descendo no âmbito da paisagem afetiva de sua vida mental interior? Se você considerar as emoções como uma transição dentro da integração, como mencionamos antes, você consegue sentir quando essa transição envolve diminuições que trazem caos ou rigidez, ou aumentos que trazem um senso de conexão e harmonia? E quando os *pensamentos* emergem, como esses significados, com ou sem palavras, preenchem sua conscientização? Pensamentos são nada mais que uma parte de uma mente rica e complexa, que pode nos ajudar a conhecer ideias e nos liberar do imediatismo do agora, para assim podermos refletir apropriadamente sobre o passado e planejar o futuro.

Em todos esses aspectos, nós peneiramos a mente como um ponto de partida para explorar o mundo subjetivo de nós mesmos e dos outros. Quando abordamos esse sentido subjetivo com bondade e compaixão, estamos trazendo integração para os outros e para nós mesmos. Por isso que a conexão – respeitando e sintonizando-se com a realidade subjetiva vulnerável uns dos outros – gera uma sensação tão boa: ela cria uma maneira de viver mais integrada e, por consequência, mais harmoniosa, vibrante e saudável. É assim que usamos a *mindsight* para alicerçar nosso movimento auto-organizacional em direção à integração e ao bem-estar.

Como estão as sensações no seu corpo agora? Quais imagens você vê surgir nesse ponto ao qual chegamos em nossa jornada juntos? Como você se sente? O que você acha?

A realidade subjetiva – a textura sentida na vida vivida – é real? E respeitar isso em si mesmo e nos outros tem realmente tanta importância?

CAPÍTULO 5
QUEM SOMOS NÓS?

Tem do um processo auto-organizador, que tem um impulso natural em prol da integração – a interligação de partes diferenciadas de um sistema que promove um funcionamento otimizado. Sabemos que existem duas maneiras de melhorar a nossa integração: focar e respeitar a realidade interior subjetiva do Eu e de outros. Auto-organização, integração e subjetividade são fundamentais para a mente. Neste item, continuaremos abordando as noções dos "o quês" e dos "comos" da mente, concentrando-nos em quem nós somos. A resposta pode não ser tão simples quanto imaginamos.

Explorando as camadas da experiência por trás da identidade (1975-1980)

Desde meus primeiros anos de faculdade, na metade da minha adolescência, eu, como muitos adolescentes, sentia uma ânsia interior de explorar o mundo e experimentar diferentes formas de vivenciar a realidade. Durante o dia, eu era um estudante de biologia, viajando profundamente nos mecanismos moleculares da vida, trabalhando num laboratório em busca daquela enzima que comentei no último item, uma molécula que poderia ajudar a explicar como os salmões transitavam da água doce para a água salgada. Eu era fascinado com a vida, intrigado por esse milagre que vivemos e respiramos, interagimos com outros e reproduzimos. Muitas noites, eu trabalhei na linha de prevenção ao suicídio, focando-me em como a comunicação emocional que criava a conexão entre quem ligou e quem atendeu podia evitar que pessoas em crises psicológicas dessem um fim em suas vidas. Num certo verão, quando ainda trabalhava naquele laboratório de enzimas, também escolhi aprender sobre o Taoísmo e a expressão física de sua tradição filosófica, na prática do Tai' Chi Chu'an. Estar no fluxo da série de movimentos e equilibrar as posições com as palmas das mãos para cima e para baixo, com o rosto para a direita e para a esquerda, abrindo e fechando, parecia uma maneira poderosa de criar um senso de harmonia. Aquela maneira corporificada de despertar, de estar no momento, era parecida com a essência do bem-estar. Mais tarde o fluxo de nossa equipe de danças de salão, ao deslizar pelo chão do auditório ou pelo gramado do coliseu, num intervalo do jogo de futebol da nossa faculdade, parecia ser um tipo de ligação relacional que era real, algo no cerne de nossas vidas, algo repleto de um senso de bem-estar.

Era uma época apaixonante.

Enzimas, emoções, movimento, sentido e conexão – algo nisso tudo parecia deter uma essência em comum, algo a respeito de vida, amor e totalidade que não conseguia colocar em palavras.

Eu estava fascinado com essas camadas da realidade. Sempre que eu saia do laboratório para ir ao centro de prevenção, do estúdio de Tai' Chi para o salão de dança, era como se eu estivesse mudando minha identidade, mas o tempo todo compartilhando um núcleo em comum de não só quem eu era, mas também do que se tratava a vida. Eu não tinha ideia do que fazer com aquilo, mas tomei nota desse estranho amálgama.

Com o fim da faculdade se aproximando, eu trabalhei no México para a Organização Mundial da Saúde em um projeto para estudar *curanderos* – curandeiros populares – em uma região onde a pressão da modernização de uma represa local, La Presa Miguel Alemán, sul da Cidade do México, estava mudando suas comunidades e os serviços médicos locais. Certa manhã, em uma jornada no lombo de um cavalo para entrevistar um curandeiro local, como parte do meu projeto, a sela do meu cavalo se soltou e, com os pés ainda amarrados nos estribos, eu fui arrastado, disseram-me, por cerca de cem metros pelos pedregulhos, batendo com a cabeça no chão abaixo dos cascos do animal. Quando o jovem e assustado cavalo finalmente parou, meus companheiros de cavalgada disseram que achavam que eu estava morto, ou pelo menos que eu tinha quebrado o pescoço. Eu quebrei mesmo meus dentes e o nariz, e machuquei bem o braço. O traumatismo craniano induziu um estado de amnésia global que durou cerca de um dia.

Aquilo significava que eu estava bem acordado, mas não tinha ideia de quem eu era.

Durante aquele período de 24 horas, as sensações das coisas cotidianas tinham uma qualidade bem diferente. Beber um copo com água, por exemplo, foi uma experiência maluca, que começou ao observar a luz tremeluzente indo de um lado para o outro no copo brilhante, gelado ao toque; o líquido deslizou para dentro do espaço na minha cabeça, por cima daquelas protuberâncias com um lado liso e o topo serrilhado que chamamos de dentes, com uma sensação fluida e tranquila, imergindo além da plenitude móvel de saborear o centro do meu corpo, frio, arrepiante, expandindo-se. Uma manga não era uma manga, sua cor não chamava amarelo-manga. Sua forma arredondada era intrigante, a textura da superfície macia e brilhante, mas com cerca aspereza no topo, os tons de luz variando em suas camadas, o aroma inebriante ao penetrar essa cabeça, a sensação da substância interna úmida entrelaçada com a explosão de sabores dentro de mim.

Esse foi meu dia sem uma identidade. Eu não estava assustado por não saber quem eu era; eu era preenchido, momento a momento, com imersões sensoriais que pareciam, de alguma forma, completas. Não havia nada faltando, nenhum lugar para ir e nada mais para fazer, além de deixar a experiência fluir. Não havia nada entre este corpo e essa experiência; havia só o estar ali.

Quando a identidade de ser "Dan" gradualmente voltou e pude lembrar da minha história, não tinha o mesmo peso ou senso de seriedade que tinha antes. Era como se a estrutura externa de uma convenção social de "Dan" tivesse parado de ter o mesmo significado. Eu tive 24 horas não sendo "Dan", mas ainda assim estive plenamente acordado, alerta e respondendo a estímulos, sem uma confusão de memórias sobre minha identidade pessoal ou um revestimento de experiências passadas filtrando o mundo pela lente da experiência anterior. Senti uma sensação completamente diferente do que a de sentir o Eu, sentir a mente. Se bater com a cabeça por aí pudesse arrancar do seu cérebro o sentido do *Eu*, mas ainda plenamente lúcido e acordado, o que esse *Eu* realmente significa?

Você pode estar acordado – talvez até mais desperto – se sua identidade pessoal, com toda sua bagagem de histórias, aprendizados, julgamentos e filtros de percepção estiverem suspensos, ou pelo menos não levados tão a sério quanto um projeto de como ser.

A mim me pareceu que o dia da não identidade foi uma imersão no "aqui-agora". Com o retorno do "Dan" à cena, tive algumas experiências de distanciamento de vez em quando como se eu estivesse em "lugar nenhum". A água parecia mais distante, a manga se tornou uma manga. Em vez de experimentar a totalidade da fruta, eu estava propenso a experimentar os limites da linguagem.

Tempos depois, ouvi dizer que esse tipo de percepção alterada, como se estivesse vendo coisas pela primeira vez, é o lugar para onde as drogas nos induzem, e foi uma experiência semelhante a essa, que tive após cair do cavalo no México. Coincidentemente, alguns projetos de pesquisa estão descobrindo benefícios terapêuticos com o uso controlado de alucinógenos em indivíduos com Transtorno de Estresse Pós-Traumático. Como veremos mais adiante, a meditação *mindfulness*, ou outras intervenções, podem livrar uma pessoa da ansiedade, depressão ou estados de disfunção pós-traumática ao mudar um senso fixo de identidade e padrões de percepção.

Essa experiência me deu a oportunidade de aprender, após o acidente com o cavalo, que há um nível de conhecimento por trás da identidade pessoal, da crença pessoal e da expectativa pessoal. Eu não fazia a menor ideia de como chamar essa mudança em "mim", por isso nunca discuti com ninguém sobre o assunto, colocando-o numa categoria de algum tipo de chamado existencial para dar uma relaxada, dada a fragilidade da vida após aquele acidente de quase morte, ficar grato por ser capaz de mover o pescoço, estar vivo, estar acordado e lúcido. Na época não pensei nisso como um presente, mas percebo agora que essa foi uma daquelas experiências não planejadas que dão uma guinada na vida, mesmo que não percebamos o impacto delas na ocasião.

Quando voltei para a faculdade, eu estava empolgado para compreender essas experiências. Traumatismo craniano e identidade, salmão e suicídio, eu estava animado para saber mais sobre como todas essas camadas da realidade, esses domínios da vida, podem ter um ponto em comum, um consenso no entendimento. Quando fui aprovado para a faculdade de medicina, achei que essa fase seguinte da minha educação permitiria que eu explorasse essas ideias. Mal eu sabia o quanto estava me enganando.

De cima para baixo e de baixo para cima

Dois termos que indicam como a informação em nossas mentes e cérebros são processadas "de cima para baixo" e "de baixo para cima". Embora esses termos sejam às vezes usados para a localização anatômica do processo (o córtex mais alto na parte superior, o tronco cerebral mais embaixo e as áreas límbicas na parte inferior), esses mesmos termos também são usados para camadas de processamento não relacionadas à distribuição anatômica em cima e embaixo. Em vez disso, eles são usados para o grau de processamento da informação. Na visão que utilizaremos aqui, *de cima para baixo* refere-se às maneiras que vivenciamos coisas no passado e criamos resumos generalizados ou modelos mentais daqueles eventos, também conhecidos como esquemas. Por exemplo, se você viu muitos cães, você terá um modelo mental generalizado ou imagem de um cão genérico. Da próxima vez que vir um canino peludo passeando, seu processamento de cima para baixo pode usar aquele modelo mental para filtrar as entradas visuais recebidas e você não verá realmente a peculiaridade desse cão à sua frente. Você sobrepôs sua imagem generalizada de um cão por cima da transmissão perceptiva de energia do aqui-e-agora que cria a representação neuronal do "cão". O que você na verdade tem, na conscientização, é aquela amálgama do filtro de cima para baixo de sua experiência. Portanto, aqui, "cima" significa antes de a experiência ser ativada, dificultando a noção dos detalhes únicos e vibrantes do que está acontecendo aqui e agora. A noção generalizada de cima para baixo do cão irá obliterar e limitar sua percepção do animal que está à sua frente. O benefício do filtro de cima para baixo é que ele torna sua vida mais eficiente. Aquele é um cachorro, eu sei que é, não preciso gastar mais energia que o necessário em coisas insignificantes e não ameaçadoras, portanto vou pegar meus recursos limitados e aplicá-los em outro lugar. Isso poupa tempo e energia, e, logo, é cognitivamente eficiente. Esse é o processamento de cima para baixo.

Por outro lado, se você nunca viu um tamanduá espinhoso, a primeira vez que cruza com um numa trilha, ele irá atrair toda a sua atenção, ativando seu processamento *de baixo para cima*, assim você estará vendo com olhos de principiante. Esses são olhos que levam a circuitos no cérebro que não moldam e alteram uma percepção em curso por meio dos filtros de cima para baixo da experiência prévia. Você assimilará ao máximo a sensação pura da visão sem o filtro de cima para baixo que altera e limita o que viu agora baseado no que viu antes.

Quando viajamos para um país estrangeiro, a percepção de baixo para cima preenche nossa jornada com um profundo senso de estar vivo. O tempo parece mais extenso, os dias cheios, e vimos mais detalhes em algumas horas do que em uma semana na nossa vida familiar. Isto, para a percepção de baixo para cima, significa que o que foi *visto* é o que nos torna mais atentos à novidade, vendo os aspectos únicos daquilo que está, literalmente, diante de nossos olhos.

Ellen Langer chama isso de "*mindfulness*" e realizou inúmeros estudos que revelam os benefícios para a saúde ao se estar aberto para o frescor do momento presente (Langer, 1989/2014). A experiência nova da viagem ao exterior em contraste com o senso de monotonia em nossas vidas caseiras também nos faz lembrar de como é a vida no terreno familiar: de cima para baixo pode dominar o de baixo para cima e nos dar um senso familiar da mesmice de sempre. Uma rua próxima de casa com o mesmo tanto de detalhes parece monótona em comparação com a novidade de uma rua numa cidade estrangeira vista pela primeira vez. Essa perda de atenção ao familiar pode ser chamada de dominância de cima para baixo. O aprendizado prévio cria filtros de cima para baixo por meio dos quais selecionamos as entradas recebidas e perdemos os detalhes de coisas vistas pela primeira vez. Essa dominância de cima para baixo é um dos efeitos colaterais, se preferir, da experiência e do conhecimento. É uma das desvantagens da experiência – paramos de ver claramente porque sabemos muito. Sabemos o que é um cão, então sigamos em frente e não vamos desperdiçar energia de atenção ao nos focarmos em algo que já conhecemos. Economizamos nossos recursos de atenção para alguma coisa mais urgente do que o familiar. Conhecimento por experiências anteriores ajuda a nos tornarmos seletivos naquilo que percebemos, assim podemos ser mais eficientes na hora de alocar recursos de atenção e mais eficazes e rápidos em nossas respostas comportamentais. Mas algo se perde em meio àquela eficiência. Nós, literalmente, caminhamos ao lado das rosas e passamos por elas, dando-lhes nomes, sabendo que flores elas são, mas não paramos para nos abstrairmos em seus aromas ou perceber o arco-íris único de cores e texturas.

Uma maneira geral de considerar a distinção entre esses modos de percepção é que com o de baixo para cima estamos vivenciando a mente como condutora de experiências sensoriais, enquanto que no de cima para baixo somos, além de tudo, um construtor de informações. Um condutor permite que algo flua livremente, direcionando tal fluxo, mas sem alterá-lo demais; um construtor é abastecido por entradas e depois gera seu próprio produto, uma transformação que muda o combustível para outra forma: ele constrói uma nova camada de informação de representação além da transmissão sensorial inicial.

A mente pode ser uma Condutora de Baixo para Cima e uma Construtora de Cima para Baixo.

Parte da resposta à questão de "Quem nós somos"? é considerar que somos, no mínimo, um Condutor e um Construtor. Pode ser que se apenas um ou outro for utilizado em nossas vidas, podemos ficar bloqueados em nosso funcionamento. Sem o Construtor, não aprendemos; sem o Condutor, não sentimos. Será que essa é uma coisa extremamente Condutora de se dizer? Minha mente condutora, de certa forma, insiste que eu permaneça aberto com relação a isso – talvez ser somente um condutor seja o suficiente. Mas se eu coloquei isso em palavras, até meu condutor está se conectando com meu construtor para lutar por si mesmo – um sinal da importância de ambos. Você não acha? Você não sente? Ambos são essenciais, cada um com seu papel importante mas distinto em nossa experiência de estarmos vivos. Nossas vidas ficariam limitadas sem o equilíbrio um do outro. Diferencie e depois integre os dois, então nos tornaremos integrados.

A mente, como temos proposto, é tanto corporificada quanto relacional. Em nossas comunicações uns com os outros, frequentemente enviamos pacotes linguísticos de palavras de cima para baixo com narrativas e explanações que já estão construindo a realidade que dividimos uns com os outros. Mesmo quando nos esforçamos ao máximo para usar palavras que descrevam nossas experiências, em vez de explicar o que está acontecendo, ainda estamos usando a construção das formas linguísticas.

E em nosso cérebro? Energia e informação fluem dentro de nós e entre nós. O sistema nervoso, incluindo o cérebro, possui um protagonismo na hora de moldar nossos padrões de fluxo de energia corporificado. É assim que os estudos sobre o cérebro têm tanto a oferecer para esclarecer, pelo menos, quanto ao aspecto interior da mente, mesmo que não seja a totalidade do que é a mente e de quem nós somos. Assim, podemos perguntar, quais processamentos neuronais podem nos ajudar a entender essas maneiras diferenciadas de experienciar a mente, condutora e construtora? Duas descobertas podem ser relevantes aqui.

A primeira é a descoberta recente de que no cérebro existem dois circuitos anatomicamente distintos mediando cada lado. Um processo mais lateralizado envolvendo áreas sensoriais de entrada inclui a ínsula anterior (que alguns dizem fazer parte do córtex pré-frontal ventrolateral) e a consciência mediando o córtex pré-frontal dorsolateral (a área superior na frente do cérebro, atrás da testa e acima e ao lado dos olhos). Note o termo *lateral* em cada uma dessas regiões. Esses circuitos laterais parecem estar ativos quando focamos primariamente na sensação momento a momento (Farb et al., 2007). Em contrapartida, temos um circuito mais centralizado que parece gerar pensamentos. Essa região se sobrepõe, em parte, ao que alguns pesquisadores costumam chamar de "modo padrão", que mencionamos brevemente em um item anterior. Este é o circuito OATS que discutimos e que constrói todos os tipos de conversa de cima para baixo sobre os outros e sobre si mesmo.

Sensações podem ser mais de baixo para cima do que podemos imaginar. Diante do fato que vivemos em um corpo, nossa experiência da mente interna é moldada pelo aparato físico que nos permite assimilar fluxos de energia do mundo externo. Temos nossos primeiros cinco sentidos da visão, audição, olfato, paladar e tato; temos nossos sentidos proprioceptivo do movimento e interoceptivo de sinais vindos do interior do corpo. Essas capacidades perceptivas de sentir o mundo externo e o mundo corporal interno são construídas sobre a máquina neuronal física, que proporciona o fluir da energia. Esses padrões energéticos podem ser simbólicos de alguma coisa diferente do fluxo em si, e a informação é criada por esses padrões conforme os íons fluem para dentro e para fora das membranas e substâncias químicas são liberadas como parte das vias de atividade neuronal.

Em certos aspectos, de baixo para cima, as experiências da mente interior podem ser consideradas como sendo mais próximas do presente que o fisicamente possível, no sentido literal de isso ser "pré-sentido". A sensação já filtrou a realidade através da dimensão restrita dos receptores e das vias neurais. Ainda assim, essa restrição é uma realidade da arquitetura neural, não uma que, nesse nível, seja muito mudada pela experiência. Não precisaríamos chamar uma sensação de um processo de cima para baixo. Podemos usar o termo *sensação* para indicar o mais de baixo para cima possível.

Contudo, há uma realidade no fluxo de energia e informação antes mesmo de nossos órgãos externos dos sentidos, como os olhos e ouvidos, ou receptores internos dos músculos, ossos e órgãos internos do nosso corpo, mandarem seus sinais ascendentemente para o sistema nervoso central. Como esses fluxos de energia sensorial são transmitidos na direção e para dentro do cérebro, passamos de sensação para percepção – e assim a sensação é o mais perto que podemos chegar de estarmos totalmente presentes no mundo. Sim, talvez jamais possamos chegar a um fluxo de energia pressentido, para estar verdadeiramente no mundo antes das restrições dos receptores sensoriais do nosso corpo serem ativados, mas podemos chegar perto, e simplesmente vamos dizer que chegar o mais perto possível daquela realidade fluida é o que chamaremos *de baixo para cima*.

Por outro lado, quando incorporamos aquelas sensações de baixo para cima de nosso circuito condutor nas percepções, ou vamos ainda mais adiante no processo de construção e refletimos sobre o significado de uma sensação ou percepção, associando-a com pensamentos e memórias, estamos utilizando a atividade de um circuito mais central que envolve áreas distintas, inclusive as áreas mediais do córtex pré-frontal, como o precúrio, os lobos medial e temporal, córtex lateral e parietal inferior e córtex cingulado. Por favor, não se preocupe com todos esses nomes de cima para baixo, se não estiver interessado nesses termos. Esse circuito de "observação" faz parte de algo que identificamos anteriormente e lembramos mais facilmente pelo termo *rede de modo padrão*, um sistema importante do cérebro que fica no meio de um conjunto de áreas frontais e traseiras que amadurece na infância, conforme ela se "integra numa rede coesa e interconectada" (Fair et al., 2008).

Esse circuito, como já discutimos, é chamado de "padrão", porque em repouso numa ressonância funcional, o sujeito recebe um robusto disparo cerebral como linha de base para a atividade neuronal, sem que uma tarefa específica lhe seja designada. Com que esse circuito se envolve? Consigo e com os outros – o sistema OATS. Na verdade, alguns neurocientistas sugeriram que os elementos deste circuito de modo padrão dá origem ao nosso senso de identidade pessoal e pode estar conectado com nossa saúde mental (Bluhm et al., 2009; Raichle & Snyder, 2007). Estudos de meditação *mindfulness* destacaram que esse sistema se torna mais integrado com práticas constantes. Somos seres sociais e reflexivos, e seria natural nos focarmos nos outros e em nós mesmos como uma atividade de linha de base, quando estamos apenas descontraindo sem qualquer tarefa – mesmo numa ressonância explosiva.

Talvez meu sistema OATS foi temporariamente desabilitado após o acidente com o cavalo. Sem a participação de um construtor mais distante desse circuito de cima para baixo, a entrada sensorial direta de cada momento naquela ocasião poderia mais facilmente preencher minha conscientização. Sem o filtro de cima para baixo de experiência anterior e identidade pessoal, eu estava vendo literalmente as coisas pela primeira vez. O circuito condutor sensorial lateral de baixo para cima e o circuito construtor de observação de cima para baixo da linha medial têm mostrado serem recíprocos em suas ativações: quando um está ligado, o outro está desligado. Com um sistema condutor sensorial lateralizado e completamente intacto diante de um circuito construtor da linha medial chacoalhado e desativado por um dia, pude experienciar um mundo sensorial mais completo, mais rico, de baixo para cima através do condutor da minha máquina de mente interna.

A construção pode ter muitas camadas de cima para baixo. Uma está no nível da percepção, assim quando vemos um cachorro familiar, ele é só um cachorro. Literalmente sentimos a entrada visual do cachorro, mas não percebemos essa entrada na conscientização com muitos detalhes. Podemos também ter a experiência de observar, assim em vez de estar imerso no fluxo condutor sensorial, estamos um pouco distanciados, tendo a experiência de "Dan está vendo um cachorro. Que interessante para ele. Vamos embora". Tal observação com a presença de um "observador" – Dan – pode ser simplesmente o início da atividade OATS. Agora há uma identidade pessoal que indica quem está vendo de fato. Uma vez que eu ativamente interligue as memórias autobiográficas e factuais com as formas linguísticas, de cima para baixo tornou-se o construtor ativo, e a atividade OATS está fora do páreo.

Tal cascata de cima para baixo pode facilmente passar de uma sensação direta para uma experiência observacional mais sensorialmente distante. Estamos agora observando, não sentindo. Tal observação pode então dar origem à presença de uma testemunha bem definida – nós testemunhamos um evento de uma posição ainda mais distante. Então vamos mais adiante, num modo de cima para baixo, para narrar o que estamos testemunhando e observando. Sim, seu circuito OATS pode ter notado outro acrônimo e está percebendo que o Dan tem um vício em acrônimos: é assim que nós nos tornamos donos (OWN) de uma experiência, já que nós observamos (observe), testemunhamos (witness) e narramos (narrate) um evento.

Quando observamos, testemunhamos e narramos uma experiência a partir de um circuito construtor de cima para baixo conectado com experiências anteriores, nós ficamos mais distantes de estarmos apenas imersos no fluxo sensorial de baixo para cima de nosso circuito condutor no momento atual. Esse é o equilíbrio que vivemos todos os dias, momento a momento, entre de cima para baixo e de baixo para cima, condutor e construtor. A linguagem surge desse fluxo observacional, e podemos ver como dar palavras ao mundo pode nos distanciar da riqueza sensorial que nos cerca. Isso não torna a linguagem uma coisa ruim, mas torna observação, testemunho e narração simplesmente distintos do fluxo sensorial – cada um distinto, importante e inibidor do outro.

Um segundo mecanismo neuronal possível vem de estudos mais antigos que estão menos consagrados, mas, não obstante, podem vir a calhar. Eles sugerem uma via em potencial que age não no lugar das distinções sensorial/observacional ou lateral/linha medial, mas em complemento com esses circuitos distintos. Esse mecanismo possível certamente pode servir como uma metáfora oportuna, mesmo que seus componentes neuronais exatos não sejam verificados a fundo. Mas se isso vier a se consagrar como um mecanismo neuronal de fato, não será apenas uma metáfora oportuna, será, sim, muito difícil de se estudar, porque ele envolve características da microarquitetura do córtex, não regiões inteiras do cérebro mais facilmente vistas numa ressonância, como nas regiões lateralizadas e mediais.

Vernon Mountcastle e outros neurocientistas notaram, décadas atrás (Mountcastle, 1979), que o fluxo de energia no córtex era bidirecional. A parte mais alta do cérebro, o córtex, é composto por colunas verticais, a maioria delas com a profundidade de seis camadas celulares. A camada mais alta é chamada de número um; a mais baixa é a número seis. Dobrado sobre si mesmo diversas vezes, o córtex parece grosso, mas mesmo com seis camadas de células, na verdade, ele é bastante fino, como seis cartas de baralho empilhadas. O córtex serve para fazer "mapas" neuronais do mundo – daquilo que percebemos e concebemos, assimilando as entradas sensoriais de visão, som e construindo mapas maiores do que percebemos, construindo nossos pensamentos conceituais sobre si mesmo e sobre os outros.

Nessa visão possivelmente verdadeira, mas ainda a ser verificada, o fluxo sensorial de baixo para cima emerge a partir das camadas inferiores – seis para cinco para quatro.

Se vimos algo anteriormente, essa experiência anterior molda o mapeamento da entrada cortical ao ativar uma filtragem na transmissão de cima para baixo, iniciada, literalmente, de cima para baixo – das camadas um para dois para três, e assim por diante. Nesse mecanismo proposto, quando vemos um animal peludo com uma coisa longa abanando atrás dele, nós absorvemos a via sensorial de seis, para cinco e para quatro. Essa é a entrada sensorial de baixo para cima. Essa é a nossa *condução*, criando um termo novo para o que o condutor faz. Mas se vimos um objeto similar antes, nomeando-o "animal", ou talvez "bichinho de estimação", ou mesmo "cachorro", ou quem sabe algo mais específico, "Charlie", então aquele conhecimento prévio influencia a experiência momentânea ao ativar mapeamentos corticais imbuídos de memórias que serão iniciados da camada um para a dois, para a três. Em outras palavras, as camadas corticais mais altas transmitem conhecimento prévio pela mesma coluna cortical, mesmo ao receber a transmissão sensorial de baixo para cima, seis para cinco para quatro. Naturalmente, esse fluxo de cima para baixo foi iniciado por algum tipo de detecção de padrões, permitindo que esse fluxo fosse criado, o que é específico para essa transmissão sensorial no momento – e essa é a parte crucial e maravilhosa desta visão.

Em outras palavras, alguma parte desse mecanismo poderia detectar um padrão familiar e ativar o fluxo de cima para baixo. Esse detector precisaria ser diretamente conectado com os sistemas padrão de percepção e memória. Se o que estiver vindo agora das sensações combinar com algum padrão representado de aprendizado prévio, a filtragem de cima para baixo é iniciada.

Camada	De cima para baixo	Dominância de cima para baixo	Top-Down
ESQUEMA DAS COLUNAS CORTICAIS EM SEIS CAMADAS E O FLUXO DE INFORMAÇÃO DE BAIXO PARA CIMA E DE CIMA PARA BAIXO			
1	⇩	⇩⇩⇩	⇩
2	⇩	⇩⇩⇩	⇩
3	⇩		⇩
Estado de atenção	⇨ → ⇨ →	→ ⇨ ⇨ ⇨ ⇨	⇨ → → → → → →
4	↑	↑	↑↑↑↑↑
5	↑	↑	↑↑↑↑↑
6	↑	↑	↑↑↑↑↑
	De baixo para cima	De baixo para cima	Dominância de baixo para cima

Nesta visão, nosso condutor sensorial de baixo para cima serve como o combustível e as formas para o construtor perceptivo de cima para baixo. O "choque" de entrada no encontro da camada três (de cima para baixo) e da camada quatro (de baixo para cima) determinará quantos detalhes iremos de fato perceber com ou sem conscientização. Se experimentarmos muitas entradas conduzidas de baixo para cima livres da filtragem de cima para baixo, vemos muitos detalhes sensoriais. A conscientização se enche de toda a riqueza de alguma coisa nova. Muita dominância de cima para baixo funciona como um construtor para interpretar e transformar aquele fluxo inicial de baixo para cima em modelos mentais e mapas perceptivos generalizados, e no fim das contas apenas sabemos que é um cachorro, percebemos apenas generalidades e seguimos em frente. Os detalhes experimentados na conscientização são monótonos, a riqueza efêmera e o interesse baixo.

De cima para baixo pode repetidamente desligar a entrada de baixo para cima, já que ela apura o que pensa que vê e não "precisa" mais da entrada de baixo para cima. De cima para baixo fez seu trabalho e, para ser eficiente, desliga maiores atenções aos detalhes da transmissão sensorial. É só mais um cachorro, vamos embora.

Uma descoberta interessante e possivelmente relevante a essa visão proposta é a sobre a neuroanatomia comparada do macaco (Semendeferi, Lu, Schenker & Damásio, 2002). As diferenças entre o cérebro humano e o do macaco são encontradas primariamente no córtex. Essas distinções incluem o fato de que os dois lados do cérebro humano são mais diferenciados e suas interligações mais robustas por meio do corpo caloso. Isso, diga-se de passagem, faz com que ele seja um cérebro mais altamente integrado, com mais diferenciação e interligação. Além disso, na região pré-frontal do córtex humano, o neurópilo – corpos celulares que realizam cálculos neuronais – são muito mais densos nos humanos do que em nossos primos macacos na cama três-quatro. Ninguém sabe exatamente o que isso significa, mas poderia significar que temos mais capacidade de lidar com a interface de baixo para cima e de cima para baixo, um exercício de equilíbrio que pode ser desempenhado só nessa parte dos cálculos neuronais da região pré-frontal. Ou talvez seja simplesmente um sinal de nossa função construtora pesada de cima para baixo que está colidindo com a de baixo para cima e dominando. Estudos futuros podem se beneficiar ao examinar, por exemplo, se essa zona da coluna cortical do nível três-quatro fica ainda mais densa após treinamento mental que ajude a realçar as distinções entre de baixo para cima e de cima para baixo, um processo que eu acredito que a meditação *mindfulness* pode executar.

Para repetir o alerta de cima para baixo, por favor, entenda que a proposta de visão colunar dessas distinções é apenas uma hipótese. Quando, certa vez, propus isso a um neurocientista, a resposta foi: "O cérebro não funciona assim". Talvez ele esteja certo. Mas talvez simplesmente não encontramos as técnicas para examinar esse nível de processamento colunar, pelo menos ainda não. Precisamos manter uma mente sensorial aberta e não chegar a conclusões precipitadas quanto às possibilidades. Esse é o benefício do processo de baixo para cima, manter nossas mentes classificadoras controladas. Não é porque o construtor tem convicção sobre a verdade de alguma coisa que não signifique que a realidade sensorial pode não provar o contrário, quando vista de um processo de "condução" mais de baixo para cima. Esse é um dos desafios da ciência em geral – conforme nos tornamos especialistas e criamos linguagem sobre as coisas, podemos perder o contato de como as coisas são. Essa é uma preocupação que expressamos no início da nossa jornada sobre o cuidado ao usar palavras para refletir sobre o mundo sem palavras da mente. Ter em mente esses cuidados de construção de cima para baixo será uma mentalidade útil para continuarmos com a jornada.

Em todo o caso, há um consenso geral de que de cima para baixo e de baixo para cima são maneiras distintas de experienciarmos o mundo, quaisquer os mecanismos neuronais que contribuam para o processamento mental.

A construção de cima para baixo nos ajuda a lidar com o que quer que precisemos lidar de maneira mais eficiente. Ela nos ajuda a estarmos no mundo. Quando bebemos um copo com água porque estamos com sede, não precisamos chorar de alegria com todos os elementos sensoriais daquela experiência, como eu fiz no México após meu acidente, ou após eu ter meditado pela primeira vez. Às vezes, precisamos simplesmente beber a água e seguir em frente. Por outro lado, quanto mais velhos e mais experientes nos tornamos, mais dominante a construção de cima para baixo pode se tornar. Uma vida exclusivamente de cima para baixo é tão distante do fluxo sensorial de baixo para cima que dá para se sentir totalmente desconectado de um senso de vitalidade. A transmissão sensorial condutora está no presente vívido. Nós somos aqui-agora. Mas o construtor conceitual, embora importante, quando sem a transmissão sensorial condutora pode parecer um tanto anestesiado, distante no tempo e no espaço, e quando vivido ao extremo, dá-nos a sensação de estarmos em lugar nenhum.

Eu amo pensar e construir ideias. Mas viver uma vida só de construção e não interligar a um fluxo condutor é uma vida não integrada, tornando-nos propensos ao caos e à rigidez. A harmonia envolve respeitar tanto a construção quanto a "condução".

Se respeitarmos o de baixo para cima em nossas vidas, aprender a cultivá-lo bem – ou revitalizá-lo desde nossos primeiros anos de vida, antes de nossa identidade pessoal se tornar dominante em nossas vidas – esta pode se tornar mais plena, mais rica e mais significativa. Podemos aprender a viver mais na transmissão sensorial condutora do presente do que no mundo distante unicamente da construção. Trazer de volta o de baixo para cima pode envolver cada um desses possíveis mecanismos, aprimorando nosso circuito condutor sensorial lateral e o fluxo colunar de baixo para cima, de seis a quatro, e ao mesmo tempo diminuindo a dominância do fluxo de nossos circuitos construtores de observação, testemunho e narrativa, e descendo no fluxo colunar de cima para baixo, de um a três.

Nós humanos temos tantas angústias mentais, porque temos um circuito OATS e camadas mais altas robustas (1, 2, 3) em nosso neocórtex. Cada um desses possíveis mecanismos sugere que o cérebro humano pode ser uma fonte de integração prejudicada no fluxo de energia e informação. O que isso significa? Se a transmissão sensorial funciona como um condutor, podemos imaginar que poderia haver uma emergência natural ali, incluindo o impulso auto-organizador para integração e bem-estar. Por outro lado, o lado contrário composto pelo circuito construtor de cima para baixo da linha medial e as camadas mais altas intrincadas 1-2-3 do córtex construtor podem ter um conjunto de padrões que restringem a emergência natural da integração, em algumas pessoas e em certos estados. Isso pode ajudar a explicar por que, como mencionado anteriormente, cada sintoma de cada síndrome dos transtornos psiquiátricos pode ser visto como um exemplo de caos, rigidez ou ambos. Como o caos e a rigidez surgem de prejuízos à integração, podemos ver como a integração prejudicada pode ser vista como fonte de sofrimento mental. Tal angústia se manifesta em nossas vidas como caos e rigidez. Até hoje, todos os estudos imagiológicos do cérebro de indivíduos com graves problemas psiquiátricos revelam integração prejudicada no cérebro.

Pode ser que o papel construtor de quem nós somos seja o que nos leve a dificuldades mentais. Desenvolver a igualmente importante, mas frequentemente menos preservada, função condutora à medida que crescemos durante a vida pode ser um segredo para manter o bem-estar. Equilibrando o condutor e o construtor, podemos viver uma vida mais integrada. Seja por meio de adaptação adquirida por experiência ou por fatores genéticos, tóxicos, infecciosos ou inatos que iniciam esse impedimento à integração, pode ser que o construtor seja o responsável por criar obstáculos à integração. Em contraste, já que a construção e a condução naturalmente inibem uma à outra, destacar o circuito sensorial oposto, e geralmente subdesenvolvido, diante da construção extremamente zelosa pode revelar como cultivar nossa função condutora permitindo que a integração aflore naturalmente.

Neste aspecto, parte da arte de viver plenamente é despertar nossa mente neófita, o que significa fortalecer nossa capacidade para a vida condutora de baixo para cima e viver com incerteza. Como mencionado antes, a noção de Langer (1989/2014) de aprendizado consciente, no qual prestamos atenção em especial a novas distinções, exemplifica esse tipo de despertar, e sua pesquisa revela, de forma intencional, os poderosos benefícios à saúde ao se canalizar a experiência de baixo para cima. Quando estamos abertos ao que está acontecendo, no exato momento em que acontece, podemos abraçar a incerteza natural da vida (ver Siegel & Siegel, 2014). Mas quando nosso construtor constrói expectativas sobre como o mundo deveria ser, ficamos predispostos a decepção, angústia e estresse. O condutor está no momento atual, aceitando como tudo é; o construtor está normalmente longe do presente sensorial, construindo modelos de vida que correspondem com o que experimentamos no passado, quase sempre fazendo isso para que não vejamos a totalidade do que está acontecendo agora. Tamanho conflito entre o que é e o que esperamos ser pode criar grandes desafios para se estar plenamente no presente.

Ter noções fixas de alguma coisa – tais como a ideia de que a mente é apenas atividade cerebral – pode limitar nossa predisposição a estarmos abertos a novas maneiras de pensar sobre questões antigas. Conceitos de cima para baixo podem restringir nossa liberdade para assimilar novas perspectivas, mesmo sem sabermos que essa filtragem perceptiva e esse aprisionamento estão ocorrendo. Tal processamento de cima para baixo pode impactar diretamente nossas funções executivas, nosso senso de quem nós somos e moldar as decisões que tomamos. Em outras palavras, além de moldar nossas percepções, a construção de cima para baixo pode ter profunda convicção em seus próprios conceitos construídos, sua própria produção linguística. É por isso que é tão importante criar uma maneira de cima para baixo para compreender o de cima para baixo, assim podemos informar nosso próprio construtor e convidá-lo a deixar o condutor se tornar mais ativo em nossas vidas. Também podemos aprender a ter humildade – palavras são simplesmente palavras.

Porém o de cima para baixo é crucial para fazermos um balanço de onde nós estamos e se precisamos corrigir o curso. Palavras são ótimas em tentar articular nossas experiências. Podemos tomar um pouco de distância da objetividade de uma experiência, perceber padrões e conceber conceitos com construções e palavras que podem ser profundamente fortalecedoras. Na verdade, essas palavras construtivas são essenciais de vez em quando para nos distanciarmos de experiências diretas, assim podemos refletir e interpretar certas coisas. A observação cuidadosa conduz ao testemunho e à narrativa, a base para estudos disciplinados de qualquer coisa. Pesquisar vem do francês antigo, *recerche*, que significa "buscar novamente". A construção de cima para baixo é também vital em nossas vidas complexas.

Essa discussão simplesmente nos traz ao seguinte: tanto condução quanto construção são componentes importantes do *quem* de quem nós somos. Somos tanto condutores quanto construtores.

Reflexões e convites: identidade, Eu e mente

Em nossas jornadas pela vida, momentos decisivos surgem inesperadamente, e frequentemente não entendemos o impacto deles no longo prazo. Ao passarmos da infância para a adolescência, as maneiras com que compreendemos o mundo se tornam embutidas nos modelos mentais de cima para baixo que moldam como continuamos a perceber e interpretar a vida conforme ela se desenrola. Se aqueles modelos permanecem incontestáveis, continuamos de uma maneira recorrente e autorreforçada a criar em nossas interações os tipos de experiências que simplesmente reforçam o que acreditamos ser. Nosso construtor de cima para baixo pode filtrar experiências, criar decisões executivas nas ações e interagir com o mundo de maneiras que, repetidamente, moldam a forma como estamos imersos e até como respondemos. Essas experiências repetidas são frequentemente entrelaçadas com um conto de nossa identidade, conforme observamos, testemunhamos e narramos uma história que contamos várias e várias vezes sobre quem nós somos. Pelo menos, quem pensamos ser.

Quase sempre, poucos desses processos construtores de cima para baixo, que moldam pelo menos parte do *quem* de quem nós somos, chegam à nossa conscientização. Nossa identidade pessoal construída de cima para baixo pode limitar nossa vida mais livre, mais detalhada, ricamente sensorial e de baixo para cima. Algo novo – até uma lesão traumática – pode ser um convite a ver coisas com novos olhos. Mas você não precisa bater a cabeça para dar uma chacoalhada na sua mente. Por exemplo, uma experiência que agita nosso senso de quem pensamos ser e abre nossas mentes a novas maneiras de perceber e experimentar a vida pode ser transformada de um trauma inofensivo para uma oportunidade de despertar. Às vezes, uma conversa com outra pessoa pode desencadear mais o de baixo para cima; outras vezes, é ouvindo um novo poema ou uma música. Há muitas oportunidades para convidar o condutor a despertar e o construtor a reavaliar suas conclusões familiares sobre vida e identidade.

O que significa de verdade despertar a mente? Neste caso, significa que temos uma perspectiva de que somos mais do que pensamos. Somos mais do que lembramos. A noção de um Eu pessoa, tal como meu senso de um "Dan" que vive neste corpo, é uma construção. Se batidas repetidas no cascalho pudessem inutilizar meu senso de Dan por um dia, o que sobraria do *quem* de mim? Claramente, sou mais do que minha identidade como Dan. Dan foi construído. O que estava sobrando? Condução. Eu pude experimentar a vivacidade profundamente rica da vida condutora. Condução não é construída. É o mais de baixo para cima que podemos alcançar nessa vida.

Aquela experiência foi um chamado para mim para experimentar uma mudança de percepção, para ver que a identidade pessoal do Eu é uma construção pessoal.

Um momento decisivo na vida de uma pessoa pode surgir quando os filtros de cima para baixo que moldam nossos sentimentos, percepções, pensamentos e ações são repentinamente abalados e despedaçados, e uma nova experiência de baixo para cima preenche nossa conscientização. Em outras palavras, a dominância de cima para baixo a partir dos circuitos construtores da linha medial que inibem reciprocamente os circuitos condutores lateralizados pode manter as crenças no *status quo* do Eu, e maneiras do Eu-no-mundo, intactas por anos, décadas ou pela vida inteira. (Nossa, quantas palavras para dizer: vai construtor!) Em resumo, podemos estar aprisionados por visões ocultas de cima para baixo de quem achamos ser. A partir da perspectiva da coluna cortical, podemos ter um conjunto de cima para baixo de fluxos restringidos que repetidas vezes moldam nossa experiência perceptiva; acreditamos que o que continuamos a ver é a realidade do que é. Uma maneira de expressar isso é que não existe algo chamado percepção imaculada. A percepção moldada por aprendizado de cima para baixo de experiências prévias. Precisamos nos conectar com a sensação para começar a nos libertar da tirania em potencial dos filtros de cima para baixo frequentemente ocultos de nossa conscientização. (Vai, condutor!) Estranhamente, ao escrever este parágrafo, posso sentir um tipo de aliança dos dois conforme eles reagem ao que parece ser um dueto condutor-construtor. Talvez esse seja um desejo construtor sobre a integração, mas parece uma realidade condutora, portanto talvez esteja realmente acontecendo, quem sabe?

E é exatamente isso. Quem nós somos e quem é que sabe?

Você consegue se lembrar de alguma vez em que um tipo de mudança de perspectiva entrou na sua vida? Esta pode ser sutil ou severa, súbita ou gradual, mas frequentemente esse senso de lucidez interior emergente pode estar impregnado com um sentimento de novidade, como se não tivesse visto esse objeto ou teve anteriormente esse *insight* exatamente desse jeito.

Se você teve uma experiência dessas, pode ser conveniente refletir sobre como sua mente constrói uma imagem do mundo baseada no que aconteceu. Ao chegarmos aos nossos anos mais maduros, da infância em diante, vivemos nesses corpos cujos cérebros são máquinas de antecipação e detectores de padrões, prontos para a próxima, baseados no que imaginamos acontecer no futuro moldado pelo que aprendemos sobre o passado. Isso significa que nossa experiência crua de uma mente neófita, de estar neste presente sensorial agora, é substituída ao envelhecermos por uma mente experiente. Ironicamente, seremos capazes de ver, literalmente, menos claramente, menos plenamente, com menos detalhes, nada além disso. Muito triste, mas muito funcional, se pararmos para entender.

Portanto, quem nós somos? Podemos dizer simplesmente que somos nossas mentes. Mas o que é exatamente essa mente? No mínimo, podemos dizer que a partir de uma experiência de baixo para cima, somos nosso fluxo sensorial de energia que surge do mundo externo e de nosso mundo corporal interno, inclusive de nosso cérebro. É assim que nós funcionamos como condutores de experiências sensoriais, imergindo-nos no milagre de estarmos aqui, neste momento. Também somos nossa experiência de cima para baixo – maneiras que filtramos o fluxo de energia em informação, significado simbólico que representa algo além do padrão de energia que experienciamos. É assim que também somos um construtor de informações, não meramente um condutor de energia.

Ironicamente, ter uma visão construída desta noção bipartida do *quem* de quem nós somos pode ajudá-lo a cultivar o condutor de sua vida, se isso for necessário. Como refletimos sobre nossas experiências passadas fixas, vivemos com abertura para a emergência do agora e antecipamos e moldamos o fluxo de momentos em aberto no que chamamos de futuro, são maneiras com as quais nossas mentes continuamente criam quem nós somos na única coisa que existe, o momento do agora.

Essa é uma visão de cima para baixo de quem nós somos. Nós podemos ser donos (OWN) dela, observando, testemunhando e narrando. Construir nossa experiência de vida é um aspecto importante de quem nós somos. De certa forma, isso pode ser visto como a maneira que a mente cria informação a partir do fluxo de energia, começando com percepção de sensação e, em seguida, passando a maneiras muito mais complexas de memória, concepção e imaginação.

Condução é igualmente importante, só diferente em sua função. Ser um condutor é mais como estar numa experiência, ativando o senso subjetivo de fluxo de energia antes que ele seja transformado em uma forma simbólica que chamamos de informação. Podemos fortalecer nosso Eu condutor ao criarmos o hábito de peneirar a mente, verificando sensações, imagens e sentimentos diretos, e até percebendo a textura de nossos pensamentos construídos. Podemos temporariamente parar de ler, parar de escrever e ficar sem palavras, imergindo-nos em desenhos, danças, cantorias e apenas sendo.

Aproximar a conduição e a construção cria uma vida vibrante de respeito à importância dessas maneiras fundamentais de ser. Elas separadas nos restringem; elas juntas em nossa vida nos libertam para vivermos mais plenamente. Construção e conduição são parte do ser que nós somos. Você consegue sentir a energia de tal visão no condutor de sua experiência? Você consegue perceber os *insights* de informação no construtor de sua experiência? Condutor e construtor, podemos dar as boas-vindas a essas duas facetas de quem nós somos agora mesmo, no fluxo deste instante.

CAPÍTULO 6
ONDE FICA A MENTE?

Estamos mergulhados na nossa jornada, abrangendo a natureza fundamental do fluxo de energia e informação como fonte da mente. Discutimos como esse fluxo é parte de um sistema complexo, que possui uma propriedade emergente de auto-organização. Integração é como a auto-organização movimenta o sistema de maneira otimizada, e vimos que essa interligação de partes diferenciadas, essa integração, é proposta como um mecanismo central da saúde. Também exploramos como a experiência subjetiva da mente pode ser um aspecto emergente do fluxo de energia e informação. Quando nos sintonizamos com essa experiência subjetiva em outra pessoa, promovemos a junção de duas entidades diferenciadas em um todo coerente e integrado. Isso permite nos juntarmos ao outro – nós pertencemos, e há um sentimento vibrante de harmonia que se manifesta. É assim que o todo fica maior que a soma de suas partes, o resultado da integração. Descrevemos também como a energia pode fluir no condutor, a função de baixo para cima da mente; e a energia pode ser transformada em informação, em símbolos com significados além do padrão de energia, pela função construtora da mente. Condutora e construtora, a mente implica uma porção de experiências do momento. Neste item, vamos nos focar no *onde* da mente, explorando a localização desse fluxo de energia e informação.

A mente poderia ser distribuída além do indivíduo? (1985-1990)

Antes dos anos 1990, anterior a Década do Cérebro, eu havia me transferido para meu treinamento do mestrado, primeiro em pediatria, depois em psiquiatria. Como "cuidador da alma", o campo da psiquiatria parecia para mim um bom lugar para explorar o que poderia ser a natureza do coração do ser humano. Ainda assim, eu sentia como se a psiquiatria estivesse lutando para encontrar uma identidade, tanto na medicina quanto no campo da saúde mental como um todo. A jornada de me tornar um médico da saúde mental foi cheia de muitas surpresas, tais como aprender que as várias disciplinas focadas na mente não tinham uma definição do mental, ou da saúde, como já falamos.

Foto de Alexander Siegal

O campo da psiquiatria que vivenciei quando voltei do meu afastamento e retornei aos meus turnos durante os dois últimos anos clínicos da faculdade de medicina, lá no início dos anos 1980, eram cheios de conflitos e disputas territoriais. Você era um terapeuta psicanalítico ou um psiquiatra biológico – você acreditava em Freud ou em moléculas? Você acreditava em terapia ou medicações? Você estava interessado em pesquisar doenças mentais ou atuar junto à comunidade? Essas barreiras pareciam intransponíveis, portanto mesmo durante meu afastamento da faculdade quando descobri minha fascinação pela mente e ao fato de quanto eu amava crianças e, talvez, por causa da minha relação com meu mentor, Tom, escolhi fazer minha residência em pediatria.

Mas eu me agarrei àquele conceito de *mindsight* – a maneira com que vemos a mente nos outros e em nós mesmos – quando voltei para a faculdade, e agora no meu treinamento na pós-graduação. Famílias focadas nos sentimentos e pensamentos de seus filhos, e dos próprios pais, aquelas que mostravam empatia e *insight* em suas habilidades de *mindsight*, pareciam lidar de forma mais eficaz com os desafios de graves doenças contra as quais lutavam muitas das crianças com que trabalhei. *Mindsight* parecia ser uma habilidade importante e útil, que cultivava resiliência. Eu me esforçava ao máximo para ajudar aquelas famílias a cultivarem *insight* e empatia, suas habilidades de *mindsight*, mas o tratamento médico e a pressão de tanto trabalho tornou tal foco praticamente impossível. Depois de meus primeiros meses na pediatria da UCLA, percebi que minha paixão pela mente seria melhor focada na psiquiatria, então transferi meus créditos no fim do primeiro ano.

Eu amava ver os pacientes da psiquiatria. Ser capaz de usar o conceito de *mindsight* para focar em seus mundos internos, manter o contato com o meu próprio, ajudá-los a esclarecer suas vidas mentais e encontrar as conexões sociais que poderiam alicerçar uma mente saudável com a redução de sua dor psíquica era motivador e significativo. Eu não fazia ideia do que iria acontecer na psiquiatria ou no campo da saúde mental, mas com a imersão diária no trabalho com os pacientes eu sabia que tinha escolhido a direção certa.

Mas mesmo na psiquiatria, assim como na faculdade de medicina, havia uma pressão para um posicionamento objetivo na direção da doença mental, conceituar transtornos e realizar intervenções clínicas que pareciam diminuir a importância da experiência subjetiva única de um indivíduo. A última edição do *Manual Estatístico e Diagnóstico* da American Psychiatric Association, o *DSM-III*, foi primeiramente publicada quando eu estava na faculdade de medicina e testada em nós como estagiários no turno da psiquiatria. Uma das metas estabelecidas daquele documento, os professores nos disseram, era criar um vocabulário com critérios objetivos sobre o que constituía um transtorno psiquiátrico, assim uma pessoa em Iowa ou Indiana poderia falar com alguém na Irlanda ou na Índia e ter a mesma noção do que significavam aqueles termos. Em vez da interpretação subjetiva de um médico, o novo *DSM* claramente delinearia uma padronização profissional da saúde mental na qual eram necessários um conjunto de sintomas que preenchessem os critérios para receber um diagnóstico psiquiátrico.

Esse impulso por objetividade fazia sentido. Era consistente com o modelo médico que nos ensinavam na faculdade, e honrava a psiquiatria como um ramo da medicina. Parecia que este passo também permitiria a cooperação entre todos os médicos de várias formações, inclusive da psiquiatria, o que deveria ser benéfico para os pacientes.

Mas uma tensão interessante foi inevitavelmente criada com tal abordagem, pois muitas coisas importantes da mente eram de fato subjetivas. Como poderíamos oferecer dados verdadeiramente objetivos sobre alguma coisa que incluía processos subjetivos? Estranhamente, vim a perceber anos depois, que um livro sobre transtornos mentais que deveria estruturar um campo inteiro da saúde mental jamais abordou o assunto do que era o *mental*, o que era a mente ou o que poderia ser a saúde do mental. Quão estranho, ter uma área da mente que não definia o que era mente.

Como residente, fui escolhido como membro honorário da American Psychiatric Association, e como tal participei de um debate sobre o seguinte tópico: Residentes em psiquiatria deveriam aprender a realizar psicoterapia? No encontro nacional anual, meu oponente no debate começou com o seguinte argumento: psiquiatras são doutores em medicina, e como médicos, baseamos nosso trabalho na ciência médica. A psicoterapia é uma atividade que indaga os pacientes sobre seus sentimentos. Não há estudo científico que prove que sentimentos sejam reais. Por essa razão, sentimentos não são um tópico científico. Assim, psiquiatras, como doutores em medicina que baseiam seu trabalho na ciência, não deveriam se envolver em uma atividade não científica, como a psicoterapia. A conclusão natural: não é necessário que psiquiatras aprendam sobre ou pratiquem a psicoterapia.

Fiquei consternado, e fiquei ali parado enquanto meu oponente no debate também se sentou. Agora era a minha vez. O que eu deveria dizer? O que você teria dito? Como eu poderia abordar essa questão de se nossa experiência subjetiva interior, a textura sentida da vida vivida, inclusive os sentimentos de nossas emoções, eram reais ou não? Se esses sentimentos e sensações, pensamentos e memórias, essas atividades mentais, não fossem mensuráveis de forma quantitativa, ou mesmo externamente observáveis, seria a própria mente de fato real? Os sentimentos e a mente, com os quais tomamos ciência cientificamente falando, eram entidades válidas?

Hesitei um pouco, fiz algumas respirações profundas e, então, levantei e caminhei até o púlpito.

Olhei para o salão cheio de residentes e psiquiatras experientes. Nós éramos o futuro da psiquiatria, como residentes, e éramos, disseram-nos, o futuro da psiquiatria acadêmica, nós como membros. Esse debate era um momento na evolução de nosso ramo da medicina dedicado a ser um prestador de cuidados à alma, à psique, à mente. O que eu poderia dizer? Eis o que eu lembro de ter acontecido.

Olhei para a plateia, depois para o meu oponente, e comecei a simplesmente dizer que eu me sentia triste. Então fiz uma pausa. Respirei fundo mais uma vez e disse que eu não estava ciente de nenhum estudo que demonstrasse cientificamente que meu oponente fosse real, e que eu não tinha mais nada a dizer, então fiz um gesto como se me sentasse.

Permaneci no púlpito, e após as gargalhadas e os aplausos diminuírem, debatemos mais um pouco, analisando metodologias científicas que dependiam de fatores mensuráveis, coisas que se pode observar e quantificar, depois propus uma discussão sobre o que sabíamos até então, sobre pesquisas a respeito do impacto da psicoterapia sobre a saúde mental. Mas, mais tarde, vim a perceber que uma antiga declaração feita pelo sociólogo William Bruce Cameron, quase sempre atribuída aparentemente de forma errônea a Albert Einstein, publicada em 1963, ou seja, após sua morte, teria sido muito útil naquele momento, tão relevante naquela discussão: "Nem tudo que pode ser contado conta, e nem tudo que conta pode ser contado". Eu apenas declaro um sentimento semelhante da seguinte forma: nem tudo que é mensurável é importante, e nem tudo que é importante é mensurável.

Você deve achar que essa divisão entre o objetivo e o subjetivo seja algo novo, alguma parte do surgimento de uma abordagem científica baseada no cérebro a respeito da mente. Mas fiquei surpreso em saber que essa discussão específica sobre psiquiatras se considerarem médicos objetivos, que não deveriam se focar em experiências subjetivas interiores, de fato, não era nada novo.

Meu supervisor clínico, quando soube da história do debate, sorriu e perguntou quem tinha sido meu oponente. Disse-lhe onde ele estava fazendo residência, e o sorriso do meu supervisor se transformou numa risada, então disse: "Vou trazer uma coisa para você na semana que vem". Naquela mesma semana, ele trouxe uma cópia mimeografada que havia guardado de um debate quase idêntico entre ele e o atual supervisor do meu oponente, porém 25 anos antes. Califórnia versus Iowa, parte dois.

Era como se a cultura da psiquiatria, e talvez do campo mais amplo da saúde mental, estivesse adotando alguns posicionamentos de que a vida mental era limitada a comportamentos observáveis, emanados de uma pessoa e percebidos por outra. Até mesmo psicólogos acadêmicos, no último século, vinham migrando para um foco em fatores objetivos e externamente mensuráveis que representavam a vida mental, em vez de confiar nos muito menos confiáveis, "difíceis e falíveis" resultados da introspecção, como declarou William James, em 1890.

Certamente superando o behaviorismo, a meta do *DSM* para objetificar e tornar descritíveis nossos pensamentos e sentimentos, embora com boas intenções, parecia encorajar, talvez inevitavelmente, a remoção da realidade da vida mental interior genuinamente experienciada do indivíduo do método de avaliação no campo da saúde mental. Sim, o *DSM* discute sinais que são diretamente observáveis assim como sintomas que são capazes de serem articulados por uma pessoa, a experiência interior que um paciente relata ter tido. Mas o que quero dizer com esse problema é que fazer listas de sintomas, riscá-los durante uma entrevista, depois usá-los para rotular uma pessoa com um nome linguístico, um diagnóstico, simplesmente não é o mesmo que o médico aprender a sintonizar-se com a vida interior de outra pessoa antes e por trás das palavras. Em outras palavras, cada pessoa é diferente, mesmo que usem as mesmas palavras para expressar seus perfis sintomáticos. Talvez fosse meu treinamento na prevenção de suicídio, ou talvez fosse minha experiência na faculdade de medicina, mas me parecia que um médico precisava se conectar profundamente com a pessoa sob seus cuidados, não apenas riscar alguns itens de uma lista e chegar a um diagnóstico rotulado. Cada pessoa é única. Mas, infelizmente, nossas mentes construtoras, de cima para baixo, podem começar a perceber as coisas sob a influência da categoria diagnóstica que nos foi ensinada, e paramos de estar presentes para realmente ver a pessoa sentada à nossa frente.

O risco das categorias objetivas é que podemos perder de vista a realidade individual de nossa subjetividade mutuamente criada. Lembre-se que ninguém possui percepção imaculada. Com frequência, preocupante e lamentavelmente, a mente construtora tem grande convicção em suas construções. Na posição de profissionais da saúde mental, precisamos estar especialmente atentos a como diagnósticos categóricos podem limitar como sentimos a mente da pessoa com quem estamos trabalhando.

Essa tensão entre o objetivamente observável e o subjetivamente experimentado é um velho conflito que traz nebulosidade em vez de clareza, competição em vez de cooperação. A verdade é que um aspecto da atividade mental, uma característica essencial da mente, é a realidade subjetiva de nossos sentimentos e pensamentos, crenças e atitudes. Podemos também observar objetivamente, de vez em quando até medir, alguns resultados da vida mental, como o comportamento. Mergulhamos profundamente nessa visão em itens anteriores. Vimos como podemos medir as sombras de nossas experiências subjetivas, receber respostas para listas de descrições de sintomas, mas não podemos conhecer o mundo subjetivo diretamente no outro, mesmo nessas maneiras de coletar dados a partir de uma perspectiva externa. Isso não é um problema só de profissionais da saúde mental; também é frustrante para o campo da ciência em geral, que é baseado em rigorosa observação e nas medições quase sempre necessárias para quantificar resultados. Subjetividade, no fim das contas, não é mensurável, como já vimos. Mesmo que assinalemos uma linha numa página, como numa Escala de Likert, de *muito, um pouco, não muito* ou *nada*, ou se assinalarmos uma caixa de cores para indicar o que estamos vendo, não estamos realmente revelando como nos sentimos, digamos, ao estarmos com pouca ou muita raiva de alguma coisa, ou como é ver a cor verde a partir de nossa experiência subjetiva interior.

Quando um médico não está atento aos limites da realidade construída de uma categoria diagnóstica, então é possível fazer com que seus filtros internos, subjetivos e de cima para baixo criem uma percepção da pessoa que está bem distante do que de fato está acontecendo com ela. Sem consciência de suas próprias mentes, os médicos podem perder contato com a realidade da pessoa diante de seus olhos. A pessoa é vista a partir de uma construção categórica de cima para baixo, um viés perceptivo não consciente que molda a narrativa compartilhada da relação paciente/terapeuta, uma que pode direcionar como vivemos essa visão de cima para baixo da realidade, em contextos cliente/paciente, como membros da família, e como psicoterapeuta. Infelizmente, este processo narrativo pode se reforçar, como a história contada por nós se torna a história dentro de nós que, então, esculpe a história na qual vivemos, tanto individual quanto coletivamente.

Quando residente, eu ficava perplexo com esses dilemas. Eu amava a ideia geral do campo da psiquiatria, mas podia sentir os profundos desafios de como criar uma abordagem cuidadosa para categorizar o sofrimento mental. Obviamente, nomear um desafio ao bem-estar poderia nos permitir coletar cuidadosamente dados sistemáticos, para estudar indivíduos empiricamente sob determinada condição, chegar a estratégias de tratamento eficazes comprovadas e, então, medir com sucesso os resultados. Mas embora esses sejam passos cruciais a serem tomados por uma área de estudos, e se o indivíduo estivesse perdido na categorização, ou pior, se as categorias fossem inadequadas ou imprecisos? O que poderia proteger o indivíduo de tais autorreforços das limitações e imprecisões de diagnóstico em potencial? O que poderíamos fazer? Um passo, eu acho, poderia ser mergulhar profundamente no que é a mente de fato em vez de ignorar o tópico como um todo.

Portanto, vamos relembrar que a mente possui quatro facetas que temos explorado: processamento de informação, experiência subjetiva, consciência e auto-organização. Para alguns, a visão da mente de informação localiza a mente na cabeça. A mente, frequentemente encarada como um processador de informação, é equiparada com a atividade cerebral por uma vasta maioria de acadêmicos no campo da saúde mental e neurociência, o que foi proposto por Hipócrates há cerca de 2500 anos, como comentamos antes. Mas como também vimos, a energia flui pelo corpo todo; não está limitada ao crânio. Portanto, se estiver certa nossa proposta de que, no geral, a mente como um todo pode ser uma propriedade emergente de fluxo de energia, não seria verdade que esse fluxo não está limitado ao crânio e flui por todo o corpo? Assim, nessa linha de pensamento, vimos que o *onde* da mente pode estar completamente corporificado. A mente como uma propriedade emergente de fluxo de energia pode estar localizada dentro do corpo inteiro, não só na cabeça.

Talvez o corpo inteiro seja a localização do fluxo de energia, mas poderia ser que o cérebro na cabeça ative a energia de disparos neuronais para serem transformados em informação? Se isso for verdade, então à mente criadora de significado, mente como processadora de informação, seria compreensivelmente atribuídos processos cerebrais, não corporais como um todo. E talvez seja só isso. Essa visão diria que se a mente é um processo emergente de fluxo de energia, e se informação é criada apenas nas redes neuronais da cabeça, então o cérebro na cabeça é a fonte do aspecto informação da mente. Isso poderia ser a coisa toda. Mas estamos aprendendo agora que há redes neuronais, sistemas de processamento distribuídos paralelamente, como discutimos, no sistema nervoso intrínseco de nosso coração e intestinos. É possível que esse fluxo de energia nessas regiões fora da cabeça possam criar padrões completos de disparos neuronais, representações neuronais que estão reapresentando em seus perfis de ativação de redes neuronais "informações", que correspondem a representações mentais. Em outras palavras, o corpo em si pode não ser apenas fluxo de energia – pode também envolver fluxo de informação. Informação é de fato criada por redes de padrões energéticos. Estamos vendo que temos um cérebro-cabeça, cérebro-coração e cérebro-vísceras, o que, no mínimo, tornaria a mente tanto no fluxo de energia como no de informação completamente corporificado, não só encapsulado no crânio. Vamos novamente abrir nossa mente construtora a respeito dessa possibilidade.

Mas poderia a mente ser mais que corporificada? Antropólogos consideram a noção de uma "mente distribuída" e sua conexão com a evolução de nosso cérebro social. Robin Dunbar, Clive Gamble e John Gowlett (2010) afirmam:

"A hipótese do cérebro social defende que as complexidades da vida social hominídea eram responsáveis por impulsionar a evolução do cérebro hominídeo primitivo, desde seus primórdios simiescos até sua forma moderna. A teoria propõe uma nova perspectiva dinâmica para explorar as origens evolutivas das capacidades sociais fundamentais, tais como a formação de grandes comunidades colaborativas e a manutenção de altos níveis de intimidade e confiança. Simultaneamente, isso oferece informações sobre as habilidades cognitivas específicas, tal como a teoria da mente, que sustenta essas capacidades." (pp. 5-6)

Esses autores propõem posteriormente que "o conceito da *mente distribuída* advém de uma base interdisciplinar diversa para considerar a cognição como corporificada, incorporada, estendida, situada e emergente (Anderson, 2003; Bird-David, 1999; Brooks, 1999; Clark, 1997; Hutchins, 1995; Lakoff & Johnson, 1999; Strathern, 1988; Varela et al., 1991)" (2010, pp. 12). A implicação fundamental é a de que o processamento de informação é física e socialmente distribuído além da pessoa individual. Assim, a partir do ponto de vista de nossa questão sobre o onde da mente, essa visão abrange as formas interativas com que tanto outras pessoas e os artefatos que elas criam movimentam a mente para além do interior do indivíduo. "A noção da mente distribuída, dessa maneira, viabiliza considerável potencial para examinar as relações sóciocognitivas, estruturando o hominídeo e as sociedades humanas... na medida em que a cognição, gradualmente estendida tanto ao mundo material quanto ao mundo social, informa sobre a natureza do que é ser humano" (2010, pp. 12-13).

Filósofos usam termos como estendida, incorporada e situada para descrever a natureza da mente além de suas origens corporais. Por exemplo, Robert Rupert (2009) sugere que "modelos incorporados enfatizam em representações de ações, no Eu e nas relações entre o Eu e o ambiente" (p. 204). Uma discussão ativa (ver Clark, 2011) sobre como nossas mentes são estendidas a sistemas de processamento de informação fora de nossos corpos alicerçam essa noção de uma mente além do interior.

Aqui estamos usando o termo "relacional" para indicar que a mente está incorporada ao mundo ao redor dela, estende-se a sistemas de informação fora do corpo e está situada em contextos sociais. Mas, importante frisar, estamos usando o termo relacional para sugerir, além disso, que a mente está em constante interação e intercâmbio com aquele mundo "externo", principalmente com outras pessoas e entidades no ambiente. Esse intercâmbio inclui o processamento de informação cognitiva, mas envolve muito mais que isso. O termo relacional inclui mais que eventos computacionais; envolve abarcamento (*entrainment*) e associação (*coupling*), como formas de sintonia e ressonância, por exemplo, que permitem que a mente de um indivíduo interligue-se como parte fundamental da mente e do Eu do que, tradicionalmente, são chamados de "outros" e ambiente externo.

Embora essas pesquisas nas áreas da antropologia e da filosofia quase sempre estejam focadas primordialmente na cognição, suas propostas intrínsecas estão contidas em nossa terminologia de uma mente corporificada e relacional que emerge, também, como a faceta auto-organizadora da mente. O aspecto "corporificado" inclui a emergência de processos internos revestidos pela pele que se manifestam no corpo inteiro à medida que este interage com o mundo, não só com a atividade do cérebro dentro do crânio. E o aspecto "relacional" da faceta auto-organizadora da mente emerge de – não só é moldada por – seu elo com os outros e o mundo.

Se incorporarmos a essa visão a proposta de que a faceta da experiência subjetiva da mente também pode simplesmente ser uma propriedade emergente do fluxo de energia, então poderíamos dizer que temos a sensação de nossas vidas corporais experimentadas internamente. Alguns podem defender que a consciência que permite sentir a experiência subjetiva seja uma função neuronal do cérebro, principalmente do cérebro cortical para "maior consciência", como a autorreflexão, e para a interocepção – uma consciência da percepção do interior do corpo. E isso defenderia a consciência como sendo uma propriedade cérebro-cabeça (para discussões desta perspectiva, ver Graziano, 2014; Thompson, 2014; e Pinker, 1999. Para uma visão contrária de consciência não emanando apenas do cérebro, ver Chopra e Tanzi, 2012; Abraham e Roy, 2010; e Dossey, 2014).

Vamos imaginar por um instante que o fluxo de energia sendo transmitido pelo corpo possa ser sentido talvez ainda mais diretamente em nossa realidade subjetiva do que em sua representação no cérebro-cabeça, no neocórtex – sentimos o contorcer de nossos intestinos, o contrair dos músculos, o bater do coração – poderia haver um tipo de "consciência corporal" que permita que essa subjetividade totalmente corporificada seja sentida em sua fonte? E expandindo a fonte da subjetividade ainda mais, além do corpo revestido de pele, quando você mergulha numa lagoa e sente seu corpo nadando entre os peixes e tartarugas marinhas, essa é realmente uma consciência baseada na cabeça ou é algo mais? Isso pode significar uma experiência mais direta de energia corporal do que a reapresentação como padrões de disparo neuronal na cabeça. Em outras palavras, poderíamos ter uma sensação corporal, uma consciência e experiência subjetiva diretamente baseada no corpo? Mesmo que a experiência da consciência seja uma construção cortical, será que as coisas de que temos ciência criam suas próprias texturas subjetivas? Num nível simplificado, isso diz que a entrada do corpo e a entrada do mundo são formas de estímulos que enviam sinais à cabeça. Criamos uma ilusão de nosso ser plenamente imerso naquela lagoa, mas na verdade estamos na câmera, não na cena.

Então até aqui, essa linha de raciocínio nos leva a uma fonte interna de mente – algo como um trabalho interno, um ato solo. No entanto, o processamento de informação fora da conscientização é totalmente corporificado, mesmo que a consciência e as origens da nossa percepção de experiência subjetiva sejam localizadas acima dos ombros. Essas três facetas da mente – consciência com sua experiência subjetiva e processamento de informação – têm suas localizações em seu cérebro-cabeça, suas redes neuronais distribuídas somaticamente em vários órgãos e no corpo como um todo. Seu Eu, como vimos no último item, como função da mente, é um produto de, no mínimo, seu corpo inteiro. A partir deste ponto de vista, o Eu e a mente de onde ele aflora estão cercados pelos limites da pele.

Chegamos agora à proposta de possivelmente ampliar ainda mais essa noção. Poderia a mente como um todo ser mais que apenas algo acontecendo dentro de nós? Mesmo que a consciência seja um produto do cérebro-cabeça ou mesmo do corpo como um todo, a mente, como a definimos, é mais do que consciência, mais do que experiência subjetiva e mais do que processamento de informação. A mente também inclui auto-organização, uma propriedade emergente de um sistema complexo composto de fluxo energético, que, como a própria energia, não é delimitado pelo crânio ou pela pele, como já dissemos. O aspecto auto-organizador da mente não estaria limitado a ser um ato solo dentro da cabeça ou do corpo.

Com a faceta auto-organizadora da mente, como sugerimos desde o início de nossa jornada, a mente pode não estar apenas dentro de nós – também pode estar entre nós. Essa noção pode certamente ser uma extensão da maneira com que normalmente pensamos a mente na ciência moderna, ou o que nos ensinam em casa, na escola ou na sociedade contemporânea. Mas vamos aceitar aqueles filtros construtores comuns de cima para baixo aprendidos por experiência prévia e ver se conseguimos abrir um pouco nossas mentes.

Primeiramente, vamos voltar a nossas outras facetas da mente – processamento de informação, consciência e experiência subjetiva, e ver se elas também podem ter uma fonte além do corpo. Isso pode ir de encontro às nossas crenças profundamente enraizadas que restringem como vemos o mundo. Esses filtros cognitivos basicamente dizem o seguinte: a mente é um processo interior. Nesse caso, nós somos donos de nossas mentes. Alguns atribuem a mente ao cérebro, e nós estendemos essa fonte ao corpo inteiro. Muito bem. De qualquer forma, a mente está dentro do indivíduo e vem de dentro do corpo. Parece razoável. Para apontar para o Eu, um produto da mente, apontamos para o nosso corpo. Ótimo, estamos num terreno familiar.

Agora vamos relaxar aqueles filtros construtivos comuns e deixar o fluxo de baixo para cima começar a emergir mais livremente. Vamos procurar ficar abertos a essa experiência condutora sensorial conforme a deixamos aflorar ao máximo, sem que a dominância da construção de cima para baixo crie o que achamos ser real, verdadeiro e aceitável pelos outros que nos ensinaram e pelo mundo que nos cerca. Não será nada fácil, mas tente. Parte desse desafio é simplesmente sentir, em vez de perceber, conceber, acreditar ou achar. Naturalmente, mesmo tentar fazer isso pode ser uma construção – pegando o conceito construído de condução e tentar sentir ao invés de pensar. Mas deixando isso de lado da melhor forma possível, veja se consegue apenas permitir que sua mente sinta algo o mais diretamente possível. Isso é se abrir à presença, ao pré-sentir, o máximo que podemos.

Como você se sente estando presente na intermedialidade? Você consegue sentir as conexões que tem com os outros ao deixar que o foco de sua atenção se amplie, como uma visão noturna absorvendo a luz sutil que com a visão diurna seria invisível? Com o brilho da luz do dia, vemos as imagens mais nítidas, recebendo as cenas óbvias diante de nossos olhos. Mas na escuridão do anoitecer, nosso sistema visual se ajusta. Atrás de nossos olhos, os bastonetes mais sensíveis de nossas retinas se tornam mais ativos e nossa visão é moldada pela entrada, diferente dos nossos cones centralizados nas cores da visão diurna. Com essa transição, começamos a detectar as fontes de luz igualmente reais, porém mais sutis, que antes eram indetectáveis pela percepção de nossa mente consciente. As estrelas sutis do céu estavam lá o tempo todo, mas não podíamos notá-las. Se tivesse nos perguntado durante o dia se havia estrelas no alto além do sol, provavelmente diríamos que não, que as estrelas "surgem apenas à noite" – mas estaríamos equivocados. Nós simplesmente não poderíamos vê-las sob o brilho da luz do sol. Agora, com o pôr do sol e nossa visão noturna lentamente sendo ativada, em breve veremos a sinfonia visual de um universo se desdobrando diante dos nossos olhos – um caleidoscópio galáctico que estava lá esse tempo todo, mas invisível aos olhos.

Talvez a intermedialidade da mente seja como o brilho sutil da luz das estrelas: elas estão lá, mas perdidas por conta do brilho intenso da luz do dia de nossas vidas mentais internas construtivas. Sabemos que as estrelas brilhantes estão lá em cima no céu diurno, mas o brilho do sol oblitera nossa capacidade de detectá-las, assim como nossos pensamentos e os filtros construtivos de cima para baixo podem ofuscar os sinais mais sutis da intermedialidade de nossas vidas. Talvez o equivalente da visão noturna seja a visão da mente para o fluxo de energia mais sutil, talvez até de informação, que nos conecta uns aos outros em padrões que preenchem nosso mundo interconectado. Esse mundo de intermedialidade pode estar lá, mas oculto às nossas vistas.

Os padrões do fluxo de energia e informação que nos conectam também possuem uma textura própria, algo que talvez podemos sentir no momento. Com a sensibilidade sutil da visão mental de *mindsight*, podemos começar a sentir esse fluxo intermediário. Frequentemente, percebemos isso como uma mente enviando sinais à outra, um olhar de você, um suspiro de mim, um sorriso entre nós dois. Talvez seja só isso – mentes separadas de corpos separados emitindo sinais umas às outras. Mas, talvez, essa visão seja parte de uma realidade mentalmente concebida, talvez uma interpretação construída de cima para baixo. Uma visão do campo da neurociência social, por exemplo, sugere que cérebros separados estão simplesmente respondendo a sinais de outros cérebros. Talvez essa visão possa ser ampliada a um corpo enviando sinais a outro corpo. Talvez essa visão de um só corpo seja a única fonte de vida subjetiva: nós sentimos a partir das localizações do fluxo de energia e informação no cérebro, ou mesmo do corpo inteiro. Sob esta perspectiva, a mente permanece dentro de nós e nossas interconexões são apenas sinais compartilhados. Pode ser que essa seja a realidade – mente dentro de nós, comunicação entre nós.

Isso nos manteria dentro da posição, talvez, precisa e certamente mais comum de que a mente está localizada dentro da pessoa, dentro de um único corpo, ou de um único cérebro. Essa visão de mente pessoal com um Eu-solo pode, de fato, ser a verdade última.

Mas lembre-se da nossa abertura para essa jornada, quando nomeamos várias facetas incluídas na mente: consciência e suas texturas subjetivas de vida vivida, processamento de informação e auto-organização. Fazendo uma breve revisão do fundamentalmente *des*conhecido, ninguém sabe como consciência e experiência subjetiva surgem no cérebro, tampouco no corpo. O processamento de informação pode ser um pouco mais fácil de discutir, olhando para os cálculos neuronais de um processador distribuído paralelamente do cérebro-cabeça, e pela nossa discussão acima, talvez até do cérebro-coração e do cérebro-vísceras. Nesta visão, a informação surge dos padrões energéticos manifestando-se dentro do corpo.

E a auto-organização? Bem, nós já demos algumas dicas: propusemos que um aspecto da mente é o processo auto-organizador, emergente, corporificado *e* relacional que regula o fluxo de energia e informação. À medida em que você lê essas palavras, a informação flui deste livro para você na forma de padrões de energia compartilhados entre nós. Olhe para a *internet* e como ela o ajuda a obter e armazenar informações. Padrões energéticos armazenados como zeros e uns – processamento digital. Podemos ver que o fluxo de informação não é um trabalho solo. Isso coloca o processamento de informação além do corpo. O fluxo de informação não está apenas dentro; também está entre nós. Se a auto-organização é influenciada pelo sistema complexo de fluxo de energia e informação, onde esse fluxo acontece? Ele acontece dentro de você e entre você e o mundo.

Situamos o processamento de informação e a auto-organização no que, aparentemente, são dois lugares, localização que podemos chamar de dentro e entre nós. Essas duas facetas da mente, processamento de informação e a função reguladora da auto-organização, são parte do sistema de fluxo de energia e informação que acontece dentro de nós *e* entre nós. Parecem duas localizações, mas este fluxo não está bloqueado pelo crânio ou pela pele, como já comentamos. Essas duas facetas da mente fazem parte de um sistema, o fluxo de energia e informação. A proposta de localizar a mente tanto dentro quanto entre nós pode ser um pouco demais para muita gente aceitar, já que isso à primeira vista parece improvável. Dois lugares ao mesmo tempo, como isso pode ser verdade? Porém, se considerarmos a sugestão de que mente surge do fluxo de energia e informação, e que esse fluxo é contínuo no que denominamos de "dentro de nós" e "entre nós", então podemos ver como uma mente pode emergir de um único fluxo. Não é uma separação de realidades ou localização; chama-se abrir nossas mentes para a unidade dessas localizações, desses contextos, como o único cenário de um processo, um fluir emergente.

Voltamos agora para nossas outras duas facetas da mente, experiência subjetiva e a consciência da qual ela é experimentada. Essas outras facetas fundamentais da mente também poderiam surgir não só de dentro, dentro do corpo e do cérebro, mas também entre? Parece estranho, eu sei, mas vejamos aonde isso pode nos levar. Vejamos se conseguimos moderar todas as crenças de cima para baixo sobre a consciência ser uma construção cortical que nos faria rejeitar tal noção imediatamente, e permanecer abertos para explorar essa possibilidade.

Padrões de fluxo de energia e informação que nos interliga uns com os outros, e com o mundo em que vivemos, pode ser visto como um processo real, mesmo que não tenhamos a habilidade de conhecê-lo. Onde ocorre esse fluxo? Dentro de nós e entre nós. Isso é fato. Tal noção colocaria a mente não consciente – mente emergindo do fluxo de energia e informação sem atenção – completamente na localização não só dentro, mas também entre nós. Portanto poderíamos dizer, assim como com esse fluxo dentro de nós, que quando o fluxo de energia e informação não está em estado de conscientização, não temos um sentido subjetivo a respeito dele. Tudo bem. Dessa forma, a intermedialidade da mente pode não ter uma textura subjetiva, se não estivermos cientes dela. Em outras palavras, a mente não consciente está tanto entre quanto dentro de nós. De certo modo, estamos apenas reformulando a declaração de que as duas facetas da mente, o processamento de informação e a auto-organização, como propriedades emergentes de fluxo energético, estão dentro de nós e entre nós.

É possível que alguns desses padrões de fluxo de energia e informação que estão entre nós, assim como os que estão dentro de nós, possam também estar disponíveis para a consciência; pode ser que haja uma impressão subjetiva neles. Aqui é onde será necessário ainda mais de nossas visões comuns.

Quando deixamos que o de baixo para cima nos preencha, quando estendemos nossa percepção para além das concepções de cima para baixo de um Eu solitário e privado, uma mente pessoa e exclusivamente interior, podemos ser capazes de alcançar um senso de algo a mais. No último item, vimos que a identidade pessoal poderia ser suspensa após um acidente, iluminando a natureza construída de uma identidade pessoal e baseada no corpo. Lá vimos que um condutor de fluxo sensorial era tão real quando um senso construído de um *eu*. Paralelamente, nosso senso de Eu também poderia incluir uma intermedialidade? Nosso senso de pertencimento não molda quem nós somos? Quando você entra num ambiente com amigos próximos, você consegue sentir aquela conexão? Quando você se senta com familiares próximos, você consegue sentir a história que os une? Quando você criou uma nova relação com alguém autêntico, na vez seguinte que encontrou esse novo amigo, você sentir a diferença agora que já tinha uma conexão criada? Você consegue sentir não só um senso de conexão, mas também um senso de um *nós* maior dentro da relação, na intermedialidade que surge, literalmente, entre você e esses outros?

Estou disposto a reconhecer que essa noção de uma identidade-nós poderia ser uma projeção de minha mente pessoal, um desejo talvez, uma ânsia, para experienciar algo maior que o meu Eu solitário. Como às vezes é dito: "nascemos sozinhos, vivemos sozinhos e morremos sozinhos". Talvez isso seja verdade. Mas anseio por algo mais que isso. Talvez minha ânsia possa estar levando a uma visão construída de que algo realmente existe, algo entre-mentes, que realmente nos conecte. Mas talvez isso seja apenas um desejo, não fundado na realidade. Minha mente cética constrói um cenário no qual isso é ridículo: a mente está no corpo, e pronto. Conforme-se apenas com essa expansão além do cérebro-cabeça, já chega. Mas minha mente cética vai além. Talvez o que muitos cientistas digam, que a mente está apenas no cérebro, o cérebro na cabeça, seja de fato verdade. Talvez a mente seja sempre um ato solo, até mesmo um ato encapsulado no crânio. Talvez o ditado "Isso é tudo, pessoal" seja verdadeiro.

Mas no meu treinamento em psiquiatria nos anos 1980, havia essa estranha sensação de que localizar a mente apenas no cérebro, ou mesmo no corpo, não estava certo. Parecia haver algo mais, algo que não estava sendo dito, mas que dava para ser sentido no ambiente como se houvesse uma crise familiar, ou, no caso, um grupo de colegas residentes tentando entender tudo aquilo. Havia uma mente familiar, e havia uma mente grupal. Nosso senso de quem nós somos é criado na emergência dessa mente coletiva. Não apenas moldada por ela, influenciada por sinais alheios, mas vivendo em algum mar intermediário, não só dentro de nós.

E se esse "algo mais" fosse mais que uma construção mental desejosa, e de fato real? E se a mente como a exploramos – talvez com texturas subjetivas na consciência, e certamente fluxo de energia e processamento de informação por vezes não disponível para a conscientização, assim como a emergência auto-organizacional – não estiver só dentro de nós, mas realmente entre nós também? E se, como os peixes que não têm noção do mar ao redor deles, também não conseguimos ver esse mar mental à nossa volta? O que isso significaria? Na época, eu não conseguia articular direito, mas tinha uma profunda sensação de que esse algo a mais era algo importante. Quais são as implicações de que a mente está tanto entre quanto dentro de nós?

Para sentir essa interconectividade, é possível que seja necessário o uso de um par de lentes diferente daqueles frequentemente usados pelas nossas mentes construtivas e analíticas. Penso naquela minha experiência longe da faculdade de medicina, quando aprendi a utilizar um modo diferente de percepção. Qualquer que seja o lado ou a parte do cérebro sendo utilizado, claramente temos modos diferenciados de processamento de informação. Como vimos, o lado esquerdo é o dominante para raciocínio lógico, procurar relações de causa e efeito no mundo. O lado esquerdo também é ativo no uso da linguagem linguística, como essas palavras, ao fazer afirmações lineares e literais. Entretanto, aprendi no meu tempo de afastamento, que foi mais um tempo de aproximação para dentro de mim, que um lado diferente, um que podemos apenas chamar de lado direito, de qualquer lado ou parte que ele emane do cérebro, sente as coisas de maneira distinta quando nessa função condutora do lado direito. As percepções interligadas do lado direito também possuem uma textura construída de maneira distinta. Neste lado direito, a interconectividade das coisas, como "contexto", é compreendida como significado relacional em vez de meramente perceber os detalhes individuais específicos, o "texto", sem sentir suas inter-relações; o espírito da lei é sentido, em vez da interpretação literal da lei, que o lado esquerdo tende a enfatizar. Embora essas distinções sejam, às vezes, arduamente debatidas, Roger Sperry, apenas alguns anos antes, em 1981, havia sido agraciado com o Prêmio Nobel por descobrir algumas dessas diferenças nos hemisférios. A percepção do lado direito vê entre linhas e textos para visualizar as interconexões que moldam o todo; o lado esquerdo constrói listas e rótulos para decompor o todo em partes constitutivas, para analisar ("desmantelar") em vez de ver o "quadro geral", frequentemente deixando de lado a interconectividade (McGilchrist, 2009). Poderia ser essa a situação em que o lado esquerdo pode ser capaz de estudar prontamente a internalidade da mente e suas origens no funcionamento neuronal, mas talvez seja mais desafiado para perceber a realidade da intermedialidade?

Ver a mente plenamente, com suas muitas facetas, pode requerer ambos os lados da percepção. Precisamos tanto da visão diurna quanto da noturna para enxergar neste mundo. Pode ser que os padrões mais sutis de energia e fluxo de informação que nos interconectam, a totalidade da mente, sejam melhor percebidos pelo lado direito contextual.

O cientista Michael Faraday, lá nos idos de 1800, foi um dos primeiros a sugerir que poderiam existir "campos" que conectam elementos no mundo separados entre si. A partir dessa visão, podemos agora utilizar muitos aspectos dos campos eletromagnéticos na tecnologia moderna. Certa vez, meu sogro, um fazendeiro, estava conversando em Los Angeles com seu neto, que estava viajando pela Ucrânia, por meio de uma vídeo-chamada no meu celular. Ele ficou impressionado ao ver o rosto de seu neto na tela do celular. Passei minha mão em volta do objeto sem fios, demonstrando visualmente o que a maravilhosa mente construtiva de Faraday havia proposto: campos eletromagnéticos na forma de padrões de ondas são invisíveis a olho nu, mas ainda assim reais.

Antes de Faraday, teríamos pensado que isso seria impossível, ou até uma forma de bruxaria. Hoje, com nossos *smartphones* e tantos outros aparelhos eletrônicos, não pensamos duas vezes nisso. Normalmente, nem chegamos a pensar nisso, simplesmente usamos os dispositivos. Não seria possível o corpo humano e seu cérebro, ou cérebros, terem algum tipo de função de enviar e receber dados semelhantes àqueles dispositivos que inventamos? Mesmo que não tenham tais habilidades, os cinco sentidos podem captar uma variedade de sinais que preenchem o ar entre nós, permitindo-nos estar conectados de formas reais, embora nem sempre disponíveis para a percepção consciente. O sentir pode acontecer sem estarmos atentos; e imagens perceptivas que construímos a partir dessas sensações também podem estar presentes sem nossa conscientização.

Mas a percepção, com ou sem consciência, pode ser treinada. Se o mecanismo dessa capacidade perceptiva em potencial for real, talvez poderia ser desenvolvido em cada um de nós em vários graus, assim também poderíamos sentir essa intermedialidade, ou pelo menos desenvolvê-la melhor? Como discutimos anteriormente, alguns chamam essa essência que nos conecta de "campo social" (por exemplo, ver os estudos de Otto Scharmer e Peter Senge, ou o trabalho relacionado de Nicholas Christakis e James Fowler), uma que nos infiltra completamente no sistema complexo de nossa interconectividade. Parte dessa conexão é revelada em comunicações diretas visíveis ou audíveis, mas ainda não compreendemos se alguma outra "coisa" dessa intermedialidade pode ser campos elétricos que algum dia poderia ser medido e captado por nossos sistemas sensoriais diretamente, ou por algum outro fator a ser identificado.

Um dos outros fatores que pode ser o aspecto físico do universo empiricamente provado chamado de "não localidade" ou "entrelaçamento", nos termos da física quântica. Alguns cientistas viram os olhos e dizem: "Ah, não deveríamos evocar a física quântica ao falar de mente". Eles também disseram que não deveríamos evocar discussões de energia e aplicá-las nas explorações da mente. Talvez eles estejam certos, mente não tem nada a ver com energia. O que você acha? Eu, pessoalmente, não acho que faça sentido, cientificamente falando, limitar nossa exploração dessa forma, evitando discussões científicas de energia ao perscrutar a mente, mas talvez essa seja a minha mente pensando algo que não deveria. Portanto, vamos apenas dizer aqui, na forma de uma afirmação reflexiva, que se a mente é de fato uma propriedade emergente da energia, se isso for verdade, então a ciência da energia deveria ser trazida para a discussão a respeito da mente. Estudos rigorosos no último século revelaram que as energias, e agora neste último ano até a matéria (que é energia condensada, afinal de contas), têm propriedades de interligação que exercem efeitos mensuráveis, mesmo em locais separados fisicamente (Stapp, 2011; Hensen, et al., 2015; Kimov, et al., 2015). Em outras palavras, elementos (como elétrons) que já foram unidos podem se tornar fisicamente separados e, depois, influenciarem diretamente um ao outro mais rápido que a velocidade da luz, mesmo em longas distâncias. Isso é uma descoberta comprovada. Precisamos ser cautelosos, embora também abertos cientificamente, ao aplicar esses aspectos não locais estabelecidos empiricamente de entrelaçamento às questões sobre a mente.

Nesse caso, podemos propor que é lógico, empiricamente comprovado e uma abordagem razoável dizer o seguinte: 1) Energia e matéria têm uma intermedialidade entre si, uma interconectividade fundamental chamada de entrelaçamento, que não é visível à medição inicial ou aos cinco sentidos; 2) Dado que isso está estabelecido empiricamente, a questão sobre a experiência mental ter aspectos dessa interconectividade é uma questão razoável e cientificamente embasada, não uma conclusão ou presunção; e, 3) Não temos uma resposta definitiva se isso é verdade – está apenas sendo levantado como algo que a ciência logicamente sugeriria ser considerado, independentemente do que alguns cientistas possam dizer. A ciência apoia essa abordagem de questionamento na nossa exploração. Tomamos essa abordagem conservadora, enfatizando ao máximo que tal questionamento amplo e profundo é razoável como parte da investigação, não chegando a conclusões precipitadas de quais poderiam ser as respostas a essas questões em última instância.

Poderíamos desenvolver uma visão mais sutil para sentir a natureza de nossa interconectividade, tal como campos de fluxo energético ou outros aspectos da realidade que nos interligam, como o entrelaçamento, aqueles que podem moldar nossa experiência subjetiva e outros aspectos das nossas mentes que ainda não são frequentemente vistos com nossa visão diurna? As conexões não locais e os campos energéticos, aspectos reais do mundo físico, não teriam impactos sobre nós, mesmo que num primeiro momento (ou talvez eternamente) não estivéssemos conscientemente atentos a eles?

Um bom exemplo disso é a luz. A luz varia ao longo de um espectro de frequências. Nossos bastonetes e cones na retina captam uma pequena gama dessas frequências. Mas algumas luzes, como as ondas ultravioletas (UV), não podem ser vistas. Ainda assim, muita luz UV e você se queima. A luz UV não estava lá todo esse tempo, mesmo que não pudesse ver com seus olhos? Estamos apenas começando a aprender sobre o uso eficaz de transmissão sutil de fótons, raios de luz, para cura (Doidge, 2015). Enviar fótons em direção à superfície do crânio tem demonstrado alterações no padrão de disparos mensuráveis no cérebro. Fótons atravessando o crânio? Sim, a energia não é limitada, como dissemos, pelo crânio ou pela pele. Portanto, o que chegamos a achar impossível, agora está sendo revelado verdadeiro: a luz pode penetrar a pele e os ossos do corpo e influenciar o cérebro. Esse é um exemplo de como padrões energéticos podem nos moldar diretamente – neste caso, a luz que não está sendo captada pelos olhos. Por que não haveria muitos outros campos energéticos, como Faraday sugeriu e agora sabemos que existem, e outras propriedades da energia e da matéria que também poderiam estar influenciando esses corpos em que vivemos? Se a mente é corporificada, relacional e uma propriedade emergente de energia, como ou por que a mente seria independente desses fatores?

Como veremos em detalhes em nosso item do quando da mente, a investigação científica do tempo também nos convida a imaginar como nossas vidas mentais podem viver em um nível da realidade observável – o nível quântico –, enquanto que os corpos e o mundo repleto de objetos em que vivemos são, quase sempre, mais prontamente observáveis no nível clássico newtoniano. Os efeitos quânticos têm sido descobertos, como comentamos, mesmo em coisas de maior tamanho, mas seus efeitos geralmente estão ofuscados pelo brilho das propriedades da física clássica. Essa pode ser outra maneira com a qual a *mindsight* nos capacita a perceber nossas vidas mentais interconectadas mais que a visão física. Pode ser apenas, como exploraremos nos itens seguintes, que vivemos com uma mente quântica, com todas as suas propriedades quânticas prontamente ativas, mas num corpo e mundo clássicos newtonianos, onde propriedades mais sutis porém não menos reais, são frequentemente obscurecidas.

Fico pensando no meu oponente no debate que disse que sentimentos não eram reais. Talvez seu sistema perceptivo tenha tornado sua mente consciente privada de emoções. Ele parecia acreditar piamente no que disse, pelo que me contou posteriormente depois de algumas cervejas. Podemos respeitar a realidade universal de que a percepção é uma habilidade construída. Ele pode ter tido emoções, até sensações desses processos internos, mas, por qualquer outra razão, elas não entraram em sua experiência consciente, por isso ele nunca estava ciente para percebê-las. De modo semelhante, talvez muitos de nós frequentemente não fazemos com que o fluxo energético ou outros aspectos de nossa conectividade, os mecanismos de nossa intermedialidade, acessem nossa consciência. Talvez não percebamos essa interconectividade intermediária. Mas se o fluxo sensorial daqueles vários mecanismos possíveis podem estar lá sem construção perceptiva ou reflexão consciente, não seria possível desenvolver e fortalecer algum tipo de habilidade de perceber precisamente o mundo intermediário?

Pode ser útil manter a mente aberta a respeito do que achamos poder saber e o que a realidade pode reservar com as descobertas por vir.

Se a experiência subjetiva, de alguma forma, é uma propriedade emergente de fluxo de energia e informação, e tal fluxo acontece tanto dentro quanto entre nós, poderíamos ter a intermedialidade como a fonte única de experiência subjetiva? A experiência subjetiva pode estar dentro e entre nós, uma função de estar atento àquele fluxo energético, assim como a auto-organização está dentro de entre nós, mas neste caso com ou sem conscientização.

Porém, o que isso pode significar é que se a experiência subjetiva só é sentida dentro da conscientização, e a conscientização algum tipo de propriedade emergente do fluxo energético, poderia a intermedialidade do fluxo de energia dar origem a alguma forma de consciência? A fonte interna de fluxo energético que "dá origem" à consciência é explorada com os diversos estudos da neurociência que examinam as correlações neuronais da consciência. Mas, atualmente, não temos o mesmo tipo de ciência que embase a noção de consciência se manifestando fora do corpo, ou mesmo fora do cérebro.

Poderia haver uma fonte intermediária de consciência, uma forma de atenção que surge no meio do caminho? Muitos cientistas simplesmente diriam que não. Mas a verdade é que simplesmente não sabemos ainda. E, por conseguinte, tal fonte intermediária de atenção não teria uma textura subjetiva relacionada a ela? Mesmo que uma fonte de consciência dessas não seja identificada, mesmo que de fato ela não exista, ainda não teríamos uma maneira de sentir, com atenção, o aspecto intermediário da mente? Assim como podemos sentir subjetivamente o vento em nosso rosto, a água cercando nossos corpos quando nadamos numa lagoa, ou o rodopiar de nossos corpos sincronizados enquanto dançamos valsa com nossos parceiros, não poderíamos experimentar subjetivamente a intermedialidade da mente? Em outras palavras, poderíamos usar nossa conscientização gerada internamente – se essa for sua única origem – para sentir subjetivamente, a intermedialidade da vida mental, mesmo que a consciência em si venha a ser, primariamente, um trabalho interno?

Essa intermedialidade da mente pode, na verdade, ser mais compartilhável do que a internalidade. Esses foram conceitos profundos que me possuíram durante meu treinamento inicial na psiquiatria. Aprendi em primeira mão sobre a importância de sentir a mente intermediária quando ainda era um jovem terapeuta no início do meu programa de residência em psiquiatria.

Uma das minhas primeiras pacientes como residente foi uma aluna de pós-graduação que veio por causa de uma depressão em consequência da morte de um colega. Mergulhamos na psicoterapia, sem eu saber exatamente o que fazer, e ela se abriu para ver o que havia acontecido. Após um ano e meio de tratamento, ela concluiu a terapia, sua depressão e luto foram resolvidos, a vida dela estava plena. Logo depois, ela estava pronta para seguir em frente com seu pós-doutorado em outra universidade e estávamos preparados para nos despedir.

Fiquei curioso para saber qual tinha sido o aspecto exato da experiência que parecia ter ajudado em sua recuperação, então, ao fim do tratamento, eu disse que faria uma "entrevista de alta" para revisar o que tinha sido mais útil e o que poderia ser melhorado. "Ótima ideia", disse ela. Perguntei a ela: "O que foi mais útil para você?". "Ah, isso é óbvio", ela respondeu. "Sim", eu disse, "eu sei, mas se tivesse que pôr em palavras, o que você diria?". Ela fez uma breve pausa, olhando para mim com os olhos marejados, e disse: "Você sabe, eu nunca tive essa experiência antes. Nunca tive essa experiência de me 'sentir sentida' por alguém. Foi isso o que me ajudou a melhorar".

"Sentir-se sentida".

Eu nunca tinha ouvido uma maneira tão eloquente de expressar as conexões que temos com outra pessoa quando somos sentidos, compreendidos e conectados.

Havia entre nós um senso de que eu estava focado em sua experiência subjetiva, interior, de mente. Naquela união, ela se "sentiu sentida". Agora posso imaginar aquele sentimento de ressonância, de eu estar sintonizado com o mundo interno dela e ser transformado por ele, como aquilo deve ter dado a ela um sentimento de confiança.

E com aquela confiança, ela e eu pudemos explorar o mundo interno de sua mente, que tão profundamente a perturbava. A mente que emergiu nela, ao trabalharmos tão próximos – a resolução de seus traumas por causa de um passado doloroso com sua família, seus sentimentos de impotência no presente com a morte do colega, sua experiência de desesperança com o futuro, o que lhe dava um senso de desespero – tudo isso agora estava resolvido. Confiança foi a porta de entrada para a nossa jornada de cura daquelas feridas. Qual foi a ação de cura? "Sentir-se sentida". Eu pude estar presente para ela, sintonizar-me com sua vida interna – sua realidade subjetiva interior – e, então, ressoei com aquela realidade. Talvez eu tenha até me sintonizado com aquele mundo interno e me conectado com o processamento de informação com o qual nem ela estava conectada, com aspectos de sua mente não consciente. E aquilo também pôde moldar meu mundo interno, mesmo que ela não estivesse consciente disso. Também fui transformado por causa de nossa conexão. Essa é a experiência da ressonância.

Às vezes, essa ressonância pode ser conscientemente reconhecida; estamos manifestamente atentos ao "sentirmo-nos sentidos" quando nos conectamos como um *nós*. Mas tal conexão pode ser registrada dentro de nós, mesmo com participação da nossa mente consciente. O fluxo de informação não consciente, parte de uma coisa chamada de atenção não focal, pode assimilar sinais e criar representações de experiência sem acessar a conscientização. Essas experiências conscientes e não conscientes de nossa conexão podem criar confiança.

Aprenderíamos mais tarde que confiança facilita o aprendizado ao valer-se da neuroplasticidade – as formas com que o cérebro muda em resposta às experiências, o que exploraremos em breve. Eu sou um maluco por acrônimos, agora você já sabe, portanto você pode ver que a essência da terapia que criou a experiência de sentir-se sentida pela minha paciente foi a PART (presença - *presence*, sintonia - *attunement*, ressonância - *resonance*, confiança - *trust*) que forneci em nossa relação.

Essa experiência também me deu o senso de que a mente não está apenas dentro de nós – também está entre nós. Mas na época da minha residência em psiquiatria, quando concluí o treinamento, fiquei me perguntando como aquilo poderia acontecer. Se a mente era simplesmente atividade cerebral, ou simplesmente pessoal e privada, como poderia uma relação, com seu profundo senso de conectividade, envolver um senso tão poderoso da intermedialidade que estava ali? Como já discutimos, talvez esse senso de conexão fosse uma simples miragem de nossas mentes individuais. Será que eu estava apenas imaginando, projetando em uma relação alguma coisa que é de fato um processo solo, uma mente isolada? Não estamos mesmo sozinhos? Ou a localização da mente poderia ser pessoal e estar dentro de nós, enquanto também ser interpessoal e estar entre nós? Há mesmo um campo social em que estamos verdadeiramente inseridos? Assim como os campos de Faraday, poderia este campo social ser real e criado por padrões de fluxo energético compartilhados que ocorrem quando estamos próximos uns dos outros? Será que eu estava apenas me sintonizando com esse campo? Poderiam outras ligações manifestarem-se além daquelas que desabrocharam na proximidade intermediária, assim como a aparentemente sólida, mas aberta a questões, do entrelaçamento? Poderia o foco de uma mente no mundo interno de outro, aquela intermedialidade do sentir-se sentido, adicionalmente envolver algum abarcamento dos padrões energéticos, de tal forma que eles depois exibam este aspecto de não localidade que ocorreria mesmo quando não estivéssemos em proximidade física uns com os outros? É por isso que chegamos a nos sentir tão em sincronia com nossos parceiros de vida? Se a mente é uma propriedade emergente de energia, a natureza não local empiricamente comprovada de energia agregada e até a matéria sugeriria, no mínimo, a realidade potencial de tais conexões entrelaçadas que ocorrem à distância. Essa variedade de possibilidades para sentir-se sentido está aberta a exploração e estudos.

Sendo assim, à esta altura de nossa jornada, assumimos a questão do onde da mente abrindo nossas próprias mentes para a possível localização intermediária de nossa experiência mental. A origem interior da mente, embora a noção de sua localização no cérebro dentro de nossas cabeças já perdure há mais de 2500 anos, deveria também ser considerada com uma mente aberta. A mente está mesmo dentro de nós? Ou isso é uma ilusão, assim como meu senso de Eu pessoal que foi desligado após meu acidente com o cavalo, que a própria mente cria? No início da minha residência, cuidar dos meus pacientes fez a intermedialidade da mente tomar vida, e da mesma forma, evidenciou a importância do *locus* interno da mente.

Mais ou menos na mesma época que tratei daquela paciente que "sentiu-se sentida", a experiência de outro paciente com trauma por ter combatido no Vietnã também me ajudou a compreender o poder das relações terapêuticas e a importância de ver como a mente é tanto corporificada quanto relacional. Bill tinha *flashbacks* a todo momento e outros sintomas intrusivos de transtorno de estresse pós-traumático (TEPT). Nenhum dos meus supervisores conseguiam me ajudar a entender o quanto o trauma podia impactar uma pessoa a ponto de desenvolver TEPT. Então, por ter formação em biologia e ter amado minhas aulas de neurociência na faculdade de medicina, recorri às pesquisas biológicas sobre memória, e descobri estudos científicos em andamento sobre uma parte do cérebro – o hipocampo – que integrava camadas antigas de memória implícita, às vezes chamada de não declarativa, em formas mais explícitas e declarativas. Aprender sobre as maneiras corporificadas com que nosso circuito neuronal intercede na memória, permitiu-me interpretar o perfil confuso dos sintomas de TEPT em meus pacientes.

Mais tarde, vim a me encontrar com pesquisadores que descobriram essas distinções e propus o seguinte:

A parte do cérebro que integra a memória desde o registro inicial até as reflexões acessíveis e flexíveis sobre um evento passado é o hipocampo. O hipocampo, quando lesionado, bloqueia a transformação da memória desde as camadas iniciais até as representações mentais mais elaboradas, que podem ser objeto de reflexão mais à frente. Esses eram os mecanismos construtivos da memória – desde codificação até armazenamento e recuperação – que, depois, fazem a memória passar de formas básicas e primitivas até aspectos mais complexos de recordações autobiográficas. Cortisol, o hormônio liberado mediante grande estresse, desativa o hipocampo no curto prazo, e, se a secreção for muito prolongada, pode até danificar o hipocampo. Em virtude de traumas levarem à secreção excessiva de cortisol, poderia o hipocampo ser temporariamente desligado durante um evento avassalador e, em alguns casos, danificado após o ocorrido?

Houve outros dados experimentais que pareceram relevantes ao que muitos pacientes estavam descrevendo. Se o foco da atenção fosse desviado de um aspecto do ambiente, o hipocampo não participaria na codificação daquela parte da experiência e as formas explícitas e flexíveis da memória não seriam criadas. Portanto, se as pessoas pudessem dividir suas atenções, um processo de dissociação no qual elas prestaram atenção consciente a uma imagem ou aspecto não traumático do mundo, então elas também poderiam distrair o hipocampo que precisa de atenção consciente e focal para ser ativado. Se tal processo dissociativo fosse iniciado, o processamento no hipocampo também poderia ser bloqueado.

Ainda assim, uma memória implícita alheia ao hipocampo não requer o foco consciente de nossa mente para codificar aqueles elementos da memória. Poderia, de fato, o excesso de secreção de adrenalina durante um trauma levar aqueles aspectos não declarativos da memória, os componentes implícitos de emoção, percepção, sensação corporal e comportamento, a serem codificados ainda mais fortemente?

O motivo que essas questões pareciam tão importantes era que sem a função do hipocampo, a camada implícita de memória permaneceria em sua forma pura. A pesquisa que eu estava lendo revelava que, quando a memória pura implícita era recuperada do armazenamento, quando um sinal desencadeia sua ativação, emoções, percepções, sensações corporais ou até comportamentos são ativados, mas não são marcados pela sensação de algo sendo recordado. Aquilo me deixou boquiaberto. Isso queria dizer que a ciência básica da memória poderia ser útil para explicar clinicamente como um evento traumático poderia ser codificado apenas na forma de memória implícita, e mais tarde voltar, quando recuperada, como um dos inúmeros sintomas de TEPT, inclusive memórias e emoções intrusivas, comportamentos indesejáveis e até *flashbacks*. Um *flashback* poderia fazer parte de um conjunto de memórias implícitas recuperadas diretamente para a conscientização, mas sem a marca explícita de alguma coisa vinda de um momento no passado.

Os pesquisadores com quem me encontrei confirmaram a solidez teórica desta hipótese. Em meu oficio médico, eu achava que com essas novas descobertas da ciência da memória e do cérebro, havia a possibilidade de explicar os mecanismos por trás do padrão de sofrimento daqueles com TEPT. E mais, essa estrutura poderia guiar uma nova abordagem de intervenção terapêutica. Se eu pudesse aplicar a PART adequada com meu paciente – estar presente, sintonizado e ressonante para que a confiança fosse cultivada –, então as condições de mudança poderiam ser criadas. Mas algo mais era preciso, além da conexão relacional – essa intermedialidade da mente na terapia. Eu também precisava entender o interior do corpo, saber como trabalhar efetivamente com o circuito do cérebro para atingir a internalidade da mente. A mente estava em dois lugares – entre e dentro do ser.

Nossa comunicação e conexão permitiu que uma intermedialidade surgisse entre nossas mentes. Em terapias individuais ou em grupo, com um casal ou uma grande família, estar presente era como chegar com uma abertura para o fluxo de energia e informação que convidava à emergência de algo durante a sessão que poderia facilmente ser rejeitado ou repelido. Essa rejeição parecia emergir de um estado reativo de ameaça, algo que dava para ser sentido no campo social, nos espaços intermediários. Dava para sentir, às vezes, só ao entrar na sala. A intermedialidade da mente para mim, no início da minha função como terapeuta, era palpável. A maneira com que nós como terapeutas ditávamos os termos da comunicação facilitava, ou inibia, a emergência do fluxo de energia e informação que preenchia o ambiente. Se eu não tivesse resolvido algum aspecto da minha própria história de vida, a experiência do meu paciente seria prejudicada. Dava para sentir o conflito na sala. Aquele fluxo do ambiente era uma coisa que possuía uma textura, uma impressão, uma substância que quase dava para tocar. Parecia real. Era possível sentir o campo social com a visão da mente. A mente, emergindo entre o terapeuta e o indivíduo, casal, família ou grupo, podia ser sentida.

Ninguém falava sobre o assunto; o que não o tornava irreal. Lembrei-me de quando larguei a faculdade de medicina e minha mente parecia ausente durante as instruções clínicas que recebia. Mas o conceito de *mindsight* me ajudava a lembrar que a mente era real, mesmo que uma residência, um processo educacional médico, fizesse parecer o contrário. A intermedialidade poderia ser um lugar da mente, tanto quanto a internalidade? Meditei sobre isso quando ainda era residente de psiquiatria. Simplesmente não havia noções conceituais que pudessem ancorar essa questão em alguma estrutura investigativa.

A intermedialidade que era talhada pela minha presença na psicoterapia parecia abrir uma porta de entrada para um foco mais livre e pleno na internalidade da mente do paciente. Como eu poderia trabalhar para mudar os circuitos do cérebro de um determinado paciente, cérebros que eram marcados negativamente por experiências, de forma que criasse e consolidasse mudanças positivas em sua doença? Se mudanças duradouras ocorressem na terapia, o cérebro do paciente não teria que mudar?

Já que um terapeuta não pode realizar uma neurocirurgia, o que poderia ser feito para mudar o cérebro do paciente de maneira positiva?

Experiência. Experiência significa a transmissão de fluxo de energia e informação – entre e dentro de nós, compartilhado entre as pessoas e pelo corpo, inclusive o cérebro. Experiência terapêutica significaria transmitir tal fluxo de uma forma em particular. O paciente poderia se sentir sentido entre nós, mas o que eu faria pela internalidade daquele fluxo? Mesmo que eu soubesse como deveria ser feito, como eu poderia alcançar essa meta?

A resposta parecia ser atenção. Atenção é o processo que direciona o fluxo de energia e informação e pode ser criado com a comunicação entre as pessoas, assim como dentro delas. Logo, se eu escrevo para você as palavras "Torre Eiffel", eu acabei de convidar sua atenção para ser direcionada àquele ícone da arquitetura parisiense. A comunicação dentro das relações molda a atenção de maneira interpessoal, e guia a atenção internamente. Com atenção nós direcionamos o fluxo de energia e informação. Conscientemente, quando a atenção é atrelada à conscientização, chamamos isso de atenção focal. Pesquisas revelaram que a atenção focal é o que é necessário para ativar o hipocampo.

O entre e o dentro da mente são profundamente interconectados. Nem o crânio nem a pele formam uma barreira impermeável para que a energia e a informação fluam. Este fluxo acontece entre e dentro de nós.

Minha hipótese clínica era que, se eu pudesse trazer minha PART a um paciente, a confiança poderia se desenvolver. E dentro dessa relação de confiança, um senso aberto de presença e receptividade emergiria na intermedialidade, e depois na internalidade da mente. Eu poderia guiar a atenção focal do paciente na direção de aspectos de memória implícita – emoções, imagens perceptivas, sensações corporais e impulsos comportamentais –, assim eles poderiam ser interligados pelo hipocampo e, dessa forma, atingir o estado integrado da memória explícita. Eu poderia até trabalhar com os modelos ou esquemas mentais, além dos processos de *priming* de memória implícita. Quando a atenção focal repousa sobre esses elementos de memória implícita, a possibilidade surge para transformá-los nas camadas explícitas mais integradas de memória. O processamento explícito pelo hipocampo cria memórias tanto factuais (conhecimento do fato de alguma coisa do passado) quanto autobiográficas (conhecimento de si mesmo numa época passada), que, quando recuperadas, daria a clara sensação de que isto está vindo do passado. Eu chamo isso de uma "sensação eufórica", a sensação subjetiva de que neste momento, o que está sendo experimentado é algo vindo de um evento anterior, não alguma coisa acontecendo agora. É essa sensação ecfórica que estava faltando na recuperação de memória pura implícita.

A relação de confiança criaria uma tolerância maior para se "estar com" as emoções, imagens, sensações corporais e comportamentos que, antes, podem ter sido muito assustadoras, muito avassaladoras, para se estar ciente delas. Nesse campo social de aceitação e receptividade, o que antes era inominável e insuportável tornou-se nominável e domável, como a ampliação do que parecia ser uma "janela de tolerância" para aquela emoção, imagem ou memória em particular. A terapia ampliaria as janelas da tolerância para que a atenção focal pudesse integrar previamente memórias implícitas bloqueadas em suas formas de fatos explícitos plenamente integrados e conhecimento autobiográfico. Dentro dos limites da janela, a energia e a informação fluíam em harmonia com flexibilidade, adaptabilidade, coerência, energia e estabilidade – o fluxo FACES de integração. Com uma janela estreita, o fluxo de um indivíduo tenderia a ir além dos limites em direção ao caos de um lado, ou rigidez do outro. Ampliar a janela significava trazer mais harmonia para a vida da pessoa ao aumentar a integração. Tudo isso parecia estar acontecendo tanto entre quanto dentro das pessoas.

Além do mais, a memória implícita criou generalizações daqueles eventos em um esquema ou modelo mental, tal como "todos os cães são maus", emergindo mentalmente se um cão o mordeu. São esses os meios construtores de tornar a cognição mais eficiente, como exploramos no item anterior. A preparação para um evento futuro, chamado de *priming*, também é um elemento implícito que poderia ser dissolvido com tratamento eficaz. Esses aspectos da memória implícita, quando isolados e não integrados, poderiam ser os alicerces neuronais para o sofrimento mental do TEPT.

Eu estava ansioso para experimentar a hipótese e ver se tal abordagem poderia ajudar. Embora esse não fosse um estudo controlado com centenas de pacientes em um ensaio duplo-cego, essas observações clínicas vieram de muitos casos isolados sem um grupo de controle. Eu sabia, por ser um cientista treinado, que essas aplicações clínicas e descobertas seriam meramente circunstanciais, sem dados empíricos, e mais: sabia também como as descobertas iniciais de um estudo piloto, os efeitos terapêuticos eram positivos e sólidos, durando por meses e anos, e mais tarde, em alguns casos, décadas após o tratamento. Era emocionante ver como a ciência podia ser aplicada para reduzir o sofrimento com maneiras novas e eficazes.

Essa jornada combinando descobertas científicas e objetivas com a realidade subjetiva da mente implicava que, provavelmente, havia uma ligação direta entre mente, relações e o cérebro do corpo. Mente e matéria moldavam-se mutuamente.

Parecia não haver necessidade para a famigerada separação que esses pacotes linguísticos insinuavam. O fluxo de energia e informação conectava os três num todo feito de mente, corpo com seu cérebro e relações.

Mas como um entendimento conceitual amplo poderia combinar moléculas e mente, neurônios e narrativas? Qual era a essência, eu me perguntei naqueles anos iniciais de residência, que ligava mente, cérebro e relações? Tudo isso estava acontecendo antes da Década do Cérebro, antes daquela experiência de estar com aquele grupo de cientistas, que revelou essa falta de uma definição comum da mente, e antes de imaginar que a mente poderia ser um processo auto-organizador emergente que regulava e surgia do fluxo de energia e informação, dentro e entre nós.

Havia algo nessas questões, as relações que eu tinha com meus pacientes e os pesquisadores, assim como com as ideias investigativas, que parecia ser um mar de informações interconectadas, uma espécie de energia que estava sendo compartilhada em cada um desses ambientes relacionais. Eu sei que pode parecer estranho, mas havia um tipo de atmosfera de energia e informação, uma *mentosfera*, como eu ria e chamava, que nos cercava e impregnava nossas vidas com uma atmosfera frequentemente invisível de fluxo energético, que moldava como vivenciávamos nossos mundos. Uma ideia consciente que eu aprenderia anos mais tarde é a noção de uma "noosfera" (Levit, 2000). Como peixes nadando no mar ou pássaros no céu, que podem prestar pouca atenção à água, ou aquasfera, e ao ar, ou atmosfera, que os cerca, podemos, muitas vezes, não estar atentos à informação à nossa volta, nossa noosfera. Talvez a *mentosfera* pode não ser apenas uma coisa que nos afete, algo que respiramos, mas, ao invés disso, algo do qual emergimos, se de fato a mente emerge de um fluxo de energia e informação. Nossa experiência de mente poderia estar emergindo não só de dentro de nós, mas de aspectos deste mar de energia e informação, talvez criando nossas mentes como a fonte emergente de nossas vidas mentais? Mais que informação, a *mentosfera* incluiria nossos intercâmbios compartilhados de energia e informação, interligando-nos uns com os outros, não apenas servindo como fontes de estímulos. A mente, portanto, poderia ser verdadeiramente relacional, não apenas sensível a essas formas de entrada.

Ao caminhar pelos corredores da Universidade da Califórnia, em Berkley, nesta manhã, agora trinta anos depois, ao escrever essas palavras a você, nesta segunda década do século vinte e um, pude sentir como os alunos alvoroçados estavam vivendo numa *mentosfera* que os preenchia com ideias. Um lugar de aprendizado como esse, e mesmo na sociedade como um todo, cerca-nos com um mar de informação criado por padrões de fluxo energético que moldam quem nós somos e como desabrochamos. Minha filha me convidou para assistir a uma aula de sistemas ecológicos, e aprendi muita coisa – tanto por ela me deixar saber o que estava acontecendo quanto do professor. O professor Paul Fine propôs uma definição de ecossistema como sendo um sistema complexo com uma unidade topográfica de um volume de terra, água e ar que se estende por uma porção da Terra por um certo período de tempo. Parte da tarefa da aula era memorizar as plantas lenhosas de inúmeros ecossistemas locais que eles estavam visitando. Os trabalhos eram aparentemente assustadores, já que o professor escolheu citar seu próprio professor, Burton V. Barnes, refletindo sobre o quanto era difícil, no início, a experiência emocional de decorar esses nomes todos. Eis aqui a lista que talvez possa elucidar como essa jornada pela mente pode estar se desenrolando para você também: negação, raiva, reclamação, confusão, aceitação, resignação e alegria. Eu sei que esse mergulho profundo na mente pode, às vezes, parecer assustador também. Espero que estejamos no estágio da alegria, ou pelo menos indo em sua direção.

Nossas mentes vivem nesses sistemas mentais, embora elas tenham maior abrangência do que o espaço topográfico. Assim como a atmosfera influencia as paisagens locais dentro dos diversos habitats dos ecossistemas que elas envolvem, assim também a *mentosfera* influencia nossos estados mentais individuais, nossas paisagens interiores pessoais, o que nós chamamos de nossas *paisagens mentais*. Todos temos *habitats* pessoais localizados com paisagens mentais moldadas pela grande *mentosfera* na qual todos estamos inseridos. Em muitos aspectos, essas noções de *mentosfera* e paisagens mentais revelam a natureza inter e intra da mente, o intermediário e o interno.

Mas mesmo que pudéssemos propor que o *onde* da mente fosse tanto dentro quanto entre nós, qual era a base científica, pensei trinta anos atrás, que pudesse ligar essas duas localidades aparentemente distintas de uma única entidade mental? O interno e o intermediário não deveriam ser entidades separadas, mas dois aspectos de uma mesma realidade, a realidade da mente. Eu estava desesperado para encontrar maneiras de me juntar a outras pessoas para organizar essas questões fundamentais em uma estrutura conceitual útil para todos os interessados, desde pacientes a médicos e cientistas.

Após a residência em psiquiatria clínica para adultos e, depois, para crianças e adolescentes, sempre em conflitos com as realidades de uma área tentando encontrar sua própria identidade clínica, decidi me tornar pesquisador e obtive uma Bolsa de Pesquisa pelo National Institute of Mental Health (NIMH) para estudar interações familiares na UCLA. Fui instado a focar-me em alguns tratamentos de doenças ou medicações específicas, e meus mentores acadêmicos não viam muito sentido em estudar as relações de apego. Mas eu estava intrigado pelas descobertas nas pesquisas sobre apego e como elas esclareciam essas questões sobre o *onde* e o *o que* da mente. Eu queria estudar as maneiras pelas quais a narrativa da vida de uma pessoa havia demonstrado ser o mais sólido vaticinador de como seus próprios filhos se apegariam a ela. Em outras palavras, no fim das contas, não era o que acontecia conosco, na posição de pais, que importava tanto; era como interpretávamos o que havia acontecido conosco que tinha se mostrado empiricamente o fator mais forte que influenciava como nossos filhos se apegavam a nós. E esse apego, por sua vez, levaria a influências positivas ou negativas no desenvolvimento da mente daquela criança – como ela regulava suas emoções, interagia com os outros, interpretava sua própria vida. Algo no processo de interpretação dos pais criava uma *mentosfera* na família que alicerçava o apego seguro. O que poderia ser isso?

Eu era fascinado com o campo da ciência dos relacionamentos, e via grande potencial para iniciar com relacionamentos saudáveis e como eles impactavam o desenvolvimento da mente antes de explorar mais sobre como uma mente pode não se desenvolver na direção da saúde e resiliência – forçar seu crescimento rumo à desordem e à inquietude.

Meu próprio professor de neurociência, David Hubel, recebeu, junto com Torsten Wiesel, um Prêmio Nobel quando eu estava na faculdade, nos idos de 1981, por demonstrar como a experiência molda a estrutura do cérebro em desenvolvimento de gatos. A experiência durante os primeiros momentos da infância tinha um maior impacto na estrutura e no funcionamento do cérebro do gato. Aquelas descobertas e seus ensinamentos impactaram meu desenvolvimento profissional, deixando marcas em mim da realidade de que nosso cérebro é moldado profundamente pela experiência. Obviamente, deve haver maneiras de tomar os avanços em nossa compreensão de estrutura e funcionamento cerebral e entrelaçá-los com a maneira que nossas relações, como uma forma de experiência, moldam a mente.

Durante esses anos da minha residência, eu me perguntava se algumas das descobertas de Hubel e outros poderiam ser úteis para ajudar pacientes a curarem-se de traumas ou encontrar forças para encarar suas dificuldades inerentes no humor, pensamentos ou comportamentos. A forma com que os pacientes se recuperavam de traumas parecia diretamente relacionada com a forma que eles interpretavam suas vidas e criavam uma narrativa coerente de suas experiências de vida. O papel do hipocampo em integrar memória poderia ter participação nesse processo de interpretação? Foi exatamente isso o que os pesquisadores de apego haviam revelado independentemente: alguém que fez boa interpretação de seus traumas não os passaria para seus filhos na forma de apego desorganizado; alguém que tivesse sofrido um trauma, mas não conseguira interpretar seu impacto em si mesmo, infelizmente, muito provavelmente passaria tal desorganização para seus filhos. A resolução de traumas poderia estar conectada com alguns processos narrativos centrais de interpretação relacionados ao processo fundamental do cérebro? Como essa interpretação influenciaria o campo social da família para dar apoio ao desenvolvimento de apego seguro e uma mente saudável?

A primeira tentativa de usar as descobertas do processamento de memória no hipocampo tinha sido útil, pelo menos conceitualmente, ao compreender e desenvolver uma estratégia de tratamento para aqueles com TEPT. Embora não tivéssemos aprendido muita coisa, quando muito, sobre o cérebro em nosso ciclo clínico nos anos 1980, por mais surpreendente que isso pareça, minhas primeiras experiências com terapia e meu treinamento prévio como biólogo traziam-me reiteradamente à questão de como as mentes dos meus pacientes podiam ser melhor compreendidas ao interagir um pouco o cérebro e nossas relações. Ambos eram importantes. A mente estava dentro e entre nós, e é lá onde a terapia mental, a psicoterapia, parecia requisitar maior foco para funcionar direito.

Se a experiência mudava a atividade do cérebro, e essa mudança podia alterar o desenvolvimento estrutural dele, como Hubel e outros revelaram, talvez as interações entre pais e filhos moldassem o cérebro da criança. A relação entre um terapeuta e um paciente também poderia moldar o funcionamento e a estrutura do cérebro? Se assim o fosse, como esse efeito poderia ser compreendido? Se essas experiências relacionais estivessem moldando a estrutura do cérebro, isso poderia levar a melhoras terapêuticas mais duradouras na vida de um paciente, com ou mesmo sem medicamentos?

Essas dúvidas preenchiam minha própria mente todos os dias ao trabalhar na ciência e atuando como terapeuta. Haveria alguma maneira de pensar como seriam mente, cérebro e relações saudáveis? Havia mesmo uma maneira de considerar que a mente podia estar tanto dentro quanto entre nós?

Neuroplasticidade e sistemas culturais

Um velho ensinamento na neurociência era que o cérebro tinha funções bem localizadas e basicamente paravam de crescer ao nos tornarmos adultos. Nós, agora, sabemos que os extremos de ambas as visões não são verdadeiras. Funções no cérebro – como memória, emoção ou mesmo ativação motora – são amplamente distribuídas, não apenas limitadas a uma pequena área ou outra. Até divisões estritas entre entrada sensorial e saída motora aparecem não tão fixas. A distribuição de mapas no cérebro, aquelas regiões ativadas que funcionam em conjunto para moldar as funções mentais, parecem mudar continuamente de uma maneira dinâmica conforme vivenciamos experiências de vida.

O cérebro também continua a crescer durante a vida. Sim, há períodos iniciais de importante crescimento, quando o cérebro está vulnerável e precisa de certas entradas para moldar seu desenvolvimento de forma saudável. Mas o cérebro não para de crescer depois da infância, ou mesmo da adolescência. Ao mudar no longo prazo de quatro maneiras fundamentais, o cérebro assimila experiências com a ativação de disparos neuronais. Esses disparos, no mínimo, podem levar a associações químicas de curto prazo e temporárias entre os neurônios, revelando memória imediata ou de curto prazo. Mas impactos de longo prazo na estrutura cerebral podem acontecer mesmo na fase adulta. Essas mudanças podem envolver: 1) o crescimento de novos neurônios a partir de células-tronco neurais, documentado hoje em, pelo menos, uma área nos adultos, o hipocampo; 2) o crescimento e a modulação de conexões sinápticas entre neurônios, mudando as maneiras de se comunicarem entre si; 3) o depósito de mielina pelas células da glia, permitindo potenciais de ação de íons fluírem para dentro e para fora das membranas neuronais, para transmitir 100 vezes mais rápido, e para que o repouso ou período refratário entre os disparos sejam 30 vezes mais breves (30 X 100 = 3.000 vezes não apenas mais rápidos, mas mais coordenados em regulação e distribuição); e 4) a alteração das moléculas de não--DNA que pousam sobre o DNA, chamadas de reguladores epigenéticos, tais como histonas e grupos metil. As mudanças epigenéticas são induzidas por experiência e, em seguida, alteram como as experiências futuras permitirão que os genes se expressem, proteínas sejam produzidas e mudanças estruturais ocorram.

Essas formas com que o cérebro é alterado pela experiência fazem parte do que chamamos de neuroplasticidade do cérebro. As descobertas de como o cérebro é moldável em resposta a experiências em breve criaria uma revolução em como podemos mudar com a experiência – e abrir as portas de como os relacionamentos e a mente podem ser vistos como alteradores do próprio cérebro.

A maneira que criei para lembrar dessa conexão da atenção moldando o fluxo de energia e informação em atividade neuronal e crescimento é a seguinte: para onde a atenção vai, o disparo neuronal flui e as conexões neuronais crescem. Isso não só nos ajuda a entender como funcionam a psicoterapia e a parentalidade, mas também como nossas sociedades moldam nossas mentes.

A partir de uma perspectiva de ciência de sistemas, na discussão de conexões interligadas nas quais estamos inseridos, podemos usar o termo *cultura* para focar em várias características de nossas vidas. Peter Senge descreve três camadas de como esse sistema pode ser experimentado: eventos, padrões e estrutura (Senge, 2006). Na superfície, vemos eventos como resultados visíveis do sistema, o que ele descreve como a "ponta do *iceberg*". Logo abaixo daquela ponta, estão os padrões de comportamento do sistema, não diretamente visíveis dentro de um evento único, mas, todavia, padrões que são presentes, impactantes e detectáveis com o reconhecimento de padrões ocultos dentro dos eventos. Mais abaixo, os eventos visíveis e os padrões de comportamento formam a estrutura do sistema, que pode ser descrita como tendo os seguintes três componentes: hábitos de pensamento, hábitos de ação e artefatos (os aspectos físicos da nossa cultura, como trocadores de fraldas nos banheiros masculinos em sociedades modernas, refletindo e reforçando o posicionamento do sistema de que os homens deveriam cuidar dos bebês, tanto quanto as mulheres). A estrutura do sistema não é sempre enxergada à primeira vista, mas pode ser percebida quando olhamos profundamente para esses hábitos de pensamento e ação e para os artefatos subliminares dos padrões e eventos do sistema.

De forma semelhante, nunca conseguimos "enxergar" conscientemente os campos de Faraday com nosso aparato corporal, mas aqueles padrões energéticos são reais. Não vemos o entrelaçamento não local de alguns elementos com outros, mas tal entrelaçamento para pares em especial, como energia e matéria, é real. Igualmente com os sistemas, podemos ser capazes de ver eventos, compilar esses eventos em uma percepção dos padrões de um sistema e até detectar aspectos de hábitos de pensamento e ação, mas muitos desses aspectos estão ocultos da visão, principalmente à primeira vista. Artefatos de uma estrutura do sistema são de fato visíveis, e as repercussões que eles criam na maneira de pensarmos e agirmos, principalmente como interagimos uns com os outros, podem ser onipresentes e visíveis em nossa cultura, mesmo que nem sempre apreciadas pelas maneiras com que moldam nossas vidas mentais. Elas podem ser como o mar que nos cerca, mas frequentemente não reparamos nele. Os vários aspectos das características da nossa cultura nos moldam com e sem nossa ciência. Esta é a nossa mentosfera.

Imagine a seguinte cena. Energia e informação à nossa volta. O fluxo delas entra em nós. Assim que a energia entra no sistema nervoso, os neurônios disparam. Quando esses neurônios disparam, qualquer uma das quatro mudanças da neuroplasticidade pode ser evocada (neural, sináptica ou crescimento da mielina e modificações epigenéticas regulando a expressão dos genes). Por sua vez, como as mudanças neuroplásticas acontecem no cérebro, a energia e a informação emitidas desses sistemas nervosos modificados também mudam. Em outras palavras, os padrões de energia e informação enviados de um indivíduo são moldados diretamente pelos tipos de mudanças neuroplásticas induzidas pela mentosfera. Essa mudança no fluxo de energia e informação emitida dos cérebros e dos corpos de todos os indivíduos naquela esfera, logo, moldam o campo social. Os eventos do sistema são modificados e podem ser vistos a olho nu, mas os processos do sistema, e até seus componentes estruturais de hábitos de pensamento e ação, podem permanecer inacessíveis à visão superficial do cotidiano. Conforme os eventos e artefatos mudam, vemos mais prontamente o que está sendo alterado na mentosfera. Esse campo social é influenciado pelas mudanças neuroplásticas invisíveis surgindo dentro dos indivíduos que comportam tal sistema; e o campo social está, então, induzindo alterações na mentosfera – o fluxo de energia e informação entre nós dentro de uma cultura – que, por sua vez, muda a forma com que os neurônios disparam e se reprogramam. Essa é a natureza recorrente e autorreforçadora da mentosfera. Ela induz mudanças nas próprias estruturas neurais que mantêm e moldam a forma daquele fluxo.

A perspectiva acima nos ajuda a entender a natureza de como nossas mentes relacionais moldam as formas com que nos comunicamos e conectamos uns com os outros no que é chamado de *evolução cultural*. Visões evolucionárias de como evoluímos nos últimos quarenta mil anos sugerem que, embora nossos cérebros possam ter alcançado um certo estado de evolução anatômica geneticamente determinada há cerca de noventa mil anos, alguma mudança na maneira com que começamos a ter a capacidade para a simbolização alterou dramaticamente nossas vidas culturais, como revelado na forma com que criamos ferramentas e representações visuais nesse período Paleolítico Superior, de tal maneira que a mente distribuída se tornou a força motriz para nossa evolução cultural (ver Dunbar, Gamble & Gowlett, 2010; Johnson, 2005). Podemos ver essas sugestões como a maneira com que formas simbólicas compartilhadas dentro da mentosfera, tal como o jeito que usamos a linguagem, estimulam mudanças em nossa paisagem mental que podem induzir mudanças neuroplásticas, que por sua vez alicerçam uma mentosfera mais complexa.

Os filósofos Andy Clark e David Chalmers sugerem que a linguagem não é um espelho de nossos estados internos, mas um complemento deles. Ela serve como ferramenta cujo papel é expandir a cognição de formas que dispositivos embutidos não conseguem. De fato, pode ser que a explosão intelectual em tempos evolucionários recentes seja tanto por causa dessa extensão da cognição ativada pela linguística quanto por qualquer desenvolvimento independente em nossos recursos cognitivos interiores. (1998, p. 17)

A chave é que o fluxo de energia e informação ocorre por todo o sistema: dentro do corpo, na mente pessoal, interior e corporificada que chamamos de paisagem mental, e entre o corpo e o mundo à nossa volta, nossa *mentosfera*, relacional e coletiva. Para compreender profundamente o *onde* da mente, podemos abraçar os poderosos *insights* da neurociência e da ciência dos sistemas. Podemos ver o denominador comum dessas visões aparentemente distintas como fluxo de energia e informação. Esse fluxo não é limitado pelo crânio ou pela pele, mas impregna nossas vidas em sistemas interiores e intermediários.

Mesmo que a consciência seja declaradamente um aspecto emergente apenas de nossa paisagem mental, as engrenagens pessoais de nosso cérebro e, talvez, do corpo como um todo, podemos nos tornar cientes da *mentosfera* e ter um senso subjetivo dentro da consciência dessa intermedialidade da mente, assim como podemos estar cientes da paisagem mental e ter um senso subjetivo do aspecto interior da mente. Com ou sem essa ciência, nossa paisagem mental e a *mentosfera* representam a mente corporificada e relacional que molda e é moldada pelas mudanças neuroplásticas do cérebro e da cultura em que vivemos.

Reflexões e convites: internalidade e intermedialidade

Logo que a noção de que a mente poderia não ser simplesmente um produto da atividade cerebral manifestou-se para mim quando estudante, parecia uma heresia nas conversas científicas no mundo profissional em que eu vivia na época. Mas como residente em psiquiatria com uma experiência de pesquisa em bioquímica, parecia que os sistemas sendo explorados deveriam ter alguns aspectos universais atrelados a eles, e algumas influências recíprocas uns sobre os outros. O salmão que estudei na faculdade podia estar respondendo a mudanças na salinidade da água ao redor ao alterar uma enzima que modificava a densidade de partículas nos fluidos corporais do peixe. Os peixes adaptaram-se a mudanças no ambiente, assim como o próprio sistema nervoso dos peixes foi programado para que eles nadassem do rio de água doce para o mar salgado. Da mesma forma, uma pessoa em crise poderia corresponder ao atendente numa linha de prevenção ao suicídio que se comunicasse com compaixão e conexão, incutindo-lhe um senso não apenas de confiança e sentir-se sentido no momento, mas de esperança para o futuro.

Foto de Alexander Siegal

Também aprendi que iniciar uma faculdade de medicina e achar o processo educacional contraproducente não significava que eu tinha que me adaptar passivamente às exigências do meu ambiente. Eu podia me afastar um pouco, tirar um tempo para pensar sobre o que vinha acontecendo, desenvolver novos modos de perceber o mundo, então voltar com novos conceitos e perspectivas. A *mentosfera* que nos cerca não precisa ser aquela que nos afoga; podemos mudar o mundo à nossa volta e podemos mudar o mundo internamente. Saber que a mente era real, usando o conceito e o processo de *mindsight* como um escudo protetor, ajudou meu mundo interior a desenvolver perspectiva e resiliência suficientes para entrar novamente no mundo médico e tentar, da melhor forma que eu podia, me agarrar ao que eu sentia ser real, como a mente e sua realidade subjetiva. Agora na residência psiquiátrica, a questão sendo fortemente levantada na minha mente era a seguinte: poderia a mente estar tanto dentro de nós quanto entre nós?

Enzimas e empatia. Cérebros e relacionamentos. Matéria e mente. Eu era impulsionado para compreender as conexões entre esses aparentemente distintos, mas igualmente reais, aspectos de nossas vidas.

Na época, eu sentia que deveria haver uma maneira natural para começar a imaginar como poderíamos entender o fluxo da atividade neuronal para as narrativas. Essas histórias de nossas vidas dentro de nós também seriam compartilhadas em nossas relações uns com os outros, em nossos grupos de tratamento, com nossos familiares e amigos, com nossos vizinhos. A mente parecia estar localizada tanto dentro quanto entre nós, o que significa que vivemos dentro desses corpos, dentro dessas relações, e cada uma dessas localizações da mente moldam nossas vidas.

A mente está dentro e entre nós. Esse é o *onde* da mente.

Se você acredita que sua vida é o que é somente por causa de seus genes que moldaram a estrutura do seu cérebro e, por conseguinte, sua função, você também pode imaginar que sua mente é um produto passivo, quase um efeito colateral, de disparos neuronais. Naturalmente, você pode localizar a mente apenas em seu crânio, emanando de seu cérebro produzido por genes. Isso proporciona a impressão de um fluxo unidirecional, dos genes para o cérebro, cérebro para a mente. Naquele fluxo, você é um mero resultado do inevitável, junto com o correr solitário de sua vida.

Mas, na época, estava ficando claro, e agora sabemos por conta de incontáveis estudos empíricos, que a mente pode impulsionar energia e informação através do cérebro de novas maneiras que podem não acontecer automaticamente. Essa ativação neuronal com esforço mental – com o foco de atenção intencional de maneiras específicas – pode estar criando um diferente padrão de disparos cerebral que aconteceria naturalmente. Hoje, sabemos também que essa iniciação mental da atividade cerebral pode ativar genes, mudar os níveis de enzima que reparam as pontas dos cromossomos e até alteram a regulação epigenética da expressão genética, como já discutimos. Você pode ver como sua intenção e crença mentais moldam sua experiência interior com sua mente, e de fato muda seu cérebro e os diversos mecanismos moleculares subjacentes ao funcionamento neuronal e à fisiologia corporal. Você pode moldar intencionalmente sua paisagem mental.

Com as comunicações de forma intermediária, em nossas comunicações relacionais que temos uns com os outros, temos o foco de atenção direcionado de maneira a criar novas intenções e crenças dentro de nós. Deste modo, também, a localização relacional da mente pode até impulsionar mudanças não só na *mentosfera*, mas também no cérebro, ao criar novas mentalidades com suas crenças e intenções. A mente – tanto interna quanto intermediária – pode mudar o cérebro.

Se você acreditava ser apenas um produto de seus genes, que a mente é simplesmente o resultado de um cérebro imutável, tal visão, compreensivelmente, também pode dar origem ao sentimento de impotência. Por sua vez, além do desespero você pode se sentir bastante solitário. Nesta visão, a mente é um resultado do cérebro, o cérebro está na sua cabeça, você não é muito capaz de influenciá-lo, você deve pensar. Mas no maravilhoso trabalho de Carol Dweck sobre a mentalidade, essa perspectiva pode ser parcialmente o que ela chama de "mentalidade fixa", aquela na qual você acredita que o que você tem é o que você tem, baseada em características inatas que não podem ser modificadas (Dweck, 2006). Ao contrário, uma "mentalidade de crescimento" é a visão mental que o que você tem pode ser modificado mediante esforço. Conquistas acadêmicas, inteligência e até traços da personalidade podem ser mudados, se a pessoa se esforçar. Esforce-se um pouco mais e você poderá alcançar tudo o que quiser, revela essa pesquisa, desde sucesso nos estudos a mudanças nos comportamentos habituais. Dweck e outros chegaram até a revelar que ensinar as pessoas sobre o poder da mentalidade do crescimento e a habilidade de mudar seu cérebro pelo esforço mental leva a melhorias significativas na performance escolar em uma gama de situações.

Até mesmo a maneira com que acreditamos que o estresse nos impacta pode mudar seu impacto sobre nós. Se interpretarmos o aumento da frequência cardíaca e da sudorese de uma "experiência estressante" como animação e não como impotência e pavor, por exemplo, podemos conseguir realizar de forma diferente, digamos, uma apresentação em público (McGonigal, 2015). Uma mudança dessas em nossa crença, pode igualmente alterar nossa própria fisiologia, de um estado prejudicial de ameaça para um estado de fortalecimento para desafios. O que fazemos com nossas mentes muda nossa experiência, inclusive a atividade de nossos cérebros e a resposta fisiológica de nossos corpos.

Se você refletir sobre o que acredita ser imutável em sua vida, a "história de você", que é sua narrativa construída e pessoal, você pode encontrar algumas áreas inalteráveis. Nem tudo pode ser mudado – minha altura de um metro e setenta não pode ser mudada para eu, agora, me tornar um jogador profissional de basquete, só porque desejo isso. Mas se esse esporte fosse minha paixão, com um pouco de reflexão eu poderia ser capaz de encontrar maneiras de expressá-lo.

Mas você também pode descobrir que padrões que você achava serem fixos, na verdade, são coisas que com esforço mental podem de fato ser modificadas. Saber o que agora sabemos com certeza, de que a mente pode realmente mudar a função e a estrutura do próprio cérebro, pode ajudá-lo a ver como o esforço mental pode mudar características de longa data que achávamos serem permanentes (Davidson & Begley, 2012).

Se refletir agora sobre essa noção de uma localização da mente interior e outra intermediária, como você se sente? Você consegue sentir parte da internalidade da mente, sua paisagem mental, como a energia e a informação são transmitidas pelo seu corpo, inclusive pelo cérebro? Nesta localização, tenha em mente que você pode, intencionalmente, moldar a forma com que seu corpo funciona. Isso não é uma hipérbole, palpite, opinião ou pensamento positivo – isso é ciência. Quer você use sua mente para focar neste livro, quer para fazer práticas contemplativas, como meditação, ou de muitas outras maneiras, desenvolva uma consciência aberta chamada presença, assim você poderá moldar intencionalmente o bem-estar da sua vida interior, seu cérebro e seu corpo.

Se você refletir agora sobre a interlocalização de sua mente, na *mentosfera*, como você se sente? Se você descontrair conceituações mentais de cima para baixo dentro de você consegue começar a sentir, mesmo com a emergência da visão mental, essa sensação mais sutil de algo intermediário, alguma "coisa" entre você e outros em sua vida? Esses outros podem ser pessoas próximas, um animal de estimação, talvez até uma árvore do lado de fora. A capa deste livro tem uma foto minha numa encosta na Noruega, e você pode sentir, mesmo por essa imagem visual, o que eu posso ter sentido diante daquela cena, aberto à vastidão do fiorde, sentindo-me fraco e frágil, e imenso e forte ao mesmo tempo. Dentro e entre nós, a mente está nos dois lugares.

Abrir-se para o senso de conexão com outras pessoas, animais e o planeta, ou com qualquer outra entidade fora do seu corpo, é o que queremos dizer quando falamos da intermedialidade da mente, da sua mente. Você pode sentir isso prontamente, no exato momento em que o convido a refletir sobre essas conexões. Ou talvez sinta isso como uma sensação inicialmente vaga, ou como nada. Para muitos de nós, essa não é uma sensação com a qual estamos familiarizados, nada disso foi desenvolvido na escola ou em casa, nada disso foi encorajado em nossa sociedade, então, por isso, não é necessariamente fácil acessar isso logo de cara. Pode parecer como um potencial inexplorado, algo que temos um direito a experimentar desde o nascimento, mas que ainda terá de ser cultivado.

Em breve, discutiremos em detalhes uma prática reflexiva da Roda da Conscientização e exploraremos o que pode ser chamado de nosso *oitavo sentido*, um sentido de nossas conexões com as coisas fora do corpo que habitamos. Você pode experimentar a Roda e ver como se sente. Por ora, apenas saiba que se o raciocínio científico e as observações rigorosas da vida mental forem verdadeiros, então você poderá descobrir que explorar esse oitavo sentido será uma aventura emocionante e recompensadora para desenvolver seu sentido, sua percepção e, talvez, até sua ciência a respeito da intermedialidade de sua mente.

Ver a mente tanto dentro quanto entre nós, oferece-nos novos *insights* e avanços em direção à mudança. Nós não só trabalhamos na importante vida interior da mente, inclusive em nossas crenças de mentalidades fixas ou em crescimento, mas também trabalhamos na vida exterior da mente. A *mentosfera* é cheia de fluxo de energia e informação que pode ser moldado para promover bem-estar ou inibi-lo. As maneiras de oferecer dignidade a todas as pessoas, como diferenciamos nossas várias maneiras de ser e, então, interligamos isso com conexões compassivas é uma simples estrutura de integração que se aplica ao importante aspecto interno e pessoal da paisagem mental, e ao aspecto relacional e externo da *mentosfera*, o campo social no qual vivemos. Os amigos que temos, atividades que realizamos, a forma com que passamos nosso tempo com experiências saudáveis ou não, molda nossa mente de maneira direta e impactante.

Em nossa jornada, afirmamos nossa proposta fundamental: o onde da mente é tanto dentro quanto entre nós. Como cultivamos um senso de significado e propósito, o *porquê* da mente, dentro desses dois importantes locais é o foco do próximo item dessa jornada.

CAPÍTULO 7
O PORQUÊ DA MENTE?

Estamos nos aprofundando cada vez mais no território do significado e do propósito da mente com este item. Tendo explorado a emergência da mente como processo auto-organizador que controla a integração, uma preenchida por funções condutora e construtora, uma localizada como uma paisagem mental interior e uma *mentosfera* intermediária, e tendo visto a importância de compartilhar nossa própria subjetividade ao criar uma experiência de "sentir-se sentido" que interliga as duas como um todo integrado, agora perguntamos sobre o porquê da mente. A minha mente ficou surpresa ao descobrir que essa jornada levaria a minha vida ao mundo da espiritualidade e da religião.

Significado e mente, ciência e espiritualidade (2000-2005)

A virada do milênio abriu novas imersões no conceito de mente que eu jamais poderia ter antecipado. Pelo fato de a primeira edição de *A Mente em Desenvolvimento* ter sido lançada meses antes, novos convites para dar aulas fora da UCLA se apresentaram conforme inúmeras pessoas absorviam as propostas no livro sobre neurobiologia interpessoal como uma forma de olhar para nossas vidas. Oferecer uma definição de mente como mais do que atividade cerebral, como o processo auto-organizador emergente que era tanto plenamente corporificado quanto plenamente relacional, abriu o caminho para ir além do pequeno ambiente de discussão em grupo e me conectar com um público maior. Jamais podia imaginar que um dos primeiros convites para lecionar que recebi seria uma audiência com o Papa.

O Pontifício Conselho para a Família do Vaticano enviou um *e-mail* afirmando que o Papa João Paulo II gostaria que eu fosse a Roma para discutir com ele sobre a importância da mãe no desenvolvimento da criança. Respondi que eu me sentia honrado em conversar com o Papa sobre a importância das figuras de apego, inclusive a mãe, o pai e outros, na forma de moldar a mente em desenvolvimento da criança. Perguntei sobre qual assunto especificamente o Papa João Paulo estava interessado, e eles escreveram que ele queria saber por que o olhar da mãe era tão importante na vida de uma criança.

Para eu me preparar para aquela viagem ao Vaticano requeria que eu escrevesse um artigo, e escolhi escrever um que tinha o título de "A Biologia da Compaixão". Inserido naquele documento estava tudo que eu e você temos explorado, como podemos ver a mente como além da atividade do cérebro, como a experiência subjetiva pode surgir de nossos disparos neuronais, mas não é o mesmo que atividade neuronal, como a mente também pode ter um processo auto-organizador emergente e que esse processo é tanto corporificado quanto relacional. Ao ver a integração como a base da saúde, poderíamos então sentir como a mente corporificada e relacional migrava para a integração no processo de cultivar o bem-estar. Uma expressão fundamental daquela integração é a compaixão e a bondade.

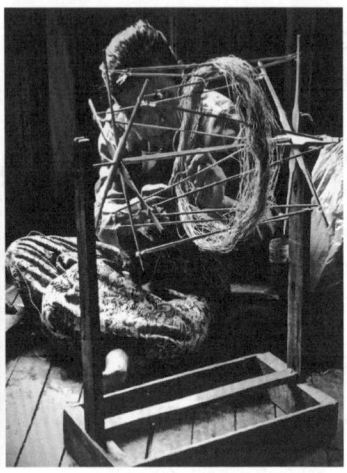

Quando eu, minha esposa e nossos dois filhos chegamos a Roma, fomos escoltados até o Vaticano e acomodados para nossa visita de nove dias. Recebemos um "passe para os bastidores" que nos permitia perambular pelos corredores escondidos daquela instituição intrincada, e nós absorvemos ao máximo a complexa arquitetura e os adornos artísticos deste centro da fé católica.

Fui criado sem qualquer religião formal, mas quando criança e adolescente, eu e minha família éramos membros das Igrejas Pacifistas Unitarianas e Quakers. Como muitos outros durante a Guerra do Vietnã naqueles grupos, nossas origens históricas eram judias. Você deve conhecer a história básica do início dos judeus como tribos nômades errantes que tinham duas qualidades que se destacavam dos moradores das cidades daquela época. Uma era que eles viam o tempo como uma linha em vez de um círculo interminável e imutável. A outra era que eles contavam histórias cheias de fatos reais, o positivo e o negativo, em vez de narrativas idealizadas da cultura das cidades. Esses dois fatores levaram esse grupo nômade a ver que eles podiam mudar o curso de como a vida desabrochava, para eles ou para os outros. O senso que se manifestou de "serem o povo escolhido" era a crença deles de que um único Deus os tinha escolhido para serem responsáveis para a cura do sofrimento alheio (Cahill, 1998; Johnson, 1987).

A história da fé cristã começou na região hoje chamada de Israel. Um homem judeu de Nazaré seguiu até Jerusalém e ensinou uma variação dos valores comuns do judaísmo. Infelizmente, ele foi preso pelos romanos que, como era a prática naqueles tempos, o submeteram a um julgamento e escolheram executá-lo pela crucificação. Nos quase três séculos seguintes, aqueles que seguiram os ensinamentos de Jesus, incluindo o apóstolo Paulo, vieram ver os ensinamentos de Cristo, quem eles consideravam na narrativa judaica ser o messias, o filho e mensageiro do único Deus, não como uma variação do judaísmo, mas algo separado. Alguns acreditaram que foram os judeus que escolheram matar Cristo, não os romanos.

Uma revolta contra os romanos por um pequeno grupo de judeus por volta de 70 d.C. precipitou a destruição do templo judeu em Jerusalém e baniu os judeus daquela região. Esse era um banimento daquele antigo grupo de nômades narradores, aqueles que tinham se tornado o povo judeu, que agora estavam numa jornada errante chamada A Diáspora. Por dois mil anos, essa migração errática fez parte da identidade judaica, parte do tema narrativo de ser um membro desse grupo cultural, esses nômades se espalharam pelo globo. Mas o que isso realmente significa, eu me perguntei enquanto perambulava pelo solo do Vaticano, ser um "membro de um grupo cultural"? O verdadeiro grupo a que pertencemos não é composto por todos aqueles que chamamos de humanos? E por que haver uma identidade limitada pela espécie? Nosso grupo não poderia incluir todos aqueles que chamamos de seres vivos? Onde começa e onde termina a adesão a um grupo?

Quem somos nós? Por que temos um senso de identidade pessoal e cultural? No Vaticano, eu meditei sobre minhas origens históricas, sobre como cardeais e bispos, e o próprio Papa, vieram de suas experiências de vida para encontrar uma vida devotada à fé católica.

Por dentro, eu me sentia, em primeiro lugar, como um ser humano, um membro de uma grande família humana. Por fora, eu me sentia como um membro dos seres vivos de nosso planeta. Caso eu deixasse minha mente se expandir ainda mais, eu era um condutor de coisas na Terra, um ser vivo, sim, mas também parte de todo um mundo físico à minha volta.

Caso eu me deixasse focar de maneira mais restrita, o que surgia era um senso de pertencer a camadas de grupos, alguns dos quais, provavelmente, nem sabiam que eu era um membro. Nesses pertencimentos, às vezes eu tinha um papel, como ser um pai. Eu era pai dos meus dois filhos, que seguravam na minha mão ao caminhar pelas avenidas largas e vielas estreitas de Roma. E eu era membro de todos os pais, e podia me relacionar com os pais que eu via nas ruas. Eu era cidadão de um país, como todos os outros cidadãos, e este país, no momento presente desta vida, era os Estados Unidos.

Mas há não muito tempo, aqueles que eram meus ancestrais há apenas duas gerações estavam aqui na Europa. A Diáspora os forçou a uma jornada, pelo que me disseram, de dois mil anos de vida errante, quando eles eram periodicamente expulsos de qualquer terra na qual tivessem estabelecido seu lar. Minha avó contava-me de sua vida ao crescer num *shtetl*, uma vila de judeus que não tinham permissão de viver nas cidades da Europa Oriental. Essa vila ficava na Ucrânia, iguais às que meus outros avós e bisavós viviam, em *shtetls* na Lituânia e na Rússia. Eu nunca os conheci, mas os conheço, dentro de mim de alguma forma, pelas histórias que me contaram, pelos genes que carrego, moldados por séculos de fugas, e pelos controles epigenéticos que regulam esses genes.

A epigenética, como já falamos, refere-se a como temos moléculas regulatórias de não DNA que repousam sobre nossos genes e regulam suas expressões. Quando os genes são ativados, eles levam a produção protéica e moldam a função e a estrutura de suas células. No caso do cérebro, estamos aprendendo que as experiências podem moldar nossos controles epigenéticos e, com tais mudanças, a atividade e estrutura do cérebro modificam-se para se adaptarem às experiências anteriores.

Em alguns casos, pesquisas revelaram que, se o *timing* de uma experiência estiver correto, podemos de fato passar tais mudanças para as próximas gerações pelos óvulos e espermatozóides (Yehuda, et al., 2014; Youngson & Whitelaw, 2012; Meaney, 2010). Para uma pessoa do sexo feminino, por exemplo, se ela estiver no útero quando sua mãe vivencia um evento estressante, como fome, ela irá adquirir as modificações epigenéticas que sua mãe teve que enfrentar com a ausência de comida e, então, passará para seus próprios filhos, por meio de seus óvulos, que estavam amadurecendo enquanto ela estava no útero, adaptações que fazem com que ela metabolize comida como se estivesse sofrendo com tal escassez. Porém, se a comida for abundante, o corpo dela irá reter aquelas calorias e terá maior propensão do que outra criança a desenvolver obesidade e diabetes.

Na situação da minha avó, pode ser que, já que ela estava no útero quando seu pai foi assassinado num "pogrom", um jeito comum de matar judeus no *shtetl* pelos, no caso, cossacos do exército russo, então é bem possível que o trauma que minha bisavó experienciou pode ter influenciado a maneira com que minha avó – no útero enquanto seus próprios ovários estavam se desenvolvendo – passaria tais adaptações ao perigo para o meu pai, e, depois, dele para mim. Essas adaptações podem incluir benefícios aos processos neuronais, que fariam com que nossas proles tivessem mais chances de sobreviver por estarem mais vigilantes ao perigo, o que Steve Porges chama de "neurocepção" (Porges, 2011) – examinar o ambiente mais intensamente, respondendo mais rapidamente, reagindo mais intensamente.

Para nossa jornada pela mente, é importante compreender que somos influenciados mais por causa de nossas experiências e narrativas que ouvimos como parte daquelas experiências em relações com outros. Também somos moldados pelos nossos corpos. Temos uma mente corporificada. Isso significa que fatores genéticos moldados pela seleção evolutiva e fatores epigenéticos moldados pelas experiências de ancestrais imediatos contribuirão para a formação de nossos corpos, moldando a função e a estrutura de nossos cérebros.

Seria natural pensar que fugir do perigo selecionaria pela sobrevivência daqueles que puderam detectá-lo em seu ambiente e escolheram escapar dele. Isso pode formar um aspecto do meu próprio sentimento de não aceitar a educação na faculdade de medicina, por exemplo, como algo no qual eu deveria confiar. A alterações epigenéticas nos meus ancestrais imediatos, na minha avó, pode ter reforçado essa adaptação de não confiar, de ser desconfiado e de sempre procurar uma verdade mais profunda por trás da fachada do que é aceitável ou o que parece seguro pelas aparências. Não confiar no mundo à sua volta podia mantê-lo vivo.

Posso ver agora que essas origens ancestrais incutidas de legado genético e epigenético combinadas com minhas experiências pessoais, de perder minha identidade após aquele acidente de cavalo no México e do treinamento para entender os mecanismos biológicos de coisas subjacentes aos processos da vida, podem ter contribuído para meus sensos de identidade em Roma. Eu sentia uma afinidade com todos os seres vivos, conectado com nossa grande família humana, mas também sentia que havia coisas pairando em nosso mundo – na maneira com que traçamos linhas que nos separam, limitações de nossas mentes, culturas e sistemas de crença, que talvez fossem verdadeiros, mas ainda assim separações superficiais. Porquanto a integração era vista como o respeito pelas diferenças e o cultivo de interligações compassivas entre essas entidades identificadas com um grupo, então a integração podia ajudar a revelar que embora as diferenças fossem boas, as conexões eram essenciais. Eu não fui criado no catolicismo, mas eu era um ser humano. Eu posso ter tido uma base cultural diferente ao ser criado no unitarismo, uma base ancestral diferente de alguém com heranças judias, mas no fim todos viemos da África (ver John Reader, 1999; relato dessa importante e fascinante descoberta). Quer tenhamos ficado naquele continente, quer nossos ancestrais tenham feito parte do suposto pequeno grupo de menos de algumas centenas de indivíduos que migraram há cerca de cem mil anos pelo deserto e entraram na Europa para popular o resto do mundo não africano, viemos das mesmas origens. Somos todos seres vivos; somos todos seres humanos. O cerne deste ser humano é a mente que todos compartilhamos.

Refletir sobre tudo isso ao sentar-me no Vaticano, foi de grande utilidade quando dei minha palestra no Sínodo dos Bispos, uma estrutura de meio milênio onde aconteciam os mais importantes encontros. Cardeais, bispos e padres de todo o mundo estavam reunidos. Era a primeira vez que uma palestra minha seria traduzida, e foi feita tão simultaneamente que eu nem precisava fazer pausas. Ainda assim, o tempo de resposta a qualquer coisa engraçada que eu dizia revelava a velocidade dos vários tradutores, quando ondas de risadas dessincronizadas surgiam de diferentes regiões, de figuras religiosas de toda a Europa, Ásia e África. Cada um de nós vinha de diferentes tribos, que tinham encontrado uma vida diferenciada de linguagem e localização por este planeta, mas cada um de nós era capaz de amar e rir.

O que eu podia dizer? Além de apresentar a abordagem de neurobiologia interpessoal (IPNB) e tudo que eu e você temos explorado juntos, houve a oportunidade de tratar diretamente sobre a descoberta da *aloparentalidade* ou *alopaternidade* – de que nós como espécie evoluímos para ter mais de um cuidador. Esse compartilhamento de responsabilidades na criação dos filhos pode ser a base para nossa natureza colaborativa (Hrdy, 2009). Isso também significava que a responsabilidade pela criação dos filhos deveria se estender para além dos ombros da mãe e ser dividida com o pai e outros. Minha colocação não foi muito bem aceita, já que muitas respostas afirmavam o equivalente ao seguinte: "Dr. Siegel, o senhor não acha que o motivo de haver tanta violência na América é que vocês deixam suas mulheres trabalhar?" Discutimos o assunto, e eu me ative firmemente à ciência: nós, humanos, temos a capacidade de ter mais de uma figura de apego. Apegos seletivos, sim, mas não apenas a uma pessoa.

Também discutimos a conexão entre ciência e espiritualidade. O Papa pareceu bastante interessado neste tópico, tendo recentemente perdoado Galileu, que foi condenado pela Igreja por sugerir que a Terra não era o centro do universo. Houve uma abertura fascinante por parte de João Paulo, e embora ele estivesse sob o efeito de medicamentos por conta da piora em sua doença de Parkinson, ele parecia genuinamente interessado em estender a mão sobre as divisões e encontrar algum tipo de ponte entre os dois mundos. A religião e suas tradições poderiam encontrar pontos em comum com a ciência empírica? Poderia haver uma ligação entre a espiritualidade e a ciência?

Essas questões preencheram minha mente durante aquela visita, e permaneceram comigo até hoje. Enquanto eu caminhava com minha família pelas ruas de Roma, lembrei-me de um momento poderoso em frente ao Vaticano. Havíamos acabado de visitar o antigo Panteão Romano, uma maravilha arquitetônica religiosa do mundo, com seu domo imponente e imenso interior, que tinha representações dos muitos deuses romanos. Tínhamos visitado também a velha sinagoga judaica, também do outro lado do rio em frente ao Vaticano. Antes desta viagem, por fazer parte da Igreja Unitariana, que aceita todas as religiões e ensina a importância de ver o bem em todas as tradições, meus próprios filhos visitaram mesquitas islâmicas e igrejas batistas. Em família na nossa cidade, íamos regularmente a um centro hinduísta, passeando por aquela área tranquila que abrigava parte das cinzas de Mahatma Gandhi.

Com meu filho de 10 anos numa mão e minha filha de 5 anos na outra, caminhamos lentamente pela Praça de São Pedro, enquanto os pombos vinham procurar comida no agitado dia de dezembro. Meu filho olhou para cima e me pediu para explicar como era possível haver tanta crença em tantas coisas que se contradiziam. Como, ele queria saber, podia ser que os que acreditavam em muitos deuses podiam construir o Panteão e acreditar no que acreditavam, e os judeus podiam ter seus ensinamentos e acreditar no que acreditavam, e os cristãos podiam construir esse lugar imenso, o Vaticano, e acreditar no que acreditavam. Ele, então, perguntou que, já que todos não podiam estar falando a verdade, por que cada um tinha tanta convicção de que a sua história era a certa? Qual é a correta? Minha filha ouviu atentamente às perguntas do irmão e, em seguida, os dois olharam para mim, esperando minha resposta.

Nunca vou esquecer aquele momento. Fiz uma pausa e pensei no que iria dizer. Fui criado para acreditar no ser humano, para defender os direitos de todas as pessoas a encontrarem seus caminhos para suas próprias verdades. E com a visão de integração de INPB, fazia sentido diferenciar nossas culturas, crenças religiosas e identidades étnicas, e respeitar tais diferenças e promover relações compassivas. Esse seria um mundo integrado, um mundo de compaixão, um mundo que permitiria que as pessoas pertencessem e prosperassem, não apenas apesar das diferenças, mas por causa delas. A integração podia ser idealizada como a fonte da bondade e da compaixão. Isso seria um mundo integrado, um mundo que floresceria, um mundo em que a bondade e a compaixão eram sinais de bem-estar. E foi isso o que procurei dizer.

Meu filho perguntou por que as pessoas precisavam ter essas diferentes crenças. Por que elas precisavam de religião? Ele perguntou de novo, qual religião era a "certa"?

Novamente, eu fiz uma pausa enquanto continuávamos a caminhada pela Praça de São Pedro, olhando para as estátuas dos apóstolos em cima da enorme Igreja do Vaticano, vendo onde tínhamos subido as escadas no dia anterior, imaginando onde estaríamos no dia seguinte, e em uma semana, e em um mês, ano, década. Então pensei no que dizer.

Disse que as pessoas evoluíram para ter um cérebro que pode fazer um mapa do que chamamos de tempo, para imaginar o que pode acontecer no futuro, para relembrar o passado. Uma vez ocorrido, eu disse, tínhamos uma mudança importante em nossas vidas. Agora poderíamos perceber que a vida não dura para sempre, que nós todos morremos. Como criaturas sociais, compartilhamos histórias uns com os outros. Nessas histórias, tentamos compreender o mundo. Como podemos compreender o sentido da vida se a vida acaba? Todas as religiões do mundo, continuei, de um jeito ou de outro, procura abordar essa questão. Por que estamos aqui? Qual é o propósito da vida? Qual é o motivo de vivermos? O que acontece quando morremos?

Meu filho e minha filha apenas olhavam para mim enquanto eu falava, e então ao cruzarmos a praça, nós três ficamos em silêncio. Os pombos voaram quando passamos, as pessoas caminhavam e os apóstolos de mármore olhavam para baixo.

Cerca de um ano depois, lembro de meu filho, então com 11 anos, vindo até mim com uma pergunta complementar: "Pai", ele perguntou, "se nós todos morreremos algum dia, e sabemos que vamos morrer, qual é o motivo de fazermos qualquer coisa? Por que estamos aqui?". Eu apenas olhei para ele, seu rosto de pré-adolescente cheio de inocência e preocupação. O que eu iria dizer? Disse--lhe que encontrar o que tem significado na vida é uma coisa que irá aparecer na jornada de descoberta dele mesmo. Eu poderia lhe dizer o que faz sentido na minha, e se ele quisesse que eu lhe contasse qual era o meu sentido, eu ficaria feliz em dizer. Mas encontrar o caminho dele para aquele sentido de propósito, de abordar a questão de *por que* ele está aqui, seria sua própria descoberta.

Ele olhou para mim com um senso de compreensão, fez uma pausa e perguntou: "Bem, pai, se todos vamos morrer, e sabemos que vamos morrer, eu ainda preciso fazer meu dever de casa?"

Quando a primeira parte da década transcorreu, refleti sobre essas questões do *porquê* de nossas mentes não apenas com minha família, mas também com amigos e colegas da ciência e da prática médica. Com a reação positiva em decorrência da publicação do meu primeiro livro acadêmico, e, depois, o lançamento do meu primeiro livro sobre parentalidade, comecei a me sentir mais à vontade com minha mente questionadora de que devia haver alguma verdade, e talvez até útil, sobre essas ideias e essa abordagem.

Fui solicitado por diversos médicos locais para oferecer um grupo de estudos para ajudá-los a aplicar as ideias de IPNB à psicoterapia. Logo aquele grupo se transformou em sete grupos, e me vi saindo da privacidade da minha prática de psicoterapia, onde vim aplicando essas ideias por mais de dez anos, para ir ensinar outros profissionais como eles deveriam compreender a mente e cultivar integração não só em suas próprias vidas, mas também nas vidas de seus clientes e pacientes.

Alguns dos participantes desses grupos de estudo eram terapeutas novos e jovens, acabando de entrar na área da saúde mental. Mas a maioria deles eram profissionais experientes, quase sempre mais velhos do que eu e com muito mais décadas de experiência. Fiquei intrigado que eles acharam interessante aquele material. Conforme meses se tornaram anos, com mais e mais terapeutas participando, comecei a receber informações de que ao usar a estrutura da integração como a base central da saúde, o trabalho deles foi transformado. Pessoas que trabalhavam com eles, ouvi de muitos terapeutas, eram capazes de mudar e alcançar novos níveis de bem-estar com a integração como meta.

Ver a mente além das meras descrições de atividades mentais, como sentimentos e pensamentos, entender a mente não apenas como atividade cerebral, mas plenamente corporificada, e conceituar a mente como um processo auto-organizador, corporificado e relacional, provou-se útil na prática clínica. Qualquer que fosse a experiência do terapeuta – desde abordagens específicas de terapia cognitivo-comportamental até trabalhos centrados no corpo, desde terapias baseadas em narrativas até a psicanálise – esses indivíduos corajosos se tornaram a vanguarda informal de um estudo piloto aberto para ver se a integração funcionava.

Ao mesmo tempo, convites para dar aulas fora de Los Angeles só aumentavam. Comecei a ter uma agenda de viagens de aulas que me permitiam alcançar pessoas nas áreas da saúde mental de outros Estados, em outros continentes. O surpreendente era que em todos os lugares que eu ia, da Ásia à Austrália, África à Europa, havia essa descoberta que discutimos bem no início da nossa jornada: muito poucos profissionais, ou cientistas, jamais ouviram uma definição de o que era a mente.

Aquele período foi cheio de confusões na minha cabeça. Essas ideias eram precisas? Poderia ser dada uma definição de mente, pelo menos como meio de começar uma discussão? Essa visão de integração como base da saúde beneficiaria alguém além de meus pacientes? Localmente, nacionalmente e internacionalmente, o *feedback* dos participantes de seminários presenciais e *on-line* era claro – essa abordagem não só fazia sentido, ela podia ser pragmaticamente aplicada para ajudar a reduzir o sofrimento e levar as pessoas ao bem-estar e a uma vida mais significativa.

Quer uma pessoa esteja sofrendo por um transtorno causado por experiência, como um estresse pós-traumático, quer tenha uma doença não causada por experiências, como um transtorno bipolar ou esquizofrenia, o mecanismo fundamental no cérebro parece similar: integração prejudicada.

Para avaliação, o que se tornou importante não era categorizar uma pessoa num agrupamento do *DSM*, que poderia limitar nossa compreensão de quem eles eram e, assim, quem eles poderiam se tornar, mas, ao invés disso, ver o caos e a rigidez que emergiam em suas vidas, pois vinham de uma integração prejudicada. Momentos de harmonia com aquele fluxo FACES de ser flexível, adaptável, coerente, energizado e estável, revelavam momentos de integração.

A primeira questão não era patologizar e categorizar. Se existem sete bilhões de nós no planeta, então existem sete bilhões de maneiras de poder ser. Além do mais, cada um de nós, independentemente de cultura ou história, é um ser humano. Na qualidade de humanos, nossas mentes emergem como fluxos de energia e informação dentro de nós e entre nós. Sentir esse fluxo de forma caótica ou rígida quando fora da integração ou em harmonia com a integração, tornou-se a tarefa de avaliação, de pegar um quadro em branco do que estava acontecendo na vida de uma pessoa.

Aqueles nove domínios da integração, descritos anteriormente, tornaram-se evidentes, quando os meses e anos transformaram-se em décadas de realizar terapia da mesma forma. Muitos profissionais requisitaram *workshops* regulares para aprender mais sobre essa abordagem *mindsight* que foi construída sobre a visão conciliatória de neurobiologia interpessoal. Naquelas aulas, minha mente questionadora frequentemente me instava a parar bem ali. Era uma coisa, esse crítico interior me dizia, simplesmente conectar-me com meus pacientes e trabalhar de perto com eles. O fato de eles, em sua maioria, estarem melhorando já era corroboração suficiente de que eu deveria continuar ajudando as pessoas reservadamente, com esta forma baseada na integração, mas era muito melhor "manter aquilo para mim" – o que fiz por anos.

Agora, eu encarava cada vez mais profissionais, muitos deles bem mais experientes e mais velhos do que eu, advindos de diversos tipos de abordagens. Eu os ensinava sobre a noção de integração, da mente como um processo de auto-organização, a natureza da mente plenamente corporificada e incorporada por relações, formas de usar o foco de atenção para cultivar a integração e estimular não apenas o funcionamento saudável no momento, mas possíveis mudanças na estrutura do cérebro em longo prazo.

Eu estava nervoso. Será que eles achariam eficaz experimentar essa abordagem com seus próprios clientes? Eu sentia que só podia fazer o meu melhor para articular as ideias e estratégias clínicas. Quando o primeiro conjunto de *feedbacks* começou a emergir na virada do novo milênio, fiquei em estado de choque. Estava funcionando. Muitos dos meus alunos, clientes e pacientes dos meus alunos estavam migrando para novas áreas de crescimento que nem imaginavam serem possíveis de se alcançar antes dessa nova abordagem.

A base de uma abordagem *mindsight* na terapia é que todos temos um impulso natural em direção à integração, em direção à otimização da auto-organização. Assim como os sistemas complexos, a auto-organização é uma propriedade emergente de quem nós somos – é, como sugerimos, uma faceta fundamental de nossas mentes. Mas "coisas" às vezes se colocam no meio do caminho. Para alguns de nós, essas "coisas" que desafiam o bem-estar surgem por causa das nossas experiências insuficientes com os cuidadores no início da vida. Para outros, eventos aleatórios, genes, fatores epigenéticos, exposições a produtos químicos tóxicos ou infecções podem influenciar negativamente como o sistema nervoso alcança a integração no começo da vida, ou durante o período de formação da adolescência.

Qualquer que seja a causa, a intervenção diante de rigidez e caos advindos de impedimentos à integração ainda envolve o poder das relações para nos inspirar a reprogramar nossos cérebros no sentido da integração.

Conforme meus colegas médicos continuavam a usar essas novas abordagens de tratamento e a compreender de formas novas velhas abordagens que funcionavam, eles me contavam que haviam encontrado novas maneiras de aprofundar e ampliar seus impactos clínicos.

Eu me sentia tão emocionado por essas experiências de ensino que, finalmente, pude começar a acalmar minha mente questionadora. Escrevi muitos prontuários revelando os nove domínios de integração e como avaliação clínica, planejamento de tratamento, implementação de tratamento e análise de resultados podiam ser abordados. A experiência de escrever e lançar aquele livro, *Mindsight*, ainda me surpreende. Mesmo pessoas que estão aprendendo esse material por meio de palavras escritas (ou faladas) de um livro parecem capazes de absorver essas ideias, afastar suas vidas do caos e da rigidez que as aprisionam e entrar num estado de prosperidade que a integração nos capacita a criar em nossas vidas.

Integração como o "Propósito da Vida"?

É audacioso sequer tentar abordar a questão de por que estamos aqui, de qual é o "propósito" da vida, eu sei. A parte de mim que duvida tanto, minha mente questionadora, insiste que eu não continue com essa parte da nossa exploração do *como, quando* e *onde* da mente – apenas pule a parte do *porquê!* Mas se, neste ponto da nossa jornada juntos, pudermos continuar com o mesmo posicionamento de fazer questionamentos e não presumir respostas absolutas ou finais, talvez avançar com essa discussão direta do *porquê* da mente não seja apenas bom – é essencial. Muito de nossa vida moderna é confuso e frequentemente faz com que nos sintamos perdidos por sermos bombardeados por um mundo infinito de fluxo de informação nessa era digital. (Digo para a minha mente interior que a Internet deveria na verdade se chamar "infi-NET", já que ela nunca termina e nunca dá uma sensação de completude.) Nunca acaba, infindável em sua transmissão de energia e informação que distrai e distancia ao mesmo tempo que conecta e restringe nossas mentes a certas maneiras de ser. Quase sempre há um sentimento de insuficiência e urgência. Com todos esses aspectos da vida moderna nos preocupando, um sentimento por estar sobrecarregado de dados pode fazer uma pergunta do tipo "por que estamos aqui?" parecer supérflua. Estamos aqui para consumir e compartilhar. "Compartilhamos, então existimos", é um hábito de pensamento, um hábito de comportamento, moldado pelos artefatos da cultura digital na qual muitos de nós, da vida moderna, estamos imersos. Ainda assim, explorar a questão do *porquê* da mente traz à tona os poderosos temas sobre nosso propósito de vida, que podem ser exatamente o que precisamos, principalmente nesses tempos conturbados. Por que *estamos* aqui? Por que a mente trabalha enquanto estamos aqui? Por que há tantas maneiras diferentes de viver, diferentes crenças, diferentes histórias?

Durante os anos de estudos e exploração, ensino e prática, vivência e reflexão, uma visão emergiu, de padrões que observei, que sugere a seguinte afirmação direta, chocante e surpreendentemente simples: integração pode ser o *porquê* da mente.

A partir de nossas discussões da mente, como sendo mais que puramente atividade cerebral e totalmente corporificada, chegamos a considerar uma perspectiva mais ampla sobre o que pressupõe a mente. Ao ver a realidade subjetiva como não idêntica à fisiologia, nem mesmo ao disparo neuronal na cabeça, chegamos à conclusão de que a vida mental não é o mesmo que atividade encapsulada no crânio. Também chegamos a um ponto em nossa jornada para considerar que a mente pode ser mais do que meramente experiência subjetiva e consciência que possibilita que nossa atenção sinta a vida vivida. No mínimo, vimos que o fluxo de energia e informação, quando na conscientização, tem uma textura sentida, algo que chamamos de *prime*, uma coisa não reduzível a outra coisa, como atividade neuronal ou outras formas de fluxo de energia. A experiência subjetiva pode emergir desse fluxo, mas é uma característica dele, não é o mesmo que ele. E, às vezes, talvez até mais frequentemente, tal fluxo de energia e informação aconteça sem a conscientização. A vida mental, inclusive seus pensamentos e sentimentos, podem ser dependentes do fluxo de energia, mas nem sempre cientes disso.

Quando demos o passo seguinte e sugerimos que a mente é, possivelmente, mais do que fluxo de energia e informação dentro do corpo, que é mais do que corporificada como nossa paisagem mental, consideramos que a mente acontece em relações com outras pessoas e em nossa interconectividade com outros aspectos do mundo, fora desses corpos em que vivemos. Aqui vimos que temos uma *mentosfera* igualmente importante. O denominador comum que liga nossas experiências corporais internas com nossas experiências inter-relacionais é o fluxo de energia e informação. É isso o que partilham nossa paisagem mental e nossa *mentosfera*. Quando vemos que esse fluxo acontece como parte fundamental de um sistema sem a limitação do crânio nem da pele, chegamos ao ponto de adotar a noção de uma mente corporificada e relacional. Quando esse sistema da mente pode ser encarado como tendo as três qualidades de ser aberto, capaz de caos e não linear, a mente pode ser vista como parte de um sistema complexo.

Este sistema complexo, também denominado dinâmico, possui propriedades emergentes, e uma delas estamos propondo que é a realidade subjetiva da vida vivida. Isso também pode significar, como discutiremos nos próximos itens, que a consciência que dá origem à experiência subjetiva pode ser uma propriedade emergente de nossos sistemas mentais complexos. Outra propriedade emergente que estamos propondo, e que está possivelmente relacionada, é a auto-organização. Vimos que esse processo emergente e auto-organizacional surge do fluxo de energia e informação, então retorna e regula tal fluxo. Essa é a propriedade recorrente da auto-organização: ela surge e, então, regula o que continua a surgir. Isso se chama *feedback* recursivo. Esse é um aspecto de como podemos dizer "a mente quase sempre tem uma mente própria".

Mais adiante, vimos como a auto-organização movimenta um sistema, naturalmente, sem programador ou programa, visando a maximizar a complexidade. Tal termo frequentemente induz a uma coisa ruim a ser feita, principalmente numa época em que queremos simplicidade neste mundo cada vez mais complicado. Vimos que essa pressão natural visando a maximizar a complexidade é na verdade bem simples, em vez de algo complicado, já que é criada pela forma como diferenciamos e interligamos elementos do sistema. Quando fazemos isso, qual é o resultado? Harmonia. Como um coro diferencia suas vozes individuais, mas as liga em intervalos harmônicos, a auto-organização nos dá um profundo e poderoso senso de vitalidade. Isso é o movimento natural da auto-organização em direção à harmonia.

FACES é a flexibilidade, adaptabilidade, coerência (agregar dinamicamente com o passar do tempo, ser resiliente), energia e estabilidade de um sistema auto-organizador quando ele interliga partes diferenciadas – quando ele está integrando. Quais são as características da resiliência na coerência? Estar conectado, aberto, harmonioso, comprometido, receptivo, emergente, noético (senso de saber da verdade), compassivo e empático são as características COHERENCE de um fluxo integrado (minhas desculpas, novamente, por todos esses acrônimos. É que os acho muito úteis para juntar e resumir elementos-chave do que estamos explorando).

Esse impulso inato em direção à integração da mente como aspecto auto-organizador de nossas vidas corporificadas e relacionais, de energia e informação enquanto fluem dentro e entre nós, pode ser o *porquê* da mente. Seja em nossas vidas mentais pessoais e internas de nossa paisagem mental, seja na *mentosfera* que nos conecta uns com os outros, a integração poderia ser um de nossos motivos centrais ou "propósitos" para existir.

Você deve imaginar por esta revisão e pelo tanto que já percorremos juntos nessa jornada o quanto isso é empolgante para mim. Fico me perguntando como você se sente, pensa e medita sobre tudo isso. Ir ao *porquê* da mente é muito chocante? Trazer nossas discussões até esse ponto é forçar muito a barra? Minha mente questionadora está bastante nervosa neste instante, mas permita que eu divida uma experiência com você que me faz sentir que, pelo menos, tentar articular parte desse assunto do *porquê* da mente pode valer o esforço.

Quando eu apresentava vários aspectos da integração para vários grupos, algo surpreendente acontecia vez ou outra. Um caso clínico que eu frequentemente apresentava (e, mais tarde, estaria descrito no primeiro capítulo de *Mindsight*) revela que as áreas da linha medial do topo do cérebro, o córtex pré-frontal, permitem que nove funções desabrochem. Entre elas estão: 1) regulação corporal (equilibrar o freio e o acelerador do corpo); 2) comunicação sintonizada consigo mesmo e com outros (focando a atenção na vida mental interior); 3) equilíbrio emocional (viver uma rica vida interior de sentimentos); 4) flexibilidade de resposta (ser capaz de fazer pausas antes de responder); 5) acalmar o medo (aquietar as reações ao medo); 6) *insight* (conectar passado, presente e futuro com o autoconhecimento); 7) empatia (mapear a vida mental interior do outro); 8) moralidade (pensar e se comportar como parte de um todo maior, mais amplo que o Eu corporal e pessoal); e 9) intuição (ter ciência da sabedoria das contribuições do corpo).

Em várias palestras ao redor do mundo, as pessoas vinham até mim e comentavam sobre essa lista. Por exemplo, quando eu estava palestrando no Alaska para aqueles que trabalhavam com as famílias ao norte das ilhas, uma líder da tribo Inuíte veio até mim e disse: "Você sabe o que é aquela lista, aquela sobre a integração". Sim, eu respondi, é sobre o papel do córtex pré-frontal em ligar o fluxo de energia e informação social, somático, do córtex, do sistema límbico e do tronco cerebral, uns com os outros, em um todo coerente. "Sim, isso é o que você disse, eu sei", ela continuou. "Mas aquela lista é exatamente o que meu povo tem ensinado pela tradição oral dos últimos cinco mil anos como a base para ter uma vida mais sábia e gentil". Fiquei em silêncio e olhei para seus olhos por um longo tempo. Quando as palavras vieram até mim, tentei expressar o quanto estava grato por ela ter compartilhado aquelas reflexões, mas depois de falar brevemente, percebi que as palavras não eram o bastante; dividir um olhar profundo e um silêncio em seguida pareceu-me mais apropriado.

Conforme o tempo foi passando, ouvi respostas semelhantes de pessoas que representavam uma grande variedade de tradições de sabedoria antiga, inclusive da tribo Lakota, no meio-oeste dos Estados Unidos, da cultura polinésia, no Pacífico Sul, e daqueles pertencentes às religiões cristã, judaica, islâmica, hindu e budista.

O que estava acontecendo aqui?

Refleti sobre as perguntas do meu filho a respeito de como todos esses distintos sistemas de crença podiam coexistir. O que todos compartilhavam poderia ser o que aquela líder da tribo Inuíte, nas ilhas ao norte do Alaska, havia sugerido? A integração poderia ser a base não apenas da saúde, mas também das tradições ancestrais do mundo?

Caso assim o fosse, isso poderia nos oferecer uma excelente ponte entre a ciência e a espiritualidade, que poderia aprofundar o diálogo e promover a colaboração entre essas várias linhas de pensamento. Alicerçar-nos na integração poderia nos ajudar a integrar nossa humanidade em comum – abraçar as diferenças e cultivar ligações compassivas. Eu me sentia profundamente grato pela jornada, e pronto para continuar a fazer perguntas sobre o *porquê* da mente, e como podemos avançar a um mundo mais integrado.

Reflexões e convites: propósito e significado

Percorremos até agora um longo trajeto em nossa jornada. Você alguma vez imaginou que fazer perguntas fundamentais poderiam não só ser divertido, mas também nos levar a aplicações tão amplas, como ver uma conexão entre religião e pesquisa?

Conforme eu continuava a explorar as aplicações dessas ideias consilientes de IPNB em meu trabalho clínico com pacientes, constatei que o impacto delas na terapia não era apenas o de aliviar os sintomas angustiantes de caos e rigidez, mas também levar os pacientes a um novo senso de identidade. Aquela "respiração através"6 de todos os domínios da integração, como discutimos anteriormente – o que primeiramente chamei de "transpiracional", mas agora simplesmente chamo de integração de "identidade" – era uma coisa que parecia simplesmente surgir conforme as pessoas trabalhavam nos outros domínios, do domínio da consciência e da integração vertical até os domínios temporais e interpessoais. Era como se a pressão natural de suas vidas como sistemas complexos pudesse ser liberada como o foco adequado de nosso trabalho. Essa abordagem significava que tirar as "coisas" do caminho era a tarefa – não tanto fazendo algo para alguém, mas, ao contrário, permitindo que algo fosse liberado – de forma tal que o impulso natural no sentido da integração, o propósito da mente, pudesse ser liberado de sua prisão.

Uma dessas prisões parecia ser a identidade. Um primeiro nível de identidade pessoal é pertencer ao nosso próprio corpo, um Eu individual. Então, temos as relações com nossa família, nossas figuras de apego e outros, que fazem parte de uma unidade coesa. Às vezes, essa unidade estendida de identidade pessoal é expandida para incluir aqueles em nossa comunidade, nossos vizinhos, ou nossa adesão a um grupo religioso. Como diz uma velha piada judia, quando um homem preso por vinte anos numa ilha deserta finalmente foi encontrado, ele perguntou se aqueles que o resgataram gostariam de ver as estruturas que ele havia construído. Ele lhes mostrou sua modesta casa num pequeno vale, uma biblioteca, o templo no topo da montanha, área de

---

6 N.T.: aqui o autor quis fazer uma brincadeira com o significado da palavra "transpiração", que, de acordo com suas origens etimológicas latinas, significa "ato de respirar através".

exercício na lateral da colina vizinha e outro templo perto da praia. Seus salvadores perguntaram por que, já que ele estava sozinho, ele teria construído dois templos. O homem respondeu: "Eu *jamais* seria membro daquele outro templo!" Distinções de estar dentro ou fora de um grupo está em nosso DNA – nos "velhos tempos, outros membros das cavernas podiam nos ferir. Aqueles que eram da nossa Caverna A eram incríveis; aqueles da Caverna B eram canalhas sem escrúpulos. Precisamos de um grupo ao qual pertencer para que nos sintamos seguros e saibamos em quem confiar e a quem precisamos estar atentos para sobreviver.

Também poderíamos aderir a um grupo com amplos laços étnicos, crenças religiosas e práticas culturais. Sim, nós poderíamos nos sentir "em casa" ao nos associar com aqueles "como nós", mas quando, eu pensei, essa limitação do "como nós" se resolve? Todos os seres humanos não são verdadeiramente iguais? Temos diferenças em cor da pele, origens nacionais, gêneros, orientações sexuais, preferências políticas e crenças religiosas, que nos unem, embora ao mesmo tempo nos joguem uns contra os outros.

Ao evoluirmos para ter uma distinção de dentro e fora de um grupo que nos ajudou a sobreviver, é natural imaginar que ser membro de um grupo é importante, ou até uma questão de vida ou morte. Mas aonde esse processo de agrupamento de nossos cérebros que molda nossas mentes corporificadas acabam nos levando? Como discutimos ao longo da caminhada pelo Vaticano mais cedo, não somos todos parte de uma humanidade? Em que essas divisões de um e outro "tipo" de humano de fato contribuem para nosso bem-estar hoje em dia? E, mais além, não somos todos seres vivos do ecossistema de nosso planeta? Quando nos retiramos do pertencimento a esse todo diferenciado mas interconectado, aonde isso nos leva?

Limitar a identidade de uma pessoa nesses tempos de necessidade global parece jogar contra a importância da integração, principalmente a integração da identidade ampla e abrangente. Mas sob ameaça, como podemos promover tal expansão da integração em nossas vidas? Parte da resposta pode ser encontrada quando mergulhamos profundamente em como nossas mentes relacionais podem ser vistas como não vinculadas ao destino, não ligadas inevitavelmente ao que nossos cérebros desenvolveram para criar nossas vidas. Em outras palavras, a mente pode suplantar as tendências inatas de nosso cérebro, propensões genética e epigeneticamente influenciadas para prejudicar a integração, e nos incentivar a alcançar uma maneira integrada mais útil e saudável de habitar nesse mundo.

Há um tipo de estar e fazer que são úteis nessa liberação. Isso envolve sentir o caos e a rigidez, concentrando-se no domínio do qual eles podem surgir, depois cultivando a diferenciação e promovendo a interligação. Essa é a abordagem conceitual fundamental. Embora devam existir propensões ou pressões sociais que inibem a diferenciação e bloqueiam a interligação (afastando-nos, assim, da harmonia da integração e nos aproximando do caos e da rigidez), podemos usar a pausa de estar presente, de estar atento, para criar intencionalmente novos caminhos em direção à integração. Para mim, naquela época e até hoje, a presença que é o portal para a integração emergir é o propósito da vida, o significado imbuído na vida momento a momento.

Em termos cotidianos, sentimos quando as coisas estão fora de lugar e, ao invés de reagir impulsivamente, no piloto automático impulsionado pelos reflexos neuronais geneticamente moldados e culturalmente reforçados, nós suplantamos isso com nossas mentes conscientes para criar escolhas. Em muitos aspectos, esses caminhos em direção à integração são como o dito frequentemente atribuído de forma errônea ao psiquiatra e sobrevivente do holocausto, Viktor Frankl: "Entre o estímulo e a reação há um espaço. Neste espaço, reside nosso poder para escolher nossa reação. Em nossa reação, reside nosso crescimento e nossa felicidade". Conversei recentemente com o neto do Dr. Frankl, Alex Verely, que esclareceu que seu avô, na verdade, nunca fez aquela declaração. Steven Covey revelou que, na verdade, essa citação que o tornou popular em seus primeiros escritos, ele leu em um livro não identificado e não é do Dr. Frankl, mas simplesmente reflete a abordagem de Frankl para encontrar significado e liberdade (Pattakos, 2010). Não obstante, quem quer que tenha de fato escrito essas palavras, elas revelam uma verdade universal: com reflexão consciente, podemos escolher um caminho diferente daquele que vem automaticamente. Para encontrar sentido na vida, pode ser necessário cultivar essa presença de mente, essa pausa da reatividade, esse espaço da mente, para permitir a pressão natural para que a integração tenha seu alvorecer. É assim que, como conversamos, podemos deixar que o significado e o propósito desabrochem, em vez de fazê-los acontecer.

Quando as pessoas fazem perguntas morais sobre o certo e o errado, acho útil refletir sobre a noção fundamental da integração. O dilema está sendo explorado como algo que leve ao caos ou à rigidez – ou ele cultiva a harmonia? Há algum respeito pelas diferenças e promoção de interligações? Quando a integração é oferecida como um princípio basilar para guiar as investigações éticas, as discussões daí decorrentes quase sempre abrem o caminho para que haja respeito entre pessoas de uma série de origens e crenças. A integração nos conecta a um processo de inclusão e emancipação.

Como todas essas noções de propósito e sentido estavam emergindo com a experiência da integração, era crucial e reconfortante ter as contribuições contínuas de terapeutas novos e experientes sobre a eficácia desta abordagem individualizada para avaliar, planejar e implementar intervenções clínicas baseadas na integração. Meus colegas e alunos, esses colegas de viagem ao longo desta jornada, estavam traçando novos territórios juntos para canalizar uma definição funcional da mente e promover a integração. Eles e aqueles que eles estavam ajudando estavam encontrando novas maneiras não só de curar e reduzir o sofrimento, estavam também descobrindo novo significado, plenitude e um senso de propósito em suas vidas.

Uma ligação de Deborah Malmud, uma editora corajosa e criativa da W.W. Norton & Company, em Nova York, ajudou a expandir esse trabalho de, primariamente, uma tradição oral para um trabalho escrito. Deborah me convidou para começar uma série profissional de manuais de estudo, da qual este livro faz parte, e escolhi fazê-la mais ampla e enfatizar o todo da neurobiologia interpessoal. Decidimos começar com um foco na psicoterapia, e me sinto honrado em dizer que, junto com meus colegas, já publicamos até agora dezenas de manuais profissionais na área. Mal consigo descrever o sentimento de gratidão a todos que se uniram para criar essa nova abordagem para a saúde mental.

Mais do que um mero conjunto de livros, essa abordagem estabeleceu um novo caminho para nos juntarmos nesta jornada. Podíamos oferecer maneiras de combinar disciplinas científicas, de matemática a física, neurociência a psiquiatria, psicologia a antropologia, e propor uma estrutura convergente do que é a mente e o que pode ser a saúde mental. Essa nova área de neurobiologia interpessoal poderia continuar a ser uma forma de nos informar, em áreas como a saúde e educação mental, parentalidade e vida organizacional, em vez de servir como uma abordagem específica. A neurobiologia interpessoal poderia ser uma visão da vida humana baseada na saúde. Nesta visão, todos nós, professores e alunos, pais e filhos, terapeutas e pacientes, são membros interconectados de uma família humana diversa e um mundo profundamente interdependente.

Há um ditado atribuído a Mahatma Gandhi que me vem à mente de tempos em tempos. Talvez você já o conheça: "Devemos ser a mudança que desejamos ver no mundo". Parece que a declaração mais próxima, que pode ser encontrada em texto impresso, é a seguinte: "A melhor propaganda não é escrever panfletos, mas que cada um de nós experimente viver a vida que gostaríamos que o mundo vivesse". (Johnson, 2005, p. 106). A emancipação proporcionada por esse posicionamento é que apenas podemos influenciar como nós vivemos nossas próprias vidas.

Essas declarações equivocadamente atribuídas a figuras renomadas, como esta anterior a Gandhi, aquela da importância do espaço mental a Frankl e a com relação à noção de que nem tudo que conta pode ser contado a Einstein, como comentamos em um item anterior, convida-nos a perceber que a sabedoria não é propriedade de um único indivíduo. Não precisamos que personalidades famosas cunhem frases para que estas possuam verdades importantes profundamente entranhadas nelas. Conhecer a respeito dessas atribuições equivocadas, no início, foi incômodo para mim, mas, depois, deu origem a um sentimento profundo de nossa humanidade em comum e nossa inteligência coletiva. Afinal de contas, um ser humano criou cada uma dessas frases. Sabedoria é algo que pode surgir dentro de cada um de nós e ser compartilhado entre todos. Cada um de nós pode elucidar a realidade e inspirar uns aos outros para ter uma vida plena de verdade e conexão. Não precisamos esperar por um sábio ou líder designado; liderança pode estar dentro de cada um de nós. E essas declarações sobre ser a mudança que você deseja ver, daquele espaço entre estímulo e reação, e a importância da imensurabilidade da vida, cada uma ainda não tem um papel principal em nossas vidas, independentemente de quem as criou?

Elas são declarações humanas trazendo à luz a sabedoria dos seres humanos. Cada uma dessas mensagens também revela a importância de diferenciar nossas vidas mentais ao criar espaço para abrir-se ao imensurável e frequentemente invisível mundo interior, e criar a presença que nos permite respeitar e interligar os aspectos diferenciados de nossas vidas, dentro e entre nós.

Quando abordamos o *porquê* da mente, chegamos às simples verdades que temos explorado durante nossa jornada. Integração pode ser o motivo pelo qual estamos aqui. Começar com a integração por dentro, estender a integração àqueles com quem você está conectado e levar a integração ao mundo inteiro: podem ser exatamente estes os motivos pelos quais você está aqui, os alicerces gerais de estar nesta jornada, de ser e fazer nesta vida.

Uma declaração comum nas tradições ancestrais, agora confirmada por rigorosas pesquisas de uma gama de disciplinas científicas, é a seguinte: se quiser ser feliz, ajude os outros, e se quiser que os outros sejam felizes, ajude os outros (Vieten & Scammell, 2015). Quando adotamos a integração como impulso fundamental em nossas vidas, cultivamos significado e conexão, felicidade e saúde. Encontrar uma maneira de se diferenciar dos outros e, depois, interligá-los ao apoiar a manutenção de seu bem-estar, é uma situação de ganha-ganha. De certa forma, é assim que podemos promover não só cuidado compassivo, mas também alegria empática, a experiência de alegrar-se com o sucesso dos outros na vida.

Imagine só um mundo que poderia até estar se movendo nessa direção? Convido você a considerar como a integração pode estar, ou poderia estar, tendo um papel em sua vida. Refletir sobre os valores mais importantes da vida, considerar o que tem significado para você conforme passam os minutos, meses e anos, tem mostrado ajudar a reestruturar o impacto do estresse inevitável que experimentamos em nossas vidas cotidianas. Ao refletir sobre o *porquê* da mente, como você pode aumentar a integração em sua vida? Quando a vida se torna preenchida por caos ou rigidez, como você consegue fazer uma pausa e refletir sobre qual domínio da integração pode não estar ativado? Permitir-se uma pausa e criar espaço em sua vida para refletir sobre esses três estados (caos, rigidez ou harmonia) ilumina o fluxo da vida. Como sugerimos anteriormente em nossa jornada, esse fluxo é como um rio. No fluxo central está a harmonia, a harmonia da integração. Mas quando a diferenciação e a interligação não estão bem aperfeiçoadas no momento, o fluxo segue na direção de uma ou das duas margens, fora daquele fluxo, as margens do caos ou rigidez. Criar espaço mental para pausar e refletir sobre o rio da sua vida, pode despertá-lo para o que talvez precise para transformar sua experiência, ajudando-o a encontrar uma necessidade para diferenciar mais, interligar mais e encontrar o caminho na direção da harmonia interna e intermediária.

O potencial de integração em aberto significa que ele nunca acaba. Estamos sempre numa jornada de descoberta, encontrando maneiras de diferenciar e interligar, para criar mais integração em nossas vidas. Seja de maneira pessoal e reduzida, seja de maneira relacional e expandida, criar o espaço em nossas vidas para alcançar integração pode dar uma sensação de emancipação e cheia de conexão e significado.

Refletindo sobre o fluxo da vida, você pode encontrar elementos de sua experiência com necessidade de afinação e sintonia. Tomar conta de si mesmo em primeiro lugar, estar certo de ter o espaço da mente para usar sua conscientização a fim de diferenciar e interligar, avançar para um modo de ser mais coerente, pode ser profundamente emancipatório. Ser gentil com nós mesmos pode envolver aceitar que todos somos seres emergentes, às vezes migrando para o caos, às vezes para a rigidez, neste fluxo de vida sinuoso. A jornada de integração nunca acaba; integração é uma oportunidade e um processo, não um destino final ou produto fixo. Perceber que precisamos ser a mudança que desejamos ver nos convida a acolher a integração, de dentro para fora. Aceitar que o ser humano é uma jornada de descoberta, um verbo em vez de um substantivo, permite-nos adotar a integração como princípio, não uma prisão. Podemos definir uma intenção na direção da integração sem estar comprometido com algum resultado ou desfecho em particular. Nossas vidas, então, se tornam uma expedição exploratória que adota novos aprendizados, momento a momento. Podemos achar essa jornada da vida não apenas cheia de momentos de confusão e desafio, mas também com surpresa e humor, prazer e deleite, conforme cultivamos um profundo senso de conexão e satisfação, e talvez até significado e propósito ao longo do caminho.

A integração surge no decorrer de nossas vidas dentro do desabrochar de cada momento vivido. No próximo item, mergulharemos mais profundamente na noção do que realmente significa um momento ao explorarmos a natureza do tempo e do quando da mente.

CAPÍTULO 8
QUANDO É A MENTE?

Quando consideramos de onde surgimos, e imaginamos para aonde poderíamos estar indo, refletimos sobre a profunda natureza do tempo. Talvez, o que alguns físicos estão propondo agora, e o que místicos e meditadores sugerem há muito tempo, seja de fato verdade: Tempo, como o conhecemos, pode não existir. Tempo como algo que flui, algo que pode acabar, algo que somos pressionados a nos agarrar, é uma construção mental, um estresse criado por conta própria, uma ilusão da mente. Só o que temos, por essas visões científicas e espirituais, pesquisas quantitativas rigorosas e reflexões contemplativas investigativas, é o agora. E se o agora molda não só quando nós estamos, mas também onde nós estamos e como nós estamos, então do que de fato é feito o agora? Como nos tornamos cientes do agora? Por que sentimos como se existisse mais do que o agora, mais para nos preocuparmos com o passado, para temermos no futuro? A questão do quando da mente é, portanto, uma averiguação da essência da realidade de cada momento vivido. Como esse quando do agora pode estar relacionado com todos os quem, o que, onde, como e porquê que temos explorado? Vamos mergulhar, agora mesmo, e ver o que acontece.

Explorando a presença na mente e no momento (2005-2010)

Um convite surpreendente chegou até mim numa época em que todas essas questões e ideias estavam sendo expressadas em uma infinidade de conversas e publicações. Na ocasião, eu já havia deixado há dez anos meu cargo de docente com dedicação exclusiva na UCLA, mas estava mais ocupado do que nunca com tarefas acadêmicas. A Faculdade de Medicina de Harvard me convidou para ser o palestrante principal sobre a importância das emoções e da narrativa na medicina. Sabendo que eu tinha largado aquela mesma faculdade por causa da falta de foco nessas experiências mentais interiores, de ver a poderosa necessidade por um foco nos sentimentos e histórias de nossas vidas, fiquei perplexo e alegre ao mesmo tempo. Havia 25 anos, quase àquela data, desde que tinha abandonado o programa desesperado por essas mesmas questões, e aqui estava eu, de volta a Boston, chegando ao Massachusetts General Hospital's Ether Dome.

Enxergar a natureza fundamental da mente relacional e corporificada simplificou cientificamente o motivo por que médicos precisam tratar por meio de ver as mentes de seus pacientes – não só seus corpos. Quem dera tivéssemos essa perspectiva e esse conhecimento na época. Ao olhar profundamente para os rostos dos alunos e, mais tarde, discutir esses assuntos com eles, pude ver que a ciência podia ajudar a sustentar a humanidade da medicina.

A mente é o cerne do ser humano.

Essa jornada pela essência da vida, da mente dentro da mente, essa jornada que eu e você temos feito, poderia nos permitir realizar as questões fundamentais necessárias para trazer a mente à vida, torná-la real, revelar sua importância central na saúde e na cura.

Ver a mente era exatamente o propósito do *insight* e da empatia em *mindsight*. Essa mesma palavra que tinha servido para preservar a vida, já que havia me permitido voltar a esses corredores e ser uma luz guia, uma intenção e postura reforçadas pela ciência, mas eu sentia no meu íntimo que ela podia salvar minha sanidade. Além das importantes maneiras com que sentimos nossa própria vida mental subjetiva e a dos outros, *mindsight* incluía um respeito pelas diferenças e a criação de interligações com a comunicação compassiva. A integração também era inerente no *mindsight*.

Mindsight era simplesmente esse trio fundamental e interconectado de experiências humanas: *insight* na mente interior; empatia pela mente dos outros; e integração para promover a bondade e compaixão de relações saudáveis e geradoras de saúde.

Palavras não conseguem descrever como foi estar lá no Ether Dome, explorando esses assuntos na mesma sala em que um quarto de século antes entrei em desespero. Meu filho de 15 anos estava na plateia, e ver seus olhos focados em tudo o que estava acontecendo na sala ao redor dele amplificou aquele momento emocionante.

Mais ou menos nessa mesma época, o uso inesperado da palavra *mindful* (plenamente atento) em um livro, *Parenting from the Inside Out*, que escrevi com a diretora da pré-escola da minha filha, Mary Hartzell, levou muitos pais a questionarem quando os ensinaríamos a meditar. Eu e Mary pegamos aquelas descobertas científicas de *A Mente em Desenvolvimento* e traduzimos aqueles princípios da neurobiologia interpessoal em histórias e resumos de ciência para que pais tivessem acesso e usassem para compreender suas vidas. Como não meditadores, eu e Mary ficamos intrigados pelos questionamentos. Para mim, tendo abandonado a função acadêmica exclusiva, eu já estava forçando os limites ao dizer que as relações moldavam o cérebro, e o que fazíamos com nossas mentes também podiam mudar a estrutura do cérebro. Embora minha esposa, Caroline, meditasse discretamente todas as manhãs há décadas, naquele momento, meditação parecia algo "muito fora da casinha" para inserir na minha vida profissional. Eu e Mary usamos o termo *mindfulness* para dizer que os pais deveriam agir de maneira consciente e intencional ao cuidar de seus filhos.

Logo após publicarmos o livro e estarmos realizando palestras, fui convidado para participar de um painel com Jon Kabat-Zinn – um especialista internacional na área de trazer o *mindfulness* (meditação da atenção plena) ao mundo médico com seu programa de redução do stress. Para me preparar para aquele encontro, organizado pela revista *Psychotherapy Networker*, li o máximo que pude encontrar da literatura referente à pesquisa limitada da ciência de *mindfulness*. O que me impressionou foi que as medidas com base nos resultados de treinamento de *mindfulness* pareciam coincidir quase que perfeitamente com os resultados da minha própria área de pesquisa, o apego. Apego seguro e *mindfulness* pareciam ter processos paralelos. Fiquei fascinado com as possíveis coincidências entre *mindfulness* e relações seguras de apego baseadas em empatia e compaixão, bondade e cuidado.

O que poderiam ter em comum a atenção plena cultivada na meditação e a comunicação empática de relações de apego?

No painel, ofereci questões sobre as estranhas coincidências entre o treinamento de *mindfulness*, apego seguro e uma área do cérebro – o córtex pré-frontal – que interligava áreas muito distantes entre si. Conforme discutido no último item, essa região liga córtex, sistema límbico, tronco celular, o corpo inteiro e sinais sociais em um todo coerente. Cinco fontes de fluxo de energia e informação diferenciadas tornam-se interligadas para que possam ser coordenadas e equilibradas pelas fibras integrativas da região pré-frontal.

Esses três aspectos da vida humana poderiam estar refletindo algum consenso na integração? A atenção plena poderia ser o estado de integração da mente, o apego seguro, o estado relacional da integração e a região pré-frontal representando a integração do cérebro corporificado?

Não estando familiarizado com a prática da meditação e treinado como um pesquisador na área de apego, fui incentivado por Kabat-Zinn para procurar uma experiência direta com a meditação *mindfulness*. Nos dezoito meses seguintes, frequentei uma série de treinamentos em *mindfulness*, que, por fim, me levaram a escrever um livro sobre um novato (eu) explorando o *mindfulness* chamado *The Mindful Brain*. Também ministrei uma conferência com Jon e outros dois colegas, que estiveram conosco naquele encontro da *Networker*, Diane Ackerman e John O'Donohue, a qual chamamos de "*Mind and Moment*", e me vi cheio de mais e mais perguntas. Quando, às vezes, assisto às gravações de vídeo que fizemos naquele evento com meus alunos, no Mindsight Institute, sinto-me preenchido por uma sensação de proximidade e energia. Poderia aquilo realmente ter acontecido há dez anos? Ainda parece como se estivesse acontecendo agora mesmo, a presença que experimentamos lá preenchendo a sala conforme assistíamos, uma presença de certa forma eterna. E talvez seja exatamente o foco deste item no significado de tempo na mente. O que nosso passado e nossa experiência subjetiva de tempo realmente significam?

Nosso subtítulo para aquele encontro de mente e momento foi "Neuroscience, Mindfulness, and the Poetry of Transformation in Everyday Life" (Neurociência, Mindfulness e a Poesia da Transformação na Vida Cotidiana), e o evento continua a me preencher com um sentimento profundo de gratidão e admiração pelos *insights* de Diane, como naturalista e poeta, de Jon, com sua tradução das práticas meditativas budistas em uma aplicação universalmente acessível em seu trabalho de redução de estresse, e de O'John (nosso apelido para John O'Donohue para distingui-lo de Jon), como filósofo, poeta, padre católico e, em suas próprias palavras, um místico – alguém que respeitava profundamente o mundo invisível à nossa volta. Todos nós assistimos o vídeo daquele encontro e decidimos lançá-lo para o público na esperança de que ele possa conectar as pessoas a essas formas de explorar a vida e despertar a mente. Mas antes que esses planos formais pudessem ser concretizados na escrita, O'John morreu inesperadamente. Enquanto escrevo estas palavras a você agora, virei-me para seu último livro, *To Bless the Space Between Us*, publicado pouco antes de sua morte, e reli algumas das passagens, inclusive as descrições de seu pai e de um amigo nos agradecimentos. A seu pai, Paddy, ele expressou belamente o que sinto pelo próprio O'John: "Sua facilidade discreta em se fazer presente alterava o espaço, seus olhos gentis apaixonados pelo mundo invisível". Bem, O'John não era exatamente discreto, mas seus olhos eram pacíficos, chamativos e questionadores, tudo ao mesmo tempo. E como ele escreveu sobre a relação com um amigo que também morreu muito jovem, O'John articula o que também sinto agora mesmo sobre ele: "Jamais esperando que a morte viesse tão cedo, sinto-me solitário por todas as conversas que nunca tivemos".

Como nossas relações uns com os outros nos moldam e transformam tão profundamente. Como todo esse amor e vida, parecia na ocasião que algo novo e profundamente tocante estava surgindo. Ao passo que reflito sobre tudo isso agora, posso ver que, conforme minhas paixões profissionais se expandiram no novo milênio, minha mente se abriu a novos panoramas que jamais imaginei que fizessem parte da minha vida. O pessoal não era separável do profissional; o subjetivo estava entremeado com o objetivo. O meu todo estava aberto ao que quer que estivesse emergindo, uma emergência além da compreensão, além do meu controle. Eu tinha uma sensação de que o melhor que eu podia fazer era deixar as coisas acontecerem, colocar-me à disposição de uma orientação geral, uma mente aberta, e não tentar fazer com que a vida seguisse numa ou outra direção estritamente predeterminada.

Aquela primeira década do milênio viu o nascimento de novas amizades com esses e outros indivíduos maravilhosos, e minha mente foi convidada a se abrir a novas maneiras de ver quem éramos e maneiras de explorar e expressar o mistério de nossa existência.

Durante aquela década, também me tornei ligado a Jack Kornfield, uma das primeiras pessoas a trazer as práticas de *mindfulness* do sudoeste asiático para o ocidente, e tornar a prática de meditação de *insight* da tradição do budismo Theravada disponível a um público amplo nos Estados Unidos, nos anos 1970. Jack foi um dos primeiros professores de meditação de *insight* de Jon Kabat-Zinn. Fiquei fascinado, ao aprender com Jack e palestrarmos juntos, quantas coincidências pareciam existir entre os ensinamentos dessa tradição de 2.600 anos, com seus valores culturais e práticas meditativas, e as descobertas independentes da neurobiologia interpessoal. As conexões entre mim e Jack continuam a me convidar a explorar as convergências entre práticas espirituais e a ciência de novas e, às vezes, surpreendentes maneiras, como descobriremos em breve.

Na época, durante aquela primeira década do novo milênio, eu estava, sobretudo, atuando como psiquiatra clínico, trabalhando com crianças, adolescentes, adultos, casais e famílias. Entretanto, também estava obcecado por essas ideias, possuído por essas questões sobre o tempo e o que podíamos ou não ver, imaginando o que nossas relações e cérebros corporificados poderiam estar fazendo com a prática de *mindfulness*. Qual era a convergência entre nossas relações e meditação?

Na qualidade de psiquiatra também treinado em pesquisa, participei de uma série de encontros científicos. Um deles foi um dia intensivo sobre a neurociência do autismo. Descobertas empíricas estavam sendo relatadas, e as questões de como os desafios à comunicação social, regulação emocional e processamento sensorial estavam sendo discutidas. Pouco antes de eu sair para um almoço, um projeto de pesquisa foi descrito, no qual descobriu-se que indivíduos com autismo tiveram diminuições significativas de ondas gama num estudo com magnetoencefalograma (MEG). Um MEG observa profundamente o funcionamento do cérebro, e esse nível baixo de ondas gama sugeria que a integração estava baixa. Ouvi uns boatos, que mais tarde se tornaram dados publicados, que outros estudos começaram a demonstrar semelhantes evidências funcionais e anatômicas de integração prejudicada nos cérebros não só de indivíduos com autismo, mas também aqueles com outros desafios não causados por experiência, como esquizofrenia e transtorno bipolar.

Posteriormente, no fim daquela primeira década do novo milênio, enquanto trabalhava com quinze estagiários para revisar a primeira edição de *A Mente em Desenvolvimento*, revimos alguns dos milhares de artigos de pesquisa que tinham sido publicados nos últimos doze anos. Solicitei que os estagiários se debruçassem sobre o projeto para refutar as propostas da primeira edição, tais como a mente como corporificada e relacional, não apenas encapsulada em um único crânio, e que ela poderia ser um processo auto-organizacional que cultivava a integração como saúde. Eles ficaram surpresos com a solicitação de encontrar dados empíricos que desqualificassem, anulassem e negassem essas ideias; mas eu lhes assegurei que essa seria a única maneira de ter certeza que não estávamos apenas encontrando seletivamente dados aleatórios, mas que dessem suporte, para reforçar as alegações iniciais. Precisávamos encontrar dados, mesmo que de visão minoritária, que contradissessem as ideias. Vamos escrever um livro novo, eu sugeri, e descartar o velho.

O que descobrimos, os estagiários e eu, foi que a maioria das propostas, que ainda não tinham sido empiricamente comprovadas mas eram derivadas de raciocínio científico, acabaram gerando resultados de laboratórios de pesquisa independentes e consistentes com aquelas hipóteses de mente e integração. Algumas ideias foram descartadas, revelaram-se inválidas por novas pesquisas. O principal resultado foi a afirmação mais antiga sobre a intensidade emocional ser mais alta no hemisfério direito. Descobrimos que ela talvez fosse mais diretamente relacionada com o corpo, mas não conseguimos encontrar uma fonte confiável para a intensidade ser menor no lado esquerdo.

O que eu e os estagiários sobretudo encontramos ao vasculhar a literatura foram resultados corroborantes, resultados previstos pelas hipóteses, mas sem prova de suas validades. Foi muito emocionante ver laboratórios independentes aparecendo com resultados empíricos que foram previstos muito tempo antes pela estrutura básica da neurobiologia interpessoal, sobre a natureza auto-organizacional da mente e o papel central da integração no bem-estar. A ciência progride por meio desses pequenos passos, encontrando apoio estudo a estudo, e foi recompensador ter a companhia dessas jovens mentes em busca do conhecimento. Foi nossa aventura intelectual de buscar e aprofundar a consiliência em uma gama de disciplinas. Nós nos divertimos e gargalhamos muito, e ainda sou grato por nossa colaboração. Foi empolgante ver que o quadro que temos explorado juntos, eu e você nesta jornada, continua a fazer sentido diante desses fundamentos básicos, tendo tamanho apoio da ciência.

Quando soube que estudos com MEG mostraram diminuição de ondas gama e perguntei o que os pesquisadores achavam que podia estar acontecendo, eles disseram que não sabiam ao certo. Outros estudos sugeriram que, por algum motivo desconhecido, o cérebro de alguns indivíduos com algum grau de autismo para de diferenciar suas partes durante os primeiros dois ou três anos de vida. Eu pensei comigo mesmo: as ondas gama diminuídas poderiam estar revelando integração funcional prejudicada como resultado de integração anatômica prejudicada? Esses desafios neuronais à integração poderiam levar a alguns dos desafios à integração interpessoal nesses indivíduos?

A neurobiologia interpessoal oferecia uma estrutura, aqui e agora, diante de uma variedade de situações e da ciência.

Naquele encontro sobre autismo, em Washington, eu tive que me retirar antes de terminar, então saí do auditório e segui pelo corredor do andar inferior do hotel. Caminhei até os elevadores, mas fui parado por um homem de terno preto, com uma escuta no ouvido pendurada do lado esquerdo do rosto. Olhei para além de seu físico imponente e vi outros agentes federais enfileirados no corredor. Um homem mais baixo, vestido com um robe laranja e vermelho saiu de um quarto ali por perto, escoltado por agentes e outros monges budistas tibetanos vestidos de forma colorida. Quando o grupo se aproximou dos elevadores que eu estava esperando, de repente, dois funcionários da limpeza saíram dos banheiros adjacentes. Houve uma agitação de agentes correndo até eles, já que eles estavam bem próximos do primeiro monge, e apenas alguns metros de mim. O monge passou pelos agentes e caminhou na direção dos faxineiros, dois homens que pareciam ter seus 40 ou 50 anos, que ficaram intrigados e contentes ao mesmo tempo. O monge cumprimentou cada um deles juntando as mãos em frente ao peito, olhando profundamente em seus rostos, primeiro um, depois o outro. Em seguida, ele segurou na mão esquerda de um, a direita do outro, assim eles formaram um pequeno círculo de três pessoas, enquanto os agentes de segurança estavam em polvorosa. Os três homens conversaram pelo que pareceu uma eternidade – 3 ou 4 minutos – e, quando pareciam ter terminado, como se tivessem recarregado as baterias uns dos outros, soltaram as mãos, o monge acenou para os agentes, que suavam devido ao nervosismo, e foi em direção aos elevadores.

Quando o monge virou para ir embora e pude finalmente ver seu rosto, percebi que era o Dalai Lama. Ele disponibilizou seu tempo, todo o tempo do mundo, para se conectar com os faxineiros que, de alguma forma, passaram despercebidos pelo radar da segurança daquele chefe do Tibet em exílio, esse líder espiritual do budismo tibetano.

Naquele momento, pareceu para mim, o Dalai Lama estava criando integração interpessoal. Ele estava respeitando os seres diferenciados desses dois faxineiros, e interligando com eles com suas mãos unidas, um olhar fixo e uma mentalidade de amor. (Não tenho certeza se os seguranças concordariam com essa interpretação, já que eles se depararam com uma experiência de medo e fracasso.) Permaneci afastado, absorvendo a visão daquele momento suspenso no tempo. Mas esse é exatamente o ponto deste item: há uma possibilidade de que não haja nada para o tempo além do agora, e este momento era um momento de encontro, um momento de integração que ilumina a realidade atemporal de nossas vidas.

Durante aquela semana, fui a dois encontros onde o Dalai Lama estava falando em Washington, D.C. No encontro do Mind and Life Institute, tive a oportunidade de ouvir vários cientistas articulados apresentarem as descobertas das pesquisas deles sobre meditação e seu impacto sobre o cérebro à "Sua Santidade", como ele é chamado (SSDL é a maneira curta de escrever seu nome). No fim daquela semana, compareci às imensas reuniões anuais de neurociência, com mais de 30.000 pessoas participando, e assisti a 10.000 neurocientistas esperarem mais de 2 horas para se inscreverem para um gigantesco centro de convenções, só para estar na presença do Dalai Lama, SSDL, e ouvir seu discurso inaugural para aquele grupo seleto. Uma coisa que me impressionou foi que havia diversas salas satélite onde o vídeo ao vivo seria projetado, permitindo que você se sentasse perto da tela e visse a cena inteira, de forma pessoal e bem de perto como dizem, porém em duas dimensões. Foi numa dessas salas que eu escolhi me sentar, tendo estado na sala com ele por três dias anteriores com um público relativamente menor, e sem querer perder nenhum momento das outras incríveis apresentações acontecendo naquele encontro revolucionário. Por algum motivo, aqueles pesquisadores realmente queriam ficar na mesma sala que ele. Foi chocante ver aqueles acadêmicos simplesmente ficando em fila para estar na presença física dele. O que estava acontecendo aqui? Esse fenômeno observável nos corredores do encontro, e mesmo o fato de que o Dalai Lama, como símbolo de compaixão e contemplação, foi convidado para ser o orador deles, parecia refletir uma mudança na nossa mente cultural. Ou talvez fosse uma mera curiosidade pela celebridade. Porém, talvez fosse algo mais do que simples ilusão. Poderia aquilo refletir um desejo mais profundo que o SSDL corporificava e articulava?

Alguma coisa está desabrochando coletivamente além da fascinação pela celebridade. O crescente interesse pelo aprendizado social e emocional nas escolas, a emergência de um foco moderno do *mindfulness* na educação e em nossos mundos organizacionais e societários, e o fato de que a *Time Magazine* – que nome oportuno – publicou uma matéria de capa em 2014 intitulada "Mindful Revolution", tudo alicerça essa impressão. Um certo interesse em descobrir um caminho para fortalecer e, quem sabe, conectar nossas mentes solitárias parece estar em curso num processo mental coletivo, uma união através de culturas e arenas de esforços humanos, desde corporações a programas empresariais, salas de conferência a salas de estar.

Durante aquele encontro, eu fui às apresentações formais, que incluiu Sara Lazar relatando sobre suas novas descobertas de como a meditação *mindfulness* podia modificar a estrutura do cérebro. Alguém havia sussurrado em meu ouvido no Ether Dome, onde eu estive palestrando mais cedo naquele ano, como já comentei antes, que Lazar e suas colegas lançariam em breve uma publicação revelando que as regiões integrativas eram mais densas naqueles que praticavam meditação *mindfulness* há décadas. E aquelas áreas neuronais que foram modificadas? Eram áreas que interligavam regiões muito separadas umas das outras, tal como o hipocampo e áreas do córtex pré-frontal, incluindo a ínsula. Estudos posteriores, também revelariam que o corpo caloso, que interliga os hemisférios direito e esquerdo, cresceu com meditação *mindfulness*. Em resumo, esses estudos podem ser resumidos da seguinte forma: treinamento em *mindfulness* integra o cérebro.

Pedi aos meus estagiários que encontrassem uma forma de autorregulação que não dependesse da integração no cérebro. Eles não encontraram. A regulação da atenção, afeto ou emoção, pensamento, impulsos, comportamento e relações dependem da interligação de áreas diferenciadas no cérebro. Agora podemos dizer que o treinamento em *mindfulness* aprimora a autorregulação, promovendo a integração neuronal.

No mesmo encontro de neurociência em Washington, também fui a sessões de pôsteres, onde dados de pesquisas são colocados em painéis para que os membros deem uma lida por cima e depois perguntem ao pesquisar diretamente sobre os resultados. Em um determinado pôster sobre meditação *mindfulness*, perguntei ao jovem pesquisador sobre os dados dele e começamos a discutir nosso trabalho. Quando lhe disse que estava curioso sobre a possível conexão entre meditação *mindfulness* e apego, ele me disse que eu não tinha ideia do que estava falando. Concordei com ele, reconhecendo que nunca meditei, mas que iria em breve a um retiro de meditação *mindfulness* de uma semana baseado em pesquisa. Não, ele disse, era sobre os conceitos que eu estava falando – eles estavam todos errados. Na filosofia e prática budistas, ele me disse veementemente, você procura se livrar dos apegos. O quê? Sim, livrar-se dos apegos, ele repetiu.

Eu o levei juntamente com um dos seus alunos para almoçar, então exploramos o que tudo aquilo significava, desde seu treinamento à sua pesquisa. Porém, eu não tinha nenhuma base erudita sobre budismo. Em termos gerais, a filosofia budista, ele disse, sugeria que a fonte do sofrimento era o esforço para evitar ou se agarrar às coisas. Quando você abdica de tais aversões ou apegos, ele disse, o sofrimento é eliminado. Essa era uma meta da meditação *mindfulness*, encontrar uma profunda aceitação do que é, inclusive a realidade da transitoriedade de tudo que se desdobra.

Maravilhoso, eu pensei, não ter um conhecimento mais aprofundado do pensamento ou da meditação budista. Mas, eu lhe disse, o apego ao qual eu estava me referindo não se tratava de agarrar- -se, tratava-se do amor. Uma relação de amor envolve o sistema de apego no cérebro, que nós todos temos na condição de mamíferos, e que nós todos compartilhamos na condição de humanos. Ele não estava familiarizado com o campo do apego a partir de um ponto de vista de pesquisa sobre relações, então você já deve imaginar como foi acalorado o debate naquele nosso almoço. O aluno dele parecia entretido pelo encontro dessas duas mentes, dessas duas formas de conhecer. No fim das contas, não houve consenso, mas, para mim, houve um profundo senso de empolgação sobre criar pontes entre essas várias áreas do conhecimento, da ciência, da meditação e da vida cotidiana, em um todo coerente.

Fui àquele retiro de uma semana em meditação *mindfulness*, cercado por mais ou menos cem cientistas, com os quais eu teria amado conversar, mas estávamos todos em silêncio. Era um "silêncio nobre", ou seja, sim, não havia conversas, mas não, nem mesmo contato visual ou outras formas de comunicação não verbal. Achei que ia ficar louco. Mas, então, eu encontrei minha mente. Por trás de todo o frenesi de corresponder ao mundo externo, inclusive às necessidades dos outros, depois de alguns dias do silêncio nobre, houve um profundo senso de paz e lucidez que emergiu. Fiquei surpreso com esse santuário interior, e triste quando ele pareceu escapar por entre os dedos, quando deixamos nosso silêncio e reentramos no mundo da discussão científica e do engajamento social.

Após participar do programa de redução de estresse baseado em *mindfulness* (MBSR, sigla em inglês) do Jon Kabat-Zinn, e depois ministrar nossa conferência chamada *Mind and Moment*, com Kabat-Zinn, Diane Ackerman e o falecido John O'Donohue, senti-me preenchido de ideias e perguntas. Mais para frente naquele ano, recebi o pedido para estar na faculdade do Mind and Life Summer Research Institute, e perambulei pelas sessões de pôsteres com Sara Lazar, ponderando com ela e com outros como a meditação *mindfulness* podia influenciar o cérebro, a mente e as relações.

Toda aquela perambulação e reflexão levaram à escrita de um livro sobre minha jornada por este novo mundo de neurociência contemplativa, *The Mindful Brain*. Naquela exploração como um novato, sugeri a hipótese de que alguma forma de sintonia – interna para o *mindfulness* e interpessoal para o apego seguro – poderia ser o ponto de convergência entre eles.

Pesquisas vinham revelando que a saúde emergia de relações de apoio no início da vida. Como os estudos de experiências adversas na infância (Felitti, et al., 1998) haviam revelado, tempos difíceis no início de nossas vidas podem levar a desafios significativos ao nosso bem-estar mental e clínico. Por exemplo, trauma de desenvolvimento, experiências precoces de severo abuso ou negligência, levam a obstáculos no crescimento de fibras integrativas no cérebro, incluindo hipocampo, corpo caloso e córtex pré-frontal (Teicher, 2002). A maioria daquelas nove funções pré-frontais que discutimos antes, desde equilíbrio emocional até moralidade, são os resultados empiricamente comprovados das relações de apego seguro. Aquelas mesmas funções também são resultados que comprovam o resultado do treinamento em *mindfulness*. O apego seguro – amor relacional e *mindfulness* – amando e sendo amigo de si mesmo, ambos parecem emergir de e cultivar a integração dentro e entre nós.

Novas pesquisas estavam confirmando o que as tradições ancestrais ensinavam há séculos – estar ciente do momento presente sem se perder em julgamentos, estar atento, leva ao bem-estar. Parece que estar presente cria bem-estar. É importante esclarecer que não ser carregado pelas visões pré-estabelecidas de como as coisas deveriam ser é o que se pretende com o termo "sem julgamentos". A mente está sempre filtrando de cima para baixo na forma de avaliações, apreciações e julgamentos. E, em muitos aspectos, como Jon Kabat-Zinn disse para mim recentemente, quando estávamos palestrando juntos, o que ele quer dizer com aquele termo é simplesmente dar-se conta de que nossos julgamentos são atividades mentais pelas quais não precisamos estar aprisionados. É assim que ao ter *mindsight* – ver a mente do Eu e do outro, promovendo integração – também temos essa forma de visualizar o que significa estar com plena atenção. Além disso, podemos ter discernimento, com o qual usamos uma mente reflexiva para fazermos análises hábeis de uma situação. Alguns usariam a palavra "julgamento", tal como um engenheiro estrutural julgando se uma ponte pode aguentar com segurança um certo número de carros. Discernir julgamentos é uma parte importante para se ter uma vida saudável. Presença é um termo que abarca essa maneira de estar aberto às coisas como elas são, e não ceder a crenças e expectativas pré-existentes, nossas prisões de julgamentos, que nos impedem de estar com o que realmente está presente. É isso o que queremos dizer quando dizemos "sem julgamentos", embora o próprio termo possa parecer um tanto, bem, julgador. Quando estamos presentes por nós mesmos, alcançamos uma mentalidade ciente. Quando estamos presentes para nossos filhos, criamos um apego seguro. Tanto apego seguro quanto *mindfulness* promovem o bem-estar – física e mentalmente.

Uma variedade de estudos, hoje, mostram que a meditação *mindfulness* pode ajudar a melhorar doenças como psoríase, fibromialgia, esclerose múltipla e hipertensão. *Mindfulness* tem demonstrado agora melhoras no sistema imunológico e até aumento no nível de enzima telomerase, a qual mantém e repara as pontas dos cromossomos. O treinamento *mindfulness* também tem demonstrado benefícios psicológicos, com uma diminuição nos sintomas de ansiedade e depressão, ingestão compulsiva de alimentos, déficit de atenção, transtorno obsessivo-compulsivo e abuso de substâncias (dependência química).

Mas como a presença, interna ou interpessoal, poderia cultivar o bem-estar?

Minha mente de baixo para cima como condutora permitiu o fluxo de tudo o que tem sido transpirado, absorvendo visões e descobertas modernas. Minha mente de cima para baixo estava gerando e interpretando, processando informação e buscando significado em tudo o que estava transcorrendo.

A conexão do Dalai Lama com os faxineiros naqueles instantes foi uma forma de integração. As áreas do cérebro que pareciam estar ativadas e em crescimento com a meditação *mindfulness* eram integrativas. Quando fui imerso pela primeira vez naquele retiro silencioso, pude experienciar a diferenciação de muitos fluxos de conscientização, por exemplo, ao distinguir um fluxo de sentir de um fluxo de observar. Para mim, estar mentalmente atento parecia ser uma maneira de integrar minha mente. No mínimo, parecia distinguir o que agora podemos chamar de aspecto condutor do aspecto construtor da mente, diferenciar a experiência da condução da construção.

Minha mente construtora de cima para baixo estava simplesmente projetando uma crença prévia neste novo mundo no qual eu estava sendo imerso? Ou a integração realmente poderia ser o que estava no cerne tanto do *mindfulness* quanto do apego?

O psiquiatra Eric Kandel foi agraciado com o Prêmio Nobel em 2000 por descobrir os mecanismos moleculares básicos de como o aprendizado muda a conectividade neuronal. Pesquisas com pessoas com transtornos psiquiátricos, como discutimos anteriormente, têm revelado agora que diferenças funcionais e anatômicas parecem estar por trás dessas doenças. Trabalhos preliminares em psicoterapia sugeriram que, mesmo sem medicamentos, é possível mudar a função e a estrutura do cérebro.

Talvez uma das descobertas mais relevantes e convincentes dos pesquisadores foi que o objeto em que você foca sua atenção molda a estrutura física do seu cérebro. Com a liderança de eruditos como Kabat-Zinn e seu colega, Richie Davidson, pesquisas rigorosas foram conduzidas nos participantes do então consolidado programa de redução de estresse baseado em *mindfulness* (MBSR), assim como em meditadores de longa data. Os resultados foram inequívocos: treinar a mente a focar a atenção na experiência do presente momento, sem ser levado pelos julgamentos, não só podia ajudá-lo a sentir-se melhor, podia mudar sua fisiologia e melhorar a saúde física. Com o desenrolar deste novo milênio, até mesmo estudos preliminares começaram a surgir sugerindo que praticar *mindfulness* diariamente pode otimizar como as moléculas de não-DNA que regulam a expressão genética, aqueles reguladores epigenéticos que citamos anteriormente, são configuradas nas áreas de seu genoma que ajudam a prevenir inflamações, o que pode estar relacionado a certos tipos de diabetes e câncer. O *mindfulness* parece otimizar as mudanças regulatórias epigenéticas em seu genoma.

Kabat-Zinn vê o *mindfulness* como uma maneira de prestar atenção, propositalmente, despido de julgamentos, no momento presente (Kabat-Zinn, 2005). Outros, como Shauna Shapiro e seus colegas, veria a prática de atenção plena como a maneira com que prestamos atenção ao momento presente "de maneira aberta, gentil e perspicaz" (Shapiro & Carlson, 2013, p. 1). Em cada uma dessas visões, *mindfulness* é imbuído de um senso do que o acrônimo COAL incorpora: curiosidade (*curiosity*), abertura (*openness*), aceitação (*acceptance*) e amor (*love*). O estar plenamente ciente é aquele estado de presença aberto. No entanto, os líderes da área focam-se na atenção. Vamos revisar o que é atenção.

Atenção é simplesmente o canalizar do fluxo de energia e informação. Então, o que essa atenção poderia estar fazendo no cérebro? O fluxo de energia e informação – a característica essencial da mente – leva diretamente à ativação do disparo neuronal. Como discutimos anteriormente, podemos relembrar a conexão entre atenção, disparo neuronal e neuroplasticidade, com essa sequência em mente. Para onde a atenção vai, o disparo neuronal flui. O disparo neuronal, por sua vez, ativa genes, possibilitando que se inicie qualquer uma das quatro mudanças neuroplásticas possíveis. Lembre-se que a elas incluem-se: crescimento de novos neurônios, formação de sinapses, repouso de mielina e modificação dos reguladores epigenéticos.

Em outras palavras, o processo mental do fluxo de energia e informação molda os processos e propriedades físicos do cérebro nos níveis anatômico e molecular. A mente transforma a natureza física do cérebro – tanto sua função quanto sua estrutura.

Certa vez, eu disse isso numa palestra pública, e um dos membros da plateia, firme e educadamente, sugeriu que eu havia cometido um erro quando falei. Especificamente, eu disse que a "mente usa o cérebro para se criar". Ele disse que eu provavelmente queria dizer que o "cérebro cria a mente".

Aqui está o cerne da questão: se um aspecto da mente é definido como a propriedade emergente, auto-organizadora, regulatória e de alta ordem de um sistema complexo, então essa regulação do fluxo de energia e informação se manifesta em nossos corpos – inclusive em nossos cérebros. Ela se manifesta em nossas relações – mesmo nesta que está acontecendo agora entre mim e você.

Portanto, talvez seja mais completo afirmar que a mente usa o corpo e seu cérebro, em conjunto com nossas relações mútuas e com o planeta, para criar a si mesma. Por "criar a si mesma" eu quero dizer que o aspecto auto-organizador da mente emerge momento a momento para criar nossa experiência de mente. No mínimo, o fluxo de energia e informação está emergindo no momento atual. Com o desencadear de cada momento, a energia e a informação se auto-organizam. Este é o *quando* da mente – o movimento auto-organizador em direção à interligação de elementos diferenciados de nosso sistema, um sistema que reside nesses corpos que habitamos na configuração de nossa paisagem mental e da *mentosfera* em que vivemos.

O quando da mente é essa propriedade emergente do agora

Os agoras que estão no passado, como discutimos lá atrás, nos agoras iniciais de nossa jornada, têm a qualidade de serem fixos. Não podemos voltar atrás e mudar o passado, mas ainda é um agora – ou, nos termos da física, aquilo que é chamado de um "evento", algo que ocorreu outrora. E os agoras que estão no futuro, esses ainda não estão emergentes, mas estão em aberto. Fixa como "passado", aberto como "futuro" e emergente como "presente" – essas são as qualidades dos eventos sempre presentes no agora do *quando* da mente.

Quando percebemos que esse estado de mente do agora pode estar relacionado a aceitação e cuidado sem julgamentos, podemos sentir que o *mindfulness* cria as condições de estar totalmente aberto ao momento presente. Diferenciamos o fluxo da observação do fluxo da sensação, e estamos abertos a qualquer coisa que surja com um estado de presença a tudo que existe – o momento presente. Com o amor do apego seguro, podemos sentir como estar presente para os outros nos permite comungar, respeitando a experiência subjetiva mútua e interligando-se com comunicação compassiva.

Estar presente é o portal para a integração em cada momento emergente de nossas vidas.

Sintonia, integração e tempo

Conectamo-nos uns com os outros no momento. Uma maneira de esclarecer como o apego seguro entre uma criança e um cuidador leva ao bem-estar é focar-se na natureza da integração e como ela se desvela, momento a momento. O apego seguro é baseado em sintonizar-se com o mundo interior de uma criança, e quando essa sintonia não é possível, a ruptura pode ser reparada e uma reconexão estabelecida. A sintonia pode ser simplesmente definida como o foco da atenção no mundo interno. A sintonia interpessoal é quando se foca uma atenção bondosa na experiência subjetiva interior do outro. A sintonia interior é quando se foca a atenção na experiência subjetiva interior do seu próprio eu. Tudo isso acontece no presente, e acontece com a presença dos pais no cerne do apego seguro. Com os outros, ou com nós mesmos, podemos entrar em estados de desconexão e desprezo. Reparar essas rupturas inevitáveis é a norma; perfeição na parentagem e nas relações com nós mesmos, como tudo na vida, é impossível. Esperar o impossível torna a vida cheia de conflitos.

Photo by Madeleine Siegel

Photo by Lee Freedman

Em outras palavras, acontece que na maioria das nossas experiências ao relacionarmo-nos com os outros, e talvez com nossos Eus interiores, não estamos em alinhamento. Mas em momentos de necessidade de conexão, quando as emoções estão à flor da pele, por exemplo, precisamos ser vistos pelo outro. Quando esses momentos de necessidade não são atendidos com a presença do outro, tal ruptura magoa. É a reparação das rupturas, o realinhamento de mentes, que é a chave para a segurança. Mesmo realinhando com a maneira com que nos conectamos com nossa paisagem mental interior após estarmos desconectados, pode levar a um profundo senso de coerência e plenitude. A presença permite o reparo, pois é a porta de entrada que permite o transcorrer natural da integração.

A sintonia interpessoal permite que dois indivíduos diferenciados se tornem interligados naquele momento como um *nós*. A diferenciação permanece, mas a interligação transforma um Eu isolado em tanto um *eu* quanto um *nós*. O senso subjetivo dessa união é o que aquela paciente minha expressou muito tempo atrás, quando ainda estava em treinamento para ser uma terapeuta: "sentir-se sentido". Quando nos sentimos sentidos por outra pessoa, sentimos nossa vida interior vista e respeitada pelo outro. Quando estamos presentes, quando nos sintonizamos ao focar a atenção no mundo interior do outro, quando ressoamos e nos transformamos por essa interação, desenvolvemos o estado de confiança. Isso, você deve se lembrar de nossos agoras anteriores, agora fixos, é presença, sintonia, ressonância e confiança que revelam o papel que atuamos nos apegos seguros. Isso é a integração interpessoal no cerne de uma relação integrada. Cada pessoa é respeitada por suas diferenças e, depois, interligada pela comunicação compassiva.

Como pode isso ser comparado com a conscientização atenta? A integração faz parte do que é de fato estar plenamente atento? Pela minha experiência em treinamento *mindfulness*, pude sentir que fluxos distintos de atenção foram diferenciados e puderam se interligar dentro da espacialidade de estar plenamente atento. Nós exploramos dois: um de sensação, um de observação. Isso não é nada além de uma maneira de imaginar a integração de nossa vida interior.

Pela minha experiência, esses fluxos de energia e informação em direção à conscientização inclui um fluxo sensorial, com o qual sentimos sensações se manifestando da experiência direta – o que vemos, ouvimos, cheiramos, degustamos e tocamos. Isso se estende ao que sentimos de dentro do corpo, mesmo as sensações de nossos pensamentos, emoções e memórias, e as sensações de nossa conectividade com os outros. Essa é a sensação direta, a condutora da mente, oferecendo uma experiência mais direta e de baixo para cima possível.

Há também um fluxo de observação. Este é um senso de atenção mais distante, um que pode dar origem, como discutimos, a uma testemunha que nos permite estar um pouco mais distantes de uma sensação ou impulso, mas presentes como aquele que testemunhou. Talvez não estejamos ainda construindo conceitos, mas não estamos plenos no fluxo de sensação, de condução. Tal observação dá espaço dentro da mente para não identificar experiências em curso como a totalidade de quem nós somos. Podemos observar e testemunhar, então talvez coloquemos nossa experiência em palavras, imagens ou música, conforme narremos nossas vidas a partir deste fluxo de observação. Lembram-se do acrônimo OWN, relativo a observar, testemunhar e narrar? Viajamos desde a função condutora de um fluxo sensorial até uma ponte de observação – não apenas condutora, não apenas construtora. Quando continuamos naquela ponte, passamos a testemunhar, ainda próximos da construção, já que ela é imbuída de um senso daquele que testemunha. Mais à frente na ponte, passamos a narrar, conforme dançamos, cantamos, recitamos poesia, contamos histórias ou ministramos palestras. Tudo isso é uma construção simbólica. Não é ruim, só diferente da função condutora de sensação e do primeiro passo da ponte de observação.

Pela minha experiência, pelo menos, já que meu circuito OWN insiste que eu escreva a você, há talvez dois outros fluxos, se não mais. Um é de *conceitualização*. Ter ideias ou conceitos sobre coisas, não realmente senti-los ou observá-los. Nós fomos além do testemunhar, além até das *descrições*, com palavras que constroem o simbólico, mas diretamente informando aspectos da narrativa de nossas histórias. Esse aspecto descritivo da narrativa é a maneira com que podemos "mostrar e não contar" dentro da contação de histórias direta e emocionalmente sugestiva. Com o fluxo de conceitualização, estamos completamente na construção. Você pode ter um conceito de cachorro, e aquele conceito é um modelo ou esquema mental que molda como você vê o cachorro. Seu aprendizado prévio molda seus conceitos, e dá a você expectativas e julgamentos sobre o mundo, então é aí que o elemento profundamente construtor e de cima para baixo se revela. Com palavras, essa é mais uma *explicação* do que uma descrição. Conceitualização é parecido com o proferir de um ensaio expositivo, em vez da descrição de uma cena dramática fictícia. Esse fluxo conceitual é importante para o funcionamento da mente, para racionalizar nossas reações. Não precisamos ver todo cachorro como um novo organismo, podemos saber se esse animal é um cachorro e se é ou não perigoso. Novamente, cada um é um fluxo diferenciado, importante e único, em necessidade de cuidados, cultivo e conexão.

Mais um fluxo além da sensação, observação e conceitualização também parece aparente. Uma forma mais profunda de saber, um senso de coerência do quadro geral, um sentimento de plenitude, um senso de verdade, parece também estar presente. Há uma coisa nesse senso de sabedoria que não é igual ao termo *conhecimento* quando se trata de simples consciência, visto que você está lendo estas palavras agora mesmo. Esse é um conhecer a sabedoria, um conhecer a verdade, não apenas sentir, observar ou conceitualizar dentro do simples conhecer da conscientização.

De acordo com minha experiência, essa sensação, observação, conceitualização e conhecimento são a SOCC da conscientização atenta. (Desculpe por mais uma abreviação, se você não gosta muito disso – mas é como essa mente em particular funciona.) Na minha experiência interior com o treinamento de *mindfulness*, cada um desses fluxos era diferenciado e, depois, interligado. Para mim, a sintonia interna é uma forma de integração interna, diferenciando, pelo menos, esses quatro fluxos de conscientização e, em seguida, interligando-os uns aos outros.

Ao escrever essas palavras, lembro-me das sensações desses diferentes fluxos como bastante peculiares. Talvez eles fossem fluxos de atenção, maneiras distintas de enviar o fluxo de energia e informação para dentro da minha conscientização singular. Talvez minha mente construtora pegou essas distintas sensações do condutor de experiência e os rotulou como "fluxos de conscientização", uniu-os em uma abreviação e agora eu relato isso a você. Independentemente dos símbolos linguísticos que usemos, sejam diferentes fluxos de atenção com uma conscientização, sejam distintos fluxos de conscientização, chegamos ao seguinte: fluxos diferenciados se tornam interligados em um todo.

Uma maneira com a qual podemos perder o contato com o momento presente é ficar afligindo-se com o futuro ou preocupando-se com o passado. Em diversos aspectos, as duas situações podem ser vistas como a mente construtiva criando representações que nos afastam do fluxo condutor do agora. Apreensivo afligindo-se com o futuro ou preocupado ponderando o passado nos afasta do presente. Sim, estamos no momento atual afligindo-nos ou preocupando-nos – mas nos perdemos nessas imagens construídas, essas reapresentações dos agoras fixos ou abertos que nós, então, fabricamos em nossa mente como algo com que se preocupar, para tentar controlar, para lutar por um resultado diferente. De várias formas, essas são as aversões que tentamos evitar ou os apegos aos quais nos prendemos que são destacados pela prática budista como a fonte do sofrimento (ver Jack Kornfield, 2008). De acordo com nossa visão de mente, esses são os resultados da construção mental.

A condução é o primeiro passo para reconquistar a presença. Mas também é possível abrir-se tanto à condução quanto à construção no momento presente. E a chave é cultivar a consciência para discernir, com conscientização, a natureza de tudo que está emergindo, momento a momento. O que está aqui agora? Tudo que se manifesta é agora, porque é só isso que existe. O senso de "tempo" é simplesmente uma conscientização de que as coisas mudam. O que está aqui como uma sensação, o que está aqui como uma observação? O que está aqui como um conceito, o que está aqui como um conhecimento? Tudo está no agora, mas discernir essas camadas do fluxo de conscientização proporciona libertação de estar perdido nas preocupações e aflições que nos afastam da presença. A presença é o que permite que a integração se manifeste naturalmente. Mas como?

Outra maneira de ver a integração interna é por meio da noção de integração da consciência. Em uma prática que desenvolvi durante a Década do Cérebro, chamada Roda da Conscientização, a abordagem destinada a diferenciar uns dos outros os elementos da consciência, depois interligá-los com atenção. Caso a consciência fosse necessária para mudar, como uma revisão de várias formas de psicoterapia e educação revelou, então o que aconteceria se uma pessoa pudesse integrar a consciência?

Caso a consciência em sua conceitualização mais básica pudesse ser vista como um senso básico de conhecer e daquilo que é conhecido, então o conhecer e o conhecido poderiam ser diferenciados um do outro? Com o foco da atenção distinguindo sistematicamente o conhecer do conhecido, e os vários conhecidos uns dos outros, talvez pudéssemos então integrar a consciência?

Quando dispus meus pacientes ao redor da mesa no meu escritório, o eixo de vidro da mesa podia representar o conhecer, o círculo externo representava os conhecidos e os raios de atenção seriam representados pela bancada da mesa. Em vez de uma "mesa de conscientização", eu chamei isso de Roda da Conscientização.

Essa prática reflexiva implica diferenciar o conhecer do eixo desta roda metafórica do aro do conhecido. Aqui "conhecer" pode ser diferente do fluxo de conhecimento dos quatro fluxos de SOCC, como discutimos antes, porque a questão aqui é mais sobre os dois aspectos diferenciáveis da consciência em si – o conhecer do conhecido.

O aro contém os quatro segmentos representando o conhecido de 1) sensações externas (audição, visão, olfato, paladar, toque); 2) sensações internas (interocepção dos sinais interiores do corpo a partir dos músculos, ossos e órgãos internos) chamadas de sexto sentido; 3) atividades mentais (emoções, pensamentos, memórias, crenças, atitudes, ânsias, desejos, intenções) podemos chamar isso de sétimo sentido; e 4) até mesmo um oitavo sentido – nossas interconexões com os outros e com o mundo em que vivemos, nosso sentido relacional.

A prática da Roda da Conscientização podia promover integração ao diferenciar o conhecer do conhecido da conscientização, e também diferenciar os vários conhecidos um do outro pelo movimento sistemático de um raio de atenção metafórico em volta do aro. Com tantas palavras parece meio abstrato. Caso você ainda não teve a chance de experimentar, mergulhe na prática da roda e veja como se sente (você pode acessar em nosso *site* na aba *resources* em drdansiegel.com).

As respostas positivas da minha prática terapêutica e, mais tarde, dos meus alunos de psicoterapia e, ainda mais tarde, das palestras com várias pessoas ao redor do mundo, sugerem o poder de integrar a consciência para transformar o caos e a rigidez em harmonia e bem-estar.

De diversas maneiras, a prática da Roda revela que a integração da consciência pode ser uma forma importante de trazer cura e saúde para nossas vidas. No próximo item, exploraremos uma possível visão que talvez possa explicar por que a integração é tão útil e elucida possíveis mecanismos por trás da própria consciência.

A sintonia interior é uma forma de definir a integração da consciência que pode estar no centro de uma variedade de práticas ancestrais que cultivam a conscientização plena. Energia e informação se tornam integrados com tais práticas. Sintonia interpessoal, inerente ao apego seguro, permite que a experiência de sentir-se sentido seja uma experiência confiável (nem sempre presente, mas permanentemente disponível) de ser diferenciado e interligado com um outro cuidador.

A proposta que pôde ser feita com essa nova visão da mente, como um processo auto-organizador, corporificado e relacional, levou a uma hipótese viável que explicava as potenciais coincidências entre as pesquisas de apego seguro e os resultados do treinamento em *mindfulness*, corroborados por Kabat-Zinn, que declarou recentemente em uma palestra: "*Mindfulness* é relacionalidade". Essa visão coincide com nossa noção de fluxo de energia e informação que ocorre dentro e entre nós. Temos uma relação com nosso fluxo interior – nossa mentosfera. Estar presente com bondade e compaixão é estar pleno.

O que surgiu com a revisão da literatura e com os incríveis resultados de inúmeras pesquisas, foram descobertas fundamentais, o que fez os estagiários trabalharem na segunda edição de *A Mente em Desenvolvimento*, pulando pela sala de animação. Mal consigo acreditar, com minha mente questionadora, que as simples declarações a seguir pudessem ter tanto apoio na ciência. Eis aqui algumas recordações de algumas visões simples, discutidas pouco antes, que não podemos refutar, e só serviu de apoio, com resultados empíricos, para nos apontar na direção certa: *Integração interpessoal promove integração neuronal.*

Isso significa que quando estamos na PART com outras pessoas – quando respeitamos as diferenças e cultivamos interligações compassivas –, nós estimulamos a atividade e o crescimento de fibras no cérebro que interligam regiões muito distantes entre si.

Eis aqui outra verdade simples na qual encontramos mais apoio: *Integração neuronal é a base da autorregulação saudável.*

Quando olhamos para os mecanismos neuronais por trás das formas de autorregulação, por vezes chamados de função executiva, como exploramos brevemente num item anterior, descobrimos que a regulação da atenção, afeição ou emoção, pensamento, autoconsciência, relacionamento social, controle de impulso e comportamento eram dependentes das fibras cerebrais que conectavam regiões bem distantes. Essa conexão entre regiões separadas podia ser vista dentro das novas tecnologias, como nas imagens de tensor de difusão, que agora puderam revelar o conectoma, ou anatomia interconectada e função cerebral. Essa interconexão de regiões diferenciadas é o que simplesmente podemos chamar de integração interna ou neuronal.

Mais tarde, conforme os estudos continuavam depois da primeira década do novo milênio, descobríamos uma vez e outra que a meditação *mindfulness* leva a modificações no cérebro que podem ser, a grosso modo, uma integração neuronal aprimorada. Por exemplo, o crescimento no hipocampo, no corpo caloso e na ínsula são exemplos de áreas integrativas que crescem. Incrivelmente, como vimos, essas mesmas áreas são aquelas que ficam comprometidas com o trauma de desenvolvimento por causa de abuso ou negligência. Estudos sobre o que chamamos anteriormente de rede de modo padrão, o conjunto de regiões interconectadas que mediam nossa conscientização dos outros e do Eu, que apelidamos de circuito OATS, revelam que essa área tem um protagonismo no ter ou não bem-estar (Zhang & Raichle, 2010). A meditação *mindfulness* aumenta a integração da rede de modo padrão (Doll, Hölzel, Boucard, Wohlschläger & Sorg, 2015).

Que época maravilhosa para se estar vivo nessa jornada. Essas ideias inspiradas pela ciência foram oferecendo cada vez mais suporte, conforme as pesquisas iam evoluindo. Abrir-se para o momento presente catalisa a integração – interpessoal e internamente. Os estagiários e eu ficamos comovidos pela simplicidade dessas afirmações, e tudo pareceu resumir-se ao seguinte: nosso foco de atenção com presença na conscientização e nossas relações com nós mesmos e com os outros promovem integração neuronal, a base da autorregulação saudável.

Reflexões e convites: conscientização e tempo

Conforme a segunda metade da primeira década do novo milênio continuava a transcorrer, fui chamado para participar de diversos painéis com o Dalai Lama, falando sobre uma miríade de assuntos, desde compaixão no cérebro até *mindsight* na educação. Em uma dessas ocasiões, em um painel em Seattle, ele deu uma tarefa de casa para mim e outros três cientistas: poderíamos elaborar uma abordagem secular para que o mundo tivesse mais compaixão? Pensei naquela pergunta incessantemente durante o ano subsequente. Refleti sobre o papel que havia escrito para o Papa sobre a biologia da compaixão, pensei sobre tudo o que temos explorado nesta jornada a respeito da mente como um processo corporificado e relacional, e lucubrei sobre religião e ciência em geral. Quando fui a um painel com SSDL em Vancouver no ano seguinte, mostrei a ele minha tarefa de casa e sugeri que, talvez, a integração fosse o caminho em comum na direção de um mundo mais compassivo. Se a saúde surgia da integração e cada pessoa tinha o direito de ter uma vida saudável, portanto, ao promover a integração, estaríamos promovendo bem-estar. Pelo fato de que deve ser verdade que a bondade e a compaixão são a manifestação visível da integração, esta é o mecanismo implícito de uma vida compassiva, então promover integração seria cultivar as sementes de um mundo mais compassivo, assim como as raízes da resiliência e do bem-estar.

Alguns anos depois, fui novamente chamado para estar com o Dalai Lama, desta vez em Rotterdam, facilitando um dia de discussão com líderes empresariais e alunos do jardim de infância ao ensino médio da Holanda. Poderíamos promover mais inteligências emocional e social em nossas organizações e nas escolas? Com a integração como conceito associativo, mergulhamos numa conversa de um dia inteiro, sendo que os os estudantes mais jovens apresentavam suas ideias para tornar o mundo mais compassivo, grupo por grupo, enquanto que os líderes empresariais ouviam, juntando-se à discussão logo em seguida.

Durante toda essa viagem, eu senti o poder que nossas mentes individuais acumulam quando debatem com essas ideias. Também senti padrões se manifestando em nosso diálogo cultural, não só na ciência, como também no encontro de neurociência em Washington, D.C., mas como uma família humana ao redor do globo. A relevância do *mindsight* e dessas noções de integração levaram a convites para palestrar em conferências focadas em mudanças climáticas envolvendo empresas e governos. Um desses encontros foi com um grupo de cerca de 150 cientistas, a maior parte físicos. Nosso tópico: a conexão da ciência e da espiritualidade.

Fiquei fascinado pelo tema. Alguns anos antes, ministrei uma palestra, novamente com o SSDL, na Alemanha, em uma conferência para o 550º aniversário da Universidade de Freiburg. O tópico era espiritualidade e educação. Sem qualquer experiência no primeiro, pedi aos participantes do *workshop* para me ensinarem o que significava o termo espiritualidade. Um por um, os participantes ofereceram suas visões. Cada um disse alguma coisa relacionada a duas características: espiritualidade, para eles, significava 1) ser parte de algo maior do que o Eu pessoal, estar conectado a algo maior; e 2) ter um significado mais profundo do que os detalhes da vida cotidiana, algo além da sobrevivência solitária. Com essa noção de conexão e sentido, mergulhamos numa discussão fascinante de como cultivar hábitos de vida na educação.

Então fiquei preparado, de certa forma, para comparecer ao próximo encontro na Itália com aqueles físicos, em 2009. Os elementos que eu me sentia obrigado a explorar além da ciência e da espiritualidade, e talvez subjacentes a eles, eram energia e tempo. Energia e tempo são a especialidade da física, e a oportunidade de viver, jantar, passear e conversar com pessoas que devotam suas vidas ao estudo de nosso mundo físico, era cativante.

Isso pode não ser nenhuma surpresa para você, agora que está começando a conhecer os padrões desta mente, deste corpo, desta vida, começando a "me" conhecer, mas eu estava possuído por um impulso de fazer perguntas. As conversas nunca acabavam. Em vez de citar uma por uma, vou dividir com você alguns pontos principais. Uma primeira ressalva é dizer que, como acontece com todo mundo, os cientistas têm muitos pontos de vista divergentes. A segunda é que o que é publicado na literatura profissional aceitável nem sempre transmite totalmente as incertezas ou a paixão que as pessoas têm de escrever e fazer pesquisas. Na condição de terapeuta treinado, e um humano fascinado com coisas da mente, eu tinha uma curiosidade natural sobre como esse pessoal via o mundo, não só como eles faziam suas declarações públicas a fim de se ajustar às perspectivas da profissão.

Tudo isso é experiência. Eis os dois principais pontos que surgiram, um a respeito de energia, o outro, de tempo. Quando pensamos no *quando* da mente, essas questões se tornam essenciais para aprofundar *quando* a mente pode estar.

Energia é uma palavra que usamos para um fenômeno mais amplo que se manifesta de diferentes maneiras. Temos luz como fótons, som como ondas de ar viajando com o movimento das moléculas, eletricidade como fluxos de carga elétrica. Mas quando perguntamos o que cada uma dessas formas de energia têm em comum para que todas sejam chamadas de "energia", a primeira reação dos cientistas, quase sempre, é de dizer que não sabem. "Ah, o que é isso?", eu recuo. "Você é um físico. Você é especialista em energia. O que é?". "Bem", eles dizem, "é um potencial. Um potencial para fazer coisas".

Como observamos esse potencial? O potencial da energia se manifesta como graus de certeza, diziam muitos físicos (não todos) com quem falei. Esses graus de certeza são como uma curva de probabilidade, uma que se move entre a certeza no quase-zero em uma ponta, até 100 por cento de certeza na outra ponta.

Então, perguntei, se dissermos que a energia flui através do tempo, é justo dizer que isso se refere ao movimento da posição na curva de probabilidade, entre quase-zero e 100 por cento de certeza? Sim. E a posição ao longo daquela curva em direção ao zero por cento de certeza, quando a probabilidade previsível da posição, digamos, de um fóton é desconhecida, é isso que poderíamos chamar de um "mar de potencial infinito" ou um "plano aberto de possibilidades"? Sim, aquilo fazia sentido para eles.

Portanto, energia era o movimento de um potencial entre abertura e certeza, conforme a posição em uma curva de probabilidade de energia se movia.

Sei que pode parecer difícil de compreender à primeira vista, ou até à segunda vista, como discutimos há pouco em nossa jornada. Mas ater-se a isso pode ser de grande utilidade. Mergulharemos mais profundamente neste aspecto da realidade nos próximos itens, mas deixe-me esboçar o básico do que podemos aplicar à nossa luta não só com o *quando* da mente, mas também com relação à jornada como um todo, quanto à essência do que é a mente.

Na minha própria mente pensativa, eu me sentia levado a tentar entender o que esses físicos estavam dizendo. Agora a questão na minha mente era a seguinte: se movimento ao longo de uma curva de probabilidade de energia é o que literalmente significa *fluxo de energia* – um movimento entre abertura e certeza que atravessa uma gama de probabilidades –, então isso acontece no espaço, tempo, através de potenciais sem tempo ou espaço, ou o quê? O que realmente significa fluxo de energia?

Por que eu estaria tão obcecado com essa questão? Com nossa definição de pelo menos um aspecto da mente, como sendo o processo auto-organizador emergente que surge e regula o fluxo de energia e informação, saber o que realmente significa fluxo de energia é essencial. Informação, para alguns físicos, é um padrão de energia com valor simbólico, como já vimos. Até mesmo a equação de Einstein, energia é massa vezes a velocidade da luz ao quadrado ($E=mc2$), lembra-nos que o universo é cheio de energia, e que até a massa é energia condensada.

Portanto, essa visão de energia é a manifestação do fluxo potencial entre o infinito e o finito, o movimento entre incerteza e certeza. Fluxo significa que alguma coisa muda. Fluxo de energia significa a transformação de uma gama de possibilidades, de completamente aberto senão infinito, até probabilidade aumentada ou certeza, e até uma realidade da concretização do potencial. Essa posição na curva pode também mover-se para baixo, conforme ela muda sua posição ao longo da curva de probabilidade de energia. Tal curva é uma maneira de, simplesmente, classificar uma imagem matemática de como essa potencialidade-probabilidade-certeza pode ser representada como um gráfico. Essa é a curva de probabilidade – uma imagem visual da variação de valores da probabilidade, abrangendo uma curva que tem, de um lado, abertura extrema, e de outro, finitude.

Essa tentativa de definir a palavra *fluxo* em relação a alterações energéticas nos leva ao cerne da questão do tempo. Tempo, como abordamos em nossa jornada, é uma palavra que usamos para descrever um senso de algo fluindo que pode ser um constructo mental em vez de uma realidade de fato. Nós temos, sim, a sensação do tempo, por exemplo, como algo que passa, mas isso, como nos dizem alguns físicos, pode literalmente ser uma criação de nossas mentes, um rótulo que usamos para denotar posições dentro de nosso mundo quadridimensional, que é chamado de "espaço-tempo". Tempo é uma palavra que usamos para denotar nossa posição naquele mundo; e a passagem do tempo, esse movimento ao longo da dimensão de tempo, é algo que mensuramos usando vários relógios. Um relógio é algo que possui um evento repetitivo e continuamente recorrente, um sinal, um padrão. Temos batidas cardíacas e outros relógios biológicos dentro de nossos sistemas neurais e endócrinos que medem o tempo; e fora de nossos corpos, sentimos a passagem do sol para delinear um dia, a lua para um mês, as estações para um ano. Em outras palavras, *tempo* como o nomeamos e construímos mentalmente pode não ser necessariamente nada como nossas mentes imaginam ser: o tempo pode *não* ser algo fluido, ou algo que lhe falte ou acabe (para alguns exemplos acessíveis, ver Barbour, 2000 e 2008; assim como Feng & Crooks, 2008; também para ter uma visão geral, ver os breves ensaios do concurso FQXi 2008 sobre a natureza do tempo em www.fqxi.org como os de Ellis, 2008; e Weinstein, 2008; e para perspectivas históricas, ver Hawking & Ellis, 1973; Dorling, 1970; Prigogine, 1996). Para alguns físicos, para aqueles que se interessavam nesta área e estavam dispostos a discuti-la, e de acordo com todas as publicações que fui capaz de devorar, uma visão de tempo é simplesmente essa, como achamos que a conhecemos como entidade própria, que ela na verdade não existe.

Permita-me propor um breve resumo dessas noções alucinantes, recorrendo a visões fascinantes da física, como descritas por um de seus mais expoentes teóricos, Sean Carroll (2010). Tempo pode ser considerado um conceito que temos que descreve uma característica do universo referente a como os eventos se desencadeiam no espaço-tempo. Em outras palavras, temos altura, largura, profundidade e tempo – nossas quatro dimensões. Na teoria das cordas dos físicos, há muito mais dimensões da realidade, mas por ora, vamos nos ater apenas a essas quatro dimensões. Alguns usam o termo "bloco universal" para uma noção de que essas quatro dimensões existem como um grande bloco de realidade. Tempo, de acordo com esta visão, é simplesmente uma designação de onde estamos naquele bloco neste momento, e onde naquele bloco nos referimos ao que chamamos de passado ou futuro – onde não estamos agora, mas onde estivemos ou para onde podemos ir dentro daquele bloco universal. Tempo é simplesmente uma das quatro coordenadas usadas para nos localizar no bloco universal quadridimensional.

O tempo em si não é algo que flui. Tempo é simplesmente um rótulo que usamos, como humanos, para nos referirmos ao universo em que vivemos. Mudamos de local no bloco de espaço--tempo, e o tempo é apenas uma referência para tal mudança de localização. Entretanto, pelo fato de termos relógios neste nosso universo – dentro de nossos corpos, com a respiração e os ritmos circadianos, ou fora de nossos corpos, como os cristais de quartzo dos relógios modernos e agora em nossos *smartphones* interconectados –, podemos usar seus sinais repetidos para delinear a "passagem do tempo" – o movimento ao longo da quarta dimensão do espaço-tempo. Albert Einstein propôs com a Teoria da Relatividade Geral que o espaço-tempo não era plano e uniforme – que ele podia ter curvas e podia ser retorcido, assim os intervalos aparentemente constantes do tempo poderiam mudar *relativamente* à velocidade e à gravidade de um evento. Quanto mais rápido você chega ao limite da velocidade da luz, e quanto maior o campo gravitacional, "mais lento" o tempo se move – o que significa, de forma mais precisa, mais espaçados são os intervalos de tempo relativamente ao local que você começou em menor velocidade ou gravidade. Portanto, a velocidade e a gravidade alteram a forma do bloco espaço-tempo. Não há nada fluindo, apenas um mundo quadridimensional que se curva e estende. O papel da gravidade em tudo isso é complexo e bastante misterioso, e a conexão de tudo isso com a física quântica é ainda uma área bem ativa em pesquisa e exploração teórica.

Uma área que essa parte da física ainda não abordou direito é quanto às relações existentes entre passado, presente e futuro. Com as leis fundamentais da física que governam o comportamento de pequenas partículas, e com a própria física quântica, não há distinção feita entre passado e futuro. Até mesmo uma exploração das maneiras com que uma observação "colapsa a probabilidade da função de onda" da física quântica, que parece ter uma direcionalidade com ela, demonstrou ser apenas uma questão de imposição clássica Newtoniana em uma função de estado quântico – e deixando assim a própria teoria quântica ainda sem uma direcionalidade de tempo. As partículas e a energia fundamentais do universo criam o que são chamados de "microestados". A física dos microestados é simétrica, o que quer dizer que é reversível e sem uma direcionalidade inerente a ela. É isso o que queremos dizer quando afirmamos que as equações da física fundamental que preveem comportamentos de microestado sugerem que elas podem ir em uma ou outra direção, elas são simétricas.

Mas o mundo dos grandes conjuntos de microestados, configurados como macroestados, como seu corpo sendo um conjunto de muitas moléculas organizadas em uma grande variedade de configurações, na verdade tem uma direcionalidade a como ele se desdobra. Não é reversível; não é simétrico. Com macroestados, há uma direcionalidade conectando passado, presente e futuro, assim como há causas e efeitos. Essa direcionalidade do tempo para macroestados é revelada, por exemplo, se considerarmos o evento de misturar suco de mirtilo com suco de morango e como isso, por fim, gerará uma mistura roxa. A mistura roxa não se reverte espontaneamente para uma seção de azul e outra de vermelho. Essa direção do desdobramento de macroestados é chamada de *Flecha do Tempo*. Esta flecha refere-se à assimetria do desdobramento, a irreversibilidade da mudança, a direcionalidade do tempo. Não podemos voltar e mudar o passado; podemos antecipar e influenciar o futuro. Isso é o que queremos dizer quando afirmamos que o passado é fixo, mas o futuro é aberto. Esta aparente irreversibilidade do tempo é em virtude de vivermos em um mundo de macroestado.

Até nossas vidas mentais revelam a Flecha do Tempo no que é chamado de desdobramento epistêmico – a forma com que podemos conhecer o passado e não conhecer o futuro –, mesmo se pudermos antecipar e planejar o que acontecerá a seguir. Algumas pessoas podem não concordar com isso por sua própria experiência, eu sei, mas esta é a perspectiva da física moderna no nível de macroestado que estou descrevendo, não apenas uma visão de nossas limitações mentais.

Mas por que os macroestados têm uma Flecha do Tempo? Principalmente, quando as leis fundamentais da física, as regras empiricamente estabelecidas de energia e partículas básicas do universo que governam nossos microestados, não têm tal direcionalidade aos desdobramentos da mudança? Uma primeira maneira de abordar essa questão é afirmar que a direcionalidade do desdobramento dos macroestados no universo, a Flecha do Tempo, na verdade não é uma propriedade do tempo em si. Por mais estranho que pareça, a direcionalidade do tempo – o fato de que experimentamos o passado diferentemente do futuro – é uma característica do universo, do universo de macroestados, e não da dimensão do tempo do espaço-tempo em si. Uma das maneiras de se compreender a direcionalidade da Flecha é a "Segunda Lei da Termodinâmica", uma lei física aceita que afirma que um sistema fechado ou isolado, como o universo, tendo a incrementar a entropia.

Entropia, à primeira vista, é frequentemente descrita como estados de desordem ou aleatoriedade. Mas esta visão nem sempre vem a calhar. Uma definição mais completa de entropia é o número de *configurações de microestado* que é proporcional num determinado nível de *macroestado*. Um microestado é feito dos menores componentes de um sistema – dependendo do nível de análise, por exemplo, isso poderia significar energia, partes de um átomo ou, às vezes, os átomos ou átomos interconectados que chamamos de moléculas – que compõe o conjunto de macroestado – os átomos, moléculas e configurações maiores de todos esses microestados aglomerados. Para compreender melhor isso, vamos voltar para aquela mistura estranha de frutas que fizemos anteriormente – no passado, de volta à localização anterior naquele bloco de espaço-tempo. Imagine o suco de mirtilo e o de morango em recipientes separados. Agora despejamos um pouco de cada suco em uma tigela de vidro, enchendo-a até o topo. O que acontece? Digamos que tenhamos colocado um divisor na tigela, fazendo com que inicialmente os dois sucos ficassem em lados separados – vermelho no direito, azul no esquerdo. Removemos o divisor, então o que você imagina acontecer? Sim, em nosso universo com sua Segunda Lei, as moléculas, em certo estado inicial de entropia, incrementariam agora a entropia. Como? Elas fariam isso ao começar a difundir-se pela tigela. Por quê? Porque uma configuração de suco misturado tem muito mais possibilidades do que os dois sucos ficarem em lugares distintos, a probabilidade é simplesmente muito alta de que eles assumam uma das muitas opções em que fiquem misturados em vez de permanecerem separados. Há alguma chance de que eles fiquem exatamente onde estão ou apenas troquem de lado? Claro, uma chance muito, muito, muito pequena. Mas o número total de opções para microestados que se configuram em um macroestado de uma mistura roxa é simplesmente maior, tornando-o o processo mais provável de ser observado. Com o tempo – as mudanças que se desdobram no universo –, você veria a entropia aumentar conforme os macroestados mudassem com os movimentos dos microestados das moléculas individuais do suco, suas posições na tigela. Em termos de cor, a mistura roxa seria mais provável do que conjuntos de macroestados vermelho e azul separados.

Por nosso senso de passado, presente e futuro serem tão fundamentais às nossas vidas mentais, peço encarecidamente sua compreensão (principalmente se você não for um grande amante de física) e passe só mais alguns momentos comigo para que eu explique uma síntese dessa Segunda Lei e por que ela é importante para compreender nossas mentes.

Os físicos chegaram a um consenso, um fato, sobre o universo em que vivemos que eles chamam de "Hipótese do Passado", uma noção que, basicamente, afirma que o que aconteceu *antes* tinha um estado mais baixo de entropia do que agora. Isso se encaixa com a Segunda Lei que afirma que o que acontece *a seguir* no universo, em geral, tem mais entropia. Nem todos os macroestados individuais precisam ter mais entropia com e dentro deles mesmos – como seres vivos, por exemplo, podemos diminuir nossa entropia pessoal quando limpamos nossa mesa – ou até quando limpamos nossa mente, quem sabe. Mas a Segunda Lei afirma que a soma total da mudança para o universo como um todo sobe conforme o tempo passa. Portanto, mesmo quando você limpou sua mesa e diminuiu sua entropia pessoal, o calor que você gerou pelo trabalho, aumentará a entropia do mundo. Tudo bem, grande coisa, você deve estar pensando. Por que se importar? Se nos importarmos sobre como nossas mentes vivem com preocupações com o passado e se aflige com o futuro, essa direcionalidade do tempo causa um grande impacto na experiência mental. Então, como isso explica as conexões entre passado-presente-futuro, e o que isso nos diz sobre a Flecha do Tempo? E se o aumento da entropia é o que impulsiona essa Flecha, essa direção do passado para o futuro, podemos ver que de muitas maneiras essa direcionalidade do tempo é diretamente relacionada com a probabilidade, já que a entropia é a maior probabilidade de que os muitos microestados que compõem um dado macroestado irão emergir.

Você deve estar se perguntando o que isso tem a ver com seres vivos, principalmente conosco. Eis a resposta: ninguém realmente sabe por que o espaço-tempo tem essa direção, exceto pelas implicações da Segunda Lei da Termodinâmica e de sua visão semelhante, a Hipótese do Passado, do movimento de entropia de baixo para alto conforme nos "movimentamos através do tempo". Considere o seguinte: não há nenhuma Flecha para o espaço em si. Podemos ir para frente e para trás no espaço, e não temos um conjunto de regras ditando para onde provavelmente iremos. Mas na dimensão do tempo, no nível de macroestado, nós temos essa Flecha, essa direcionalidade de para onde vamos dentro do bloco universal do espaço-tempo.

As conclusões empíricas que surgiram a partir desse ponto de vista, você deve estar imaginando, é a visão cosmológica da física e da astronomia da Teoria do Big Bang – a noção de que há muito tempo a entropia estava em um ponto tão baixo que não poderia mais diminuir. Os cientistas calcularam que isso foi há 13,7 bilhões de anos atrás, um momento em que o tempo começou e nosso universo era estritamente configurado – só alguns centímetros – e tinha entropia muito baixa, muito poucas variações que pudessem criar aquele estado denso em particular. Após essa explosão inicial, o universo logo expandiu e tornou-se repleto de todos os tipos de estrelas e suas galáxias, e da propriedade universal chamada de gravidade.

Esse pequeno estado inicial do universo era bastante simples; não era muito complexo. Assim que o universo começou a se expandir, a Segunda Lei da Termodinâmica afirma que as coisas ganhariam mais entropia. Por fim, esse movimento levaria a um ponto final, como sugerem algumas visões, àquilo que se chama equilíbrio térmico – como a mistura de suco atingindo a entropia máxima ao equilibrar o azul e o vermelho para formar o roxo. Um mundo misturado sem características diferenciadas. Mas mesmo esses estados finais de equilíbrio são, na verdade, muito simples, não complexos. Portanto, de onde vem a complexidade de nossas entidades biológicas aqui da Terra, ou como conseguimos a enorme variedade de 100 bilhões de galáxias, cada uma contendo cerca de 100 bilhões de estrelas, além de seus planetas circundantes? Essa é uma quantidade e tanto de complexidade. Bem, acontece que altos estados de complexidade surgem na jornada de entropia extremamente baixa para altos níveis de entropia no universo como um todo.

Em outras palavras, como Carroll propõe, pode ser, simplesmente, que o movimento do universo isolado para maximizar a entropia – por ora, pelo menos nesse estado intermediário em que nos encontramos, estamos em 13,7 bilhões de anos – é o que nos permite existir como formas de vida. A vida não é tão facilmente definida, mas uma coisa que fazemos nesse sistema aberto é lutar contra o equilíbrio térmico. Mas cálculos do efeito geral da vida na Terra, conforme absorvemos a energia do sol na forma de fótons, crescemos aqui como plantas e animais e, depois, liberamos energia de volta para a atmosfera na forma de calor infravermelho, é o de aumentar a entropia do universo como um todo. Portanto, embora um único organismo, como você ou eu, está lutando contra o equilíbrio térmico, na verdade, nós estamos contribuindo para aumentar a entropia no universo.

Embora isso não pareça muito satisfatório, a situação da ciência do tempo em si atualmente é dizer que a direcionalidade do tempo, do passado para o presente e para o futuro, tem uma característica assimétrica de macroestado, a Flecha do Tempo, por causa da Segunda Lei da Termodinâmica e da Hipótese do Passado. Como criaturas vivas, nossas vidas estão cheias da realidade da Flecha do Tempo, já que vivemos em um universo fechado com essa Segunda Lei e vivemos no nível de macroestados. Mas, interessantemente, a teoria quântica não revela que essa Flecha do Tempo, assim como a Segunda Lei, faz parte de uma visão clássica Newtoniana que governa os macroestados.

Uma implicação fascinante que surge desta disparidade entre os microestados quânticos que não têm Flecha do Tempo e os macroestados clássicos que têm uma Flecha do Tempo é a seguinte proposta que podemos fazer: a mente poderia experimentar tanto a emergência de um microestado sem Flecha e *também* o movimento do fluxo de probabilidade de um macroestado limitado pela flecha? Vamos manter essa noção atrás, dos lados, na frente e no eixo-tempo de nossas mentes no espaço-tempo, uma proposta que exploraremos com maior profundidade nos itens a seguir.

Tempo é simplesmente um termo para descrever como os macroestados se desdobram do passado para o presente e para o futuro, nessa direção. Tempo é uma localização dentro de um bloco universal que chamamos de espaço-tempo. Com relógios, podemos medir intervalos de tempo, só uma régua mede intervalos de espaço. Eventos acontecem, mudanças ocorrem no decorrer daquilo que demos o nome de tempo, e o tempo tem uma Flecha, ele acontece numa direção. E agora temos, ao menos, um entendimento inicial do que realmente significa o termo "tempo" e por que há uma direcionalidade para os desdobramentos dos aspectos de macroestados em nossas vidas.

Portanto, desdobramentos acontecem dentro do que estamos chamando de espaço e através do que estamos chamando de tempo – eles se desdobram no espaço-tempo. Mas essas mudanças nas configurações de microestados que formam macroestados são compostas por energia e partículas, as quais também são feitas de energia. Assim sendo, embora possamos imaginar uma posição dessas formas compactas de energia, essas partículas, movendo-se pelo espaço-tempo, também podem mudar em outros sentidos. Mudar sem espaço? Como isso é possível? Uma maneira de compreender isso é pelo movimento da posição ao longo da curva de probabilidade de energia. Essa transição na posição ao longo da curva de probabilidade de energia pode ocorrer sem uma mudança no espaço. É o que pode significar o fluxo da mente, uma alteração no estado de probabilidade. E não sabemos realmente todas as implicações de que de fato significam essas mudanças nos microestados. Algumas podem estar relacionadas à Flecha, algumas podem ter outras qualidades, como veremos em breve. Principalmente, quando falamos de mente, isso pode ser a essência do que pode acarretar o "fluxo de energia", movimentos ao longo de uma curva de distribuição de probabilidade de energia. Nossa conscientização de tal mudança pode ser uma fonte da experiência mentalmente construída do tempo mental. Por exemplo, quando vemos algo novo, ou quando nos são dados mais detalhes sobre alguma coisa, a percepção mental do decurso temporal dá a impressão de que o próprio tempo desacelerou. Imagine estar em uma nova cidade e perambular por suas ruas cheias de novidades. Uma tarde de caminhada parece uma semana inteira; o "mesmo intervalo de tempo" de uma semana em seu ambiente familiar pode parecer muito mais rápido. Alguns equiparam isso com a densidade de informações que você absorve e de alguma maneira molda sua experiência da passagem do tempo. Mas além de tais sentidos subjetivos básicos de tempo, a experiência de mudança da mente, dos desdobramentos através da Flecha do Tempo, também pode ter elementos da natureza do tempo relacionados à nossa jornada pela mente.

Abaixo veremos algumas reflexões intuitivas de diversos acadêmicos sobre a natureza da mente e do tempo que compartilho com você aqui para dar-lhe uma amostra dos tipos de questões sendo discutidas na literatura profissional. Temos mergulhado profundamente na mente, na emergência e no tempo, e essas citações apresentam um olhar sobre as discussões acadêmicas de fundo que embasam nossa jornada. O filósofo Craig Callender afirma:

"Numa época em que pesquisadores de gravidade quântica regularmente propõem teorias especulativas sem considerar o tempo, um melhor entendimento sobre o tempo na física é tanto mais importante – mesmo que só para ver o que se perde com sua ausência… A direção temporal é aquela direção diante da multiplicidade de eventos na qual nossas melhores teorias conseguem indicar as "histórias" mais fortes e informativas. Em outras palavras, tempo é aquela direção na qual nossas teorias conseguem obter o máximo de determinismo possível. Tempo não é apenas o "grande amplificador" (Misner C, Thorne K, Wheeler JA. (1973). Gravitation. Nova York: W.H. Freeman), mas também o grande informante." (2008. p.1).

Portanto, a partir desta visão, o tempo molda nossa experiência, mas não é exatamente algo fluindo – é um processo baseado na probabilidade que usamos para informar nossas vidas.

Os físicos Rodolfo Gambini e Jorge Pullin vão mais adiante dizendo que:

"Na gravidade quântica não há noção de tempo absoluto. Como todas as outras quantidades na teoria, a noção de tempo deve ser introduzida "relacionalmente", estudando o comportamento de algumas quantidades físicas com relação a outras escolhidas, como um "relógio". Neste e em outros aspectos da mecânica quântica, a perspectiva padrão de tempo é desafiada pelos meios empíricos e matemáticos." (2008. p.1).

O filósofo George Ellis nos aproxima um pouco mais ao que estamos mais acostumados:

"A propriedade mais importante do tempo é que ele se desdobra. O presente é diferente tanto do passado quanto do futuro, os quais, por sua vez, são completamente diferentes um do outro, sendo o passado fixo e o futuro mutável. O presente está no instante da transição entre esses dois estados. O tempo que está no presente neste instante estará no passado no próximo instante. Esse processo contínuo de vir a ser persiste de maneira imutável: embora possamos influenciar o que acontece no tempo, não podemos influenciar a maneira com que o tempo em si progride. Como afirmado por Omar Khayyam (E. Fitzgerald, 1989, O Rubaiyat de Omar Khayyam, Nova York: Penguin). "O dedo em movimento escreve: e, tendo escrito, segue adiante: nem toda tua devoção, nem tua argúcia, deve atraí-lo para apagar uma linha, nem todas tuas lágrimas lavam nem uma palavra." (2008.p.1).

Um aspecto de nosso senso de tempo é que ele avança e não pode retornar. Mas mesmo esta "assimetria temporal" pode nem sempre estar presente em níveis quânticos e microscópicos. Como o professor de engenharia mecânica, Seth Lloyd, explica, "Tempo e realidade são conceitos mais amplos e difíceis de serem compreendidos. Nosso trabalho mostra que existem sutilezas contraintuitivas na natureza física do tempo e é um exemplo de como os pequenos processos de informação quântica podem ser usados para explorar grandes questões sobre a natureza" (Lloyd, entrevistado em *Six Degrees to the Emergence of Reality*, por Carinne Piekema, para o *site* www.Fqxi.org, 1 de janeiro, 2015). No nível microscópico, o tempo parece ser simétrico – "simetria reversa do tempo" –, mas no nível macroscópico, o tempo é unidirecional – ou seja, ele é assimétrico, movendo-se apenas na direção do que chamamos de futuro.

O colega físico de Lloyd, Jacob Biamonte, aborda a nova teoria das redes complexas quânticas deles ao explorar a analogia de como o aspecto quântico da realidade é como as árvores, mas a floresta inteira é o nível clássico (Newtoniano) da realidade. Desta forma, esse maior nível de complexidade – o nível clássico – é, na verdade, um fenômeno emergente dos componentes de nível inferior, as árvores ou quanta. "Um dos exemplos mais antigos da emergência, e sem dúvida o mais importante, é a questão de por que o mundo à nossa volta frequentemente parece ser bem descrito usando a física clássica, apesar de o mundo em que vivemos, na verdade, ser quântico."

O filósofo Jagdish Hattiangadi, em um capítulo intitulado "The Emergence of Minds in Space and Time" (A Emergência das Mentes no Espaço e no Tempo), explora alguns assuntos relacionados à nossa jornada. Abaixo estão alguns excertos que salientam algumas dessas perspectivas relevantes:

"[Uma] representação contemporânea e indeterminista do mundo físico, parte do que é frequentemente chamado de interpretação ortodoxa dos fenômenos quânticos, sugeriria que a emergência não só é bastante coerente, mas a melhor representação disponível para nós... [E]la se provará relevante, e até crucial, ao desenvolvimento de uma adequada teoria das mentes, já que elas emergem no espaço e no tempo." (2005. p.79).

Mais adiante, Hattiangadi continua:

"Em qualquer sistema em que o mecanismo das condições físicas no estado do sistema não esteja plenamente determinado pelas leis, junto com os estados anteriores do sistema, a emergência é possível. Qualquer teoria de emergência precisará recorrer a um evento (ou eventos) aleatório que leve à formação de uma configuração particular de coisas de nível inferior. Essa configuração tem uma estabilidade que é bastante diferente das expectativas comuns das coisas de nível inferior. Qualquer estrutura estável terá agora propriedades que o substrato falha em demonstrar. Precisamos apenas registrar que cada entidade emergente é, neste sentido, um todo estável cuja origem precisa de uma explicação especial. Uma vez que tenha surgido, sua existência estável pode ser compreendida como perpétua." (p.83-84).

Ao explorar a relação da mecânica quântica e as contribuições de Niels Bohr a assuntos relacionados à mente, ele afirma que "a mecânica quântica não está sendo invocada por ser autoritária. Não se trata de um argumento de autoridade de Bohr. É relevante que ela seja estudada, porque ela se encontra no nível mais basal que a própria física aborda". (2005. p. 86).

E ao continuar a explorar os pontos de vista do reducionismo, o autor prossegue:

"Portanto é importante notar que é na microfísica, no nível abaixo do atômico, que a dúvida sobre o reducionismo fica mais clara. A análise carrega essa característica antirredutiva até os níveis mais superiores sempre que as entidades são emergentes e irredutíveis. O que essa análise demonstra é que, embora um todo seja sempre composto por suas partes, às vezes os tipos de coisas que constituem as partes não podem ser totalmente descritos em todos os aspectos relevantes de maneira causal sem que seja descrito como eles interagem com os tipos de coisas que são o todo *como todos* que são compostos a partir deles. (p.87)."

Nossa jornada está nos levando às profundezas da mente, dando-nos a noção de que o todo é maior do que a soma de suas partes, os fenômenos auto-organizadores emergentes que são baseados na integração.

Hattiangadi segue discutindo as implicações das visões de Niels Bohr:

"A mensagem dele é que não precisamos aceitar a doutrina da redução. O motivo é que nem a física é redutível à mecânica. As leis mais básicas do mundo não podem ser entendidas sem estudar suas interações com o nível superior das entidades. Não há razão por que deveríamos esperar que a vida ou a mente se reduzisse à mecânica, ou mesmo a um nível intermediário... A eficácia causal do todo emergente sobre as entidades no nível que constituem suas partes (causação descendente) é uma característica que pode ser ilustrada em todos os níveis de emergência." (2005. p.91).

Neste momento, há uma discussão razoavelmente intensa sobre física, a natureza do tempo e sua relação com a nossa experiência de mente. Mas uma coisa certa neste momento é que não estamos certos do que realmente se trata a experiência que chamamos de "tempo". Esta incerteza nos convida a manter a mente aberta no tocante às experiências conforme elas se "desdobram" através, bem, através do que podemos apenas chamar de tempo, como substituto linguístico para as mudanças inevitáveis que ocorrem à medida que a vida se desdobra através de eventos, quando a experiência emerge, momento a momento. A emergência nos níveis de sistemas complexos parece ser um lugar sólido para nos apoiarmos ao longo de nossa jornada pelo tempo e pela mente. E essa emergência acontece no momento presente. Estar aberto aos desdobramentos incomuns dos eventos da vida conforme eles emergem pode ser a base do que significa ter uma mente aberta. Eis aqui um que jamais me esquecerei ou, possivelmente, compreenderei completamente.

Num certo ano, enquanto dava uma palestra em Seattle, fui a um lugar longe do meu hotel encontrar alguns amigos para jantar. Eu e outro companheiro levantamos da mesa antes de comer para encontrar um toalete. Infelizmente, o banheiro do restaurante estava quebrado, então fomos encaminhados para usar as dependências de um hotel do outro lado da rua. Debaixo de chuva, passamos pelo jardim e entramos no lobby do hotel, procurando o tal banheiro. Um homem vestido com um sobretudo veio até mim e disse: "Dan?!". Surpreso, olhei para ele por entre as gotas de chuva que pingavam de seu capuz e disse: "Sim, esse é o meu nome". Ele levantou o capuz e lá na minha frente estava um dos físicos que esteve no encontro na Itália, sobre ciência e espiritualidade. Nós nos cumprimentamos com um abraço, e perguntei-lhe o que ele estava fazendo em Seattle, já que ele era de Massachusetts. "Vim até aqui para ouvir sua palestra". "Mas estou do outro lado da cidade", eu disse. Bem, acontece que ele tinha escolhido aquele hotel.

Esse físico, Arthur Zajonc, também era o presidente do Instituto Mind and Life, a organização que foi cocriada por Francisco Varela, um neurocientista, e comandada pelo Dalai Lama. A meta do Mind and Life é focar-se em meditação e outras maneiras de treinar a mente na direção da compaixão e do bem-estar. Arthur juntou-se à nossa mesa e, como já havia jantado, comemos a sobremesa. Mas enquanto comíamos, perguntei se ele poderia compartilhar conosco sua visão do que os físicos estavam pensando ultimamente sobre o tempo.

Tempo, ele nos disse, não como sentimos que é. O tempo pode ser mais como uma distribuição de probabilidades do que algo que flui. Portanto, o que chamamos de *agora* tem uma maior probabilidade de ser previsto do que o que achamos ser o futuro. Em certos aspectos, isso se encaixa com a discussão de Callender de tempo como um informante, um fenômeno que nos ajuda a contar a melhor história – aquela com maior probabilidade de ser verdadeira. Quanto mais distante do momento presente, menor a certeza existente.

Ao ler mais sobre a natureza do tempo, conforme essas discussões revelam, essa visão do papel central das probabilidades continua emergindo, momento a momento. Como afirmamos anteriormente, um consenso geral, com poucas discordâncias, é que os eventos de agora que ocorreram no que achamos ser "tempo passado" são na verdade momentos presentes, agoras, que estão fixos e não podem ser mudados. Sei que isso parece estranho, e alguns físicos nem querem saber dessa visão. Mas o senso de que algo está fluindo independentemente de mudanças – algo a que demos o nome de "tempo" – é o busílis da questão. Para alguns cientistas, simplesmente não há qualquer evidência que suporte a noção de que algo está de fato fluindo. Dependendo do nível de realidade, a direção do tempo se torna mais fixa conforme ele avança para o futuro. Mas o tempo pode não ser "alguma coisa", mas sim uma perspectiva de referência que criamos na mente e na comunicação social para marcar uma mudança. Nada na realidade pode estar fluindo, mesmo que eventos se desdobrem no que chamamos de tempo. Neste senso bem específico, a afirmação "tempo, como o conhecemos, na verdade não existe" é o que estamos querendo destacar.

Como vemos o passado, o presente e o futuro, de fato, molda nossas vidas. Por exemplo, no campo da psicologia do desenvolvimento, aprendemos que a maneira com que os pais interpretam suas próprias experiências da infância é a melhor forma de prever como o filho daqueles adultos será apegado a eles (Siegel, 2012). E crianças, assim como adultos, que se focam no futuro, naquilo que chamamos de "memória prospectiva", na verdade têm melhores resultados do que aqueles que não antecipam e se preparam para o que pode acontecer em seguida (ver Schacter, Addis & Buckner, 2007; Spreng, Mar & Kim, 2009; Miles, Nind & McCrae, 2010). E no campo da antropologia, David Scott revela que a maneira com que uma cultura conta a história coletiva do que aconteceu no passado como romance ou tragédia pode moldar diretamente como o futuro é criado (Scott, 2004, 2014).

Tudo isso nos diz que, mesmo que não exista um "tempo que flui", como refletimos sobre e interpretamos os momentos passados do agora e também antecipamos e planejamos os momentos futuros do agora têm impactos importantes em nosso bem-estar. Em diversos aspectos, isso pode ser visto como formas de integração temporal – como interligamos nossos agoras diferenciados ao longo do que chamamos de "tempo", o que realmente significa os momentos mutáveis e em desdobramento da vida.

Essa visão possui sérias implicações. Tudo o que temos é o agora. Ainda assim, boa parte de nossas vidas é consumida pelo que estamos propondo agora ser um conceito mentalmente construído, baseado em nossas percepções de mudança e de nossa consciência dessas percepções de mudança, esse "tempo" que é limitado e limitante. Ficamos preocupados com o passado, aflitos com o futuro e chegamos a sentir que, como dissemos, esse tal de tempo passa correndo, escapa de nós, acaba ou é uma coisa que jamais poderemos pegar.

Em vez disso, a mudança acontece – a vida flui, não o tempo. Quando esse fluxo de mudança é aprisionado, quando ele está fixo, ele atingiu um grau superior de probabilidade. É o que podemos chamar genericamente de um "evento passado". Há muita certeza. É imutável. Em contraste, eventos que estão acontecendo neste agora presente são emergentes, já que eles desabrocham com certa quantidade de incerteza. Há um grau moderado de probabilidade. E eventos daquilo que chamamos de futuro estão em aberto, com os maiores graus de incerteza. Realmente não sabemos o que vai se desdobrar nos agoras que chamamos de futuro.

Para as questões que temos perguntado sobre a mente, e nossa proposta de que mente é uma propriedade emergente do fluxo de energia e informação, essa discussão de tempo e da natureza da energia é de extrema importância. Se for verdade que o aspecto da mente da experiência subjetiva, a textura sentida da vida vivida, também está emergindo do fluxo de energia e informação como um primado – algo não redutível a outra coisa –, então o que *tempo* significa aqui? Se o tempo é o desdobramento do potencial em realidade ao longo de uma variedade de graus de probabilidade, então isso significa que a mente emerge como fluxos energéticos – já que ela percorre o espectro de valores da curva de probabilidade, de certeza a incerteza, potencial a realidade.

Agora chegamos a um senso um pouco diferente de intervalos de probabilidade. Primeiro, exploramos a natureza do tempo e vimos esse espectro de fixo, emergente e aberto. Este espectro corresponde ao que experimentamos subjetivamente como mudança e ao que frequentemente chamamos de tempo, rotulando-o com passado, presente e futuro. Segundo, estamos agora olhando profundamente para a emergência do momento presente. Assim, isso não se trata exatamente de fixo, emergente e aberto, como ao longo da mudança. Isso é um foco nessa emergência do momento presente aqui e agora. Vamos mergulhar nisso agora de forma mais aprofundada. Segure-se firme!

Em qualquer dado momento do agora, estou sugerindo considerarmos, a energia está num lugar em particular ao longo de uma curva de probabilidade. Independentemente de onde esteja, como parte desse momento presente, ela está emergindo constantemente. Em alguns momentos, podemos estar lá no ponto mais alto, um pico de certeza. Um exemplo disso pode ser um pensamento. Para ilustrar, imagine isso como 100 por cento de certeza. Você sabe que está pensando na Ponte Golden Gate. Então, em outro momento, podemos ter um pouco menos de certeza, com um valor quase absoluto, digamos 80 por cento. Agora, você não está com um só pensamento (ou imagem, ou memória, ou emoção). Você está no processo de pensar, neste caso, sobre todas as pontes que você conhece ou já viu na vida. Em seguida, você cai naquela curva de probabilidade de energia a 50 por cento e está simplesmente repousado numa extensão mais vasta de pensamentos, imaginando todas as estruturas arquitetônicas que já viu na vida. Então você cai ainda mais na curva, digamos a 20 por cento, e está apenas deixando surgir o pensamento que for (ou imaginação, ou lembrança, ou sentimento). Como veremos em detalhes no próximo item, você pode até experienciar quando a curva de energia avança para uma probabilidade quase-zero (podemos simplesmente rotular isso de zero por cento para facilitar, reconhecendo que jamais possa atingir o zero absoluto). Como exploraremos, essa pode ser a origem da própria consciência. Falaremos depois sobre essa possibilidade!

Essa visão das facetas da mente como processadoras de informação e até de consciência e sua experiência subjetiva sugere que esses aspectos da mente podem ser compreendidos profundamente como propriedades emergentes do movimento do fluxo energético ao longo da curva de distribuição de probabilidade. Alguns anos mais tarde, quando apresentei essas ideias a alguns físicos, inclusive Arthur Zajonc, houve bastante apoio e empolgação expressos por essa estrutura, relacionando essa visão quântica da energia e a natureza da mente.

E a outra faceta da mente, como uma propriedade emergente auto-organizadora do sistema complexo de fluxo de energia e informação corporificada e relacional, pode também ser esclarecida de uma maneira diferente com essa discussão sobre energia e tempo. A auto-organização, como temos visto, permite que a complexidade máxima surja conforme interligue áreas diferenciadas. Chamamos essa interligação de integração de partes diferenciadas, reconhecendo completamente que este não é um termo que matemáticos e físicos escolheriam para usar, pois, para eles, esse termo significa adição. Chamamos de *integração* a interligação de partes diferenciadas, porque é um termo comumente usado que revela como o todo é maior que a adição de suas partes. Integração é um resultado natural da auto-organização.

A probabilidade transita entre movimentos em potencial e realidade, a incerteza da possibilidade em aberto transformando-se em certeza de um potencial se manifestando como realidade. Essa é a sensação que muitos costumam descrever como experiência subjetiva. Estamos propondo que, embora essa experiência subjetiva possa, em última instância, ser um processo interno, o que significa que sentimos o que sentimos por conta de nossa mente corporificada, dentro da nossa paisagem mental, talvez ainda tenhamos um aspecto relacional e corporificado da auto-organização. Mas talvez também sintamos alguma coisa no senso subjetivo do que acontece entre nós. A subjetividade e a auto-organização podem ser aspectos de um fluxo de energia e informação corporificado e relacional – sensações e regulações que surgem como transições do potencial à realidade e de volta ao potencial.

É isso o que realmente significa *fluxo de energia*. Essa transição pode também ser o que a auto-organização mobiliza em seu constante impulso em direção à integração, para maximizar a complexidade, para criar harmonia. Quando este fluxo é frustrado, quando as probabilidades não podem entrelaçar elementos diferenciados em um todo maior interligado coerentemente, quando não estamos integrados, seguimos na direção do caos e da rigidez.

Caos e rigidez podem ser vistos como padrões específicos do movimento da curva de probabilidade de energia. A rigidez seria um conjunto de certezas fixas ou probabilidades aumentadas acontecendo no momento, uma vez atrás da outra, com poucas mudanças. Poderíamos estar há algum tempo com um humor deprimido de maior probabilidade, e poderíamos ter repetido pensamentos de sermos inúteis ou culpados por coisas que nunca fizemos como realidades incessantes de nossa vida mental. O caos teria estados de probabilidade altamente diversos ocorrendo simultaneamente em um dado momento. Em contraste com caos e rigidez, a harmonia integrativa envolveria o movimento fluido diverso através de uma curva de probabilidade dinâmica que se moveria livremente de um plano aberto a platôs de probabilidade, até picos de certeza materializada.

O que isso pode parecer aos olhos?

Eu expliquei desenhando isso tudo para alguns alunos (ver Figura 2.2 na página verificar a página) no trem, indo embora daquela conferência sobre ciência e espiritualidade. Agora podemos usar aquela visão do fluxo como transições na probabilidade para explorar a profunda natureza da mente – tanto na experiência subjetiva quanto na auto-organização.

Desde a Década do Cérebro, tenho usado o exercício reflexivo da Roda da Conscientização que mencionamos anteriormente, primeiro com os pacientes, depois com colegas e, eventualmente, com participantes de *workshops*. Essa visão de energia e tempo ajuda a aprofundar nossas questões sobre a natureza da mente e esclarecer o que o exercício da Roda poderia revelar sobre a profunda natureza da consciência e da mente como um todo.

Mergulharemos profundamente na Roda e nessas questões do fluxo da mente no próximo item. Eu sei que isso tudo tem sido difícil, mas o assunto do *quando* da mente nos convida a dar um passo atrás daquilo que parece real na superfície, como o senso subjetivo de tempo, e mergulho ainda mais a fundo no fluxo de mudanças e na natureza da mente.

Em sua própria vida, você consegue sentir como mudanças na probabilidade de sentimentos, ou pensamentos, ou memórias, podem se manifestar momento a momento? Essa experiência subjetiva pode refletir em alterações internas no fluxo energético dentro de você – em seu corpo e sua cabeça – ou dentro de suas relações interpessoais, e até mesmo em suas relações com o ambiente à sua volta. Aqui, agora, estamos explorando como é a *sensação* de sua paisagem mental e sua mentosfera. E aqui, agora, estamos considerando como seria para você experimentar o fluxo construtivo conceitual de que essas alterações podem de fato serem alterações nas funções de probabilidade, movimentos pela curva de distribuição de probabilidade da energia universal.

Agora, por que isso teria importância, como você conceitualiza essas alterações? Aqui está uma noção: se você desenvolver suas capacidades de distinguir condutor de construtor dentro de sua experiência momento a momento, você estará dando um passo no sentido da integração. Como? Você estará diferenciando as experiências mais básicas da mente.

Em seguida, imagine expandir um pouco essa estrutura para incluir o SOCC (sensação, observação, conceitualização e conhecimento). Como já discutimos, sensação é a essência da condução; observação é a ponte entre condução e construção; e conceitualização é construção. O conhecimento da verdade, o senso de completude e aceitação das coisas pode ser uma espécie de fusão de condução com construção. Essa é a integração de ver claramente. Essa é a integração de bem-estar.

Caso, então, acrescentarmos a realidade de que se assumirmos uma nova maneira de conceber o que é a mente, daremos um real passo em direção ao relaxamento de alguns filtros de cima para baixo que, involuntariamente, podem estar nos impedindo de viver plenamente no presente. Por exemplo, a noção de tempo como algo que pode se esgotar; esse pensamento pode nos deixar ansiosos e trazer uma sensação de privação existencial. Como mencionei anteriormente em nossa jornada, O'John, meu amigo John O'Donohue, descreveu essa como a sensação de que "o tempo era como areia fina em sua mão". Uma das conversas que eu desejaria ter tido com ele desde seu falecimento em 2008 seria sobre o tempo como não sendo algo que pode fugir do nosso alcance. Como exploraremos nos próximos itens, adotar essas noções da conscientização da transformação como sendo a origem de nosso senso subjetivo de tempo-como-algo-que-flui pode de fato nos liberar daquela angústia existencial.

O convite é para considerar que o tempo é na verdade a transformação que experienciamos na mente como alterações na probabilidade. Sua mente emerge como alteração nas probabilidades, não como qualquer objeto ou coisa substantiva é alterada conforme o tempo flui. Isso nos permite repousar no momento presente, estar aberto para o que quer que se manifeste em todos os fluxos de conscientização.

Convido você a assimilar esses conceitos e refletir sobre eles, observar suas experiências considerando-as em sua vida, sentir o momento presente com essa estrutura como pano de fundo e abrir seu fluxo de conhecimento para simplesmente absorver plenamente toda essa sensação, observação e conceitualização. A ideia é que com esse SOCC entrelaçado, você pode abrir sua vida mais intensamente para o poder e a possibilidade da presença.

Essa presença é um portal para a integração.

Caso você ainda não tenha feito o exercício da Roda, convido-o novamente para que considere experimentar essa vivência no meu *site*, drdansiegel.com (em inglês, *Wheel of Awareness*).

No próximo item, veremos o que pode se manifestar em nossa jornada contínua pela mente. Imagine a mente como uma jornada, um processo de desdobramento e descoberta. Essa jornada não termina, ela simplesmente é. O agora é tudo o que temos, pois os agoras se desdobram e submetem a possibilidade ao nascimento da realidade, momento a momento.

CAPÍTULO 9

UM *CONTINUUM* INTERLIGANDO CONSCIÊNCIA, COGNIÇÃO E COMUNIDADE?

Neste penúltimo item temporal, exploraremos mais profundamente o ponto ao qual chegamos de sentir a energia como uma distribuição de probabilidade que varia de certeza a incerteza, grande probabilidade a possibilidade em aberto. Com esta estrutura, sugerimos que a consciência pode se manifestar de um mar de potencial, um plano de possibilidade infinita. Processos mentais, tais como intenção e humor, manifestam-se conforme essa curva de energia oscila em direção aos maiores níveis de certeza, que estamos chamando de platôs de probabilidade. Atividades mentais, tais como emocionar-se e emoções, pensar e pensamento, lembrar e memória, são vistas como posições elevadas na curva, valores de pré-pico que antecedem a emergência do valor de pico de uma possibilidade materializada. É assim que a mente pode ser vista, como um desdobramento constantemente emergente de potencial em realidade. Também propusemos que, além da consciência e do sentimento subjetivo de vida vivida, e quem sabe até além do processamento de informação, um aspecto da mente pode ser definido como um processo emergente, auto-organizador, corporificado e relacional que surge de e regula o fluxo de energia e informação, dentro e entre nós. Propor essa definição de uma faceta da mente como um processo auto-organizador nos autoriza a definir uma mente saudável e maneiras de cultivar o bem-estar mental. Neste item, exploraremos possíveis respostas para algumas das nossas perguntas e continuaremos o fluxo natural de questionamentos que por si só dá origem a novas perspectivas fascinantes e imprevistas à essência de quem nós somos.

Integrando a consciência, iluminando a mente (2010-2015)

Acordo de um breve cochilo. São 4 horas da manhã e as estrelas continuam no céu do início da manhã. Eu sei que este livro está chegando ao fim; nossa jornada, por ora, aproxima-se de algum tipo de momento de descanso, algum tipo de pausa, neste penúltimo item. Abaixo dessas encostas de frente para o Pacífico, os gemidos dos leões marinhos vociferam em meio ao coro das ondas quebrando contra as rochas. Meu filho de 25 anos está aqui (dormindo no sótão lá em cima), viajando comigo nesta semana de palestras em Big Sur, no Esalen Institute, um centro de 50 anos que teve um papel central na história do movimento do potencial humano nos Estados Unidos. Uma das músicas do meu filho está tocando no condutor da minha mente, a letra me acompanha enquanto acordo com ideias sobre este item: "Metade da minha vida se foi, se foi, se foi… Preciso de uma perna boa para ficar de pé; eu tinha muitas perguntas… para todas as respostas que me deram." ("Good Leg", música e letra de Alex Siegel). As palavras ecoam dentro de mim, a rebentação ecoa lá embaixo, estrelas brilham acima e essas palavras se estendem de dentro de mim para entre nós, para dentro de você agora.

As respostas que me deram durante minha educação nunca me pareceram corretas. A jornada para dentro da mente durante essas décadas, e compartilhada nos presentes itens, foi iniciada por aquele sentimento de inquietude. O que motivou a continuidade dessa exploração é uma ânsia de ver claramente e compartilhar completamente o que parece real, o que parece verdadeiro. As reações dos pacientes e colegas, alunos e leitores, sustentaram essa motivação de questionar a natureza de nossas mentes e investigar mais e mais o que realmente pode ser o cerne do ser humano.

Em algumas horas vou subir ao palco de um grande salão onde 150 participantes irão se reunir. Nossa conferência sobre a ciência da compaixão, gratidão, perdão e atenção plena (mindfulness) preencheu todo esse santuário à beira do mar; tenho ouvido o belo trabalho dos professores sobre esses temas. Primeiramente, vou apresentar a eles a Roda da Conscientização, mergulhando profundamente na experiência de integrar e explorar a consciência, depois, explorarei o que podem ser, cientificamente falando, as noções da experiência dessa prática da Roda. Sinto que, daqui desta encosta, estrelas no céu, ondas quebrando lá embaixo, esta jornada inteira é algum processo fluido, e estou aqui por algum propósito, para ver ou dizer alguma coisa que pode ser de alguma ajuda. Preferia estar dormindo agora, mas minha mente está um turbilhão, não tanto com ideias, mas com um senso de alguma coisa, com sequências de imagens, sensações no meu corpo, uma bola de algodão na minha cabeça que precisa de alguma forma se expressar. Sei que isso não faz sentido algum – uma bola de algodão que precisa se expressar –, mas é exatamente assim que eu me sinto.

A orla aqui parece muito antiga, a maré indo e vindo há eras. Mas em nossa época, nós humanos mudamos a cara do planeta. O mundo moderno que moldamos está moldando a paisagem interna da mente, nossa paisagem mental, e a mentosfera entre nós que molda a cultura na qual estamos imersos. Essa mente interna e intermediária, essa paisagem mental e mentosfera, estão na essência de quem nós somos, e essa nossa mente nesses dias frenéticos e angustiantes precisa de cuidados. Deve ser por isso que estamos todos aqui. Sinto como se fosse por isso que eu tenha acordado tão cedo esta manhã.

Ser humano é mais do que ser um cérebro no capacete de um navio isolado e à deriva. Estamos completamente integrados em nosso mundo social e completamente corporificados além do simples crânio. Essa realidade corporificada e integrada significa que, verdadeiramente, somos sistemas abertos. Não há limites dentro de nós do qual não sintamos estar completamente no comando. Não há programador ao qual possamos consultar e que nos dirá que tudo ficará bem. Mesmo quando adotamos plenamente a mais rigorosa das crenças científicas e a mais prezada das crenças religiosas, essa visão insiste que assumamos nossa humanidade repletos de humildade.

Entretanto, frequentemente a sociedade, a escola e até a ciência nos dizem que somos atores solitários num mundo competitivo de cada um por si. Vivemos por um tempo limitado, portanto dê o seu melhor. Dizem-nos para acumular coisas em nome da nossa felicidade individual, para alcançar nosso senso individual de conquista. Mas o que parece muito equivocado nesses esforços é a suposição implícita de que o Eu vive apenas dentro do corpo, ou no cérebro. Para todas as respostas que me davam, eu tinha muitas perguntas mais. A opinião do meu filho é exatamente a que cria essa sensação de inquietude dentro de mim, motivando-nos a continuar nessa jornada de descoberta repleta de questões. O Eu não é limitado pelo tempo, considerando que tempo como algo unitário e fluido pode nem sequer existir. O Eu não é limitado pelo crânio, ou fronteiras da pele. O Eu é o sistema no qual vivemos, nossos corpos, os terminais de um todo interconectado ao qual estamos indissoluvelmente integrados.

Ouço o chamado dos leões marinhos vindo de baixo. As estrelas aparecem com menos brilho, e conforme o crepúsculo se aproxima, os morcegos passam voando sobre minha cabeça, caçando os insetos que agora estão zunindo. Estamos todos acordados, todos aqui, é tudo parte dessa totalidade da vida, essa totalidade da mente e nossa realidade interconectada.

Eu tinha um querido amigo, que já citei antes, chamado John O'Donohue, que morreu subitamente na década passada. John e eu ministrávamos palestras juntos, ele, com sua experiência como padre católico irlandês, poeta, filósofo e místico; eu, com minha perspectiva de neurobiologia interpessoal que vínhamos explorando. Conhecemo-nos numa orla rochosa como essa aqui, na costa do Oregon. A última vez que nos vimos, a última vez que lecionamos juntos, foi nas orlas rochosas do oeste da Irlanda, onde ele cresceu. John e eu compartilhamos muita coisa, amávamos estar na companhia um do outro e estávamos eternamente num estado de desdobramento. John costumava dizer que gostaria de viver como um rio que flui, surpreendido pela natureza de sua própria transformação. Por lecionarmos e estarmos juntos, nunca soubemos exatamente como nos transformaríamos. Nós tínhamos a mesma idade, com nossos cinquenta e poucos anos na época, e ele morreu poucos meses depois de palestrarmos juntos, perto do lar de sua infância. Fomos criados em nossa conexão – não só na relação entre nós, mas cada um de nós individualmente. Sou o que sou até hoje, mesmo anos depois de seu falecimento, por causa de quem nós éramos.

Talvez em vez de escrever "tinha um amigo" no parágrafo acima, eu poderia, ou deveria, ter escrito "tenho um amigo". John ainda vive dentro de mim.

Nossa essência, nossa mente, é verdadeiramente relacional.

As pessoas frequentemente me perguntam se a mente precisa de um cérebro para existir. Precisamos de nossos corpos para estarmos vivos e para que a mente sobreviva? Imagino que a experiência de realidade subjetiva de John pode ter dependido completamente de seu cérebro corporificado enquanto estava vivo – agora que seu corpo não vive mais, esse aspecto de sua mente não mais se desdobra. Outros podem acreditar que uma alma segue vivendo, a essência de uma pessoa que sobrevive depois de o corpo morrer. Estou aberto a isso, e John não só deve ter mantido essa visão, como pode estar vivendo-a agora também. Espero que sim.

Mas o aspecto auto-organizador da mente de John certamente ainda pode estar vivo, mesmo sem seu corpo. O que quero dizer com isso é o que, talvez, você tenha experienciado, como depois da perda de alguém que você amou, alguém que moldou quem você é, mudou você, alterou o curso de seu desenvolvimento de dentro para fora, ainda está com você, apesar de seu corpo não estar mais presente. Diante disso, nossas profundas conexões com os outros continuam vivas. Esse é o aspecto relacional da mente.

O aspecto auto-organizacional da mente também pode continuar vivendo após nosso corpo morrer, em como influenciamos outros que talvez nem tenham nos conhecido pessoalmente. Desde a morte de John, diversas pessoas me abordaram após eu falar sobre ele ou mencionar seus livros e programas de áudio. Depois de ler seus trabalhos ou ouvir as gravações com a voz melíflua de John, eles me dizem o que muitos comentavam quando John ainda estava vivo: sentem-se profundamente transformados por suas conexões com ele. Para mim, esse é um presente que John deu a nós todos, um lembrete da magnificência de nossos dias e da mágica, mistério e grandeza de nossas vidas.

Eu costumava comentar com o John que talvez tenhamos uma "marca eterna" que persiste na realidade, mesmo que pareça termos seguido em frente no tempo. O que eu disse a ele foi que se imaginássemos uma formiga rastejando por uma régua, andando do centímetro dois para o três, três para o quatro e, por fim, quatro para cinco, a formiga acreditaria que a única coisa que existe naquele momento é o centímetro cinco. Ainda assim, a régua não desapareceu. Os centímetros dois, três e quatro continuam a existir, embora a percepção atual da formiga seja apenas do centímetro cinco. John adorou aquela ideia e imagem, e adorou a frase de uma marca eterna. Talvez seja uma doce ilusão, desejar que sua presença pudesse estar aqui comigo contemplando esse oceano, neste centímetro em especial na régua da vida. Mas se o tempo realmente não existe como algo fluido, então de fato o tempo do corpo de John estar vivo ainda está "aqui" na marca eterna da vida, só não está neste centímetro agora, em frente ao Pacífico. Espero que isso seja verdade, e isso me dá uma sensação boa, imaginar que o que tivemos em vida jamais poderá ser apagado. É uma marca eterna, uma localização que sempre existirá no espaço-tempo dentro de nosso bloco universal quadridimensional. É também um lembrete de abraçarmos o admirável privilégio de viver com gratidão por cada dia de nossas vidas, e por cada um à nossa volta.

Agoras atravessaram esses fluxos de energia e informação, pois eles se transformam; páginas do calendário viraram junto com os capítulos dessa jornada, enquanto o verão se aproxima do outono, e o inverno segue para a primavera.

Nesta manhã, também, acordei com as memórias próximas de eventos de um fim de semana no início do ano. As estrelas sumindo no céu da aurora, morcegos ainda voando, os urros dos leões marinhos dançando com o agito da maré, estou em um sonho? Tenho ouvido o manuscrito deste livro, transformado eletronicamente em uma voz robótica, enquanto dirijo dezenas de quilômetros para chegar aos meus compromissos como professor. Esta jornada de descoberta está realmente se desdobrando? Estamos chacoalhando a superfície do mundo da mente e revelando suas camadas mais internas? O encontro do fim de semana na Igreja de Todos os Santos, em Pasadena, alguns meses atrás, realmente aconteceu?

Rodolfo Llinás disse certa vez, em uma palestra sobre consciência que assisti há muito tempo, que a consciência era essencialmente um sonho acordado. Não temos ao certo uma distinção nos eventos neuronais, ele disse, entre as narrativas adormecidas e o desdobramento da conscientização da vida cotidiana. Estar vivo é um sonho. Eu sua obra (Llinás, 2014), ele descreve um correlato neural da consciência como envolvendo uma "varredura" de 40 ciclos por segundo (40 Hz ou Hertz) entre o tálamo e o córtex. Qualquer coisa "varrida" nessa onda neuronal oscilante, nós experimentamos dentro da consciência. Essa visão é consiliente com outras discussões da consciência, tais como aquela de Tononi e Koch (Tononi & Koch, 2015), que propuseram essencialmente que o grau de complexidade alcançado com a interligação de diferentes partes do cérebro e, talvez, de outros sistemas – o grau de integração –, de certa forma, resulta na experiência mental da consciência. Esses autores, e os muitos outros que propuseram uma gama de potenciais CNC, ou correlatos neurais de consciência, apresentaram sugestões intrigantes sobre como a experiência subjetiva de estar atento pode andar paralelamente com a atividade cerebral (ver Damásio, 2000 e 2005; Edelman, 1993; Edelman & Tononi, 2000; Graziano, 2014).

Ao acordar esta manhã, penso que meu modo mental gerador de construção está totalmente ativado, despertando-me do meu sono. Com meu construtor refletindo sobre si mesmo, e agora a função construtiva sendo ativada, eu gero a informação, sabendo a data de cima para baixo de nosso calendário criado por humanos, e sei que já faz meses desde a Igreja de Todos os Santos. Igualmente, meu construtor interpreta esse conhecimento e encontra sentido nele, os ABCDE's de sentido no cérebro: as associações (*associations*) daquele evento de fim de semana no início do ano; as crenças (*beliefs*) de que a vida não está apenas na superfície do dia a dia, as cognições (**cognition**s) do fluxo de informação que se desdobram sobre aquele fim de semana, da minha comunicação com você e de nossa discussão sobre consciência; o período de desenvolvimento (*developmental*) dessa experiência de itens temporais, relevante no tempo e no espaço; e as emoções (*emotions*) que surgem, essas alterações na integração que emergem não só como sentimentos, mas mudanças no meu estado mental. É assim que interpretamos e geramos sentido na mente.

Posso sentir que o encontro na Igreja não foi um sonho, pois não foi fabricado pela mente geradora dentro desde corpo agora acordado. Talvez tenha sido um evento sonhado, algo criado nas mentes dos padres episcopais que idealizaram o acontecimento, e que agora já aconteceu. De certa forma, todo esse desdobramento parece relacionado com a vida atual da mente auto-organizadora de John.

Ed Bacon, um padre episcopal da Todos os Santos, conheceu John O'Donohue há alguns anos. Inspirado pelos escritos e gravações de John, e depois de saber do falecimento de John, oito anos atrás, oito centímetros anuais naquela régua da vida com a marca eterna, Ed saiu numa peregrinação para ir até a terra onde John viveu e que o inspirou tanto em seus escritos. Ed conseguiu se encontrar com a família de John, e durante o encontro com seus irmãos, que souberam que ele era do sul da Califórnia, contaram a ele sobre mim e meu relacionamento com John.

Logo, recebi uma ligação de Ed, e nós nos encontramos em Los Angeles para discutir nossos interesses mútuos. Depois de se tornar membro de nossos encontros comunitários mensais de mindsight na cidade, Ed teve a ideia de fazer um retiro de fim de semana em sua igreja criativa e socialmente ativa, para explorar a conexão entre ciência e espiritualidade. Organizamos um evento chamado de "Soul and Synapse" (Alma e Sinapses), o nome dos workshops que eu vinha ministrando e que explora a consciência e natureza da mente com imersões experimentais no exercício da Roda da Conscientização, além de discussões científicas sobre a vida humana. Recupero meus diários de anotação neste computador e divido com você algumas passagens escritas apenas um dia depois de nosso evento.

Aquele fim de semana na Todos os Santos foi uma experiência poderosa para mim, juntando-me a 300 pessoas e mergulhando no exercício da Roda, compartilhando realidades subjetivas diretas em primeira pessoa da experiência, fazendo a Roda de novo, compartilhando mais, e depois começando a refletir sobre o que poderia estar acontecendo. Como facilitador do retiro, enfatizei a importância de perceber que a realidade subjetiva era real, e que precisávamos respeitar aqueles dados, pois as pessoas tentavam traduzir em palavras a experiência sentida da prática. Eu podia escrever um livro inteiro sobre o que este e outros retiros focados na Roda revelavam, e talvez essa seja uma boa ideia para algum dia, mas aqui vou apenas compartilhar alguns pontos importantes para a nossa jornada juntos.

Para alguns, a prática da Roda é desconcertante. Eles descrevem um senso de que a forma com que veem o mundo é transformada após a prática. Algumas descrições do primeiro dia sugeriam que essa nova maneira de compreender o mundo interno era desconfortável para eles, e às vezes eram preenchidos por uma voz hostil que dizia que eles estavam fazendo coisas de maneira errada, ou que deveriam se preocupar com uma ou outra coisa e não seguir a noção geral. Para outros, a mudança na perspectiva é mais como uma nova maneira de ver, de notar diferenças na temperatura do ar, por exemplo, conforme focavam na inspiração e na expiração pelas narinas. Alguns ficavam empolgados com essa diferença na percepção, alguns se sentiam calmos e relaxados. Talvez essas sejam descobertas comuns, não só na prática da Roda, mas quando as pessoas começam a fazer exercícios reflexivos de todo tipo, que as convida a olhar para dentro, não só para fora.

Na segunda volta da Roda, acrescento a aplicação do componente dos raios, assim, à essa altura, os participantes agora não apenas diferenciam eixo do aro, conhecimento de conhecedor, por conta do movimento do raio em volta do aro, mas também estão experimentando uma conscientização direta da conscientização. O raio da atenção é direcionado para o eixo. Para alguns, isso é difícil de experienciar, e suas mentes simplesmente "saem de si" e eles se perdem em uma ou outra atividade do aro – sejam pensamentos, memórias ou fluxos perceptivos. Mas para outros, há um relato poderoso, e agora para mim bastante familiar, de um senso de expansão e paz. Uma pessoa disse: "Eu me vi num lugar da minha mente que jamais experienciei antes. Não há nada para fazer. Não há nada para compreender, nada do qual se livrar, apenas ser, apenas estar bem aqui. Foi incrivelmente tranquilizador". Outra pessoa me disse que "as fronteiras que meu corpo define quem eu sou se dissiparam e estou com essa incrível sensação não só de estar conectado, mas de ser parte de tudo e de todos". Alguém também falou: "Tive a experiência de que eu sou o próprio universo, e foi magnífico. Talvez eu realmente seja isso". E outra moça me disse que ela "nunca tinha sentido tanta paz na vida. Isso era Deus, isso era amor, e acho que jamais perderei contato com essa sensação".

No segundo dia, fomos explorar outras experiências, com as pessoas refletindo sobre como o distanciamento de uma identidade fechada e baseada no corpo parecia dar-lhes um profundo senso de mudança, uma "transformação", como muitos indivíduos chamavam. Essa mudança na identidade, essa transição na conscientização de um senso de quem nós somos, parece ter um impacto poderoso no senso de bem-estar da pessoa. Uma pessoa chegou a vir até mim num intervalo e pediu que eu solicitasse às pessoas que escrevessem suas reações, pois ela não se sentia à vontade para compartilhar suas experiências com o grupo. Perguntei a ela o que havia sentido, e me respondeu: "Bem, eu não queria ser vista como alguém que fica se gabando, então não quis falar. Mas foi a experiência mais incrível que já tive. Eu me senti tão completa, tão grande, tão infinita, e me senti muito em paz. Obrigada. Acho que nunca mais vou me sentir assim".

Nem sempre as coisas funcionam tão bem. No primeiro dia, por exemplo, algumas pessoas com um histórico de traumas na infância disseram que sentiram um tipo de pânico com a prática, e com o foco no eixo, eles inicialmente tiveram uma sensação de dissociação – desconectando-se da experiência e sentindo-se invadidos por imagens, emoções ou sensações corporais desagradáveis. Eles "conseguiram lidar" com aquelas coisas devido ao ambiente, pelo que disseram, mas não foi uma experiência agradável. Na segunda prática em roda no primeiro dia para uma pessoa, e nas imersões do segundo dia para várias outras, esse desconforto se transformou, e como um deles expôs: "sinto que estou livre da prisão". Quando pedi a ela para falar mais, ela disse: "eu não sou só aquelas memórias, nem aquelas sensações no meu corpo. De alguma forma, aquele eixo é agora meu amigo, e a roda não é minha prisão. E sinto-me profundamente libertada".

Uma realidade maravilhosa que parece termos encontrado é que não somos passivos nessa atividade de mente e conscientização. Com a consciência vem a possibilidade da escolha e da mudança. Mas o que isso realmente pode significar com relação às nossas novas compreensões sobre mente, energia e tempo, e sobre a natureza da consciência?

Depois de ter ensinado a Roda da Conscientização para milhares de pessoas em outros *workshops*, e receber *feedbacks* de algumas das mais de 750 pessoas que fizeram o download da prática em nosso site, um padrão fascinante de experiência se revelou. Independentemente das origens culturais ou de nacionalidade; qualquer que seja o grau de instrução ou a idade; não tenham tido experiência prévia em meditação e sejam novatos à prática reflexiva ou tenham realizado treinamento extensivo de meditação em diversas disciplinas, inclusive aqueles que são diretores de centros de meditação e monastérios, as reações são impressionantemente consistentes.

De maneira alguma todas as pessoas acham a prática convincente, mas quando isso acontece, independentemente de seus históricos, o seguinte padrão se expressou com relação à prática da Roda: quando discute-se sobre o aro, uma vasta gama de descrições sensoriais do mundo exterior ou sensações corporais é apresentada. Quando reflete-se sobre o aspecto do aro que simboliza as atividades mentais, muitos afirmam que sentimentos, pensamentos ou memórias convidativas que levam à conscientização, de alguma forma, acalmam a mente e eles simplesmente sentem lucidez e estabilidade, às vezes, pela primeira vez em suas vidas. Quando eles apresentam uma postura de "manda bala", a mente se torna lúcida. Nada precisa ser repelido, nem almejado. Estar aberto convida a pessoa a simplesmente ser. Quando chegamos ao quarto segmento que representa nosso sentido relacional ou oitavo sentido, as pessoas frequentemente sentem uma profunda sensação de conectividade. Experienciar as interconexões que temos com as outras pessoas e com o planeta dá a muitos, nesse quarto segmento do aro, um profundo senso de gratidão e pertencimento.

Quando discutimos a experiência de girar o raio da atenção a 180 graus, assim há a experiência direta da conscientização da conscientização, alguns termos comuns, como os expostos naquele fim de semana, têm sido usados para descrever o que acontece: abertura, estar tão amplo quanto o céu, tão profundo como o oceano, Deus, Amor Puro, Lar, segurança, clareza, espírito, o infinito, sem limites.

Imagine o que pode estar acontecendo. Com uma simples metáfora como a Roda da Conscientização, nós atribuímos uma imagem visual da roda com os aspectos mentais do conhecido no aro e o conhecimento da conscientização no aro; sistematicamente movemos um raio da atenção para explorar cada um por vez, para diferenciar cada um deles e depois interligá-los na prática inteira para criar uma experiência integrativa. Essa breve prática reflexiva pode resultar em experiências profundas e comumente expressas. Embora eu já tenha feito isso com milhares de pessoas, ainda fico surpreso todas as vezes que mergulhamos na prática e, depois, ouço as manifestações das descrições daquilo que sucedeu.

A pergunta seguinte que fizemos no *workshop* foi essa: se a Roda da Conscientização é a prática metafórica, poderia aquele plano da possibilidade, discutido no último item e explorado mais a fundo nas páginas a seguir, ser de fato o mecanismo subjacente da mente? Vamos nos aprofundar mais nessa possibilidade.

Uma visão da física quântica é que a energia se move ao longo de uma curva de distribuição de probabilidade, como discutimos anteriormente. Vamos revisar os importantes componentes desta visão e como eles podem se relacionar com os relatos em primeira pessoa da prática da Roda. Em uma ponta da curva de probabilidade está a certeza de 100 por cento; na outra, a certeza está em zero ou quase zero. A figura do plano da possibilidade representa um gráfico dessa curva de energia, da certeza em quase zero até as certezas de realidades. Quando localizamos possíveis correlatos mentais nessa representação visual matemática da curva de probabilidade, isso inclui uma noção potencial se manifestando como um pensamento efetivo e realizado que teria valores de pré-pico e pico no ponto de 100 por cento, o pico. Quando temos uma intenção ou disposição, isso seria um platô de elevada probabilidade, um platô que eleva o terreno para e limita a direção da qual as possibilidades podem, subsequentemente, surgir deste platô.

Mas qual seria o plano? Pergunto aos participantes. Essas práticas da Roda poderiam de fato estar revelando algum aspecto da consciência, alguma maneira com que o fluxo energético em todo seu mistério, mesmo para físicos, poderia ser a fonte da conscientização? Poderia o plano da possibilidade ser a fonte da consciência? Essa sugestão vem depois de recolher dados empíricos de milhares de relatos em primeira pessoa da prática da Roda da Conscientização. No momento do giro de um oitavo do raio, os relatos recorrentes de estar aberto, infinito, expansivo, conectado com tudo, e o fato de que essas declarações eram tão semelhantes, independentemente da cultura, grau de instrução, idade ou experiência individual, sugerem o seguinte: a metáfora do eixo representa o mecanismo do plano.

Por cerca de 100 anos, os estudos quânticos vêm revelando que o ato da observação direta, ou da conscientização humana como alguns propõem, entra em colapso com a função de onda de um fóton e a transforma em uma propriedade de partícula. Uma onda tem uma grande variedade de valores, ou localizações; uma partícula tem um valor, ou uma localização. A incrível descoberta é que colher uma impressão, tirar uma foto por exemplo, de onde está o fóton, altera-o de uma onda para uma partícula. Para muitos daqueles físicos que subscrevem o que é chamada de interpretação ortodoxa de Copenhagen da mecânica quântica, a visão dessas descobertas empíricas é que essa observação de uma câmera pressupõe a consciência da pessoa que está tirando a foto. Para outros, isso não se trata de consciência – é alguma problemática ainda a ser explicada sobre uma câmera e a avaliação do valor específico de uma onda de probabilidade que pode envolver outras problemáticas, tal como múltiplos universos. As implicações desse debate são imensas, as controvérsias ainda estão por serem resolvidas. Mas para alguns físicos, a questão é clara: a consciência parece ser uma parte inerente do universo (ver Stapp, 2011; Kafatos & Siegel, 2015).

Em termos simples, a observação move a energia da incerteza para a certeza em sua curva de distribuição de probabilidade. Essa realidade quântica, que a observação de alguma forma altera a natureza da energia, é incontestável, embora interpretações das equações e seus significados dentro deste ramo da física estejam sob intenso debate.

Caso a interpretação específica do papel da consciência seja de fato verdadeira, que a conscientização em si tem algo a ver com a alteração da função de distribuição de probabilidade da energia, então a prática da Roda pode estar revelando uma continuidade entre experiência mental da conscientização no plano, disposições e intenções nos platôs de elevada probabilidade, e processos mentais pouco abaixo dos picos fixos de atividades mentais. Fiz essa proposta para físicos quânticos que disseram que isso não é afirmado por visões quânticas, mas é completamente consistente com as leis aceitas da mecânica quântica.

Tal movimento de energia, esse fluxo através de graus de probabilidade, pode ser uma maneira de explicar como pensar vira pensamento, emocionar-se vira emoção e lembrar-se vira memória. Isso seria representado como valores pré-pico movendo-se em direção a um pico de certeza. O plano aberto de possibilidade pode ser como a conscientização surge, como podemos experimentar uma "mente de iniciante", com a qual nos libertamos dos ocasionais filtros automáticos de cima para baixo que podem nos aprisionar, impedindo uma maneira mais aberta de conhecer. Esse suposto mecanismo do espaço entre impulso e ação, entre estímulo e reação. Filtros de cima para baixo seriam os platôs e picos de experiência prévia que criam nossa experiência construída do mundo, desde ideias e conceitos ao nosso senso narrativo de Eu. Quando obtemos acesso ao plano, caímos para baixo desses filtros e entramos essa espacialidade da mente, uma tranquilidade, uma pausa antes da ação, que nos permite ver claramente, estarmos presente para a vida no momento, em vez de ficarmos perdidos em preocupações com o passado ou aflições do futuro.

Quando consideramos nossas discussões sobre tempo em nosso último item, podemos imaginar que pode haver alguma distinção entre nossa experiência de mente emergindo da mente como microestados que são livres da Flecha, e aquela que pode estar emergindo de macroestados que são limitados pela Flecha. Lembre-se que as visões quânticas exploram microestados que não possuem Flecha do Tempo; a física clássica (Newtoniana) inclui a Segunda Lei da Termodinâmica e a Hipótese do Passado que nos ajuda a entender por que nossos macroestados se desdobram com uma direcionalidade, que chamamos de Flecha do Tempo. Se a energia pode ser experienciada como microestados em que as propriedades quânticas dominam, ou macroestados em que as propriedades clássicas dominam, então a mente – como uma propriedade emergente do próprio fluxo energético – pode ter duas maneiras de ser experimentada: uma com a Flecha e outra sem a Flecha. Mudança ou fluxo seriam das duas formas, mas a qualidade da vida mental, da experiência subjetiva, poderia se mostrar bastante distinta. Essa é a noção: nossa experiência de consciência iluminada pela lucidez da prática da Roda poderia revelar um plano de possibilidade que fosse mais como um microestado com uma qualidade aberta e espacial? É assim que a metáfora do eixo e o mecanismo do plano revelariam um fluxo mental de microestado. Por outro lado, sentimo-nos mais diretamente no movimento dentro bloco universal do espaço-tempo conforme vivemos no aro da Roda, aqueles valores acima do plano que podem de fato ser macroestados de uma gama de configurações de padrões energéticos. Vamos manter essa proposta em mente, conforme continuamos nossa jornada pela experiência de estarmos cientes com o contraste do conhecimento e do conhecido da consciência.

Com essa visão de um profundo mecanismo subjacente da mente visto como uma distribuição de probabilidades em desdobramento que realmente podemos influenciar com nossas mentes, teríamos agora uma maneira de descrever o conhecimento da consciência. O conhecimento da consciência surge na curva de energia com a certeza em quase zero, o equivalente à possibilidade quase infinita. Mesmo que não seja exatamente infinita, ela está em aberto, e podemos imergir nesse plano aberto de possibilidades. Este é um mar de potencial do qual surgem probabilidades e, depois, realidades.

Essa visão do plano tem sido uma estrutura vigorosamente corroborada, de modo algum provada, pelas experiências diretas em primeira pessoa apresentadas em reflexões antes do plano ter sido introduzido nesses *workshops*. Embora não faça parte da física quântica, é consistente com ela. Pode tanto prever quanto se encaixar com relatos de indivíduos que experimentam suas vidas mentais, inclusive nas explorações durante a prática da Roda.

Como uma hipótese funcional, o plano da possibilidade nos dá uma estrutura de referência para começar a ter noção de experiência. Entretanto, como uma estrutura, precisamos manter a mente aberta para as maneiras de cima para baixo com que ela pode nos limitar, já que é um modelo linguístico e uma metáfora visual. Talvez seja verdadeira, talvez seja parcialmente verdadeira ou talvez seja errada. Precisamos estar abertos para essa variedade de possibilidades.

Um aspecto intrigante do plano é que quando essa perspectiva é apresentada, muitos participantes frequentemente intensificam o trabalho e expandem seu senso de "o que está acontecendo", em termos de sentir lucidez quanto às oscilações no campo da conscientização; eles se sentem aptos para trazer mais equanimidade e conectividade para suas vidas. Alguns – e isso acontece em quase todos os *workshops* que ministro – chegam a vir até mim para dizer que a dor crônica que tinham, em seu joelho ou pescoço, nas costas ou nos quadris, simplesmente desapareceu. E-mails que recebi sugerem que a dor foi mitigada. O que poderia estar acontecendo? Se a dor está no aro metafórico, então fortalecer o acesso ao eixo proporciona alívio. A partir de uma estrutura do mecanismo do plano, se a dor crônica fosse um platô persistente dando origem a picos intensos de dor, então acessar o plano, literalmente, faz a experiência subjetiva da mente cair, cair no plano da possibilidade e para longe da prisão contínua do pico de dor.

E qual é a sensação de "estar" no plano? Para muitos, acessar o plano é associado com os sentimentos que discutimos: abertura, paz, potencial infinito, amor, conexão, plenitude e serenidade. Caso eu estivesse lendo essas palavras com certa distância, sem estar familiarizado pessoalmente com a experiência, eu mesmo não acreditaria nelas, ou se eu mesmo não tivesse ouvido relatos diretos de participantes tantas e tantas vezes.

Ter conhecimento sobre o plano em si é desnecessário para que a Roda funcione, mas essa compreensão parece não só permitir que as coisas se encaixem em seus devidos lugares conceitualmente e pragmaticamente, mas também facilita a emancipação que as pessoas experimentam. Essa é uma observação intrigante, mas de forma alguma evidência da validade da hipótese.

No fim de nosso retiro de fim de semana, fizemos uma sessão resumida na qual eu e Ed dividimos o palco e nos focamos numa série de tópicos, incluindo uma iniciativa em que eles estavam trabalhando chamada "The New Narrative Project", um esforço para encontrar uma maneira transdisciplinar e inter-religiosa de interligar ciência e espiritualidade, para aproximar pessoas de vários estilos de vida. Dei uma olhada na plateia, vendo pessoas de todas as idades, de várias origens, e senti que a paixão do Ed de usar seu treinamento em religião e misturá-lo com uma imersão científica em mente estava alimentando uma mudança em potencial em todos os que compartilharam nossa experiência naquele fim de semana.

Ed me perguntou sobre como poderíamos interligar algumas das reflexões que surgiram com a prática da Roda com a experiência de Deus e ciência das pessoas. Ouvi a pergunta dele e fiz uma pausa, sem reação diante da lucidez daquela pergunta, e hesitante em saber como responder. Eu senti uma conscientização de John O'Donohue, recordei nossas muitas discussões sobre ciência, sociedade e espiritualidade; de suas experiências como padre católico; visões de misticismo celta, trabalhos em filosofia, e como eu o experienciava, não só como um poeta, mas como um poema ambulante e que respirava. Eu e John lecionávamos sobre "despertar da mente" através dessas duas lentes: a da espiritualidade e da ciência. De alguma forma, a alma auto-organizadora da mente de John estava totalmente ali, no Ed, em mim e na sala.

Respirei fundo. Hoje, quando penso naquele momento, imagino que minha própria Roda da Conscientização tinha um círculo de quatro camadas em volta do eixo que transmitia o que quer que surgisse como energia fluida – como realidades transfiguradas, um termo que John teria usado, de um mar de potencial, um plano de possibilidade. Esse era o SOCC do qual falamos em nossa jornada: uma corrente sensorial, preenchendo-me com o fluxo de sensação condutor de baixo para cima; uma corrente observacional, dando-me um pouco de distância, ainda como um condutor, mas também como testemunha dos desdobramentos do agora, não só um participante na sensação; uma corrente conceitual, um conjunto de cima para baixo de categorias, ideias e linguagem construídas, talvez sendo a fonte de uma narrativa, que, ao mesmo tempo, iluminava e limitava um senso de compreensão e organizava minha perspectiva; e uma corrente de conhecimento, algo além de simplesmente estar ciente, talvez até além da condução e da construção, algo que tinha um profundo senso de propósito e verdade, além e diante de palavras ou conceitos.

Comecei a responder para Ed, sugerindo que uma visão verdadeiramente científica aceitaria a realidade que as entidades de fazer e responder perguntas estavam emergindo, em parte, de dentro de um corpo. O aparato corporal, inclusive o cérebro, estava limitado em seus processos de percepção, e talvez até de concepção. Uma visão científica deveria aceitar a possibilidade de que as coisas que são reais podem não ser agora, ou talvez nunca, totalmente compreensíveis por uma lente científica. Dito isto, continuei dizendo que a imersão do fim de semana nos permitiu maior discernimento para a possível natureza da essência da mente, e a essência da pergunta de Ed.

Se por "Deus", Ed queria dizer que havia forças estruturadas em operação no universo que eram invisíveis ao olho e talvez incompreensíveis para a mente racional, então os princípios da ciência deveriam ser capazes de considerar a probabilidade daquela realidade invisível. Nem tudo que é real pode ser visto, assim como nem tudo que é importante pode ser medido. Se Ed queria dizer que nós, como seres humanos, podemos estar mais bem servidos explorando como as pessoas que realizam práticas espirituais e atividades científicas podem chegar a um acordo, então eu tinha uma noção de como poderíamos fazer isso. Com nossa visão de espiritualidade como uma vida conexão e sentido, e com um amplo senso de ciência como esclarecedora da profunda natureza da realidade, do chacoalhar a superfície aparente das coisas e revelar mecanismos subjacentes, então deveria haver um jeito para os dois não só chegarem a um acordo, mas também servirem de inspiração mútua.

O que eu disse na época, não consigo reconstruir facilmente aqui. Foi isso o que eu estava pensando antes de dizer em voz alta, tendo em mente tudo o que eu e você temos explorado em nossa jornada juntos aqui, e todas as conexões que eu sentia com Ed dentro de sua pergunta – se a mente tem texturas subjetivas, realidade subjetiva e auto-organização como componentes fundamentais, então em muitos aspectos, como temos explorado, a mente tem uma mente própria. Quer estejamos sendo influenciados primariamente neste momento por um condutor de baixo para cima, fazendo com que os sentidos transmitam para a conscientização sem nosso controle, quer por um filtro conceitual construtor de cima para baixo formando e moldando como vemos e o que fazemos sem nosso controle consciente, a conscientização pode achar que algo "além de nós mesmos" está no controle. Ainda assim, se sairmos de nosso próprio caminho, se às vezes deixarmos aquele fluxo de sensação e conceito simplesmente desabrochar, quando deixarmos nossas correntes de observação e conhecimento tomarem parte também, sem tentar ser o motorista deste processo de desdobramento, ocasionalmente experiências úteis emergem.

Foi isso o que pensei, e foi isso o que senti, antes de falar.

Então senti minha boca mexendo, ouvi as palavras saindo, senti a presença auto-organizadora de John, vi os olhos carinhosos de Ed, olhei para os 300 rostos sentados à minha frente, focados nessa discussão, e comecei a falar. Acho que o que foi dito foi algo assim: se imaginarmos que energia é a essência fundamental do universo, que até matéria é energia condensada, então padrões de energia são a essência da realidade. Se imaginarmos que a energia se manifesta como potenciais, atravessando um espectro desde possibilidade em aberto, até probabilidade, até efetividade, recuando e avançando, então podemos começar a sentir como é possível experimentar nossas vidas mentais. Se considerarmos que há um impulso natural para um sistema aberto avançar na direção de interligar partes diferenciadas, então essa integração pode ser uma força invisível que motiva nossas mentes auto-organizadoras.

Quando fazemos a prática da Roda, eu continuei, estamos diferenciando aspectos distintos através de um espectro da curva de distribuição de probabilidade da energia. Este espectro é a experiência da mente. Vários elementos do aro são experienciados como atividades mentais emergentes, surgindo e desaparecendo como realidades, fundindo-se de volta à probabilidade, e depois para a possibilidade. Quando movemos o raio da atenção que direciona aquele fluxo de energia e informação em volta do aro, estamos naturalmente não apenas diferenciando elementos do aro uns dos outros, mas também distinguindo o eixo do raio que tem origem no aro, os padrões de energia acima do plano, as manifestações da probabilidade e da realidade tendo origem na possibilidade.

Esse movimento do raio fortalece o eixo, pois ele mobiliza a habilidade do indivíduo para acessar o plano da possibilidade. Quando giramos novamente o raio da atenção, virando-o em 180 graus, direto para o eixo metafórico, obtemos uma experiência direta da conscientização da conscientização.

O que o eixo pode representar é o plano da possibilidade, eu disse. E deste plano aberto, pode surgir um sentimento do infinito. Pode ser que haja uma conscientização emergente de que seu eixo e o meu eixo, que todos os nossos eixos, sejam essencialmente os mesmos. Infinitude é infinitude – cada um de nossos planos de possibilidade representa um mar de potencial, uma reserva do infinito, ou quase infinito. Eles são idênticos, ou quase idênticos. Olhei para o grupo, para todos nós ali reunidos naquele fim de semana para mergulharmos nessa experiência, para explorar a mente. Embora vivamos em corpos diferentes, eu disse, compartilhamos o mesmo plano essencial. Mesmo que o plano esteja em quase zero de certeza, mesmo que vivamos em um corpo, pode ser possível chegar o mais próximo que der deste senso aberto de infinitude por meio deste exercício. Quando olhei para os belos rostos no grupo, foi como se cada pessoa fosse feita da mesma essência, cada indivíduo parte de um ser coletivo, cada um deles era eu, cada um de nós conectados. Estávamos conectados pelo eixo, conectados em nossos planos de possibilidade.

Juntando tudo isso, eu disse para Ed e para o grupo, nervoso com a visão científica que pudesse ofender a sensibilidade religiosa de alguém, pode ser que uma visão de Deus venha a ser considerada como um senso místico do gerador da diversidade, o plano aberto do qual tudo tem sua origem. E, de alguma forma, pode ser que a própria experiência de estar ciente, de estar consciente, seja uma experiência sagrada. Ao surgir do plano aberto, nossa experiência de conscientização toma vida.

Ed segurou minha mão, com um lindo sorriso no rosto, aliviando a ansiedade dentro de mim de que eu pudesse ter dito algo indesejável naquele local de oração. O grupo também parecia eletrizado, como se tivéssemos levado juntos a conclusão de nossa imersão para aquele agora, de todos os agoras que se desdobraram.

Também pensei em você, na época em que falei na frente daquele grupo, e agora, conforme escrevo essas palavras que nos conectam uns aos outros. Sei que aqui, neste penúltimo item temporal de nossa presente jornada, não respondemos algumas questões fundamentais. Talvez tenhamos nos divertido focando no mental, mas as questões ainda permanecem em aberto, a dúvida respeitada, a incerteza abraçada. Mesmo que haja correlatos neurais, dos quais regiões são ativadas simultaneamente em uma varredura de 40 ciclos, ou uma interligação integrativa que atinja certos níveis de complexidade dentro do próprio cérebro, o que pode, no fim das contas, ser considerado como sendo a base cerebral da consciência, como esse conhecimento da conscientização de fato acontece? Bem, nós simplesmente não sabemos. Ninguém sabe. Se, por fim, não depende apenas de um cérebro, como um espectro de valores de probabilidade de energia daria origem à experiência subjetiva da vida mental? Como um plano de possibilidade poderia dar origem ao conhecimento da consciência, dentro do cérebro, dentro do corpo como um todo, ou mesmo, talvez, além dos limites do corpo? Nós não sabemos. Mas estamos avançando a questões mais profundas nessa jornada, questões que podem dar origem a abordagens úteis, questões que podem proporcionar alívio para o sofrimento das pessoas, e uma transformação de identidade que pode trazer bem-estar ao indivíduo, aos outros e ao planeta.

Fico triste, mas ao mesmo tempo um tanto eufórico, por levantar essas questões não respondidas com você. Uma parte da minha mente deseja a certeza das respostas. Eu desabei no meu plano, e os platôs de preocupação e picos de pensamentos aterrorizados se derreteram naquele santuário de equanimidade, naquele mar de potencial. É como estar em casa. É como estar em um lugar em que eu e você podemos compartilhar, um lugar onde podemos profundamente encontrar um ao outro.

Começamos nossa jornada afirmando que ela poderia chegar a uma compreensão de que seria o questionamento o verdadeiro valor da jornada, não a chegada a um destino final, uma resposta final. Talvez seja essa a beleza e a recompensa, o poder e o potencial, desta visão de plano de possibilidade da mente.

Portanto, por ora, podemos respirar fundo e simplesmente dizer algo como a consciência pode ser um primado do plano da possibilidade. O plano revela um estado de posicionamento quase zero na curva de probabilidade da energia. O que podem ser os correlatos neurais desta posição na probabilidade de energia ao longo da curva está aberto a investigação empírica. Tal estado envolveria uma clara diminuição de disparos neuronais, um equivalente neuronal para o estado subjetivo de abertura do qual pode ter origem? Poderia este ser o correlato neuronal da pausa, da quietude, do espaço entre impulso e ação? Ou isso envolveria um estado mais elevado de coordenação e disparo neuronal, um estado mais elevado de integração, como sugerido por algumas visões de consciência? Como a mente pode usar o cérebro, com prática mental, para criar mais acesso a tal estado de probabilidade quase zero em sua experiência corporificada de consciência também permanece uma questão aberta para pesquisa.

Esse estado de energia de possibilidade aberta, esse mar de potencial, pode não apenas ser a origem da consciência, mas também o portal da mente para a integração, permitindo o surgimento do impulso natural da auto-organização para diferenciar e interligar. Principalmente quando bloqueios à integração estão presentes, a conscientização aberta do plano pode ser necessária para cair para baixo dos platôs e picos restritivos ou caóticos que estão impedindo o impulso natural em direção à integração auto-organizacional. Quaisquer que sejam os correlatos neuronais associados desse estado mental, talvez eles envolvam uma complexidade integrativa dentro do cérebro. Isso naturalmente dá origem às importantes, desconcertantes e frequentemente controversas questões sobre mente e corpo. A consciência poderia surgir sem um cérebro? A consciência usa o cérebro para se criar? A consciência tem influências além do cérebro? Se forem precisas as interpretações quânticas ortodoxas do papel crucial que tem a observação consciente na criação de um colapso na função de onda de um fóton que o transforma em uma propriedade de partícula, então transformar uma gama de possibilidades em uma realidade particular naquele momento é influenciado pela consciência. Se isso for verdade, como os dados empíricos sugerem que de fato pode ser, então poderíamos sugerir que sim, a consciência parece ter influências muito além do crânio e da pele do observador. Mas ter influências que se estendam para além do crânio, e além da pele, maneiras de impactar o mundo além do corpo, não significa necessariamente que a consciência possa existir sem um corpo. Esse é um assunto intensamente debatido, e que não resolveremos aqui.

Para aqueles que se sentem pouco à vontade com a noção de que a consciência se estende para além do cérebro ou não precisa de um cérebro, poderíamos propor a seguinte linha de raciocínio que, pelo menos, pode abrir nossas mentes para as questões em exame. A integração através de uma gama de regiões neurais parece estar associada com a consciência. Isso é chamado de CNC, ou correlatos neuronais da consciência. Mas como essa integração neural, mesmo que parcialmente, poderia dar origem à consciência é basicamente desconhecido. Simplesmente não sabemos, mesmo com diversas afirmações intrigantes em relação aos microtúbulos, padrões de varredura nos disparos neuronais, processos representativos relacionados aos nossos cérebros sociais e complexidade neural integrativa, como a experiência subjetiva de estar ciente pode ser causada por padrões de atividade neuronal. Portanto, de modo ainda – e talvez para sempre – desconhecido, de formas que por ora são misteriosas e mágicas – o que quer dizer que não as entendemos, e talvez jamais entenderemos –, teremos que permanecer, ao mesmo tempo, tranquilos e intrigados com a maravilha disso tudo. É incrível estarmos aqui, e incrível também que estamos cientes de estar cientes por estar aqui. Novamente, o nome da nossa espécie não é homo sapiens – aquele que sabe. É, na verdade, homo sapiens sapiens, aqueles que sabem que sabem. Esse é um primado de ser humano, e isso é maluco e espantoso.

Consciência, não consciência e presença

A consciência em especial é um processo que a Roda da Conscientização esclarece.

Mas vimos que a mente tem outras dimensões além da experiência do conhecimento de estar ciente. Também temos os conhecidos da conscientização. Sejam esses os fluxos de energia do condutor de sensação, trazendo para dentro o mundo externo através dos cinco sentidos, sejam os sinais do mundo interior do corpo com o sexto sentido, podemos ter uma experiência subjetiva dessas formas de sensação, os conhecidos do mundo físico provenientes do lado de fora e de dentro do corpo. Também podemos ter os conhecidos da construção. Esses conhecidos podem ser nossas emoções e pensamentos, memórias e crenças, o que nomeamos de nosso sétimo sentido das atividades mentais. Eles também podem ser o conhecido de nossa conectividade com outras pessoas, e com o planeta, o que estamos chamando de nosso oitavo sentido. Ainda dentro da conscientização, esses são fluxos de energia transformados em informação pelo construtor das nossas mentes.

Estamos propondo que o elemento fundamental do sistema da mente é o fluxo de energia, e parte dele é a forma simbólica que chamamos de informação. Esse processamento de informação é conduzido pelo fluxo energético e pode surgir de dentro da conscientização, o conhecimento desses conhecidos. Mas muito, se não a maior parte, do que acontece na mente está fora da conscientização. Isso pode ser imaginado como fluxos de energia e informação que não são experienciados dentro da consciência, portanto não são "conhecidos" pela experiência do "conhecimento". Sigmund Freud (1955) provavelmente teria chamado isso de Inconsciente. Cientistas modernos afirmam que esses processos de informação não conscientes são reais e têm impacto sobre nossas vidas cotidianas (Hassin, Uleman & Baragh, 2005; Sato & Aoki, 2006). Chamado de inconsciente, subconsciente e pré-consciente, eu tento evitar a confusão frequentemente associada com o uso desses termos por uma variedade de disciplinas, por isso simplesmente uso o termo não consciente. Esse termo apenas se refere ao fluxo de energia fora da conscientização.

O fluxo energético não consciente não envolve experiência subjetiva, pois não está na conscientização, mas ainda assim é real. Essas marés e fluxos de energia, às vezes com valor simbólico, às vezes só pura energia, acontecem o tempo todo. Qualquer que seja o rótulo que demos a esses aspectos da vida mental, apresentamos uma simples definição do que eles são: fluxo de energia e informação. Já que um senso de controle pode surgir da impressão de que estar ciente significa que você está no comando, esses fluxos não conscientes podem fazer com que a pessoa, de vez em quando, sinta desconforto por não poder controlar ou sequer saber qual impacto esses fluxos terão em sua vida. Em outras palavras, para alguns, a noção de que coisas estão acontecendo fora da conscientização pode ser aterrorizante. Mas a história não é tão simples quanto dizer que consciência significa controle; não consciência significa abandono completo, sem mais nem menos.

Auto-organização não depende de conscientização. Se houver um impulso natural em direção à integração, isso pode ocorrer sem a experiência consciente de conhecimento. Uma lição para levar para casa sobre esse assunto é que, às vezes, precisamos sair do nosso próprio caminho para deixar que as muitas camadas do fluxo de energia simplesmente surjam e permitam que a auto-organização aconteça. Podemos chamar esse estado de abertura de presença.

Presença é o portal para a integração.

Se nossas mentes conscientes tentarem controlar tudo o que surge, platôs e picos fixos podem ser criados para limitar a condução natural em direção à integração. A adesão ao senso de controle resultaria em tendências na direção do caos e da rigidez. Esses estados revelam o movimento de um sistema do lado de fora da harmonia do rio de integração, o estado da mente agora se movendo a qualquer uma das margens daquele rio, as margens de ficar preso na rigidez ou sobrecarregado de caos.

Fomos ainda mais além em nossa jornada para, de fato, apresentar uma definição do que pode se tratar esse tal fluxo: os quem, o quê, onde, porquê, como e quando da mente. Apresentamos uma sugestão de que você tem conhecimento, talvez apenas em sua vida mental não consciente e desencadeada com nossa comunicação, em sua mente consciente: um processo auto-organizador emergente, corporificado e relacional que regula o fluxo de energia e informação. O fluxo de energia e informação não é limitado pelo crânio ou pela pele, assim como também não o é a mente que surge dele. A mente está dentro e entre ele. Esse fluxo não é limitado pela consciência. Ele acontece com e sem consciência.

Como um processo regulador, a mente conta com o monitoramento e a modificação daquilo que ela regulará. E dessa forma, a prática da Roda ajuda a fortalecer a mente tanto quanto revelar a arquitetura subjacente da mente. A roda nos guia por baixo da superfície e nos permite ver os milagrosos mecanismos da mente.

Fortalecer o monitoramento significa sentir o fluxo de energia e informação com mais estabilidade, assim aquilo que se sente é com mais profundidade, foco e detalhe. Então, frequentemente a lente do *mindsight* através da qual sentimos o fluxo de energia e informação, dentro e entre nós, é instável. O resultado é uma imagem embaçada, e modificar aquele fluxo é difícil. Uma maneira de ver essa estabilização da lente do *mindsight* é com os três O's: objetividade (*objectivity*), observação (observação) e abertura (openness). Sentimos os conhecidos do aro como objetos de atenção, não como a totalidade de quem somos. Temos o senso de uma função de observação, uma que é um pouco distanciada da coisa sendo observada, um senso, talvez, do observador, o conhecedor da experiência. Abertura significa que estamos receptivos ao que surge conforme surge, deixando de lado as expectativas que filtram nossa experiência ou nos fazem evitar ou nos agarrar ao que emerge. Esses três O's formam uma espécie de tripé que estabiliza a lente pela qual sentimos a mente. Uma maneira de resumir essa abertura, observação e objetividade é com o termo presença.

Fortalecer a modificação significa definir uma intenção para permitir que o fluxo de energia e informação mova-se em direção à integração. Por vezes, isso significa detectar caos e rigidez, assim o fluxo pode ser direcionado para a diferenciação e a interligação. Como definimos essa intenção? Com a presença. Já que a integração é a condução natural de um sistema complexo, às vezes o que precisamos fazer é apenas "tirar o lixo do caminho" – ou simplesmente sair do nosso próprio caminho – e deixar que a integração naturalmente aflore. É assim que a presença é o portal para a integração.

Com algum entendimento de como um sistema complexo funciona, avançamos mais um passo em nossa jornada em direção a perguntas e respostas em potencial. Como uma propriedade emergente do sistema complexo de fluxo energético – alguns dos quais têm valor simbólico que chamamos de informação, outros não –, podemos explorar aspectos da ciência de energia e fluxo. Vimos que uma possível visão é que a energia se manifeste como um espectro de valores ao longo de uma curva de distribuição de probabilidade. As mudanças na probabilidade, entre certeza e incerteza, são como essa energia flui. Mesmo que o tempo não seja algo fluido, ou sequer exista como alguns físicos nos dizem, essas alterações na probabilidade podem ser vistas como mudanças nos desdobramentos do agora. Quando vemos o termo tempo, podemos sempre substituí-lo pela palavra mudança, e ainda assim estaremos pisando em solo científico sólido. Vida e realidade são repletos de mudanças. Essa mudança que experimentamos acontece naquilo que passamos a chamar de tempo e espaço. Mas se na realidade não existe nada fluindo, como o tempo, então as distribuições da curva de probabilidade, onde estamos naquele espectro, mudam. Pelo fato de a energia e a informação fluírem, elas são alteradas e transfiguram suas funções de probabilidade. Essas visões da ciência e da reflexão subjetiva, combinadas durante nossa jornada, aprofundam nossa compreensão da mente.

Essa é a proposta maluca que viemos explorando em nossa jornada: a experiência de conhecimento da conscientização surge de uma probabilidade energética do plano infinito. De que estamos cientes, os conhecidos da disposição e da intenção, pensar e pensamento, emocionar-se e emoção, lembrar-se e memória, surgem conforme a energia oscila da possibilidade, para a probabilidade, para a efetividade em um fluxo de "agoras". Podemos conhecer esses desdobramentos, permitindo que o condutor de nossa experiência sensorial faça-os fluir em direção à conscientização e depois, incrivelmente, podemos moldá-los conforme interpretamos seus significados e suas narrativas e ações construtivas. Esses fluxos podem acontecer sem conscientização, já que o fluxo energético não consciente sobe e desce sem penetrar muito na fonte do conhecimento, o plano da possibilidade.

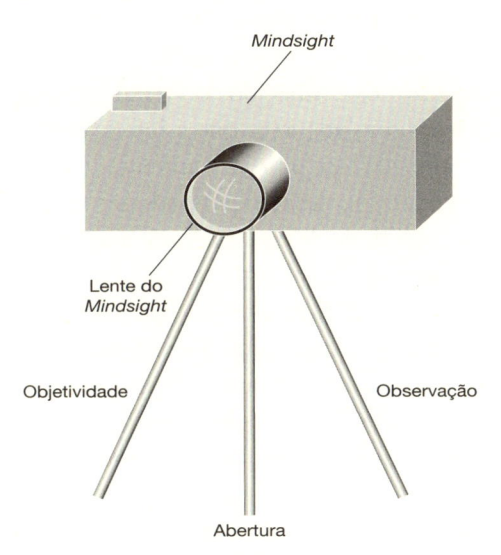

Conscientização em aberto, conscientização plena, o estado receptivo de presença, oferece a possibilidade de adotar a realidade do agora, um estado de aceitação de que o agora é tudo o que existe. É deste estado que os padrões automáticos podem ser alterados intencionalmente, se ficarmos presos no caos ou na rigidez. O que isso sugere é este papel da consciência em nossas vidas: a consciência catalisa escolhas e mudanças. Mais do que uma importante porta de entrada para a experiência subjetiva, estar receptivamente ciente nos permite escolher um caminho diferente. Neste estado de presença, nessa presença da mente, chegamos a esse surpreendente insight, uma possível visão da verdadeira natureza da mente e da realidade.

A presença do plano move-nos em direção à saúde ao liberar o potencial inato de cultivar integração.

Presença é o portal para a integração aflorar.

Isso pode simplesmente ser o primado de como a mente funciona, uma força fundamental de nossas vidas mentais. Quando ficamos presos, a presença pode abrir o caminho para nos libertar das prisões de platôs intransigentes e picos contraproducentes. Humores deprimidos, medrosos ou ansiosos podem ser alterados; pensamentos negativos, imagens assustadoras ou preocupações inquietantes podem ser alteradas. Como vimos, até dores somáticas crônicas podem ser alteradas com o desenvolvimento da presença no plano da possibilidade, do acessar o eixo da Roda da Conscientização.

Como isso pode acontecer? Nossa conscientização da energia pode moldar a energia em si ao alterar sua posição na curva da probabilidade no momento presente. Assim como afirmam alguns físicos quânticos que o ato de observação consciente de um fóton transforma sua curva de probabilidade de onda para partícula, talvez também possa ser verdade que a conscientização altera o fluxo de energia e, por conseguinte, a informação por meio de modificações na curva de probabilidade. Esse é o como da questão, como a conscientização poderia transformar atividades mentais. Essas atividades são os conhecidos do fluxo de energia e informação. E além da conscientização, alguns sugerem que a intenção tem um impacto direto no fluxo de energia (Stapp, 2011), e o processamento de informação dentro e entre os indivíduos (Maleeh, 2015). A intenção pode ser uma maneira com que os padrões de fluxo de probabilidade de energia também são moldados, com ou sem conscientização. Intenção poderia ser representada na nossa figura do plano de possibilidade como um platô inferior, uma posição na probabilidade de energia pouquíssimo acima do plano que define uma direção para outras atividades mentais que afloram. Como discutimos anteriormente, disposição e estado mental também podem ser platôs, talvez um pouco mais elevados, mas ainda assim inferiores do que aqueles processos de pré-pico, como pensar, emocionar-se e recordar. Picos seriam a realização daqueles valores de pré-pico transformados em certeza de um pensamento, emoção ou memória (ver Figura 2.2 na verificar a página).

Atenção – aquele processo que governa a direção do fluxo de energia e informação – pode ser um mecanismo que molda como os padrões de probabilidade se desdobram, como eles mudam e transformam platôs, processos de pré-pico e picos.

A auto-organização pode diferenciar e interligar o sistema complexo de fluxo de energia e informação deste mundo de paisagens mentais nas distribuições de energia, utilizando conscientização direcionada chamada de atenção focal, ou mecanismos não conscientes, tais como alterações intencionais dos processos mentais, no fluxo de energia e informação. Como discutimos previamente, padrões de fluxo não integrado podem ser ilustrados da mesma forma que períodos de rigidez são platôs e picos estendidos, sem muita mudança no eixo X, o qual passamos a chamar de "tempo"; o caos seria representado como grande diversidade ao longo do eixo Z em um dado momento.

A consciência, como discutimos, pode ser o que precisamos para estarmos cientes da experiência subjetiva, da textura vivida de vida. Isso seria representado em nosso gráfico como uma leve entrada nos vários picos e platôs acima do plano. Além de meramente nos permitir estarmos cientes da experiência subjetiva desses conhecidos, a conscientização pode alterar os próprios conhecidos. Esse é o poder da consciência de mudar o fluxo de energia e informação. Cultivar estados intencionais dentro da conscientização, desenvolvendo um estado mental com propósito e direção, como acontece nos vários tipos de treinamento mental, tais como *mindfulness* ou treinamentos de habilidades em *mindsight*, como na Roda da Conscientização, também pode ser importante para moldar nossas vidas mentais – tanto nossa paisagem mental quanto nossa *mentosfera*, nossa internalidade e intermedialidade. Então, mesmo sem conscientização, a persistência daqueles estados intencionais – aqueles estados de probabilidade elevados, aqueles platôs inferiores que podemos chamar de vetores mentais sem necessidade de consciência – também pode provocar mudanças no padrão de fluxo de energia. Intenção é um posicionamento ou vetor mental que, de diversas maneiras bem físicas, molda a dinâmica quântica da energia conforme ela oscila na curva de distribuição de probabilidade. Às vezes, estamos cientes desses processos; às vezes, talvez na maioria delas, não estamos cientes de todos os fatores mentais que moldam nossas mentes.

Isso é tudo maluco e maravilhoso, e estamos dando um passo à frente em nossa hipótese. Acessar o plano abre-nos para o impulso natural em direção à integração. Não precisamos de espaço físico e não precisamos que o tempo seja algo fluido, ou mesmo real, para revelar a natureza da mente. No fim das contas, a mente é um agora, junto com a transformação da presença da possibilidade em conhecidos de probabilidade e efetividade, a emergência de graus de certeza nos eternos desdobramentos do agora.

Embora esta seja nossa proposta profissional para o que podem ser as atividades mentais, o movimento de possibilidade, para probabilidade, para realidade, e de volta novamente, essa visão nos dá um *insight* em como a consciência pode se encaixar nesse quadro.

Essa, estamos sugerindo com base em numerosas reflexões aprofundadas em primeira pessoa na prática da Roda da Conscientização, pode ser a origem da conscientização.

Como exatamente isso acontece, nós não sabemos. Mas a noção de que a energia atravessa um nível de probabilidade quase zero no espectro de valores da curva de probabilidade de energia, permite-nos ver como isso poderia ser experimentado como um plano aberto que é largo, profundo, expansivo e dá a impressão de ser infinito. Essa é a nossa proposta de origem da consciência. Em muitos aspectos, isso pode ser descrito como um estado de energia repleto de potencial. Como já comentamos, talvez esse estado de probabilidade quase zero, esse plano de possibilidade, tenha as propriedades quânticas de microestados que não têm uma Flecha do Tempo, e talvez seja por isso que alguns descrevem-no como "atemporal". Esse é um mar de potencial, um plano de possibilidade que existe quando a curva de distribuição de probabilidade está no valor quase zero. As atividades mentais estão num continuum com consciência, assim como probabilidades e realidades borbulham deste mar de potencial, conforme surgem deste plano de possibilidade.

Dentro do plano, podemos sentir um senso expandido de liberdade. A ideia não é tentar estar em um ou outro aspecto da curva de energia, mas obter acesso flexível a todos eles, movendo-se livremente pelo espectro completo da experiência. Essa interligação de posições diferenciadas ao longo da curva é o mecanismo de harmonia, limitado pelos padrões caóticos ou rígidos, que produzem um senso de coerência na vida. É isso o que a integração acarreta – a interligação de posições diferenciadas ao longo da curva de probabilidade de energia.

Pode ser que o mais próximo que eu e você possamos chegar um do outro, o lugar onde possamos encontrar profunda ressonância, é a partir deste plano de possibilidade. É assim que nosso acesso ao plano na paisagem mental individual pode moldar nossa experiência de abertura e conexão na mentosfera. Mas tal interconexão não é limitada pelo plano. Meu plano e o seu plano são bastante semelhantes, senão idênticos. Infinitude é infinitude em cada um de nossos corpos, cada uma de nossas paisagens mentais. Isso nos dá um ponto de partida para identificar, conectar e interligar uns com os outros. Integração é mais do que interligação, pois também envolve diferenciação. Os platôs e picos que formam a essência de nossa identidade pessoal são maneiras importantes com que podemos diferenciar uns dos outros. Integração é o respeito pelas diferenças e a cultivação das interligações compassivas. A diferenciação naturalmente se desdobra como platôs e picos, dentro e por trás da conscientização, surge e forma nossa vida mental. Mas acessar o plano nos permite ir além de um senso de indivíduos isolados e separados. Sim, nossos picos e platôs são únicos em cada um de nós; mas respeitá-los e acessar o plano nos permite chegar a um comum acordo. Viemos ao mundo para perceber nossas conexões, nossas semelhanças, não só nossas diferenças. O plano é o portal para que a interligação da integração aflore. É também por meio deste plano de possibilidade que percebemos que não somos apenas conectados com outras pessoas, mas também profundamente conectados com o planeta, nosso lar em comum, esse lugar que chamamos de Terra.

Por meio do plano podemos encontrar um caminho para receber profundamente os platôs de probabilidade e os picos de certeza alheios. É assim que honramos as diferenças dos outros, como respeitamos e estimamos, até nutrimos, nossas maneiras diferenciadas de ser. Por meio da presença mental do plano, podemos estar abertos às tendências particulares e predisposições de nossas personalidades. Sua identidade, história, predileções e vulnerabilidades pessoais, cada uma delas seriam padrões de platôs e picos. Isso tudo podemos explorar dentro de nossas reflexões autobiográficas e com as histórias que contamos sobre nossas vidas individuais e corporificadas dentro da paisagem mental. Elas não são "os bandidos" ou algo do qual nos livrarmos, elas são apenas aspectos de todo o espectro da vida mental a ser adotada, mas a cujos padrões rígidos ou caóticos não se tornam aprisionadas.

Podemos aprender, com intenção e prática, a nos mover mais livremente desses picos e platôs que podem nos restringir, limitar nossa identidade, aprisionar-nos em hábitos e crenças que nos mantêm em estados rígidos de esgotamento e estagnação, ou estados caóticos de sobrecarga e prostração. Como podemos fazer isso? Treinando intencionalmente a mente para acessar o plano aberto de possibilidade, podemos aprender novas maneiras para que a energia possa emergir de seu espaço de possibilidade aberta e incerteza como manifestações da realidade, como certeza e realização. Então podemos voltar tudo outra vez. Desta forma, obter acesso ao plano nos abre para criar conexões tanto com os outros, por meio do comum acordo, quanto por uma vasta gama de possibilidades dentro dos platôs e picos de nossa própria paisagem mental. Despertar a mente é liberar o movimento de energia ao longo desses novos padrões de probabilidade, saindo de caminhos que se tornaram encalhados ou caóticos em nossas vidas, conquistando a liberdade para experimentar novos desdobramentos, uma liberação que frequentemente exige que deixemos de lado uma necessidade de controle e, ao invés disso, relaxemos para abraçar o desconhecido e capacitar o impulso natural em direção à integração para que a harmonia seja percebida.

O medo da incerteza para alguns é o afastamento do agradável descanso naquilo que pode ser um plano de possibilidade desconhecido. A necessidade de saber, o medo de não estar no comando, pode limitar nosso acesso ao plano. Ainda assim, quando ultrapassamos essas necessidades e enfrentamos esses medos, podemos transformar nossas vidas ao libertar nossas mentes. Essa seria a maneira com que a integração da consciência facilitaria o enaltecimento de lugares diferenciados ao longo da curva de probabilidade de energia, ao passo que interligaria aquelas diferenças dentro e entre nós. Eu posso respeitar seus platôs e picos particulares, e posso encontrar união com você a partir de nossos planos. Nos termos da Roda, somos diferentes em nosso aro, mas encontramos pontos em comum em nosso eixo. É assim que despertamos nossas vidas e libertamos nossas mentes.

Reflexões e convites: cultivando a presença

Estar ciente de alguma coisa por si só não significa que estamos em um estado de presença receptiva. Podemos viver com uma atenção não focada, com coisas entrando numa conscientização nebulosa, e podemos viver com presença e um foco acentuado naquilo que experimentamos na conscientização. Quando a lente com a qual sentimos a mente está estabilizada, com abertura, objetividade e observação, podemos ver com mais profundidade e clareza. A partir deste estado mental aberto, desta presença, podemos viabilizar o afloramento das mudanças com intenção e auto-organização – podemos avançar de maneira mais exitosa em direção à integração.

Aqui, iremos refletir sobre essas experiências de estar ciente e explorar o que pode ajudar a esclarecer as maneiras com que podemos criar acesso a esse plano de possibilidade e fortalecer a presença que as pesquisas têm afirmado poder cultivar o bem-estar. Conforme avançamos nessas reflexões, você pode achar interessante imaginar como essas camadas de conscientização afloram em seu dia a dia, como sua mente enfrenta seu cérebro e como, no fim das contas, você pode usar sua mente para criar mais integração em suas experiências cotidianas.

Como, você pode perguntar, podemos estar cientes sem estarmos totalmente presentes? Nosso modelo de plano de possibilidade pode nos ajudar a explicar essa situação de como a experiência da consciência pode funcionar. Vamos supor, pelo bem dessas reflexões, que o conhecimento da conscientização, de alguma forma, seja uma propriedade emergente do fluxo energético que surge quando esse fluxo está em quase zero no plano de possibilidade. Essa suposição é consistente com nossa proposta de que mente – inclusive a consciência – é uma propriedade emergente, um primado, do fluxo de energia. Dado que a energia flui ao longo dessa curva, viemos discutindo a observação de que o conhecimento da conscientização pode sobrepor-se a essa posição ao longo da curva.

Pode ser que a conscientização em aberto, ou o que alguns podem chamar de pura consciência, seja uma propriedade quântica sem Flecha no nível de microestado. Quando os valores de probabilidade de energia surgem acima do plano, talvez eles, então, tenham as características clássicas de macroestado, no qual o tempo é limitado pela Flecha – o que significa que nossos sentimentos, pensamentos e memórias, por exemplo, têm um senso tanto de movimento quanto de direção unitária "com o passar do tempo", do passado para o presente para o futuro. Por outro lado, a consciência teria uma qualidade atemporal. A tensão de nossas vidas mentais, se isso for verdade, é que com relação a um senso da passagem do tempo, podemos ter uma consciência quântica com uma série clássica de atividades mentais. Além do mais, vivemos num clássico mundo de objetos físicos, de macroestado e limitado pela Flecha, porém ainda estamos cientes deste ambiente clássico com uma conscientização da mente quântica. Essa tensão entre o clássico e o quântico pode, de fato, ser um enigma fundamental de nossa experiência humana.

Ademais, temos a vasta gama de estados de consciência em que podemos estar em um determinado momento. Pode ser que uma combinação das posições da curva de distribuição de probabilidade de energia pode nos ajudar a conjecturar o que pode estar acontecendo. No caso de presumirmos que o conhecimento da conscientização emerge do plano, e que as atividades mentais, como pensamentos, emoções e memórias, emergem da curva acima do plano, então talvez a vida mental não consciente e consciente possam ser vistas da seguinte maneira. Muitos neurocientistas sugerem que alguns processos de ligação são encontrados quando um sujeito está consciente de alguma coisa (Tononi & Koch, 2015; Edelman & Tononi, 2000). Por exemplo, nas formulações mencionadas antes, se um evento de varredura de 40 ciclos por segundo no cérebro estiver ocorrendo, como sugere Rodolfo Llinás, e as interligações integrativas surgem, como Tononi e seus colegas propuseram, então a consciência pode depender, em parte, de uma sorte de áreas neurais contribuindo para o lado cerebral da conscientização. Essas são algumas das principais noções de correlatos neurais da consciência.

Mas a que a pura consciência – o conhecimento da conscientização sem o conhecido – de fato corresponderia na atividade cerebral? Seria um nível incrivelmente baixo de disparos? Haveria indícios de como algum microestado uniforme pudesse ser predominante – a fonte quântica do conhecimento da conscientização – sem as características de macroestado de aspectos acima do plano do conhecido? E quando estamos cientes de alguma coisa, como isso poderia combinar essas duas propriedades potenciais do clássico e do quântico? Simplesmente, não temos os dados empíricos para saber as respostas dessas questões fundamentais sobre a atividade cerebral e o conhecimento de estar ciente.

No lado mental da consciência, examinaríamos o fluxo de energia, não apenas as mudanças na localização física dentro do cérebro ou em outro lugar qualquer, mas alterações em vários estados de probabilidade. Como poderia ser tal fluxo de energia?

Vamos examinar a figura do plano de possibilidade e focarmo-nos nas metades superior e inferior. Como em qualquer desenho, essa figura, é claro, é simplesmente um mapa, uma metáfora visual, e não a "coisa em si". Mas metáforas, como um tipo de mapa, como já discutimos, podem ser bastante úteis se suas limitações forem reconhecidas. Neste mapeamento das distribuições de probabilidade de energia, a parte superior do gráfico que temos explorado representa a vida mental, parte dela experimentada como "experiência subjetiva" dentro da consciência. Na metade inferior do gráfico estão as alterações correspondentes na probabilidade que podem ocorrer ao mesmo tempo dentro do cérebro. Essas são as atividades neurais que seriam os correlatos neurais da consciência. Uma implicação desta demonstração é que, às vezes, o cérebro pode indicar o caminho, com padrões de disparo neuronal reinando sobre a vida mental; outras vezes, a mente pode indicar o caminho, puxando o disparo neuronal para uma direção que normalmente ele não iria. É assim que a mente pode moldar os padrões de disparo cerebral, uma capacidade agora estabelecida.

Por ora, vamos nos referir à posição da probabilidade de energia como dentro do plano ou fora do plano. Para a mente, isso seria a atividade representada acima do plano de possibilidade; para o cérebro, isso seria a atividade abaixo do plano. Como a energia flui na mente e no correlato cerebral de um para o outro, seria refletido dentro do espelhamento do que está acima e abaixo do plano. No entanto, nossa proposta de que a experiência subjetiva e o disparo neuronal não são os mesmos fenômenos é reforçada pela ilustração gráfica do neural e do mental correlacionados, mas não idênticos. Em outras palavras, como já discutimos pela nossa jornada, eles não são a mesma coisa, mesmo que eles influenciem diretamente um ao outro. Agora, vamos analisar como a consciência pode envolver tanto os processos neuronais quanto os mentais pela lente dessas alterações na probabilidade.

No caso de imaginarmos que estar ciente, o conhecimento da consciência, requer alguma combinação do fluxo de energia para ter um componente de plano, algum movimento da curva de distribuição de probabilidade de energia para quase zero de certeza, então isso, como estamos propondo, poderia ser a base, em termos energéticos, do conhecimento da consciência.

A qualidade da consciência, seja conscientização nebulosa apenas com detalhes vagos, seja presença receptiva com clareza e abertura, pode ser determinada por diferentes proporções de quanto da varredura de 40 ciclos por segundo ou algum outro processo de amostragem semelhante incluir-se-ia no plano (conhecimento da conscientização) e nos picos ou platôs (os conhecidos da conscientização). O que essa sugestão significa é que o conhecido e o conhecimento seriam um continuum, cada um representando uma diferente localização na curva, ou seja, cada um seria um estado diferente de probabilidade. Caso, então, tomarmos essa sugestão e a refinarmos, podemos ser capazes de ver como diferentes quantidades do plano (conhecimento) e dos platôs e picos fora do plano (conhecidos) podem se combinar para revelar diferentes maneiras de estarmos cientes.

Caso a proporção da atividade da curva fora do plano dos conhecidos for levemente dominante, talvez sejamos mais conscientes das coisas ocorrendo, sem que elas sejam plenamente experienciadas em um estado receptivo atento, um lugar de abertura com escolha e mudança. Ficamos absurdamente perdidos na experiência sem uma grande porção de conscientização, que pode conter observação autorreflexiva. Poderia este ser um exemplo de quando nos deleitamos no condutor da transmissão da energia sensorial da mente? Talvez esse seja simplesmente o estado que Csikszentmihalyi chama de fluxo, já que ficamos cientes de uma dominância de uma transmissão sensorial, mas sem muito, se é que alguma, auto-observação (Csiksentmihalyi, 2008). Talvez o perfil da curva de distribuição de energia fizesse com que os conhecidos do fluxo aflorassem diretamente do plano, sem muitos filtros, restringindo os platôs que alteram a percepção. Neste aspecto, a energia no plano teria profunda conscientização, enquanto a energia além do plano, como picos emergentes, seria um estado tão puro quanto possível, não restringido por expectativas anteriores. Talvez esse perfil energético de baixo para cima, equilibrando picos e plano, seja o que podemos encontrar com o fluxo. A chave é a origem dos picos e a proporção das posições dentro e fora do plano.

O fluxo pode dar uma sensação maravilhosa, mas simplesmente não é a mesma coisa que uma conscientização aberta que incluiria a auto-observação. Com o fluxo, os picos em ascensão podem preencher nosso senso do momento presente, e ficamos perdidos na atividade, fundidos a ela, inseparáveis dela. Quando acrescentamos mais de uma proporção do plano à experiência, talvez o senso mais amplo de uma consciência que pode aflorar incluiria, a seguir, o próprio senso de conhecimento, e mesmo um senso do conhecedor, além do conhecido da experiência do fluxo. Esse estado aberto parece acessar tanto a condução quanto a construção, e proporciona uma janela para que possamos sentir a expansividade infinita que talvez seja o cerne da quietude receptiva, a essência da própria consciência. É assim que a presença pode escolher participar profundamente do fluxo, mas não é igual ao fluxo. Essa presença é um estado aberto a todos, um posicionamento de "manda bala" que convida as minúcias e a magnificência em um grande e acolhedor abraço.

Com estados diferentes da lucidez que vem com o fluxo ou com a conscientização aberta, podemos estar num estado massivamente dominante acima do plano, mas não muito cientes dos detalhes de uma experiência. Num momento como esse, podemos estar vagamente cientes do que está acontecendo, com detalhes turvos, exibindo um foco confuso com uma sensação efêmera, imagens instáveis ou noções nebulosas. Nossa atenção é facilmente distraída, a conscientização simplesmente vagueia para lá e para cá, sem estabilidade, sem estar banhada pela grandeza do fluxo, ou repousando na quietude da grande expansão da conscientização receptiva, da presença. Num estado nebuloso como esse, sabemos, talvez de maneira confusa, que esses eventos estão lá, acontecendo, mas não estamos preenchidos pela riqueza e detalhes do fluxo, nem da experiência da presença, intensamente acolhedora e aberta. Esse estado turvo é como podemos ter conscientização sem fluxo, e conscientização sem presença. Aqui, poderíamos imaginar que a amostragem da curva de energia, ao fazer sua varredura, está predominantemente acima do plano, com apenas um pequeno acesso ao plano, dando uma pitada de conscientização, mas apenas de uma maneira vaga. Em outras palavras, para estar ciente, precisaríamos de alguns elementos da curva de energia para mergulhar no plano – quanto menos mergulhado, menor a lucidez.

Caso a atividade da curva fora do plano como platôs e picos seja exclusiva, se a combinação da varredura de 40Hz no momento, ou qualquer outro processo integrativo ainda a ser descoberto, não inclui o plano mas apenas distribuições além dele, então esse seria um possível perfil que revelaria como as atividades mentais não conscientes poderiam ocorrer. Picos e platôs estariam se desdobrando sem muito, se é que algum, mergulho no plano. Essa é uma proposta para como pareceria o perfil da mente não consciente nesta estrutura, e como poderiam ser os correlatos neurais. Esse seria o fluxo de informação da mente, que estaria por trás ou viria antes da consciência e da atividade neural que não gera conscientização. Os pensamentos, sentimentos ou memórias estão lá, mas simplesmente não estamos cientes deles – nem mesmo de maneira turva. Nem chegamos a ter uma experiência subjetiva direta deles, mesmo que, em última instância, possamos sentir suas sombras em outros aspectos de nossa vida mental que não adentram a conscientização.

Eis aqui a coisa mais empolgante sobre o ponto ao qual chegamos. Podemos agora pegar a proposta fundamental de mente como uma propriedade emergente do fluxo de energia e ver como podemos, ao olhar profundamente para o que significa aquele fluxo como alterações na probabilidade, entender a noção de atividades mentais conscientes e não conscientes.

Quanto maior a fração do plano incluída na varredura interligadora, maior a conscientização receptiva que temos. Nenhum plano gera nenhuma conscientização, e nessa situação essas distribuições fora do plano são atividades mentais não conscientes. Uma pequena proporção de plano, e a conscientização fica turva ou vaga. Uma média proporção de plano, e talvez cheguemos a um fluxo sensorial. Quanto maior a fração do plano varrido no momento da varredura integrativa, maior a receptividade. As proporções determinantes específicas que distinguem a experiência do fluxo de uma presença consciente mais ampla pode não ser fixa ou, talvez, nem claramente demarcada, variando de momento a momento, de indivíduo para indivíduo. Isso, é claro, tornaria os estudos empíricos mais desafiadores em seus esforços de medir tais processos. Mas uma questão importante é que a proporção da varredura integrativa pode mudar em qualquer experiência; podemos estar no fluxo e, em seguida, precisar acessar mais autorreflexão, então mergulhamos mais fundo no plano, aumentando a proporção conforme necessário. Em outras palavras, podemos usar a mente para alterar o que podemos chamar de proporção de varredura, mudando a qualidade da consciência naquele momento. Se praticarmos a Roda, ou apenas estivermos naturalmente no plano como característica de quem nós somos, podemos ser mais capazes de aumentar atividade do plano e, consequentemente, ter a presença como um traço de nossas vidas. Isso significaria que você poderia aumentar a proporção das posições dentro do plano em comparação com as fora do plano ao longo da curva de probabilidade durante a interligação integrativa, durante a varredura.

Você pode ter presença e fluxo simultaneamente? Talvez a questão seja quanto ao *timing*, mesmo que o tempo como algo fluido não faça parte da realidade. Então essa se torna uma questão de uma problemática de padrões de distribuição de probabilidade que afloram, momento a momento, a mudança na probabilidade que existe sem tempo-como-algo-fluido, e até mesmo uma mudança que existiria sem espaço. Em outras palavras, mesmo sem tempo e espaço, mudanças podem acontecer na posição da curva de probabilidade da energia, momento a momento. O que essas transições têm a ver com a conscientização aberta? Pode ser que, simplesmente, com a presença você tenha a capacidade de escolher todos os tipos de proporções que servem a diferentes propósitos. Desta maneira, com a presença você pode escolher o fluxo. Mas, talvez, nem todos aqueles que experimentam o fluxo são capazes de entrar facilmente na presença. Essa é uma questão a ser pesquisada que, até agora, não tem uma resposta. Veja um exemplo do que poderíamos considerar: se formos absorvidos por raiva e descontarmos em alguém com uma ação violenta, podemos estar no fluxo de nossa ira, mas sem acessar a flexibilidade e moralidade de um estado consciente de presença. A presença pode incluir o fluxo como uma escolha, mas o fluxo pode existir sem presença.

Como já afirmamos, presença é o portal para a integração. Presença é o que pode ser necessário para as escolhas e mudanças, libertando-nos de impedimentos ao impulso natural em direção à integração. Em tal estado de presença, picos e platôs podem ser prontamente acessíveis como componentes menores das proporções de varredura comparados ao alto grau de plano representado naquela varredura integrativa no momento. Em outras palavras, uma varredura acontece e, de alguma forma, define como o "agora" pode ser experimentado, o que é esse momento em termos neurais e mentais. Esse seria um perfil de probabilidade que podemos sugerir e que ilustra os elementos centrais da conscientização plena, do estar ciente com aceitação e amor neste momento presente. Uma distribuição mais equilibrada da varredura, tanto em valores dentro do plano quanto fora do plano, permitiria uma maior plenitude na conscientização do fluxo da experiência.

Quanto mais componentes do plano preencherem a proporção de varredura de um momento, mais poderemos sentir um senso de conscientização aberta. Mas há um componente a isso tudo que pode ser potencialmente problemático. Recentemente, fui jantar com uma colega minha e nós discutimos sobre sua prática de meditação de longa data. Ela me perguntou como eu distinguia o "vazio da realidade não dualista", em que ela imergiu nas últimas décadas com meditação, da experiência de abertura e plenitude, que outros descreveram mais cedo naquele dia durante um *workshop* com a prática da Roda como sua experiência do eixo – o plano da possibilidade. Ela disse que para ela acessar o profundo senso de pura conscientização em sua prática durante esses anos todos fez com que percebesse que nada existia. Quando lhe perguntei sobre qual era a sensação, ela disse: "de completo vazio". Seu rosto ficou inexpressivo. Ela então acrescentou que todo o resto, para ela, era mera ilusão. Nada existia na realidade. Essa era a realidade dela: tudo o que era real era nada.

No caso de olharmos para nossas discussões sobre o fluxo de energia, talvez possamos entender o que essa pessoa pensativa estava enfrentando. Ela não está sozinha. Alguns consideram que uma visão "não dual" significa que tudo que parece separar o Eu do mundo é uma ilusão. Em essência, não há real separação de ninguém de nada. Entretanto, essa realidade não dual significaria que a vida é plena, não vazia. Caso o verdadeiro mundo não dual for pleno, como essa mulher, em suas próprias palavras mais tarde, acabou ficando tão "presa" no vácuo? A estrutura da curva de probabilidade pode nos ajudar a entender a experiência dela. A constatação de um conjunto de possibilidades quase infinito em probabilidades, e depois em realidades é, estamos dizendo, a fonte de nossa vida mental. Está bem. A partir de uma perspectiva não dual, o quê, quem, como, quando, onde e por que nós somos, nossas maneiras de ser, emerge como transformações dos padrões de energia, movimentos incessantes ao longo da curva de distribuição de probabilidade. É isso. E isso é cheio de potencial infinito, emergência ilimitada. Conscientização, estamos propondo, o conhecimento de nossas vidas mentais, emerge quando a posição da probabilidade no momento está no plano em quase zero. Agora, uma maneira de compreender a experiência em si de se estar naquele plano, de aprender a estar somente naquele plano e não nos platôs e picos fora do plano, é que você pode sentir subjetivamente esse estado de "probabilidade de zero por cento" como a experiência de nada. Literalmente, "não há nada lá", somente potencial. O "nada" é a falta de "coisas" dos platôs e picos, dos conhecidos da mente. E se você chegou a desconfiar da emergência das coisas – tais como intenções e humores como platôs de probabilidades aumentadas, ou pensamentos, emoções, memórias, percepções, sensações ou o que for como picos de realidades –, então você achará que tudo fora daquele plano de pura conscientização é ilusão, é falso, não é real. Caso aquela linha de, bem, acreditar ou achar faz com que você apenas repouse no plano como um lugar para se evitar o que você considera ser, no mínimo, ilusório, uma desconfiança dos conhecidos da mente, então, em certos aspectos, este plano é experimentado como completamente vazio. Você não confia em nada que possa surgir dele. Inicialmente, o plano se torna um porto seguro, e depois, como no caso dessa pessoa, uma prisão de vazio.

Ao contrário da experiência da minha colega, o equivalente de probabilidade em zero ou quase zero pode ser experimentado como infinito ou repleto de possibilidade em aberto. Em vez de ser vazio, o plano, na verdade, é cheio. Cheio de quê? Cheio de potencial. E, para muitos, inclusive para mim e outros milhares que assim descreveram, esse plano é uma fonte de paz, abertura, infinitude, felicidade, lucidez e conexão. Nesta visão, o que surge do plano não é uma ilusão, mas uma oportunidade. A vida emerge cheia de liberdade, não aprisionada ao plano.

Vazio ou plenitude. O plano pode ser experimentado das duas formas. Alguns podem experimentá-lo como uma prisão; outros, como um palácio. Como você sente o plano, como vazio ou plenitude, e quer você o experimente subjetivamente como prisão, quer como palácio, pode depender de muitos fatores em sua vida. Por exemplo, alguns acham a experiência da incerteza apavorante e cair no plano é uma experiência desconfortável, pelo menos no início, como já falamos. Outros, pelo contrário, acham a vastidão das possibilidades acalentadora, repleta de um senso de infinito que traz um profundo senso de conexão, não apenas com um caminho aberto, mas também com um mundo aberto, já que seus sensos de Eu ampliam e se aprofundam.

Como essa curva de distribuição de probabilidade e consciência surge do plano relacionado com a auto-organização? Podemos descrever sua conexão a partir da visão da integração.

Uma consciência integrada permite acesso pleno e livre à totalidade da curva de distribuição de probabilidade. Acolher todas essas emergências, repousando no plano, é simplesmente um aspecto de uma plenitude do ser. Não há nada a ver, mas tudo a ver com a experiência. Nesta perspectiva, o conhecimento, o conhecedor e o conhecido são partes de um continuum. Essa maneira de sentir uma visão não dual que tem muitos aspectos, permite que vejamos que as coisas no mundo, os conhecidos e o conhecedor, não sejam ilusórias. Elas não são apenas reais, mas são realmente importantes como aspectos diferenciados da realidade que se torna interligada dentro da harmonia da integração. Pode até ser que o conhecimento tenha um senso de tempo livre da Flecha, enquanto que o conhecido e, quem sabe, até o conhecedor – se for uma construção mental do "Eu" e não pura conscientização – podem ter mais uma qualidade de macroestado limitada pela Flecha, como propusemos anteriormente.

Desta forma, minha colega pode ter ficado extremamente focada no estado livre da Flecha e evitado um estado de vida mental acima do plano limitado pela Flecha, que ela só via como irreal, não confiável e, basicamente, uma mentira. Ela parecia ter ficado presa numa visão de que tudo o que era real era o plano, o que para ela, como descreveu, era uma prisão de vazio no qual ela estava, agora, rigidamente confinada. Ela se sentia incapaz de mudar sua vida e buscava um alívio. Como, ela se perguntou, ela poderia usar o processo de integração para alcançar o fluxo auto-organizacional que poderia libertá-la, adotando posições diferenciadas ao longo da curva de distribuição de probabilidade e, literalmente, abrir sua vida e libertar sua mente?

Vamos imaginar que, se a proporção é plano-dominante, então sentimos um senso de plenitude expansiva que nos preenche enquanto repousamos na magnificência deste momento. Alguns podem chamar isso de conscientização plena, nós podemos simplesmente chamar isso de presença. Às vezes, podemos cair completamente no plano e perceber um senso de dissolução de um Eu separado, experimentado de diversas maneiras, como um nós, como o divino, como espírito, como nossa natureza fundamental interconectada, interdependente e não dual. Como vimos, se ficarmos presos ao plano, como minha colega parecer ter feito inadvertidamente, com sua crença de que tudo ao redor era ilusão, então podemos propor que ela não estava mais integrada. O plano, para ela, havia se tornado uma prisão de rigidez. Para outros, não ter qualquer acesso ao plano pode criar uma vida de piloto automático, que também poderia resultar em experiências rígidas ou caóticas. Mas a vida não precisa ser assim. Integração do plano, platôs e picos, interligar o conhecimento livre de Flecha e conhecidos limitados pela Flecha, respeitar cada uma de suas diferenças e cultivar suas interligações, revela como podemos transformar a rigidez e o caos potenciais na harmonia da integração. Mencionei isso tudo para minha colega e ela pareceu aberta e aliviada, talvez até impelida e amedrontada ao mesmo tempo.

Depois de nosso encontro hoje na costa do Pacífico, voltando agora à minha escrita, aqui estavam algumas das novas declarações integrais feitas sobre a prática da Roda, principalmente quando o raio foi virado 180 graus, de volta ao eixo: "Nossa". "Incrível". "Estamos todos conectados, não há um Eu separado". "Você encontrou a fechadura dourada, e agora nós temos a chave". "Eu estava entediado até o foco no eixo, então eu entrei num estado alterado e fiquei lá". "Tive um senso de imensidão, de eternidade, alegria, conforto, tranquilidade, graça". "Um casulo de conscientização em expansão".

Aumentar o acesso ao plano da possibilidade pode fazer a conscientização entrar num estado de presença. A presença não precisa ser uma prisão ou algo em que se prender – ela oferece o potencial de viver plenamente. É o portal para a integração.

Essas são simplesmente maneiras de se ponderar, conforme nos consolidamos onde chegamos, imaginando como nossas vidas mentais, conscientes ou não, comuns e únicas, isoladas e conectadas, cada uma pode aflorar dos mecanismos fundamentais da mente que emerge do fluxo de energia e informação.

Essas reflexões dão origem a convites para sentir como é nossa própria conscientização.

Caso você tenha feito a prática da Roda, como foi para você? Quando as pessoas esperam ter a mesma experiência que as descrições ouvidas, às vezes isso pode inibir sua própria emergência natural dentro da prática. Compartilho essas descrições para que você possa reconhecer os dados de primeira pessoa que servem de base para a noção de que algo profundo acontece, seja num encontro de igreja, seja aqui nessas encostas de Big Sur, que são dramaticamente semelhantes, independentemente da origem ou do nível de experiência do participante.

Como esse acesso ao eixo da roda, esse plano de possibilidade, influenciou sua própria vida? Qual foi sua sensação? Como foram as várias partes do aro? Conforme você reflete sobre essas experiências, imagine o que poderia acontecer se você pudesse prontamente acessar um lugar interior de lucidez e escolha, o eixo de sua mente. Quais são as maneiras que você pode imaginar, usando este modelo da mente, para informar como você aborda sua vida cotidiana?

Você tem a possibilidade de usar sua mente para focar a atenção e abrir sua conscientização – o topo da figura do Plano da Possibilidade – de maneiras que podem fazer com que seu cérebro – a parte inferior da figura – mova-se de formas novas e mais integradas. Mesmo que seu modo automático seja não integrado, seja propenso ao caos ou à rigidez, você na verdade pode escolher fortalecer sua mente e fazer com que ela – a regulação do fluxo de energia e informação – intencionalmente conduza fluxo energético pelo seu cérebro de novas maneiras. Agora que você sabe sobre a centralidade da integração, podemos dizer que você está habilitado para usar a mente para integrar seu cérebro e aprimorar o senso de bem-estar. À medida que você experimenta esse estilo de vida, você pode se tornar parte ativa da comunidade de indivíduos que promovem integração. É dessa forma que o trabalho de sua própria paisagem mental se torna entrelaçado com a *mentosfera* à sua volta. Essa é a continuidade da consciência, cognição e comunidade.

No encontro desta semana, algumas pessoas reclamaram do trânsito intenso. Hoje, sugeri que embora picos de pensamentos de raiva e platôs de humor irritadiço possam surge enquanto dirigimos, com a prática de obter acesso imediato ao plano da possibilidade, é possível ter um santuário interior sempre à disposição, mesmo no trânsito. Essa é uma manifestação física da *mentosfera*. E como conectamos nosso trabalho de paisagem mental interior àquele ambiente de *mentosfera* é a chave para viver plenamente de maneira corporificada e relacional. Dessa forma é que levamos a integração para o mundo, de dentro para fora.

Essas experiências, para mim, criam um senso interior de que alguma coisa importante reside em nossa jornada, algo que pode fazer diferença nas vidas das pessoas, algo que, se esclarecido, pode nos ajudar a ter uma visão de mente maior e mais global, e, por conseguinte, mais precisa. Essa visão de mente mais clara poderia fornecer uma abordagem mais eficaz para qualquer um ajudar seus semelhantes, seja nas conexões em nossos lares, seja no aprendizado em nossas salas de aula, seja na transformação em nossos centros clínicos, seja na comunicação dentro de nossas comunidades locais ou estendidas.

Estudos revelam que somos profundamente interconectados uns com os outros em nossas comunidades e culturas (Christakis & Fowler, 2009). Nós influenciamos pessoas que estão, pelo menos, três graus separados de nós, mesmo sem intenção. Em outras palavras, como vivemos e como nos comportamos pode inspirar indivíduos que, talvez, jamais conheceremos. Você consegue imaginar como seria sua comunidade se você e outras pessoas desenvolvessem mais acesso ao plano da possibilidade? No caso de vivermos fora do plano na maior parte do tempo, sem presença, viveremos uma vida isolada, sendo varridos por cognição não consciente que nos coloca em piloto automático. Mas considere o que desenvolver acesso ao plano poderia significar. Para sua vida individual, você ganha mais autoconsciência, liberdade e flexibilidade. Para suas relações imediatas, você desenvolve mais empatia, compaixão e conexão. Em sua comunidade, e em sua cultura como um todo, você pode ter novas conversas sobre a natureza de nossas vidas, ao passo que inspira outros a encontrar essa mesma fonte de lucidez, flexibilidade e conexão. Você e eu, nós, somos habilitados de dentro para fora para fazer com que essas mudanças se tornem realidade. Do mar de potencial, podemos tornar esse mar acessível a nós mesmos, criando ondas culturais de influência positiva para os outros.

Nessas reflexões, convidei você a explorar sua experiência direta. No caso de você peneirar sua mente, qual é a textura subjetiva das suas sensações, imagens, sentimentos e pensamentos, conforme reflete sobre o que é a mente? Caso comece com a simples tarefa de perguntar como e de onde surgem esses quatro aspectos da vida mental, você consegue sentir, no plano da possibilidade, as origens corporificadas e relacionais de sua experiência mental? Consegue sentir o potencial deste mar mental pessoal e compartilhado?

Neste momento, sinto a empolgação desta jornada e também um senso de tristeza quanto ao seu fim, conforme o momento se aproxima. Sinto-me agora preenchido por um sentimento de gratidão por você e eu termos percorrido essa jornada e termos a possibilidade de fazer esses questionamentos. Em nosso próximo item temporal, exploraremos como podemos abraçar nossas conexões uns com os outros e cultivar admiração por estarmos vivos, por simplesmente trilharmos essa jornada evolutiva que chamamos SER humano.

── CAPÍTULO 10 ──

HUMANIDADE: PODEMOS SER HUMANOS E BONDOSOS?

Aqui estamos, nosso último item que começa agora e nos leva aos agoras que estão por vir. Exploraremos o íntimo de alguns dos temas centrais que emergiram em nossa jornada juntos, desde a natureza interior e intermediária da mente até a centralidade da experiência subjetiva e a necessidade da integração, para cultivar uma mente saudável por toda a vida. Uma visão simples é a seguinte: bondade é um resultado natural da integração. A integração do Eu possibilita a diferenciação de um "eu" individual com um "nós" interconectado. Sermos gentis uns com os outros, respeitar as diferenças e cultivar as conexões compassivas, é viver uma vida integrada. É um privilégio estar nessa exploração com você, e eu lhe agradeço pela companhia ao longo desta jornada de descoberta ao centro do ser humano.

Ser, fazer e integrar a mente (2015-presente eterno)

Nascer do sol, primeiro dia do ano. As cores laranja, azul e verde do amanhecer ao longo da costa, na fronteira da América do Norte, preenchem o céu com luminescência. O som das ondas que gentilmente se desdobram agora, como se desdobraram por agoras infinitesimais, em padrões além da imaginação, cria uma paisagem sonora que envolve minha mente em uma canção de ninar que me convida a voltar para a cama. Este corpo precisa de mais descanso, depois das festividades da noite passada, na véspera do Ano Novo, com amigos e familiares. Mas estou acordado, aqui com você, querendo expressar alguma coisa desta jornada em palavras possíveis de serem compartilhadas, juntos, nesses agoras que eternamente nos envolvem na existência, na vida e na jornada desses momentos vividos que passamos a conhecer como mente.

Nós somos o nascer do sol? Somos as ondas a quebrar? Somos a criação do tempo, a denotação da passagem de uma coisa denominada dia, mês, ano, meia década, como esses itens temporais que organizaram nossa jornada? A gritaria da celebração em homenagem a essa fronteira criada pela mente de um ano pelo mundo todo, o espetáculo de fogos de artifício nos céus de toda a Terra, as imagens compartilhadas entre bilhões de humanos ao redor do planeta: todas essas coisas são alguma construção compartilhada de nossa mente coletiva?

Nós criamos significado a partir de um conjunto infinito de padrões de energia e damos vida à informação. Somos os condutores sensoriais possibilitando que o de baixo para cima flua livremente em nossa conscientização; somos os construtores interpretativos, compreendendo e narrando nossas vidas conforme elas se desdobram. Na realidade, não há nenhum "ano novo" em qualquer outro lugar além da mente. Como vimos num momento anterior, quando deixamos a realidade do aqui e agora, avançamos para nenhum lugar . Esse é o risco de acreditar na ilusão mental de tempo, existindo como algo unitário que flui em vez de uma faceta da nossa realidade quadridimensional do espaço-tempo. Podemos nos preocupar com o passado e nos angustiarmos com o futuro. Sim, há a passagem do planeta ao redor do Sol com certa periodicidade que molda nossa relação com o orbe incandescente, aquele lembrete da fonte de toda a energia desde o princípio do universo. Sim, o giro da Terra em torno de seu eixo a cada período daquilo que chamamos de tempo e demos o nome de "dia" demarca os limites de um padrão que chamamos diurno, uma maneira de sentir como o agora se desdobra de forma constante. A vasta gama de ritmos circadianos de nosso corpo também revela alterações em nossa fisiologia, baseados nas relações da Terra com o Sol. O Sol nasce da borda do horizonte, flutua ininterruptamente até o alto e depois se põe. Cada uma dessas mudanças nas relações espaciais que nós interpretamos como algo passando, como o tempo se desdobrando, é um relógio que usamos para medir o tempo. Nós temos um padrão de agoras ao qual recorremos diariamente. O movimento do círculo branco que reflete a luz do sol, o qual chamamos de lua; aquele reflexo brilhante do Sol também transita em padrões repetitivos que chamamos de ciclo lunar, algo que designamos grosseiramente de mês. O ângulo do Sol em relação ao horizonte também muda com o passar do que chamamos de tempo, com agoras repetitivos que chamamos de estações, que seguem um padrão denominado anual. No caso de fincarmos um palito no chão no ângulo exato, teremos reinventado o relógio solar para mapear o tempo do dia através das estações recorrentes de nossos anos que circundam o Sol. Tudo isso se trata de mudanças nas relações entre os objetos no mundo. Depois de uma brincadeirinha, mudamos a quantidade daqueles dias, colocamos alguns nomes significativos, e criamos doze daqueles meses, formando nosso calendário de agoras.

Por conta de cada uma dessas aparências externas, o tempo é uma coisa singular que parece fluir.

Entretanto, na realidade, tudo isso é uma maneira com que os padrões de energia percebidos por nossas mentes dão significado ao mundo e nos permitem compartilhar tais percepções uns com os outros. Nossas mentes criam um senso de tempo fluindo. Para isso, precisamos nos comunicar uns com os outros, nós contamos com o papel interpretativo de nosso construtor de cima para baixo. Nós geramos o mundo que percebemos à nossa volta, inclusive o senso de tempo. Construímos, a partir de toda essa mudança de energia no mundo ao nosso redor, a informação de um símbolo, conceito, uma ideia que chamamos de tempo, e soltamos fogos de artifício para comemorar o aparente fluxo de nossa criação construída.

E quanto ao mundo interno? Nossas mentes também podem se ver, perceber a energia de dentro do corpo, sentir padrões internos. Assim como com os sonhos, as reflexões sobre nossa paisagem mental interior podem parecer atemporais – talvez porque fiquemos imersos na experiência de nosso plano de possibilidade com sua qualidade de emergência livre da Flecha. Essa corrente perceptiva de *mindsight* também pode ser usada para ver os padrões dos outros, para criar o que nossas mentes chamam de empatia, para inferir uma possível visão da vida mental interior de outra pessoa – a vida da experiência subjetiva interna, sentimentos e pensamentos, memórias e crenças. *Insight* e empatia nos permitem conhecer o mundo interior dos outros e de nós mesmos.

Quando outra pessoa estiver preenchida de sofrimento, nós aproveitamos essa empatia para sentir sua dor, imaginar como ajudar, e realizamos atos de compaixão para aliviar tal sofrimento. Esses padrões energéticos que sentimos dos outros são os sinais de sua vida interior, sentidas pelo corpo, esculpidas pelo cérebro do corpo. A estrutura cerebral governa seus padrões, seu desenvolvimento dependente das experiências, da epigenética e fatos genéticos que alteram sua estrutura em desdobramento. Essa arquitetura sináptica influencia diretamente como a energia flui e é transformada em padrões de informação.

Essa é a realidade surpreendente de viver nesses corpos. Não escolhemos entrar nesse mundo corporal, mas aqui estamos nós, como conscientização mental em nível quântico vivendo em um mundo clássico de configurações de macroestado. A informação de nossos construtores de cima para baixo cria uma história da vida do corpo, a vida do Eu pessoal, através da passagem do tempo, esses desdobramentos de nossos macroestados e estados mentais. Porém, o agora pode ser a experiência direta de todas as nossas mentes conforme vivemos no momento atual, lembramos do passado e imaginamos o futuro. O agora que já aconteceu, fixo como o momento presente, criou uma sombra sináptica que é lançada sobre o circuito neural que tem um papel central em como o agora do agora se desdobra, não apenas em nossa experiência subjetiva, mas nos padrões de fluxo de energia moldados por esses caminhos neurais. Já que o cérebro é uma máquina de antecipação, vivemos num corpo que esculpe o horizonte do agora antes que ele aconteça. Ao tentar viver no momento presente, verdadeiramente no agora, é um desafio para nós criar uma forma artística que permita que a mente avance ou retroceda nesse molde antecipatório de como vivemos a vida. Quanto mais experiências temos, como vimos, ironicamente, mais nossa expertise pode impedir que vejamos claramente e vivamos plenamente.

Para despertar deste sono de expertise, da nuvem da construção, precisamos reimaginar a própria natureza da mente e da existência. Pode ser tão simples e sensato quanto estar no presente. Essa pode ser a arte, e a ciência, de viver bem.

Preocupando-nos com o passado aparente, angustiando-nos com o suposto futuro, distanciamo-nos da presença que desperta a mente para a realidade, para a nossa própria imersão na vida que está dentro e entre nós.

Vivendo sob as sombras da memória e dos horizontes da antecipação, focando no passado e no futuro, a mente emerge de padrões neurais de disparo. A mente não é igual àqueles disparos, mas intimamente entrelaçada com eles. A história não são os fios nem a tela, mas é moldada pelos mecanismos que moldam o fluxo de energia.

E de alguma forma, de maneiras incríveis e misteriosas, podemos até conhecer todas essas coisas da vida. Podemos ter essa maneira milagrosa de estar ciente. E nessa conscientização, a mágica continua. Moldada pelas nossas realidades internas e intermediárias, correntes de fluxo de energia em muitas camadas. Podemos sentir tão diretamente quanto esses sistemas nervosos corporais permitem, a largura e a profundidade de um mundo que nossas mentes tentam desesperadamente organizar. Esse condutor facilita o fluxo do modo mais puro possível, somaticamente falando, enquanto o construtor interpreta a entrada e faz a narração para tentar compreender nossas vidas, inclusive a vida da mente e nosso senso de tempo. A mente emerge desses fluxos de energia, condutor e construtor, dentro e entre nós.

Nossa proposta de pelo menos um aspecto da mente como o auto-organizador daquele fluxo, detectando padrões e gerando significado, aponta para a noção de que esse aspecto emergente da mente está tanto dentro quanto entre nós. Nossas histórias são compartilhadas; nosso entendimento mútuo nos interliga. Nós, nossas vidas mentais coletivas, são distribuídas através de indivíduos para criar algo maior do que um Eu sozinho. Temos uma paisagem mental interior, sim, e temos uma mentosfera interna. Somos as duas coisas.

No agora, no viver aqui, agregamos, coletiva e individualmente, esses padrões dentro e entre nós de formas que diferenciam e conectam. Conforme essa integração se desdobra, a mente tanto cria quanto experimenta subjetivamente a emergência da harmonia. A sua mente e a minha têm explorado ao longo de nossa jornada a noção fundamental de que o bem-estar emerge desta integração interna e interconectada. Nós não nos tornamos um e outro; mantemos identidades diferenciadas e nos tornamos profundamente interligados. É assim que a integração cria a realidade de que somos parte de algo maior do que a mera soma de nossas partes. Nós é mais do que apenas você mais eu.

O Sol agora está mais alto no horizonte. Os vermelhos e laranjas brilhantes estão se desdobrando em cinzas moderados e amarelos desbotados. Agora é dia, o agora fixo é o amanhecer, e, à frente, os agoras em aberto do que virá para você e para mim.

Integração também pode envolver nosso senso de tempo. Podemos adotar a realidade da Flecha do Tempo que sempre nos move para frente, da abertura do futuro para a emergência do presente e conjuntos de vida no macroestado com passado fixo, enquanto, simultaneamente, experimentando um senso atemporal do emergência da vida, livre de Flecha, aflorando dentro do plano da possibilidade. Integração envolve abraçar a tensão dos aparentes opostos em nossas vidas.

Estou aqui, digitando para você, consciente de que estamos em nosso tempo atual, neste item final de nossa jornada juntos. Sinto, agora, a necessidade de sintetizar tudo até aqui, refletir sobre onde estivemos, considerar as maneiras que imaginamos como a mente pode ser vista, pode ser compartilhada, e fazer um resumo com uma visão interna e uma visão entre nós. Após concebermos a mente como corporificada e relacional, volto à questão de se o Sol e o Céu, o vento frio e a areia no deserto, aqui, agora, são, em sua essência, minha essência, a essência do meu Eu. Conforme compartilho essas palavras, elas não podem se tornar parte de você, uma faceta do você que é nós? A perspectiva de ilusão, crença, de cima para baixo, aceita e construída interpretativamente de que sou completamente separado de você e deste todo parece, como Einstein disse há muitos anos, ser um "delírio de ótica" de nossa consciência (Einstein, 1972).

Ele não disse uma ilusão, mas um delírio. Um delírio é uma crença psicótica, algo não consistente com a realidade que pode nos aprisionar em disfunção e angústia.

Assim como o tempo pode ser uma construção da mente, igualmente pode ser nosso senso de uma identidade completamente separada. Para ajudar a tratar o luto de um pai que tinha acabado de perder seu filho, essas foram as palavras de Einstein (Einstein, 1972):

> Um ser humano é parte de um todo, chamado por nós de "Universo", uma parte limitada no espaço e no tempo. Ele experimenta a si mesmo, seus pensamentos e sentimentos como algo separado do resto – uma espécie de delírio de ótica de sua consciência. Esse delírio é um tipo de prisão para nós, restringindo-nos aos nossos desejos pessoais e à afeição por algumas pessoas mais próximas a nós. Nossa tarefa deve ser a de nos libertarmos desta prisão, ampliando nosso círculo de compaixão para abraçar todas as criaturas vivas e o todo da natureza em sua beleza. Ninguém é capaz de alcançar isso plenamente, mas o empenho para tal conquista é em si uma parte da liberação e uma fundação para a segurança interior.

A habilidade de nossas mentes de assimilar essas experiências sensoriais, considerar esse conhecimento e, em seguida, assumir essa perspectiva, capacita-nos a criar integração em nossas vidas. Essa integração é a essência de um corpo saudável, de uma vida mental e de relacionamentos. Quando pensamos profundamente sobre isso tudo, passamos a perceber os alicerces científicos de uma possível verdade ancestral de muitas sábias tradições. Essa visão consiliente é que o resultado e o processo de integração, desde o *insight* e a empatia até o equilíbrio emocional e a moralidade, pode ser a base de uma vida bem vivida.

Ver as visões macro de nossas relações uns com os outros, permite-nos compreender o que uma ampla variedade de estudos sobre felicidade, longevidade, bem-estar médico e saúde mental, todas elas têm em comum: relações solidárias formam um dos fatores causais mais robustos para se criar esses elementos de bem-estar em nossas vidas.

E no nível micro, a ciência revelou as maneiras marcantes em que desenvolver presença, estar ciente do que é aflormento quando ele acontece, otimiza os controles epigenéticos para prevenir certas doenças, eleva a enzima telomerase para reparar e preservar os telômeros nas pontas de nossos cromossomos para amparar a saúde das células, melhora o sistema imunológico e aumenta nosso bem-estar fisiológico em geral. O treinamento em conscientização plena também tem demonstrado mudar a estrutura do cérebro em direção à integração. Desenvolver presença, aprender a fortalecer nossa mente, para cultivar uma conscientização aberta para o que quer que aflore, sem ser varrido pelos julgamentos automáticos de cima para baixo, podem aumentar nossa saúde. Agora é uma coisa provada. A presença cultiva o bem-estar. É importante saber o que fazemos com nossas mentes.

A partir desta visão somática, também podemos examinar como nosso sistema nervoso vertebrado é regulatório – ajudando a equilibrar nossos órgãos internos e interações com o ambiente. À medida que evoluímos de peixes para anfíbios, depois de répteis para mamíferos, esse sistema nervoso se tornou mais intrincado. Como mamíferos, nossos ancestrais evoluíram para primatas, e nós humanos entramos em cena, em nossa mais antiga encarnação, nos últimos milhões de anos, e encontramos uma coisa próxima à nossa forma moderna por volta das últimas centenas de milhares de anos. Por pelo menos trinta mil anos, alguns cientistas afirmam, temos sido uma família que conta histórias, compartilhando nossas experiências por meio de desenhos e, possivelmente, por idiomas falados uns com os outros, para ajudar a interpretar as experiências do viver (Cook, 2013; Lewis-Williams, 2002).

Como primatas sociais, precisamos uns dos outros para sobreviver nos grupos em que vivemos. Como seres humanos, desenvolvemos ainda mais complexidade social, começando com a prática incomum sobre a qual Sarah Hrdy escreve tão eloquentemente em seu livro "Mothers and Others" (2009), em que ela discute a aloparentalidade, na qual compartilhamos nossas responsabilidades na criação dos filhos com outras pessoas de confiança além da mãe. Imagine seu cão ou gato passando seus filhotes para os animais de estimação do vizinho. Isso não acontece, não é verdade? Nem mesmo a maioria dos outros primatas compartilha essa responsabilidade mais preciosa, o cuidado de nossas jovens e dependentes proles.

Essa aloparentalidade estabelece um ambiente social forte e fascinante: nós sobrevivemos ao contar com outras pessoas em quem podemos confiar. Precisamos de uma *mentosfera* para nos conectarmos uns com os outros. A natureza profundamente social de nossas vidas tem tido poderosas influências no desenvolvimento de nossos cérebros sociais e na natureza de nossas mentes conscientes (Dunbar, Gamble & Gowlett, 2010; Graziano, 2014).

A confiança possui mecanismos em nossas relações (ver Gottman, 2011) e nos circuitos cerebrais, nos quais nós ativamos o que Steven Porges chama de "sistema de engajamento social" (Porges, 2011). Quando eu ministro workshops, frequentemente faço uma imersão de aprendizado experimental, durante a qual eu digo "não" severamente várias vezes, faço uma pausa e, depois, digo "sim" suavemente várias vezes. O resultado, independentemente da cultura ou da experiência de vida, é bastante semelhante. O "não" evoca uma sensação dura, um sentimento de privação, uma necessidade de fugir, contrações musculares, um impulso de revidar o ataque. Tudo isso somente por causa de um cara dizendo "não".

E o "sim"? O "sim" frequentemente traz à tona (a menos que a pessoa esteja presa na hostilidade, medo ou paralisia do não) um sentimento de calma, abertura, engajamento, relaxamento.

Eu acho que esse exercício revela nossos dois estados fundamentais: o "não" evoca o estado reativo; o "sim" evoca o estado receptivo.

A reatividade tem suas raízes em nosso passado ancestral reptiliano, o tronco cerebral de 300 milhões de anos de idade sendo ativado por um estado de ameaça que o prepara para o LFCD (lutar, fugir, congelar ou desmaiar). Em contraste, um circuito mamífero mais jovem, de 200 milhões de anos, começa a funcionar para acalmar os alarmes do tronco cerebral, ativando o sistema de engajamento social que nos abre, tornando-nos mais receptivos. Nossos músculos relaxam, podemos ouvir uma maior variedade de sons, ver uma maior variedade de coisas à nossa frente. Esse é o correlato neural de nosso estado aberto e receptivo, pronto para se conectar e aprender.

Meu palpite é que no lado da paisagem mental, um estado receptivo emerge conforme obtemos acesso ao plano da possibilidade. Ficamos mais atentos, despertos e prontos para nos envolvermos.

Até estudos com outros mamíferos revelam que, quando certos estados fisiológicos são criados, é mais provável que um indivíduo se envolva em comportamentos pró-sociais. Qual é essa fisiologia? A piloereção, isso se refere à ereção dos folículos capilares, e é o que experimentamos quando sentimos arrepios, neste caso, com o sentimento de admiração. Estudos de admiração por Dacher Keltner e seus colegas, assim como outros, (Shiota, Keltner & Mossman, 2007), revelaram que experimentar admiração abre nossas mentes e subordina o egoísmo em prol do benefício de um grupo maior. Com admiração, ficamos mais voltados a focarmo-nos em nossa comunidade e diminuir o envolvimento focado em nós mesmos. Esses estudos engenhosos fazem com que as pessoas observem uma cena inspiradora de admiração, como um magnífico bosque na Universidade da Califórnia – no campus da Berkeley, em vez de um prédio moderno imponente nas proximidades (ver as fotos do campus no início deste item – inclusive uma de um pedestre que não está admirando as árvores, porque está concentrado em seu celular). Quando olham para as árvores, os sujeitos ficam mais propensos a ajudar uma pessoa que caiu. No geral, quando as pessoas experienciam admiração, elas frequentemente dizem que a experiência mudou a forma como veem o mundo. Meu palpite é que a admiração que Keltner estudou sobrepõe-se à nossa experiência do plano da possibilidade. Talvez as fontes variadas de admiração, como estar na natureza, ou estar com artefatos humanos, como numa catedral religiosa, na Grande Muralha da China, ou no Muro das Lamentações de Jerusalém, ou a admiração social criada nas interações com os outros, podem criar um acesso ao plano aberto das possibilidades. Quando caímos para baixo dos platôs e picos de nossas identidades separadas e abrimo-nos à grandeza do mundo além deste senso menor de Eu, admiração é o estado criado, e a experiência do Eu é transformada. O plano nos permite sentir algo que não é facilmente compreendido no início, algo mais vasto do que um Eu pessoal, íntimo, algo que parece livre da Flecha do Tempo, algo que acessa um vislumbre perceptivo de nosso bloco universal do espaço-tempo mais expandido, se não infinito. Isso, podemos sugerir, é a experiência da admiração.

A admiração emerge com um senso de receptividade de que somos parte de algo vasto que pode não ser prontamente compreendido – é maior que o Eu pessoal. Deve ser por isso que a admiração induz a um estado de ser mais aberto à conexão com os outros.

Da mesma forma, com nosso córtex mais complexo e social, evoluímos para dispor de outra maneira de nos conectarmos com os outros e auxiliá-los. Uma reação a situações desafiadoras, uma que Shelly Taylor, da UCLA, chamou de "tend-and-befriend" (Taylor, 2006), algo como "cuidar e fazer amizade", motiva-nos a nos conectarmos com os outros. Inicialmente encontrado em participantes mulheres, nós agora sabemos que ambos os gêneros são capazes de ativar essa reação do sistema de engajamento social a uma situação desafiadora. Mas o papel mais antigo do tronco cerebral pode ainda estar presente quando nos sentimos ameaçados, ou completamente impotentes. "Cuidar e fazer amizade" parece ser um caminho importante, mediado pelas regiões neurais acima do tronco cerebral reptiliano. Enquanto criaturas sociais, essa maneira importante de nos conectarmos, em vez de apenas reagirmos, pode também ter suas raízes em quão presentes podemos estar. Presença é uma habilidade possível de ser aprendida.

Em um workshop recente que ministrei com Barbara Fredrickson, da Universidade da Carolina do Norte, discutimos sobre seu livro muito intuitivo e marcante, Love 2.0 (Fredrickson, 2013). Ela propõe que o amor advém das maneiras, em menor ou maior proporção, com que compartilhamos estados positivos, algo que ela chama de "ressonância de positividade". É assim que nos conectamos com as emoções positivas dos outros. Eu adoro a ideia de que o amor não precisa ser confinado a relacionamentos românticos ou relações de apego rigidamente definidos, mas pode ser experimentado mais amplamente em nossas vidas. Como me disse uma participante da prática da Roda anos depois, "desde a Roda, agora tenho essa experiência frequente em que simplesmente sinto um profundo amor pelas pessoas à minha frente, pessoas que acabei de conhecer". "E como é isso para você?", perguntei-lhe. O sorriso dela expressou mais que suas palavras. "Magnífico".

O trabalho anterior de Fredrickson, sobre a teoria de ampliar e construir emoções positivas, também sugeria que quando experimentamos estados positivos como amor, felicidade, admiração e gratidão, chegamos a um estado que se consolida por conta própria, conecta-nos com níveis mais complexos de compreensão, e amplia nosso senso de quem nós somos. Citei uma passagem de Fredrickson na segunda edição do meu primeiro livro, e senti-me honrado por palestrar ao lado dela pela primeira vez.

No palco, perguntei à Dra. Fredrickson se ela conseguia imaginar a noção de integração como sendo um processo potencialmente relevante tanto à sua teoria de ampliar e construir quanto com sua visão de amor como ressonância de positividade. Ela estava aberta a explorar essas ideias. Em ambas as perspectivas, a integração, para mim, parecia ser a chave do que acontecia nos profundos níveis micro e macro. Pois no amor, dois indivíduos diferenciados se tornavam interligados e, por conseguinte, integrados. Mas essa ressonância não precisava estar limitada a compartilhar estados positivos que são amplificados juntos, eu sugeri, mas também podiam ocorrer dentro de conexões de compaixão. Fiquei me perguntando se o que acontece na ressonância de positividade é um aumento na integração, porque emoções positivas podem ser vistas como aumentos nos níveis de integração. Essa afirmação pode parecer para você, como achei que pareceria para a Dra. Fredrickson, algo vindo do nada, então permita-me explicar melhor.

Nos anos 1990, enquanto eu escrevia A Mente em Desenvolvimento, travei no capítulo sobre as emoções. Ninguém parecia ter uma visão partilhada sobre o que de fato eram as emoções, além das descrições de suas características. Um antropólogo pode vir a dizer que emoção é o que liga as pessoas em uma cultura através das gerações. Um sociólogo diria que emoção é a cola que une um grupo. Um psicólogo poderia dizer que a emoção é o que interliga uma pessoa através de um período de desenvolvimento, ou o que interliga os vários processos entre apreciação e excitação. Pesquisadores biológicos, como neurocientistas, diriam que a emoção é o que liga as funções do corpo com as do cérebro. Depois de ler e ouvir todas essas afirmações, ninguém chegava a usar o termo integração. Mas para mim, essas perspectivas díspares pareciam fazer referência a um processo de como as coisas diferenciadas eram interligadas em um todo maior.

No entanto, as emoções em si nem sempre geravam mais integração. Às vezes, geravam menos ainda. Caso ficássemos com raiva, nosso sistema ficaria excessivamente diferenciado em reatividade. Caso ficássemos tristes, ou com medo, a diferenciação excessiva por períodos mais longos, igualmente, poderiam diminuir a integração e, de fato, nos tornar mais propensos ao caos e à rigidez.

Os padrões pareciam claros: emoções podem ser uma alteração na integração.

Propus à Dra. Fredrickson que a teoria ampliar e construir poderia ser reidealizada como uma maneira veemente de descrever aumento nos estados de integração – tanto dentro de nós como em nossas relações. Essas são as emoções positivas.

As famosas emoções negativas poderiam ser vistas como reduções na integração, estados emocionais que frequentemente resultam de ameaça e podem, se forem persistentes e prolongadas, colocar-nos em uma espiral descendente, tornando-nos mais propensos a caos ou rigidez, afastando--nos da quietude do bem-estar integrado. Todas as emoções são "boas", pois elas nos permitem saber como nos sentimos. Podemos dizer que sentir o que você sente, conscientizar-se desses sentimentos e estar aberto a deixar que esteja presente e seja explorado o que quer que você sinta, é um processo extremamente importante para se viver bem. Mas períodos extensos de integração diminuída, o que podem ser as "emoções negativas" sob esta ótica, tendem a nos levar para fora do rio de harmonia e nos jogar para as duas margens de caos e rigidez.

Portanto, se a integração pudesse ser utilmente aplicada para ampliar e construir, poderia ela ser aplicada ao amor? O que sugeri foi que a ressonância de positividade, como a Dra. Fredrickson a definia, parecia ser a amplificação dos estados já positivamente integrados. Nós compartilhamos alegria, excitação e admiração. Somos gratos em conjunto. Sendo maravilhoso e interligador, o amor é de fato uma fonte de ressonância de positividade.

Mas o que também poderia ser considerado como parte do amor, eu sentia e sinto, além de tudo isso, é quando nos conectamos com alguém que esteja sofrendo. Quando nos conectamos compassivamente com amigos, pacientes e clientes mais próximos, com nossos filhos e até com um estranho, podemos experimentar o amor. Quando alguém angustiado recebe nosso carinho e atenção, quando estendemos uma mão para aquela pessoa de maneira a compreender seu sofrimento, e geramos uma intenção e ação de ajuda – quando somos compassivos –, também estamos gerando um aumento na integração. Como?

Embora alguém sofrendo esteja em um estado de integração diminuído (de acordo com nossas definições de saúde e não saúde mental), quando nos conectamos com aquela pessoa, o estado isolado de integração diminuído e o estado de estar sozinho são agora transformados em um estado de estar unido. Nessa união de dois indivíduos diferenciados, mesmo que um esteja sofrendo, o efeito geral é um aumento no estado de integração para ambos. A ação compassiva cria uma união entre dois seres separados, formando um todo mais amplo. É assim que a integração torna o todo ainda maior do que a soma de suas partes.

A compaixão pode ser vista, como foi maravilhosamente articulado pelo pesquisador Paul Gilbert, como a maneira com que sentimos o sofrimento do outro, interpretamos tal sofrimento e, em seguida, imaginamos como podemos ajudar e, depois, realizar a intenção de ajudar a reduzir aquele sofrimento (Gilbert, 2009; 2015). Empatia, por sua vez, pode ser vista como sentir ou entender as experiências de outra pessoa, sem necessariamente ajudá-la a sair delas. No entanto, podemos ter preocupações empáticas, que podem ser precursoras da compaixão, talvez, para alguns, até um sinônimo: a empatia cognitiva, que é intelectual, e a empatia emocional, quando sentimos o sentimento do outro. Nesse aspecto, podemos ver que a empatia pode ser uma importante porta de entrada para a compaixão.

E quanto à bondade?

Em meu próprio mundo conceitual, a palavra bondade parece muito relevante a todas essas ideias importantes de como nos conectarmos, experimentarmos amor e como nossas mentes funcionam. Uma maneira de ver a bondade é, simplesmente, agindo em prol de alguém, sem qualquer expectativa de retribuição. Portanto, certamente um ato compassivo pode ser um ato de bondade.

Mas bondade, para mim, também é um estado de ser, uma maneira de abordar o outro, e até nós mesmos, com determinada intenção, atitude e carinho, promovendo respeito interno e reconhecimento. Bondade é uma textura de nosso estado mental.

Eu vejo a bondade como apoio e respeito pela vulnerabilidade alheia. Ser bondoso é ter um estado mental que reconheça que todos nós temos muitas camadas de vidas mentais. Temos uma maneira exteriormente adaptável de ser e de nos apresentarmos ao mundo externo que pode ser bastante diferente de nossas verdades interiores. Podemos ter estados interiores de necessidades e decepções, medos e preocupações, que podem, simplesmente, serem chamados de vulnerabilidades, e que podem estar ocultos, mas continuamente presentes em nossa paisagem mental interior. Com efeito, podemos ter vários aspectos de nosso "Eu", nossos "estados de Eu", que são, na verdade, várias camadas de um conjunto multifacetado de estados internos, os quais seriam vistos sob a ótica do plano da possibilidade como aglomerados de platôs recorrentes e suas propensões para certos picos de ativação. A integração envolveria uma consideração bondosa para todos eles, abrangendo todo o espectro de emoções e necessidades, memórias e estratégias de viver no mundo. Estarmos cientes de necessidades não atendidas, de feridas não curadas, leva-nos a um estado aberto e vulnerável.

Dessas vulnerabilidades que a bondade emerge como uma maneira de ser, que pode ser um estado de receptividade a esse nível mais profundo de nossa realidade, um impulso que molda como nos comunicamos tanto com palavras quanto com significados não verbais entre e antes das palavras, e que pode nos motivar a praticar atos planejados ou aleatórios de bondade. Bondade é um estado mental que podemos cultivar para trazer amor para nossas vidas.

No caso de criarmos a hipótese de que os estados emocionais positivos são integração aumentada, podemos entender como atos de bondade criam felicidade. No caso de ampliarmos e construirmos sobre a noção de amor de Fredrickson para incluir não apenas a ressonância da positividade, mas também todas as ressonâncias, mesmo quando alguém está sofrendo, isso também pode revelar como o amor em si é um estado mental com integração aumentada. A compaixão pode cultivar a felicidade, e já que união acontece no nível da vulnerabilidade, estender a mão para ajudar alguém em necessidade é tanto um ato de bondade quanto uma característica definidora de compaixão.

Os sistemas de um Eu plural e integração da identidade

Os sistemas funcionam em muitos níveis, como discutimos no decorrer de nossa jornada. Moléculas dentro das células do corpo são configuradas para realizar determinadas funções celulares, tais como metabolismo ou manutenção das membranas. As células do corpo se aglomeram conforme se diferenciam e, então, ligam-se para formar órgãos, como coração, fígado ou pulmões. Esses órgãos atuam em conjunto para criar sistemas, permitindo que os sistemas imunológico, cardiovascular, musculoesquelético e gastrointestinal operem eficiente e eficazmente em suas tarefas. O sistema nervoso é apenas mais um aspecto do conjunto dos diversos sistemas do corpo. Composto por neurônios que possuem microtúbulos e interconexões, que permitem que uma variedade de padrões energéticos fluam dentro e entre essas células neurais, auxiliadas por trilhões de células gliais que realizam outras importantes funções, o sistema nervoso serve como condutor e construtor de energia em informação, parte do fluxo de baixo para cima e de cima para baixo de nossas vidas mentais. Todos esses são aspectos dos sistemas do corpo. O que esses sistemas orgânicos fazem? Eles trabalham juntos para criar o sistema do corpo como um todo.

Mas onde fica o sistema da pessoa inteira? Como passamos de moléculas para mente? Como a sinergia de camadas delimitadas de nossa realidade, nossa "totalidade e ordem implicada" discutida anteriormente como Bohm descreveu (1980/1995), emergem das interações de nossos componentes?

No caso de olharmos mais de perto com um microscópio, veremos moléculas subjacentes à nossa estrutura física. Aproxime ainda mais no micro, e veremos átomos compondo as moléculas. Com um foco ainda mais preciso, chegamos à agora aceita realidade de que a a maior parte de um átomo em si é espaço vazio. Caso formos além disso, passamos a ver que as partículas são compostas por diversas e incríveis formas de forças, que podem ser, em último grau, conceitualizadas por um termo geral: energia. Como vimos, após conhecer a descoberta de Einstein sobre a noção de que energia é igual à massa vezes a velocidade da luz ao quadrado ($E=mc2$), podemos ver que, mesmo aquilo que pensamos ser a natureza física do mundo, o mundo das coisas composto por massa, é, na verdade, feito de energia muito comprimida.

Caso agora façamos o caminho inverso, com um telescópio, e formos de moléculas, para células, para órgãos, para o corpo, onde terminaremos? Distanciamo-nos para uma visão macro e vemos corpos interagindo uns com os outros, naquilo que chamamos de relações baseadas em padrões de comunicação. Esse é o "social" de nossas vidas sociais, a mentosfera que nos envolve. Essas formas com que nos comunicamos mutuamente, como visto por esta visão ampliada, envolve a troca de energia e informação. Informação pode ser vista, simplesmente, como padrões de energia com significado além do fluxo de energia em si. Conforme avançamos mais para o macro, passamos a ver o que vimos quando chegamos ao micro: fluxo de energia. Neste nível macroscópico, por exemplo, estamos aprendendo que muito do universo é composto por matéria escura e energia escura – massa e forças que não conseguimos detectar diretamente com nossos olhos ou instrumentos, embora as sombras de seus efeitos, tais como buracos negros, podem ser deduzidas e sua existência à nossa volta, constatada. São essas as muito poderosas, embora frequentemente invisíveis, maneiras que a energia se manifesta.

Por vivermos nesses corpos, às vezes, é bem difícil ir a qualquer direção para ver claramente o micro ou o macro. Costumamos ficar no "meiocro", entre micro e macro, já que ficamos no nível corporal. Mas mesmo neste nível, se pensarmos um pouco sobre ele, é incrível estarmos aqui. Ainda mais, é surpreendente saber que estamos aqui, que podemos estar cientes de como é surpreendente isso tudo.

Quando abraçamos a realidade tanto do macro quanto do micro, quando percebemos tanto o externo quanto o interno, passamos a ver energia no cerne do estar vivo. No caso de permanecermos do tamanho de nossos corpos, repousando em nossas percepções do nível somático "meiocro", podemos naturalmente chegar a acreditar que nossas vidas mentais têm, de alguma forma, aquele mesmo tamanho, resultado deste nível corporal de vida, algo material, algo concreto, como a mão que você sente ao segurar este livro, como a mão que você usa para me cumprimentar se ou quando nos encontrarmos no futuro.

O nível somático é real, mas não é a coisa toda.

Nosso sentido da visão permite que o nível somático seja prontamente visto.

Nossa *mindsight* (visão mental) permite que os níveis micro e macro do fluxo de energia da mente sejam percebidos.

Com a *mindsight* podemos sentir que um Eu separado não é a totalidade da mente. O que são coisas visíveis aos olhos, como partes separadas, podem ser percebidas pela *mindsight* como facetas indivisíveis de um todo. *Mindsight* torna o indivisível visível.

Nosso construtor intérprete pode criar um filtro de cima para baixo que nos faz perceber o Eu vivendo apenas no corpo, um Eu da vida cotidiana. Aquela percepção gerada de uma visão particular, pessoal, corporal, intracraniana do Eu da mente mantém-nos isolados uns dos outros. Deve haver um senso de insuficiência e solidão, um profundo anseio de que ela nunca se tornará plena.

Nós vivemos num corpo, um corpo com um sistema nervoso, com conexões sinápticas moldadas por genes e experiências. A estrutura do cérebro é moldada pelas mensagens que recebemos de pais, professores, colegas e da sociedade. Algumas dessas mensagens, nos tempos modernos, são que o Eu é separado – frequentemente acreditamos nessa desinformação.

O cérebro é também moldado por genes e reguladores epigenéticos que controlam a expressão desses genes. Herdamos informação genética que molda como o cérebro influencia nossa experiência do Eu, à medida que ela guia a emergência do fluxo de energia e informação corporificado. Esse é o aspecto corporificado da mente. Nossa história evolutiva cria em nós um preconceito para focarmos no lado negativo, para prestarmos atenção às coisas que poderiam nos prejudicar. O valor para a sobrevivência nesse preconceito é claro, mas o resultado é uma tendência à depressão e ansiedade, preocupação e desespero. Mindsight pode ser necessário para suplantarmos essa inclinação natural do cérebro de focar nas coisas negativas. Fica claro agora que podemos usar a mente para transformar a maneira com que o cérebro funciona e é estruturado.

Outra inclinação do cérebro que herdamos é focarmo-nos na distinção entre aqueles que ficam "dentro do grupo" e aqueles que estão "fora do grupo". Uma imensa variedade de estudos revela que, principalmente sob condições de ameaça, nós tendemos a ter maior cuidado por aqueles que estão dentro do grupo, e tratar os que estão fora do grupo de maneira mais hostil (MacGregor, et al., 1998; Banaji e Greenwald, 2013; Choudhury, 2015). Embora possamos de fato ter um histórico de cooperação com a aloparentalidade, e embora possamos ter evoluído com a cooperação dos participantes do grupo, sendo essa uma de nossas naturezas inatas, confrontar os outros que não são como nós, outros que nossos cérebros do corpo evolutivamente moldados declaram ser membros de fora do grupo, espontaneamente darão origem a comportamentos potencialmente rudes e destrutivos. Em vez de bondade e compaixão, nós desligamos a empatia e podemos até tratar tais indivíduos como não humanos. Nós desligamos nosso circuito e percepção de *mindsight*. Não aplicamos nossas habilidades de *mindsight* para aqueles de fora do grupo, principalmente quando nos sentimos ameaçados.

Eis nosso desafio. Nós nascemos em um corpo com uma história evolutiva de milhões de anos estabelecendo hierarquias, das quais indivíduos, famílias e grupos estão "dentro" ou "fora", alguém é alfa e alguém é beta. Em nossa conferência anual de Neurobiologia Interpessoal, certa noite, conforme caminhávamos para jantar, o primatologista Steve Suomi descreveu para mim que nos macacos Rhesus, por exemplo, quando uma família dominante fica vulnerável, a próxima família na hierarquia aproveitará a oportunidade para matar todos os membros daquela família e alcançar seu status de alfa, há muito esperado. Perguntei a Steve há quanto tempo existia essa espécie e, por conseguinte, há quanto tempo tal história primata fazia parte de nosso passado: 25 milhões de anos.

Outra palestrante de nossa conferência, a psicóloga cultural Shelly Harrell, expressou vigorosamente algumas visões do campo da psicologia multicultural, sugerindo que "cultura é o que todos sabem que todo mundo sabe". Em sua visão, os aspectos de nossas vidas subordinados à noção de cultura incluem nossas experiências de ser, acreditar, conectar, pertencer, comportar e tornar-se. Essas são maneiras maravilhosas de iluminar a mentosfera que molda nossas relações uns com os outros em nossa sociedade. Cultura é uma faceta fundamental de quem nós somos (Baumeister, 2005). Muitas camadas da identidade própria moldam nossa experiência dentro da cultura. Como Harrell acabou por reestruturar as visões do antropólogo Clyde Kluckhohn e do psicólogo Henry Murray (1948), um indivíduo experimenta camadas de tensão na identidade, o que foi parafraseado da seguinte forma: "estamos no mesmo tempo que todos os outros, como alguns outros e como nenhum outro".

Portanto, a pergunta que podemos fazer é como levamos em consideração nossas inclinações evolutivas tanto para a cooperação quanto para a competição? Nós temos nossa identidade individual, já que somos únicos, como nenhum outro; temos nossa identidade de grupo, já que somos como alguns outros; e temos nossa identidade coletiva, já que somos como todos os outros – inclusive não só nossa família humana, mas todos os seres vivos.

Para alcançar tal integração – de competição e cooperação entre indivíduos, grupos e identidade coletiva – podemos sugerir um profundo mergulho na compaixão.

Como disse o psicólogo clínico Paul Gilbert em nosso encontro, "compaixão é a coragem de descer para a realidade da experiência humana". Descer para nossa realidade implica sondar tanto dentro quanto entre nós.

Em nossa vida interior, se o estado reativo do tronco cerebral de lutar ou fugir, ou talvez até travar e desmaiar, são ativados quando estamos perto daqueles de fora do grupo, nós desligamos a capacidade límbica e cortical para confiar e "cuidar e fazer amizade". Nós desligamos nosso amor pelos outros e não sentimos de maneira empática a mente interior do outro. O fora do grupo se torna um não grupo, um não humano, e miramos apenas naqueles que vemos com uma definição bastante estrita de quem é "como nós".

Como podemos suplantar esses preconceitos da evolução que nossos corpos herdaram? Como podemos abordar esses preconceitos implícitos frequentemente ocultos, esses filtros internos, que estreitam nosso círculo de compaixão? Em muitos aspectos, uma das metas desta jornada é abordar essas questões ao examinar os mecanismos subjacentes da mente de forma profunda e útil. A mente pode mudar a maneira com que o cérebro funciona no momento. A mente pode mudar a estrutura do cérebro em longo prazo para alterar como o cérebro, então, começa a funcionar naturalmente. Esse é o poder e a promessa de uma abordagem de *mindsight*. Mas como? Por meio do portal da conscientização, uma mente desperta que usa o plano da possibilidade para sentir esses padrões de aprisionamento e se liberta de seus grilhões. Um exemplo de tal abordagem é no cultivo de *mindfulness* e da compaixão, que demonstrou diminuir os preconceitos de pessoas dentro e fora do grupo, aumentando nosso senso de conexão com um grupo mais expandido (Lueke & Gibson, 2014; e ver Gilbert, 2009; 2015).

Herdamos um viés de negatividade e uma hostilidade quanto aos foras do grupo. Isso nos foi transmitido pela evolução. A cultura moderna nos ensina que o Eu é um assunto privado. Essas inclinações podem ser vistas como vulnerabilidades que não precisam ser nosso destino.

Quando abrandamos essa visão privada de um Eu separado, gerado pelas nossas próprias mentes construtivas com filtro de cima para baixo, iniciada e reforçada por lições ensinadas por nosso mundo social, podemos nos tornar mais abertos a uma realidade mais profunda e ampla. Quando ultrapassamos o nível do corpo, mesmo com seu cérebro social moldado evolutivamente, quando recebemos uma visão tanto do macro quanto do micro, podemos chegar a ver a natureza profundamente interconectada não só da realidade "lá fora", mas a realidade de nossas mentes. Sim, o Eu pessoal é real, ele vive em nosso corpo, e pode ser chamado de Eu. Não há ninguém igual ao Eu, você é único. Sim, nós temos pessoas "como Eu", quem vemos como membros de um pequeno grupo. Esse Eu pessoal e o grupo pessoal são reais e realmente importantes. Eles frequentemente moldam nossa identidade. Também temos um Eu relacional coletivo e mais amplo que é real, vive em nossas conexões mútuas e com o planeta, e pode ser chamado de nós. Mas esse é um nós que vai além das limitações de nossas afiliações de dentro do grupo; este é um nós mais universal que nos permite sentir nosso pertencimento a uma humanidade, que é fundamentalmente entrelaçada com todos os seres vivos.

Para integrar nossa identidade, para abraçar não só o Eu diferenciado com seu "dentro do grupo" pessoal e o mais amplo e diferenciado nós, como um Eu relacional expandido, mas ter os dois juntos, podemos chamar isso de EuNós.

EuNós pode ser visto como nossa identidade integrada, a interligação de um eu diferenciado com um nós diferenciado, todos em um Eu integrado e integrativo.

Nosso senso de identidade consciente é criado conforme interpretamos a corrente sensorial do condutor da mente, gerando um senso de quem nós somos no mundo. Este senso de Eu surge da mente, e se o assimilarmos através do de baixo para cima sensorial e também abrirmos nossos conceitos e conhecimentos de cima para baixo, nossas mentes narrativas, construtivas e interpretativas podem começar a abrir para a possibilidade de que nosso Eu é verdadeiramente um verbo no plural.

No caso de abrirmo-nos para essa possibilidade de um Eu integrado e integrativo, então talvez possamos abraçar um senso maior de propósito na vida e nos tornarmos parte daquele todo mais amplo, que tantos estudos e tradições ancestrais sugerem ser essencial para nosso bem- -estar. Quer chamemos isso de espiritualidade com significado e conexão, quer chamemos apenas de viver uma vida florescente e próspera, cultivar uma identidade integrada como EuNós combina sinergicamente nossas naturezas corporificada e relacional. O todo de uma vida de EuNós é maior que a soma de suas partes.

Como vimos, o Eu pode ser visto como um núcleo que faz parte de um sistema mais amplo composto de núcleos interativos. Para nós, aquele núcleo é o corpo, e o "Eu" é frequentemente comparado, nos tempos atuais, com o nosso núcleo corporal. Mas e se essa visão do Eu como núcleo do corpo estiver limitando nosso senso do que é real? E se o Eu também for o sistema completo? Sim, temos um Eu corporal, um eu. E sim, temos uma identidade de grupo menor, nosso clã dos de "dentro do grupo". Mas também temos um Eu-sistema, nosso pertencimento a um todo mais amplo, o todo dos outros humanos, o todo de nosso planeta vivo. O Eu é tanto individual quanto coletivo. Diferenciar e interligar essas camadas do Eu cultiva uma identidade integrada, que emerge como fluxo de energia e informação dentro e entre nós. Esse é o nosso Eu integrado como EuNós.

Como um verbo no plural em vez de um substantivo singular, estamos eternamente desdobrando como o EuNós absorve e recebe, observa e narra, envia e conecta, como nos tornamos não apenas um conjunto de reações neurais a estímulos, mas uma parte totalmente corporificada do mundo relacional profundamente interconectado no qual estamos inseridos.

Reflexões e convites: EuNós, um Eu integrativo e uma mente bondosa

Nesta jornada em que estamos explorando o interior e o intermediário, mergulhando em mares subjetivos e conceitos científicos, sistemas complexos e auto-organização, chegou o momento de dizer adeus, por ora, no agora deste momento. Nós enfrentamos questionamentos motivadores e lutamos contra algumas respostas potencialmente preliminares, tudo com a mente em nossas mentes. Essas indagações e réplicas nos guiaram, juntos, ao longo desta jornada para descobrir e desvelar as muitas camadas de quem nós somos. Dentro dessas questões estão convites para uma futura exploração, janelas para a lucidez e chamados para agirmos.

Imagine o que pode representar, em sua própria vida, convidar-se para embarcar nessa jornada e abrir sua mente para, quem sabe, uma nova maneira de experienciar o mundo. No caso de refletir sobre os estudos de admiração e gratidão, por exemplo, você pode escolher encontrar maneiras de estar com a natureza, ou com outras pessoas, possibilitando que a vastidão da vida o preencha com um senso de respeito e reverência por essa sagrada jornada por momentos de nossas vidas. De várias maneiras, podemos ver essa admiração e gratidão como parte da presença em desenvolvimento. O que a presença faz por nós? O sistema imunológico de nosso corpo prospera, a reação inflamatória é aliviada, os reguladores epigenéticos são otimizados, o perfil cardiovascular é melhorado e até os níveis da enzima telomerase, que repara e mantém as pontas de nossos cromossomos, serão elevados.

Presença é o portal para a integração, e integração é a base da saúde e do bem-estar.

Passamos a adotar a realidade indivisível e frequentemente invisível da natureza interconectada de nosso lugar no mundo. Com a presença, passamos a nos abrir para nossa própria história, os picos e platôs de nossa identidade pessoal e separada. Com a presença, aprendemos a mobilizar o eixo de nossa Roda da Conscientização, a prática metafórica que aprofunda e amplia nosso senso de Eu, criando o mecanismo de entrar num plano de possibilidade durante parte do nosso cotidiano.

Momento a momento, ter acesso a esse mar de potencial nos liberta das prisões de preocupações com o passado e angústias com o futuro.

No entanto, a presença faz mais do que libertar nossas mentes e trazer saúde para nossos corpos.

A oportunidade de transformar a identidade é um convite para trazer saúde para nossos Eus individuais, sim. Mas o Eu não limitado pelo crânio ou pela pele. A mente, e o Eu que vem junto com ela, é corporificado, sim, mas é também totalmente relacional. Respeitando o Eu pessoal e o Eu interconectado, ligamos esses dois num Eu integrado chamado EuNós.

Imagine só se a ciência adotasse a realidade do potencial integrador da mente? Imagine se as escolas focassem na cooperação em vez de em competições individuais, ou se a sociedade fosse impregnada por esse senso integrativo do Eu em nosso mundo de paisagem mental? Se a competição deve ser encorajada, por que não apoiar a competição de inovação estudantil para, cooperativamente, criar-se possíveis soluções para alguns dos problemas mais difíceis do mundo? Quando a competição da qual participamos se torna um desafio para todos nós, então quando alguém ganha a competição e o problema é resolvido, todos saem ganhando. Não importa se lidarmos com escassez de comida saudável, água ou ar, violência, a extinção de espécies de animais e plantas, ou problemas relacionados às mudanças climáticas, há muito para se competir. Nós somos uma espécie cooperativa por natureza (Keltner, Marsh & Adams-Smith, 2010), e essa é a verdadeira narrativa humana que deveria ser ensinada pela ciência, nas escolas e na sociedade como um todo, inclusive pelas mensagens da mídia e pelos pais que estão educando a próxima geração. Essa cooperação está no cerne daquilo que o EuNós pode fazer neste mundo, nesta vida.

Um dos maiores problemas com a mentira do Eu separado é que, se acreditarmos nisso, experimentaremos, bem abaixo da superfície ou até diante de nossas mentes, um senso de desconexão, isolamento e desespero. Nossa tecnologia digital moderna parece apenas reforçar essa experiência de um Eu separado (Turkle, 2011). Outro problema com esse delírio de separação é que passamos a tratar o planeta como uma lata de lixo. Em vez de se apaixonar pela natureza, tratamos a Terra como um lixão.

Quando abrimos nossas mentes com a presença, passamos a experimentar a natureza profundamente interconectada de nossas vidas. Sentimos a Terra como parte de nós, um corpo mental estendido que é tão parte de quem nós somos quanto desses corpos somáticos em que vivemos. No caso de termos que cultivar a motivação para proteger e preservar nosso planeta, precisamos nos apaixonar pelo nosso mundo natural.

Fomos feitos para nos conectarmos. Estamos à espera de nos libertarmos das mensagens destrutivas implícitas que o Eu vive no corpo solitário, ou apenas na cabeça daquele corpo. O Eu é uma propriedade emergente da mente, e a mente é em si um processo relacional, corporificado e emergente. EuNós pode encontrar uma maneira de criar uma nova geração que saiba, de dentro para fora, o poder e o potencial de perceber essa verdade sobre nossa identidade integrada e mentes integrativas.

A mente é um verbo que todos compartilhamos, não um substantivo que possuímos individualmente.

Transformar a identidade trata-se de libertar a mente dos picos e platôs das crenças culturalmente reforçadas de que um Eu separado e isolado é a verdade última de nossa existência. Conforme obtemos acesso ao plano da possibilidade, a fonte potencial de consciência, nós somos habilitados para experimentar diretamente a natureza interconectada de nossas vidas. Isso possibilita não só um conceito a ser pensado, mas uma experiência em que o EuNós possa estar imerso. Transformação não é aprender fatos – transformação é mudar a perspectiva ao expandir a consciência.

Em suas viagens, dentro de si mesmo nessa jornada pela mente ou explorando vários locais geográficos, você já notou que as pessoas parecem estar loucas para encontrar uma nova maneira de viver? Em minhas próprias jornadas, isso se tornou evidente. Algo em nossa família humana parece estar esperando para ser aberto, transformado, libertado. Essa necessidade não parece apenas emanar de dificuldades e incertezas econômicas, nem só de preocupações globais quanto ao nosso futuro, mas da própria natureza da mentosfera que nos cerca com mensagens de nosso isolamento. De que formas você pode tomar essas observações, dos outros e de si mesmo, e criar uma maneira mais integrada de despertar e viver, criar uma identidade mais integrada, um Eu integrativo, uma mente integrativa? Podemos juntos fazer parte de uma equipe integrativa, transformar, explorar e despertar a mente?

Essas reflexões e convites foram uma chance para você e para mim de examinar aonde chegamos, item por item, experiência por experiência. Espero que o convite para continuar a refletir e explorar seja útil em sua vida, conforme sua jornada se desdobre.

Para mim, essa jornada nos traz ao lugar que muitas tradições ancestrais chegaram. Embora elas talvez não usem a ideia de integração, seus ensinamentos são consilientes com a noção de que diferenciar e interligar são a fonte do bem-estar. Existem verdades simples que transcendem nossas várias culturas, transcendem os desdobramentos da vida que chamamos de tempo, transcendem nosso senso de separação. Essas verdades podem se resumir ao seguinte: quando nossa presença cai, passamos a perceber o quão profundamente interdependentes e interconectados nós somos neste mundo. Quando caímos dos picos e platôs de lições aprendidas de cima para baixo a partir de um Eu separado, passamos a sentir nosso Eu integrado.

O que surge em virtude da adoção da realidade, tanto como Eu quanto como Nós, é outra simples verdade: bondade e compaixão, tanto com o Eu do corpo quanto com o Eu distribuído de nossas vidas interconectadas, é a maneira natural de integração. Respeitamos as diferenças e promovemos as interligações. Como Arthur Zajonc recentemente afirmou em um encontro sobre liderança ética e contemplativa, podemos promover uma "liderança penetrante" quando cada indivíduo for habilitado para liderar a partir de uma posição de conhecimento interior contemplativo e responsabilidade ética para o benefício do todo. Quando percebermos o que Dacher Keltner e colegas exploraram, que admiração e gratidão inspiram devoção a um bem maior, poderemos ser preenchidos, com profunda reverência, pelo que significam bondade e compaixão (Keltner et al., 2010). Contemplação significa trazer à tona o sagrado. Ter reverência, respeitar a santidade da vida, abraçarmo-nos mutuamente com amor e carinho, esses são os caminhos sagrados de uma mente integrativa.

Você consegue sentir bem dentro de você, do eixo de sua mente, da presença do plano da possibilidade, aqui e agora, um senso de poder e lucidez, entrelaçado com a ideia fundamental que surge desta jornada, desta exploração que percorremos, desta simples verdade: se integração fosse visível, teria a forma de bondade e compaixão?

Você consegue imaginar um mundo em que não podemos apenas explorar a definição de mente, mas também compartilhar a visão de o que pode ser fundamentalmente necessário para cultivar mentes saudáveis e um mundo saudável? Foi até aqui que nossa jornada nos trouxe. Bondade e compaixão são integração se pudesse ser vista. Com a presença como nosso portal para a integração, a bondade para a mente pode ser tão natural como respirar para o corpo.

Juntos, EuNós, podemos tornar o potencial dessas simples verdades a realidade de nossas vidas compartilhadas.

Photo de Madeleine Siegel

BIBLIOGRAFIA

Abraham, R. & Roy, S. (2010). *Demystifying the akasha: Consciousness and the quantum vacuum*. Rhinebeck, New York: Epigraph Books.

Ackerman, D. (2014). *The human age: The world shaped by us*. New York, NY: W. W. Norton & Company.

Ackerman, D. (2011). *One hundred names for love: A memoir*. New York, NY: W.W. Norton & Company.

Albom, M. (1997). *Tuesdays with Morrie*. New York, NY: Doubelday.

American Psychiatric Association. (2014). *Diagnostic and statistical manual of mental disorders*, 5th edition. Washington, DC: APA Press. Anderson, M.L. (2003). Embodied cognition: a field guide. Artificial Intelligence 149: 91-30.

Banaji, M.R. & Greenwald, A.G. (2013). *Blindspot: Hidden biases in good people*. New York, NY: Random House.

Barbour, J. (2000). *The end of time*. New York, NY: Oxford University Press.

Barbour, J. (2008). *The nature of time*. First juried prize essay, www. FQXi.org.

Barks, C. & Moyne, J. (Trans.). (1995). *The Essential Rumi*. New York, NY: Harper Collins.

Bateson, G. (1972). *Steps to an ecology of mind*. Chicago, IL: University of Chicago Press.

Bauer, P. V., Hamr, S. C., & Duca, F. A. (2015). *Regulation of energy balance by a gut–brain axis and involvement of the gut microbiota. Cellular and Molecular Life Sciences*, 73(4), 737-55. doi:10.1007/s00018-015-2083-z.

Baumeister, R. (2005). *The cultural animal: Human nature, meaning, and social life*. New York, NY: Oxford University Press.

Bharwani, A., Mian, M. F., Foster, J. A., Surette, M. G., Bienenstock, J., & Forsythe, P. (2016). *Structural & functional consequences of chronic psychosocial stress on the microbiome & host*. Psychoneuroendocrinology, 63, 217-227.

Bird-David. N. (1999). *'Animism' revisited: personhood, environment, and relational epistemology. Current Anthropology*, 40: 67-91.

Bohm, D. (1980/1995). *Wholeness and the implicate order*. London: Routledge.

Brooks, R.A. (1999). *Cambrian intelligence: The early history of the new*. Cambridge, MA: MIT Press.

Bruner, J. (2003). *Making stories: Law, literature, life*. New York, NY: Farrar, Straus, and Giroux.

Cacioppo, J. T. & Freberg, L. A. (2013). *Discovering psychology: The science of mind* (pp. S-8). Belomont, CA: Wadsworth.

Cahill, T. (1998). *The gifts of the Jews: How a tribe of desert nomads changed the way everyone thinks and feels*. New York, NY: Anchor/Doubleday.

Callender, C. (2008). *What makes time special? Essay for Fqxi contest on THE NATURE OF TIME*. wwwFqxi.org.

Cameron, W.B. (1963). *Informal Sociology: A casual introduction to sociological thinking*. New York, NY: Random House.

Carroll, S. (2010). *From here to eternity: The quest for the ultimate theory of time*. New York, NY: Dutton.

Chopra, D. & Tanzi, R.E. (2013). *Supercérebro. Como Expandir o Poder Transformador da Sua Mente*. São Paulo, SP: Alaúde.

Choudury, S. (2015). *Deep diversity: Overcoming us vs. them*. Toronto, Canada: Between the Lines.

Christakis, N. & Fowler, J. (2009). *Connected: The surprising power of our social networks and how they shape our lives*. New York, NY: Little Brown.

Clark, A. (1997). *Being there: Bringing brain, body and world together again*. Cambridge, MA: MIT Press.

Clark, A. (2011). *Supersizing the mind: Embodiment, action, and cognitive extension*. New York, NY: Oxford University Press.

Clark, A. & Chalmers, D. (1998). *The extended mind. Analysis* 58, no. 1: 7-19.

Cook, J. (2013). Ice age art: *The arrival of the modern mind*. London, England: The British Museum Press.

Cozolino, L. (2006). *The neuroscience of human relationships: Attachment and the developing social brain*. New York, NY: W.W. Norton & Company.

Crooks, G.E. (2008). *Whither time's arrow. Essay for Fqxi contest on THE NATURE OF TIME*, www.Fqxi.org.

Csikszentmihalyi, M. (2008). *Flow: The psychology of optimal experience*. New York, NY: Harper.

Damasio, A.R. (2000). *The feeling of what happens: Body and emotion in the making of consciousness*. Orlando, FL: Harcourt Brace.

Damasio, A.R. (2005). *Descartes' error: Emotion, reason, and the human brain*. New York, NY: Penguin.

Davidson, R. J. & Begley, S. (2012). *The emotional life of your brain: How its unique patterns shape how you feel, think and live—and how you can change them*. New York, NY: Plume/Penguin Random House.

Dinan, T. G., Stilling, R. M., Stanton, C., & Cryan, J. F. (2015). *Collective unconscious: how gut microbes shape human behavior. Journal of Psychiatric Research*, 63, 1-9.

Doidge, N. (2015). *The brain's way of healing: Remarkable discoveries and recoveries from the frontiers of neuroplasticity*. New York, NY: Viking.

Doll, A., Hölzel, B. K., Boucard, C. C., Wohlschläger, A. M., & Sorg, C. (2015). *Mindfulness is associated with intrinsic functional connectivity between default mode and salience networks. Frontiers in Human Neuroscience*, 9, 461.

Dorling, J. (1970). *The dimensionality of time. Am J. Phys.*, 38:539-540.

Dossey, L. (2014). *One mind: How our individual mind is part of a greater consciousness and why it matters*. New York, NY: Hay House.

Dunbar, R., Gamble, C., Gowlett, J. (2010). *Social brain, distributed mind*. New York, NY: Oxford University Press.

Dweck, C. (2017). *Mindset: A nova psicologia do sucesso*. Rio de Janeiro, RJ/ Objetiva.

Edelman, G. M. (1993). *Bright air, brilliant fire: On the matter of the mind*. New York, NY: Basic Books.

Edelman, G.M., & Tononi, G. (2000). *A Universe of consciousness: How matter becomes imagination*. New York, NY: Basic Books.

Edwards, B. (2012). *Drawing on the right side of the brain*. New York, NY: Tarcher.

Einstein, E. (1950). Letter in the New York Times (29 March, 1972) and the New York Post (28 November, 1972).

Ellis, G.F.R. (2008). *On the flow of time. Essay for Fqxi contest on THE NATURE OF TIME*. www.Fqxi.org.

Erneling, C.E. & Johnson, D.M. (Eds.). (2005). *The mind as a scientific object*. New York, NY: Oxford University Press.

Fair, D.A., Cohen, A.L., Dosenbach, N.U.F., Church, J.A., Miesen, F.M., March, D.M., Raichle, M.A., Petersen, A.E., & Schlagger, B.A. (2008). *The maturing architecture of the brain's default mode circuitry*. PNAS, 105(10) 4028-4032.

Fair, D. A., Dosenbach, N. U. F., Church, J. A., Cohen, A. L., Brahmbhatt, S., Miezin, F. M., et al. (2007). *Development of distinct control networks through segregation and integration*. PNAS, 104 (33), 13507-13512.

Faraday, M. (1860). *Course of six lectures on the various forces of matter, and their relations to each other, Delivered before a juvenile auditory at the Royal Institute of Great Britain during the Christmas holidays of 1859-60*, William Crookes (Ed.). New York, NY: Harper and Brothers Publishers.

Farb, N.A.S., Segal, Z.V., Mayberg, H., Bean, J., McKeon, D., Farma, Z., et al. (2007). *Attending to the present: Mindfulness meditation reveals distinct neural modes of self-reference*. Social Cognitive and Affective Neuroscience, 2(4), 313-322.

Felitti, V., Anda, R.F., Nordenberg, D, Williamson, D.F., Spitz, A.M., Edwards, V., Koss, M.P., & Marks, J.S. (1998). *Relationship of Childhood Abuse and Household Dysfunction to Many of the Leading Causes of Death in Adults. American Journal of Preventive Medicine*, Volume 14 , Issue 4 , 245 – 258.

Feng, E.H. & Crooks, G.E. (2008). *Length of time's arrow.* Phys. Rev Lett. 101 (9): 090602.

Fredickson, B. (2015). *Amor 2.0* . São Paulo, SP: Editora Companhia Nacional.

Freud, S. (1955). *The standard edition of the complete psychoanalytical works of Sigmund Freud*, (edited and translated by James Strachey). London, England: Hogarth Press.

Gambini, R. and Pullin, J. (2008). Free will, undecidability, and the problem of time in quantum gravity. Essay for Fqxi contest on THE NATURE OF TIME. www.Fqxi.org.

Gazzaniga, M. Gilbert, P. (2009). *The compassionate mind: A new approach to life's challenges*.Oakland, CA: New Harbinger.

Gilbert, P. (2015). *The evolution and social dynamics of compassion*. Social and Personality Psychology Compass, 9, 239–254. doi:10.1111/ spc3.12176.

Goldstein, B. & Siegel, D.J. (2013): *The Mindful Group: Using mindbody-brain interactions in group therapy to foster resilience and integration*. In D.J. Siegel & M.F. Solomon (Eds.), *Healing Moments in Psychotherapy*, (pp. 217-242). New York, NY: W.W. Norton & Company.

Gottman, J.D. (2011). *The science of trust: Emotional attunement for couples*. New York, NY: W.W. Norton & Company.

Graziano, M. (2014). *Consciousness and the social brain*. New York, NY: Oxford University Press.

Harrell, S.P. (2000). *A multidimensional conceptualization of racism-related stress: Implications for the well-being of people of color*. American Journal of Orthopsychiatry, 70 (1): 42-57.

Hassin, R.R., Uleman, J.S., & Baragh, J.A. (2005). *The new unconscious*. New York, NY: Oxford University Press.

Hattiangadi, J. (2005). *The emergence of minds in space and time*. In Erneling, C.E. & Johnson, D.M. (Eds.), *The mind as a scientific object* (pp.79-100). New York, NY: Oxford University Press.

Hawking, S. & Ellis, G. (1973). **The large-scale structure of space-time**. Cambridge: Cambridge University Press.

Hensen, B., Bernien, H., Dreau, A.E., Reiserer, A., Kalb, N., Blok, M.S., Ruitenberg, J., Vermeulen, R.F.L., Schouten, R.N., Abellan, C., Amaya, W., Pruneri, V., Mitchell, M.W., Markham, M., Twitchen, D.J., Elkouss, D., Wehner, S., Taminau, T.H., & Hanson, R. (2015). Experimental loophole-free violation of a Bell inequality using entangled electron spins separated by 1.3 km. Nature, 526,682–686 (29 October 2015) doi:10.1038/nature15759.

Hrdy, S.B. (2009). *Mothers and others: The evolutionary origins of mutual understanding*. Cambridge, MA: Harvard University Press.

Hubel, D & Wiesel, T.N. (1970): The period of susceptibility to the physiological effects of unilateral eye closure in kittens, Journal of Physiology, Volume 206, Issue 2 February 1, 1970 Pages 419–436

Hutchins, E. (1995). Cognition in the wild. Cambridge, MA: MIT Press.

James, W. (1890). *Principles of psychology*. New York: H. Holt and Company.

Johnson, D.M. (2005). *Mind, brain, and the Upper Paleolithic, in: Erneling, C.E. & Johnson, D.M. (Eds.). The mind as a scientific object*, pages 499-510. New York, NY: Oxford University Press

Johnson, P. (1987). *A history of the Jews*. New York, NY: Harper and Row.

Johnson, R. L. (2005) *Gandhi's experiments with truth: Essential writing by and about Mahatma Gandhi*, Lanham, MD: Lexington Books

Kabat-Zinn, J. (2005). *Coming to our senses: Healing ourselves and the world through mindfulness*. New York, NY: Hyperion.

Kabat-Zinn, J. (2013). *Full Catastrophe Living (Revised Edition): Using the Wisdom of Your Body and Mind to Face Stress, Pain, and Illness*. New York, NY: Bantam RandomHouse.

Kafatos, M. & Siegel, D.J. (2015). *Quantum physics, consciousness, and psychotherapy. Audio recordings of a professional workshop*. Santa Monica, CA: Mindsight Institute.

Keller, H. (2008). *A História da Minha Vida*. São Paulo, SP: José Olimpio.

Keltner, D. (2009). *Born to be good: The science of a meaningful life*. New York, NY: W.W. Norton & Company.

Keltner, D. , Marsh, J., & Adams-Smith, J. (Eds.). (2010). *The compassionate instinct: The science of human goodness*. New York, NY: W.W. Norton & Company.

Kimov, P.V., Falk, A.L., Christie, D.J., Dobrivitski, V.V., & Awschalom, D.D. (2015). *Quantum entanglement at ambient conditions in a macroscopic solid-state spin ensemble*. Science Advances, 1(10) doi:10.1126/sciadv.1501015.

Kluckhohn, C. & Murray, H.A. (Eds.). (1948). *Personality in nature, society, and culture*. New York, NY: Alfred A. Knopf.

Kornfield, J. (2011). *Bringing home the dharma: Awakening right where you are*. Boston, MA: Shambhala Publications.

Kornfield, J. (2008). *The wise heart: A guide to the universal teachings of Buddhist psychology*. New York, NY: Bantam RandomHouse.

Krasner, M., Epstein, R., Beckman, H., Suchman, A., Chapman, B., Mooney, C., & Quill, T. (2009). Association of an educational program in mindful communication with burnout, empathy, and attitude among primary care physicians. JAMA, September 23-30, 1284-1293.

Lakoff, G. & Johnson, M. (1999). *Philosophy in the flesh: The embodied mind and its challenge to Western thought*. New York, NY: Basic Books.

Langer, E. (1989/2014). *Mindfulness*. New York, NY: Da Capo.

Levit, G. S. (2000). The biosphere and the noosphere theories of V.I.Vernaksy and P. Teilhard de Chardin, a methodological essay. International Archives on the History of Science/Archives Internatinales D'Histoire des Sciences, 50(144), 160-176.

Lewis-Williams, D. (2002). *The mind in the cave: Consciousness and the origins of art*. London: Thames and Hudson.

Llinás, R. R. (2014). *Intrinsic electrical properties of mammalian neurons and CNS function: A historical perspective*. Frontiers in Cellular Neuroscience, 8, 320.

Lueke, A. & Gibson, B. (2014). Mindfulness meditation reduces implicit age and race bias: The role of reduced automaticity of responding. Social Psychological and Personality Science, 6: 284-291. doi:10.1177/1948550614559651.

Maleeh, R. (2015). Minds, brains and programs: An information-theoretic approach. Mind and Matter 13(1), 71-103.

Mayer, E. A. (2011). *Gut feelings: The emerging biology of gut-brain communication*. Nature Reviews Neuroscience, 12, 453-466.

McGilchrist, I. (2009). *The master and his emissary: The divided brain and the making of the western world*. New Haven, CT: Yale University Press.

McGonigal, K. (2015). *The upside of stress: Why stress is good for you*. New York, NY: Penguin/RandomHouse.

McGregor, H.A., Lieberman, J.D., Greenberg, J., Solomon, S., Arndt, J., & Simon, L. et al. (1998). *Terror management and aggression: Evidence that mortality salience motivates aggression against worldview-threatening others*. Journal of Personality and Social Psychology, 74(3), 590-605.

Meaney, M.J. (2010). *Epigenetics and the biological definition of gene x environment interaction*. Child Development, 81(1), 41-79.

Mesquita, B., Barrett, L.F., & Smith, E.R., (Eds.) (2010). *The mind in context*. New York: The Guilford Press.

Miles, L., Nind L., & Macrae C. N. (2010). *Moving through time*. Psychological Science. 21, 222-223.

Moloney, R. D., Desbonnet, L., Clarke, G., Dinan, T. G., & Cryan, J. F. (2014). *The microbiome: stress, health and disease*. Mammalian Genome, 25(1-2), 49-74.

Mountcasle, V. (1979). *The columnar organization of the neocortex*. Brain, 120, 701-722.

O'Donohue, J. (1997). *Anam cara: A book of celtic wisdom*. New York, NY: HarperCollins.

O'Donohue, J. (2008). *To bless the space between us: A book of blessings*. New York, NY: Doubleday Random House.

Palmer, P, & Zajonc, A. (2010). *The heart of higher education: A call to renewal*. San Francisco, CA: Jossey-Bass.

Pattakos, A. (2010). *Prisoners of our thoughts: Victor Frankl's principles for discovering meaning in life and work*. (2nd ed.). San Francisco, CA: Berrett-Koehler Publishers.

Siegel, D.J., & Hartzell, M. (2003). *Parenting from the inside out: How a deeper self-understanding can help you raise children who thrive.* New York, NY: Tarcher.

Siegel, D.J. & Siegel, M.W. (2014). *Thriving with uncertainty.* In Le, A., Ngnoumen, C.E., & Langer, E.J. (Eds.), The Wiley Blackwell handbook of mindfulness (Vol. 1, Ch. 2). Malden, MA: Wiley Blackwell.

Smith, S.M. et al. (2015). *A positive-negative mode of population co-variation links brain connectivity, demographics, and behavior.* Nature Neuroscience, 18(11), 1567-71.

Solomon, M.F. &. Siegel, D.J. (Eds.). (2003). *Healing trauma: Attachment, mind, body and brain.* New York, NY: W.W. Norton & Company.

Sperry, R. (1980). *Mind-brain interaction: Mentalism, yes; Dualism, no.* Neuroscience 5 195-206.

Spreng, R. N., Mar R. A., & Kim A. S. N. (2009). *The common neural basis of autobiographical memory, prospection, navigation, theory of mind and the default mode: A quantitative meta-analysis.* Journal of Cognitive Neuroscience. 21, 489-510.

Stapp, H. (2011). *Mindful universe: Quantum mechanics and the participating observer* (2nd ed.). New York, NY: Springer.

Stoller, R.J. (1985). *Observing the erotic imagination.* New Haven, CT: Yale University Press.

Strathern, M. (1988). *The gender of the gift: Problems with women and problems with society in Melanesia.* Berkeley, CA: University of California Press.

Taylor, S. (2006). *Tend and befriend: Biobehavioral bases of affiliation under stress.* Current Directions in Psychological Science, 15(6), 273-277.

Teicher, M.H., Andersen, S.L., Polcari, A., Anderson, C.M., Navalta, C.P., & Kim, D.M. (2003). The neurobiological consequences of early stress and childhood maltreatment. Neurosci Biobehav Rev, 27(1-2), 33-44.

Teicher, M.H., Dumont, N.L., Ito, Y., Vaituzis, C., Giedd, J.N., & Andersen, S.L. (2004). Childhood neglect is associated with reduced corpus callosum area. Biol Psychiatry, 56(2), 80-5.

Thompson, E. (2014). *Waking, Dreaming, Being: Self and consciousness in meditation, neuroscience, and philosophy.* New York, NY: Columbia University Press.

Tononi, G., & Koch, C. (2015). Consciousness: Here, there and everywhere? Philosophical Transactions of the Royal Society B: Biological Sciences, 370(1668), 20140167.

Tulving, E. (2005). *Episodic memory and autonoesis: Uniquely human?.* In H.S. Terrace & J. Metcalfe (Eds.), The Missing Link in Cognition: Origins of Self-Reflective Consciousness (pp. 3-56). New York, NY: Oxford University Press.

Turkle, S. (2011). *Alone together: Why we expect more from technology and less from each other.* New York, NY: Basic Books.

Varela, F., Lachaux, J., Rodriguez, E. & Martinerie, J. (2001). *The brainweb: Phase synchronization and large-scale integration.* Nature Reviews Neuroscience, 2, 229-239.

Varela, F., Thompson, E., & Rosch, E. (1991). *The embodied mind: Cognitive science and human experience.* Cambridge, MA: MIT Press.

Vieten, C. & Scammell, S. (2015). Spiritual & religious competencies in clinical practice: Guidelines for psychotherapists & mental health professionals. Oakland, CA: New Harbinger.

Vygotsky, L. (1986). Thought and language, Cambridge, MA: MIT Press.

Weinstein, S. (2008). *Many times. Essay for Fqxi contest on THE NATURE OF TIME.* www.Fqxi.org.

Wilson, E.O. (1998). *Consilience: The unity of knowledge.* New York, NY: Vintage/Penguin.

Yehuda, R., Daskalakis, N. P., Lehrner, A., Desarnaud, F., Bader, H. N., Makotkine, I., Meaney, M. J. (2014). *Influences of maternal and paternal PTSD on epigenetic regulation of the glucocorticoid receptor gene in Holocaust survivor offspring. The American Journal of Psychiatry*, 171(8), 872–880.

Youngson, N.A. & Whitelaw, E. (2012): *Transgenerational epigenetic effects.* Annual Review of Genomics and Human Genetics, 9:233-257.

Zajonc, A. (Ed.). (2006). *We speak as one: Twelve Nobel laureates share their vision for peace.* Portland, OR: Peacejam Foundation.

Zajonc, A. (2009). *Meditation as contemplative inquiry: When knowing becomes love.* Great Barrington, MA: Lindisfarne Books.

Zhang, T. & Raichle, M.E. (2010). *Disease and the brain's dark energy. Nature Reviews Neurology.* 6(1) 15-28.

Perlmutter, D. A. (2015). *Amigos da mente: Nutrientes e bactérias que vão curar e proteger seu cérebro*. São Paulo, SP: Paralela.

Pinker, S. (1999). *Como a mente funciona*. São Paulo, SP: Companhia das letras.

Porges, S. (2011). *The polyvagal theory: Neurophysiological foundations of emotion, attachment, communication, and self-regulation*. New York, NY: W. W. Norton & Company.

Prigogine, I. (1996). *The end of certainty: Time, chaos, and the new laws of nature*. New York, NY: The Free Press.

Rakel, D., Barrett, B., Zhang, Z., Hoeft, T., Chewning, B., Marchand, L., & Scheder, J. (2011). Perception of empathy in the therapeutic encounter: Effects on the common cold. Patient Education and Counseling, 85(3), 390-397.

Reader, J. (1999). *Africa: A biography of the continent*. New York, NY: Vintage Books.

Rupert, R.D. (2009). *Cognitive systems and the extended mind*. New York, NY: Oxford University Press.

Sato, W., & Aoki, S. (2006). *Right hemispheric dominance in processing of unconscious negative emotion*. Brain and Cognition, 62 (3), 261-266. Schacter, D., Addis, D., & Buckner, R. (2007). Remembering the past to imagine the future: the prospective brain. Nature Reviews Neuroscience, 8(9), 657-661.

Scharmer, C. O. (2009). *Theory u: Leading from the future as it emerges*. San Francisco, CA: Berrett-Kohler Publishers.

Schore, A.N. (2012): *The science and art of psychotherapy*. New York, NY: W.W. Norton & Company.

Scott, D. (2004). *Conscripts of modernity: the tragedy of colonial enlightenment*. Durham, NC: Duke University Press.

Scott, D. (2014). *Omens of adversity: Tragedy, time, memory, and justice*. Durham, NC: Duke University Press.

Semendeferi, K., Lu, A. Schenker, N., & Damasio, H. (2002). *Human and great apes share a large frontal cortex*. Nature Neuroscience, 5, 272-276.

Senge, P. (1990). *The fifth discipline: The art & practice of the learning organization*. New York: Doubleday/Random House.

Shapiro, S., Astin, J., Bishop, S., & Cordova, M. (2005). *Mindfulness-based stress reduction for health care professionals: Results from a randomized trial*. International Journal of Stress Management.12(2), 164-176.

Shapiro, S. & Carlson, L. (2013). *The art and science of mindfulness: Integrating mindfulness into psychology and the healing professions*. Washington, DC: American Psychological Association.

Shiota, M.N., Keltner, D., & Mossman, A. (2007). *The nature of awe: Elicitors, appraisals, and effects on self-concept*. Cognition and Emotion, 21(5), 944-963.

Siegel, A.W. (2015). *Good Leg Song with lyrics and music* © Alex Siegel, 2015.

Siegel, D.J. (2006). *An interpersonal neurobiology approach to psychotherapy: How awareness, mirror neurons and neural plasticity contribute to the development of well-being*. Psychiatric Annals, 36(4), 248-258.

Siegel, D.J. (2007). *The mindful brain: Reflection and attunement in the cultivation of well-being*. New York, NY: W.W. Norton & Company.

Siegel, D.J. (2009): *Mindful awareness, mindsight, and neural integration*. Journal of Humanistic Psychology, 37(2), 137-158.

Siegel, D.J. (2010a): *Mindsight: The new science of personal transformation*. New York, NY: Bantam/Random House.

Siegel, D.J. (2010b). *The mindful therapist: A clinician's guide to mindsight and neural integration*. New York, NY: W.W. Norton & Company.

Siegel, D.J. (2012a). *The Developing Mind, Second Edition: How relationships and the brain interact to shape who we are*. New York, NY: Guilford Press.

Siegel, D.J. (2012b). *Pocket Guide to Interpersonal Neurobiology: An integrative handbook of the mind*. New York, NY: W.W. Norton & Company.

Siegel, D.J. (2015). *Cérebro do adolescentes: o grande potencial, a coragem e a criatividade da mente dos 12 aos 24 anos*. São Paulo, SP: nVersos.

Siegel, D.J., & Bryson, T.P. (2014). *O Cérebro da criança: estratégias revolucionária para nutrir a mente em desenvolvimento do seu filho e ajudar sua família a prosperar*. São Paulo, SP: nVersos.

Siegel, D.J., & Bryson, T.P. (2015).*Disciplina sem drama: guia práticopara ajudar na educacão, desenvolvimento e comportamneto dos seus filhos*. São Paulo, SP: nVersos.